Stanley Weinstein

Secrets pour Gagner en Bourse à la Hausse et à la Baisse.

Traduit de l'Américain par Antoine Dublanc, avec la collaboration de Véronique Guillermard et Brigitte Vitrac.

Edition originale "Secrets for Profiting in Bull and Bear Markets" - Copyright 1988, Stan Weinstein.

Publié par Business One Irwin - Homewood, ILL 60430.

Edition française "Secrets pour Gagner en Bourse à la Hausse et à la Baisse" - Copyright 1990, Valor Editions - 82B avenue des Mimosas, 64700 HENDAYE. Tél PARIS: 01 48 78 07 77

Précédemment publié en France par les Editions Peyrat & Courtens - 1990.

ISBN : 2 - 909356-02-7

CHAPITRE 1

TOUT COMMENCE LA !

Acheter bas, vendre haut! Telle est la règle du succès n'est ce pas ? Faux ! Voici l'un de ces clichés repris en cœur par tout le monde et qui nous fait perdre des fortunes année après année.

Et bien d'autres recettes de ce genre à Wall Street sont à éviter de suivre : lire les rubriques financières des journaux ou suivre les émissions économiques à la télé afin d'être informé des évolutions des économies et des entreprises ; ou encore avoir l'avis de tous et surtout des golden boys de Wall Street, ceux-là même en costume croisé trois pièces qui passent leur vie à deviser avec d' autres golden boys.

Ne cherchez pas là des réponses ou les moyens de vous enrichir. Il est regrettable que de si nombreux investisseurs prennent ces moyens comme les clés de leur réussite financière.

Vendre haut, acheter bas n'est qu'un cliché, et non un véritable plan d'action. Cela cache aux investisseurs l'approche des professionnels qui consiste à acheter haut et à revendre encore plus haut, ce que je vous apprendrai à faire avec constance.

Ce n'est pas non plus en suivant les nouvelles économiques et financières que vous transformerez vos investissements en paris gagnants. Dans une société saturée d'ordinateurs et d'informations instantanées, les marchés financiers réagissent aux derniers développements bien avant que vous en soyez informé par la presse. De plus, le marché reflète les bénéfices futurs plus que les bénéfices courants. Pour gagner, vous devez apprendre à trouver les multiples indices fournis par le comportement des marchés (autrement dit l'évolution des cours ou des prix). Ce livre vous apprendra à découvrir ces indices et à en tirer profit.

Enfin, s'en remettre aux avis des conseillers de Wall Street- ses brokers et ses analystes- ne vous mènera jamais bien loin. De multiples preuves démontrent que leurs conseils sont inférieurs à ce que vous obtiendriez en lançant des fléchettes sur une page de cotations (et je vous assure qu'un jeu de fléchettes vous coûtera moins cher). La plupart de ces gens passent leur vie à échanger des avis avec d'autres brokers ou d'autres analystes.

Ils déjeunent avec les dirigeants des grandes sociétés (les 500 1ères sociétés listées par le magazine US FORTUNE)...

Les spécialistes boursiers, c'est-à-dire ceux qui sont autour de la corbeille, ne suivent pas ces approches malheureuses.Ils prennent leurs décisions en fonction de l'action des marchés, et non des nouvelles. Alors que la plupart d'entre eux suivent ces clichés surannés, les vrais pros, eux, s'enrichissent. “ M. et Mme l'investisseur moyen ” prétendent qu'ils n'ont pas de chance à la Bourse, c'est inexact. La chance n'a rien à y voir. Ils jouent avec de mauvaises règles et ils continueront à avoir des résultats médiocres tant qu'ils n'auront pas compris les règles du succès. Pour revenir sur le bon chemin il leur faut suivre une méthode avec constance leur permettant de s'ajuster correctement au marché et de contrôler leurs deux ennemis : leur peur et leur cupidité.

Voilà tout le sujet de ce livre : gagner ! J'ai appris, après avoir commis mon lot d'erreurs, comment déchiffrer ces clés évidentes données par le marché, et comment développer la meilleure tactique face à telle ou telle situation de marché. Je vous apprendrai une série de règles nouvelles qui vous rendront la Bourse bien moins frustrante et bien plus profitable. Ces règles n'exigeront pas de vous que vous vous mettiez à déchiffrer des bilans ou des comptes d'exploitation de sociétés, ni à écouter ce que leurs porte-parole ont à vous dire sur leurs bons résultats ou sur les prouesses accomplies pour améliorer le sort des actionnaires. Ces directives exigent seulement que vous fassiez deux choses : contrôler vos peurs et votre convoitise, et savoir trouver et déchiffrer les indices évidents lancés par le marché.

Voilà ce que je vous enseignerai dans ce livre, et ce que vous y apprendrez fera de vous un gagnant. Qui plus est, quand vous serez familiarisé avec ces règles, il vous suffira d'une heure par semaine pour mettre en application cette approche gagnante.

Pendant ces vingt-cinq dernières années, j'ai appris ce qui marche et ce qui ne marche pas, et j'ai affiné cette connaissance et cette expérience dans une approche permettant , avec constance, de me placer dans le “ bon sens ” du marché. Cette méthode a permis au PROFESSIONAL TAPE READER d'anticiper tous les marchés BULL (marché haussier) et BEAR (marché baissier) de ces quinze dernières années. Vous pourrez utiliser ces techniques sur tout marché: que ce soient les marchés des actions, des Sicav, des options, des “ futures ” sur indices boursiers ou les marchés des matières premières.

Bien que chacun d'eux soit analysé séparément dans ce livre, nous traiterons essentiellement du marché des actions.

Avant d'aller plus loin, j'insiste sur le fait qu'il ne s'agit pas là d'un de ces livres tentant d'expliquer comment s'enrichir instantanément. Je lis des dizaines d'ouvrages de ce genre chaque année et ils ne valent généralement guère plus que le papier servant à les imprimer. Beaucoup sont tellement simplistes qu'ils n'ont aucune valeur ; d'autres sont si prétentieux que vous n'en retirez que des maux de tête. Plus grave encore, d'autres vous promettent la lune. Si vous cherchez un livre qui transforme dix mille dollars en un million d'ici mardi prochain quatre heures, ce n'est plus la peine de me lire. Si, par contre, vous êtes sérieux et voulez apprendre à faire des profits année après année sur des marchés BULL et des marchés BEAR, et à ramasser un beau profit sur les prochaines années, alors ce livre est pour vous !

Autre chose : vous et moi formons une équipe. Plus vous vous impliquerez dans ma méthode, plus vous en profiterez. C'est un peu comme prendre une leçon de tennis avec un professionnel. La première leçon d'une heure n'est qu'un début. La deuxième étape, tout aussi importante que la première, est de mettre en pratique ce que vous y avez appris. Quant à moi, je rendrai la leçon facile et à la portée de tous. Je n'ai fait que cela des années durant, en écrivant le PROFESSIONAL TAPE READER, et en tenant des séminaires dans tout le pays. Aussi ne vous inquiétez pas si vous n'avez jamais lu un graphe boursier ou suivi un indicateur de marché jusqu'à présent. Vous comprendrez vite mes méthodes et apprendrez à les utiliser si vous jouez le jeu.

A l'opposé de nombreux livres sur l'analyse technique si ésotériques, que seuls leurs auteurs et quelques chercheurs peuvent les comprendre, je ne parlerai dans ce livre que des seuls éléments valant 20 sur 20 en importance pour faire de l'argent; laissant de côté les 5 ou 10 sur 20. En plus, ce texte se déroulera logiquement, de chapitre en chapitre, et, progressivement, vous mettra en position de développer votre habileté à faire de l'argent sur les marchés. Pour vous permettre de suivre mieux vos progrès à appréhender la méthode, plusieurs chapitres se termineront par des exercices de type “ questions à choix multiples ”. Si vous sentez qu'un chapitre n'est pas clair à 100 pour 100, revoyez-le rapidement jusqu'à bien maîtriser la matière abordée avant de poursuivre.

MA PHILOSOPHIE DE L'INVESTISSEMENT

Dans les prochaines pages, vous apprendrez exactement ma technique pour analyser et être plus fort que le marché (cf faire mieux qu'un indice représentatif du marché). Bien que ce ne soit pas facile, c'est certainement plus simple que ne le prétendent maints investisseurs ou traders.

Leçon numero un; soyez logique ! Pendant plus de ving- cinq ans, j'ai été logique dans mon approche et discipliné dans son application. C'est tellement important !. Ne soyez pas fondamentaliste une semaine et technicien la suivante [(1)]. Et ne suivez pas l'indicateur A pendant un mois et l'indicateur B le mois suivant. Trouvez une bonne méthode, soyez discipliné, et ne vous en écartez pas ! Si cela ne vous permet pas de faire mieux que le marché, changez alors de méthode. Mais soyez toujours discipliné et ne changez jamais une méthode qui marche parce que vous pensez que maintenant " c'est différent ".

Leçon numéro deux : apprenez à faire ce que ne font jamais les investisseurs. Vous ne pourrez jamais battre avec constance le marché en lisant les nouvelles fondamentales d'aujourd'hui sur les journaux et en agissant sur la foi de cette information. C'est un passeport pour l'échec, une petite dose de poison mortel que le novice s'administre sans s'en rendre compte. Vous devez savoir que le marché agit comme un mécanisme " d'intégration avancé ", et que les actions évoluent en fonction des fondamentaux futurs, et non de ceux d'aujourd'hui. J'utilise donc une approche technique qui permet de tenir compte dans l'analyse du marché, des éléments déjà connus et de ceux qui sont attendus. Ne soyez pas découragé par ce jargon. Toute cette analyse technique consiste, en fait, à étudier les relations des prix et des volumes afin de déceler les tendances de demain.

Dans ce livre, je vous apprendrai de nouvelles règles et un nouveau langage qui rendra le marché plus facile à prévoir, plus profitable et plus intéressant. Malheureusement beaucoup d'investisseurs et de traders prennent l'analyse technique pour de la magie noire ou de l'astrologie (et la façon dont certains techniciens travaillent n'en est pas forcément très éloignée).

L'analyse technique tient plus de l'art que de la science. Tout comme il ne suffit pas de tenir un pinceau pour être Picasso ; quiconque ouvre un livre de graphiques boursiers n'est pas pour autant John Magee [(2)]. Je vous apprendrai cette approche. Ce seront de nouvelles règles pour vous. Correctement utilisée, cette approche de marché vous fera gagner plus facilement.

---

(1) Si ces termes ne vous sont pas familiers, apprenez une chose: les fondamentalistes basent leurs décisions d'achat ou de vente sur des facteurs tels que les performances de l'économie, des secteurs industriels, des revenus des sociétés. Les techniciens en revanche suivent les comportements des marchés en se concentrant sur les relations prix/volumes qui aident à déchiffrer l'équation de l'offre et de la demande.

(2) John Magee est l'auteur de " L'Analyse Technique des Tendances des Actions " (1948),et est considéré comme le père de l'analyse technique.

Pouvez-vous être parfaits ? Bien sûr que non! Aucun " quaterback " de la National Football League (Football Américain) ne réussit toutes ses passes...

Il n'est pas nécessaire d'avoir toujours raison. Suivez scrupuleusement ma méthode, vous serez alors gagnant très souvent. Un secret connu des professionnels : vous pouvez engranger une fortune sur les marchés en n'ayant raison que la moitié du temps, tant que vous laissez courir les profits et " coupez " vite vos pertes. Un chapitre prochain vous montrera comment vous décharger d'une position perdante. C'est là un des secrets les plus précieux à apprendre.

POURQUOI UNE APPROCHE TECHNIQUE

Entrons dans le vif du sujet ! Avant tout, mettez de côté toutes les idées préconçues que vous pouvez avoir sur le marché, et reprenons tout à zéro. C'est comme si vous vous lanciez dans un programme d'amincissement qui exige d'abord que vous " purgiez " votre système. Là aussi, la première chose à faire est de laisser de côté toutes vos idées et recommencer à construire pas à pas. Si vous êtes un fondamentaliste chevronné, ne vous inquiétez pas. Vous ne ressentirez aucun symptôme de manque- pas même des hallucinations ! Après avoir maîtrisé cette nouvelle approche, vous pourrez synthétiser les deux méthodes et avoir un meilleur " timing " pour placer vos ordres d'achat ou de vente fondamentalistes. (3)

D'un autre côté, si vous vous imprégnez bien de cette méthode fondamentale, alors vous ferez comme moi et ignorerez les manchettes des journaux pour vous concentrer uniquement sur les messages du marché ou du " tape " (c'est le ruban électronique sur lequel défilent en permanence les cours et les volumes des actions). Ce n'est d'ailleurs pas simple coïncidence que " la devise " de chaque numero du PTR soit " le TAPE dit tout ". C'est un slogan plus subtil qu'il en a l'air; c'est le résumé d'une philosophie boursière qui réussit. Cela veut simplement dire que toute information importante sur les revenus des sociétés, leurs nouveaux produits, leur management, et ainsi de suite (les fondamentaux) qui sont connus, sont déjà intégrés dans les prix des actions. Cela ne veut pas dire que je ne m'intéresse pas aux nouvelles fondamentales, comme une offre publique d'achat (OPA) en cours, mais j'ai appris depuis longtemps que, ni vous, ni moi, n'allons connaître de telles

(3) Plusieurs gérants institutionnels fondamentalistes sont abonnés au Professionnal Tape Reader (PTR) et sont les premiers à reconnaître que l'approche technique leur a permis d'améliorer leur " timing ".

nouvelles " juteuses " avant qu'elles ne soient gravées sur le TAPE et, quand nous les connaîtrons, il sera trop tard. Bien sûr, on aura vent de rumeurs, mais une ou deux seulement se confirmeront, sur une centaine colportées. Ce
6 n'est pas le meilleur moyen de s'enrichir sur un marché. Ainsi sachez qu'à moins d'être prêts à contrevenir à la loi en profitant d'informations d'initiés, jamais vous ne connaîtrez à l'avance les nouvelles importantes. Et dès que vous les lirez dans les journaux, il sera trop tard pour agir. L'ironie de tout cela est la suivante: quand vous saurez interpréter correctement et tirer profit de ce qui se passe sur le " TAPE " - et sur vos graphes- vous achèterez et vendrez très souvent avec les initiés, sans même le savoir...

Il n'est pas nécessaire d'être Sherlock Holmes pour comprendre que quelque chose se passe sur l'action XYZ, quand il s'échange en moyenne 20 à 30 mille titres par semaine depuis plusieurs mois, avec les prix " coincés " dans un canal de 8 à 10 dollars; alors que, d'un seul coup, les prix cassent ce plafond par le haut (ce que les techniciens appellent une RESISTANCE [4] sur de forts volumes (disons 250.000 à 300.000 titres sur une semaine).

Regardez maintenant les graphes de PIEDMONT AVIATION et SPECTRADYNE (Graphes 1-1 et 1-2). Bien que n'ayant pas encore l'oeil averti - que vous aurez cent pages plus loin - même le "non initié" peut déceler un "comportement " rare et " excitant " qui a débuté plusieurs mois avant que PIEDMONT annonce une OPA début 1987, et bien avant l'annonce officielle sur SPECTRADYNE à la mi 87.

Bien que n'ayant pas bénéficié d'information d'initié à l'époque, j'ai écouté le message de la bande (TAPE) et j'ai recommandé ces deux valeurs sur le PTR (Professional Tape Reader) avant les annonces d'OPA, et donc avant que les plus-values énormes ne se matérialisent (les points d'entrée sont inscrits par des flèches sur les graphes 1-1 et 1-2). Bien sûr, de considérables achats d'initiés se sont déclenchés à l'époque. Quand vous aurez terminé ce livre, revenez à cette page et vous vous rendrez compte à l'évidence que vous n'auriez jamais songé à vendre ces valeurs à ce moment là (à l'opposé de ce que firent des milliers d'investisseurs) alors que leur cours augmentait jour après jour. Plus important encore, vous verrez pourquoi , vous auriez dû passer de nouveaux ordres d'achat à ce moment-là.

En outre , il n'est pas indispensable que ce soit une nouvelle " fondamentale " aussi sensationnelle que l'est une OPA pour apprécier les avantages à écouter le " tape ". Sans préscience, HARRAH'S était un super-

(4) Un peu plus loin, je définirai tout le jargon technique que vous devrez connaître pour comprendre ce livre.

Graphe 1-1

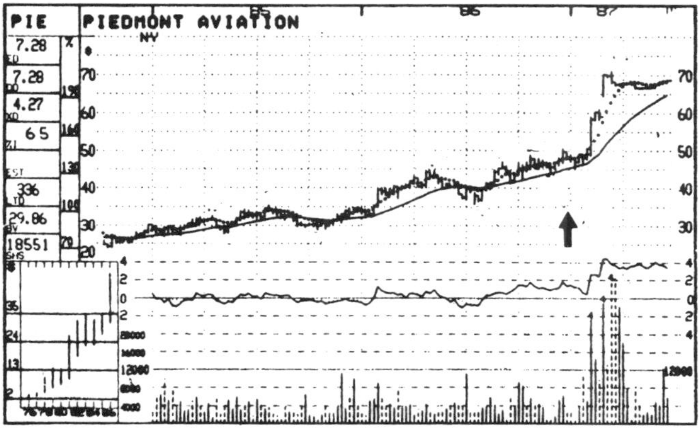

COURTESY OF MANSFIELD STOCK CHARTS
2973 KENNEDY BLVD.
JERSEY CITY, N.J. 07306
201-795-0629

Graphe 1-2

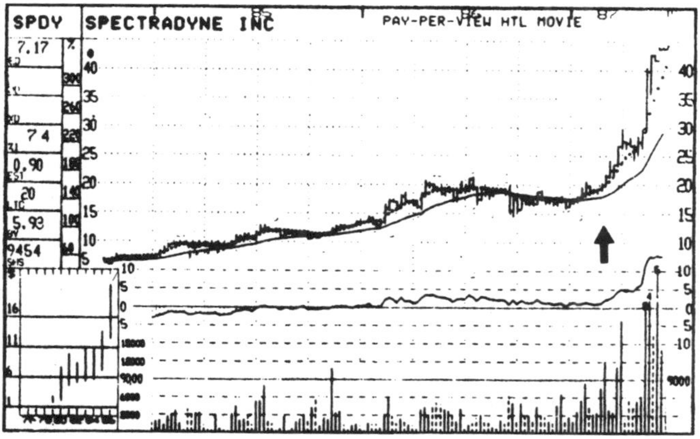

COURTESY OF MANSFIELD STOCK CHARTS

achat en 1978 et TS INDUSTRIES encore un meilleur en 1986. Voilà d'ailleurs deux faits fort intéressants qui devraient encore plus vous convaincre des mérites de l'analyse technique. D'abord ces deux valeurs étaient des achats recommandés par le Professional Tape Reader (voir flèches). Ensuite, toutes

Graphe 1-3

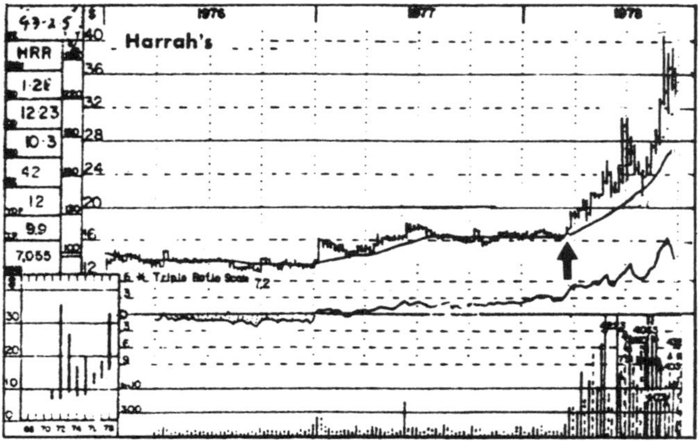

COURTESY OF MANSFIELD STOCK CHARTS

Graphe 1-4

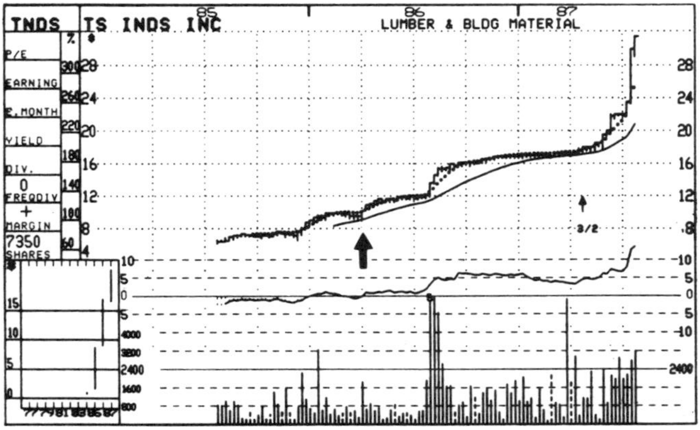

COURTESY OF MANSFIELD STOCK CHARTS

deux avaient des “ fondamentaux ” peu encourageants quand nous avons recommandé la valeur. Néanmoins elles étaient en pleine ascension. Les revenus par action des douze dernier mois sur HARRAH'S venaient de tomber de 2.41$ à 2.38$. Puis, sur les six mois suivants, alors que les prix doublèrent, les revenus ont continué leur chute à 2.16$.

Le score de TS INDUSTRIES fut plus spectaculaire encore et associé à des fondamentaux encore plus sombres. Quand nous avons recommandé la valeur, début 1986, les revenus par action des douze derniers mois étaient de 37 cents (0.37$) - correct mais sans plus. Puis, quinze mois plus tard, alors que l'action avait pris 200%, les revenus étaient tombés à 9 cents par action. Bizarre ? Pas du tout ! Une fois que vous comprendrez le fonctionnement réel des marchés, au lieu d'admettre ce que les thèses universitaires vous en disent, vous verrez qu'un tel comportement est banal.

Et, au fur et à mesure que vous maîtriserez mieux ma technique, vous tirerez profit de telles disparités.

Quand nous examinons le marché dans sa totalité, le même scénario se développe clairement sur une plus grande échelle. Fin 1974, le Dow Jones des valeurs industrielles est tombé de 1050 à 570. Le pessimisme ambiant était tel qu'on n'y voyait plus rien. Les “ unes ” des journaux étaient tout simplement effrayantes (Illustration 1-5). Une des plus grandes publications financières passa un article intitulé “ La Dépression Mondiale ”, et c'était une bonne nouvelle ! Pour couronner le tout, un grand hebdomadaire illustra sa couverture d'un ours (" bear ", symbole de marchés à la baisse) qui détruisait les colonnes de Wall Street. La crainte de tous était que le marché s'apprête à

Graphe 1-5

tomber de nouveau - peut être jusqu'à 250-300 ! Malgré tout ce pessimisme ambiant et ces craintes, nos indicateurs techniques " criaient " d'acheter... et un nouveau marché " bull " s'élança, ramenant le Dow au dessus des mille.

Maintenant, vous voyez où je veux en venir ? Il y a une raison expliquant pourquoi les grands professionnels de marchés savent qu'il faut acheter quand les nouvelles sont mauvaises et vendre quand elles sont bonnes. Les graphes des actions forment des creux ou " bottoms " quand les nouvelles sont désastreuses et forment des sommets ou " tops " quand le public est en extase devant des rapports annuels brillants, des distributions ou divisions d'actions etc. Il est donc peu surprenant que l'investisseur ou le trader moyen achète près d'un sommet, quand les nouvelles sont superbes, et se débarrasse de ses actions à perte près des plus bas, quand les médias se font l'écho de sombres nouvelles. Ce n'est pas la chance (bonne ou mauvaise) qui provoque les pertes des petits porteurs et les profits considérables des vrais professionnels, mais les règles, différentes, suivies par les deux groupes. Cela s'apparente au cas du joueur professionnel de poker qui compose avec les aléas du jeu et qui refuse de tomber dans le panneau de l'évidence, alors que l'amateur laisse ses soupçons et ses sentiments l'entraîner vers l'abîme.

Ainsi, votre philosophie devrait être simple :

1. N'achetez ou ne vendez jamais une valeur avant d'avoir étudié son graphe.
2. N'achetez jamais une valeur quand les " bonnes nouvelles " sont publiées, surtout si le graphe laisse voir une avancée significative avant cette publication.
3. N'achetez jamais une action parce qu'elle paraît bon marché après avoir pris un bouillon. Quans les ventes se tariront vous verrez que bon marché devient meilleur marché encore !
4. N'achetez jamais une valeur dans une tendance baissière sur un graphe (je vous montrerai précisément plus loin ce que j'entends par tendance baissière).
5. Ne gardez jamais une valeur qui est dans une tendance baissière, peu importe si son P.E.R. est très bas. Plusieurs semaines après et plusieurs points plus bas, vous comprendrez pourquoi l'action est tombée.
6. Soyez toujours logique . Si vous vous rendez compte que parfois vous achetez, parfois vous vendez dans des situations pratiquement identiques, c'est que quelque chose ne va pas du tout avec votre technique.

Vous saisissez maintenant que l'analyse technique, la lecture de graphes boursiers n'est pas une science mystérieuse. Ce n'est ni de la magie noire ni de l'astrologie. Schématiquement, c'est s'apprendre à lire les électrocardiogrammes des marchés. Votre médecin vous fait des rayons X, des tests sanguins et autres avant de rendre son diagnostic. L'analyste technique compétent fait la même chose sur le marché. Aucun des deux n'est un sorcier, mais j'ai tout de même des doutes quant à certains médecins de ma connaissance... Poursuivons maintenant avec un saut dans les entrailles du marché.

METTONS-NOUS D'ACCORD SUR LE VOCABULAIRE !

Avant d'amener votre chemin sur les voies du succès, il y a quelques termes de base que vous devez maîtriser. Le graphe 1-6 vous permettra de voir ce qu'ils signifient. Même si vous n'êtes pas familiarisé avec l'analyse technique, vous avez certainement déjà entendu parler ou vu certains de ces termes, mais vous ne connaissez peut-être pas au juste leur signification - Ce n'est pas grave ! Une courte révision suffira. Même si vous êtes un technicien averti, vérifiez ma définition de chacun des termes, afin de vous assurer que nous sommes sur la même longueur d'ondes.

Graphe 1-6

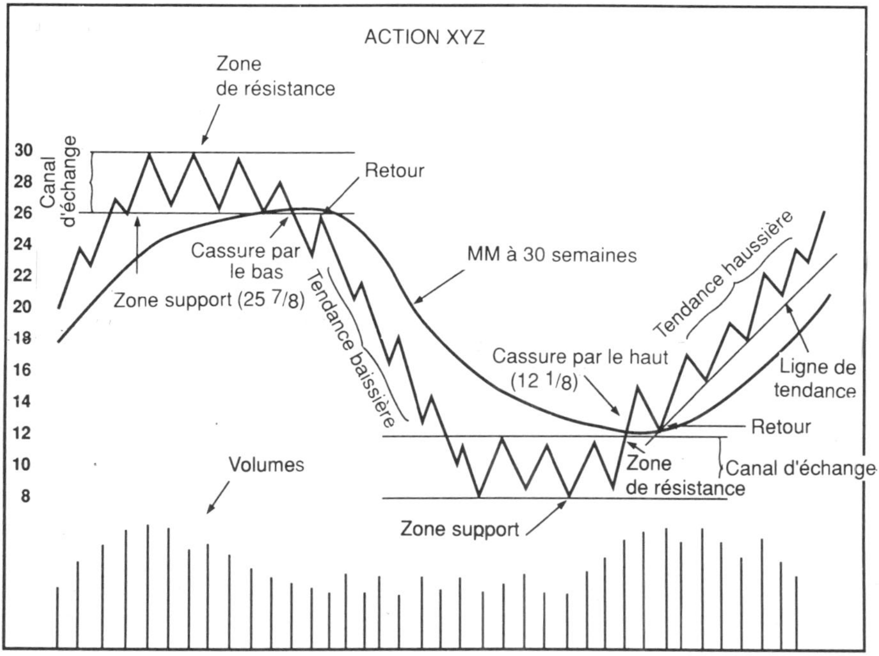

Cela est très important, car ces concepts, qui sont les pierres angulaires de ma méthode, seront fréquemment utilisés dans ces pages. Prenez donc une ou deux minutes pour lire ces définitions, et assurez-vous que vous comprenez parfaitement le sens de chacune d'elles. Si vous faites ce travail de base, le livre sera facile à comprendre et vous sera d'autant plus utile. Si vous n'êtes pas sûr à cent pour cent d'un terme dans les prochains chapitres, revenez à ce chapitre.

Je ne vais pas vous présenter ces termes par ordre alphabétique car certains seront plus facile à comprendre une fois que vous aurez une définition. La première chose que vous ayez à faire est d'étudier pendant un instant le graphe 1-6 du titre XYZ. Regardez-le rapidement et essayez de saisir de prime abord ce qui représente quelque chose pour vous. Ensuite, lisez les définitions suivantes, réfléchissez-y, et étudiez ce terme sur le graphe en conjonction avec la définition. N'essayez pas de tout retenir d'une seule traite, ce n'est pas vraiment nécessaire. Pour beaucoup d'entre vous, c'est une nouvelle langue que vous apprenez. Si vous lisez lentement ces définitions, vous commencerez à comprendre, et dans quelques chapitres vous serez comme un poisson dans l'eau. Allons-y :

Zone d'appui ou de support . C'est la zone où une valeur après être tombée, se stabilise, rebondit et repart à la hausse (au moins momentanément). C'est comme un plancher. Sachez quand même que vous devez éviter d'être trop enthousiaste au sujet d'une zone d'appui, comme le sont certains analystes techniques. Ce support est en fait une zone, un territoire. Sur le graphe 1-6, le support est d'abord dans la zone 26-26 1/2. Le premier bas fut enregistré à 26, le deuxième à 26 1/2. Le troisième déclin stoppa à 26 1/4, alors que la troisième vague de ventes a tenu sur la barre des 26.

Sachez qu'une cassure sous la frontière basse d'une zone de support (dans ce cas le niveau des 26) a des implications très négatives quant à l'évolution des prix de la valeur. Plus un support donné est mis à l'épreuve , et plus longue est la période pendant laquelle ce support est mis à l'épreuve, plus fort est le signal négatif que vous lance le graphe si la zone est en fin de compte cassée par le bas. Dès qu'une chute ou une avancée majeure est lancée, de nouveaux niveaux de support se formeront sur le chemin. Dans le cas de XYZ, un nouveau niveau support se dessinera dans la zone 8 à 8 1/2 (voir graphe 1-6).

Résistance (ou OFFRE - les deux termes sont interchangeables). La zone dans laquelle une valeur en reprise a des chances de rencontrer des problèmes (au moins temporairement) et de se retourner. Plus une résistance donnée est mise à l'épreuve souvent, et là encore plus la période concernée est longue, plus le signal " bullish " (haussier) lancé sera significatif, une fois la zone de résistance franchie. Dans notre exemple sur le graphe, il y a une première résistance aux alentours du niveau 30. Après la forte chute, la zone de résistance suivante est à 11 1/2-12. La première reprise s'écrasera sur les 12, la seconde à 11 1/2, puis à 11 3/4 avant qu'XYZ ne franchisse la zone par le haut. Rappelez-vous toujours qu'une fracture de la frontière haute d'une zone de résistance est une indication très " bullish " (haussière) pour le prix de la valeur concernée. Une fois de plus, vous devez comprendre qu'au départ de chaque mouvement majeur, une nouvelle résistance (ou offre) se formera sur le chemin. Dans le cas de XYZ il y eut d'abord résistance au niveau de la zone 29 1/2-30 puis après dans la zone 11 1/2-12.

Zone de transaction ou trading range. C'est une zone de neutralité où se déroule la bataille entre acquéreurs et vendeurs. Quand une valeur est sur une tendance ascendante, l'armée des acheteurs est à l'évidence plus puissante que celle des vendeurs et une hausse des cours en résulte. Dans une tendance descendante, c'est le revers de la médaille, les forces de vente seront supérieures aux forces d'achat. Enfin dans un " trading range ", les deux côtés sont de forces égales et la bataille fait rage entre une zone de support (dans ce cas 8-8 1/2) et une zone de résistance (11 1/2 à 12 sur le graphe d'illustration). Vous remarquerez qu'il existe aussi un deuxième " trading range " sur le graphe (dans la zone 26-30).

Moyenne mobile (MM). C'est un outil technique très important qui vous avertit de la direction des mouvements, à la fois sur le court terme et le long terme. Une moyenne mobile se propose avant tout de lisser la tendance afin que les fluctuations désordonnées, rendues encore plus démentes par les programmes informatisés, ne vous masquent pas l'essentiel. L'expérience me permet de penser que la moyenne mobile à 30 semaines (MM30) est celle qui convient le mieux aux investisseurs long terme, alors que la moyenne mobile à 10 semaines (MM10) convient plutôt aux traders. Une moyenne mobile à 30 semaines ne fait que nous donner le prix de clôture du précédent vendredi qui est ajouté aux cours de clôture des 29 vendredis antérieurs, la somme étant ensuite divisée par trente. C'est le résultat qui sera reporté sur le graphe de la semaine [5]. Les valeurs échangées au-dessous de leur MM30 ne devraient

5) Une moyenne mobile à 10 semaines est évidemment le cours de clotûre du dernier vendredi pour une valeur quelconque, ajouté aux 9 vendredis précedents et divisé par 10.

jamais être considérées à l'achat. C'est d'autant plus vrai quand MM30 " plonge du nez ". Les valeurs s'échangeant au-dessus de MM30 ne devraient jamais être considérées pour une vente à découvert; surtout, dans le cas présent, si MM30 est à la hausse. Le moment idéal d'achat, pour un investisseur long terme, se situe quand la valeur casse au-dessus d'une résistance, tout en passant au-dessus de MM30 qui ne devrait plus chuter. Pour un trader, qui veut " de l'action ", le moment idéal d'achat d'un titre c'est quand il est déjà au-dessus de MM30 et que cette même MM30 est sur une trajectoire ascendante. Le point idéal d'entrée pour un trader, se réalise quand la valeur ayant consolidé dans un nouveau " trading range ", se retourne à proximité de la moyenne mobile, remonte tout de suite après et casse au-dessus de la résistance.

La cassure à la hausse ou breakout. Les prix de la valeur remontent au-dessus de la frontière haute de résistance (12 sur le graphe de XYZ). Dans ce cas, la cassure se produirait à 12 1/8, une fois la ligne haute de résistance franchie. Tout comme on peut classer les oeufs par catégories de tailles, il y a différentes catégories ou qualités de cassures. Deux conseils à toujours garder en mémoire: 1- plus le temps passé au-dessous de la résistance est long, plus sa cassure éventuelle sera significative. 2- plus " l'expansion " des volumes à la cassure sera forte, plus la cassure sera " bullish ". (Ne vous inquiétez pas, on reviendra là-dessus avec plus de détails dans les chapitres suivants. Pour l'heure, le fait de vous souvenir de ces deux règles simples ajoutera beaucoup à vos gains).

La cassure à la baisse ou breakdown. C'est l'image inversée du breakout, avec les prix qui passent au-dessous de la ligne basse de la zone support (26 dans l'exemple du graphe XYZ). Dans ce cas la cassure à la baisse arriverait à 25 7/8 juste au-dessous de la fracture du bas de support. A l'opposé d'un " breakout ", un " breakdown " n'exige pas de forts volumes pour être valable. Les titres peuvent littéralement tomber sous leur propre poids. Il devrait tout de même y avoir une hausse des volumes.

Le retour ou Pullback. Après qu'une valeur ait cassé son " trading range " et s'oriente à la hausse , il y a très souvent au moins une correction de " prise de bénéfices " qui ramène les cours de la valeur à proximité du point de " breakout " initial (dans ce cas 12 1/8). C'est une deuxième chance qui nous est offerte pour augmenter notre position d'achat (en particulier, si le retour s'est produit sur des volumes en forte diminution). A l'opposé, après un " breakdown " sous une zone support, le cours s'oriente à la baisse; il y a d'habitude un retour qui remontera les prix vers le niveau de cassure (dans ce cas 25 7/8). Si cela arrive sur de très légers volumes, c'est un point d'entrée idéal pour vendre le titre à découvert.

La courbe de tendance ou Trendline. Si vous prenez une règle et reliez deux creux quelconques sur un graphe donné, vous aurez ainsi tracé une courbe de tendance. Il y a cependant une énorme différence entre une courbe de tendance et une courbe de tendance " significative " ! Une courbe de tendance " significative " sera au moins touchée trois fois. Le graphe 1-7 (SKYLINE) nous montre une courbe de tendance significative. Elle fut touchée quatre fois avant de casser à la cinquième mise à l'épreuve.Voilà des lignes qui, une fois cassées, devraient déclencher des alarmes, car de telles cassures marquent des changements majeurs dans la direction de la tendance. Une cassure par le bas d'une droite de tendance ascendante est négative, tandis qu'une cassure par le haut d'une droite de tendance descendante sera positive. (Vous remarquerez qu'une fois que SKYLINE a cassé sous sa droite de tendance ascendante, la valeur est carrément tombée.) Il est important aussi que vous réalisiez le fait suivant: plus forte est la pente d'une droite de tendance donnée, moins significative sera sa cassure par le bas. Si vous avez une ligne ascendante à pente très prononcée, (graphe 1-8), une cassure au-dessous de cette droite peut tout simplement vouloir dire que le titre (ou l'indice de marché) montera à présent moins vite, car le " taux d'ascension " antérieur n'était tout simplement pas soutenable. Plus une droite de tendance sera proche de l'horizontale, plus les implications que nous tirerons de sa cassure seront négatives. Inversement, plus l'angle

Graphe 1-7

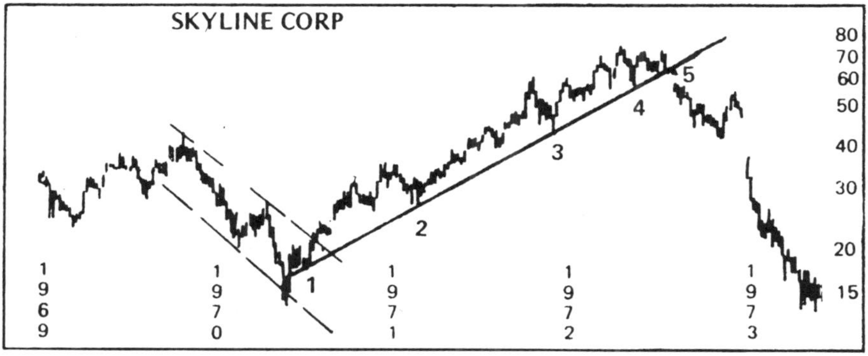

SOURCE: Data Graph

Graphe 1-8

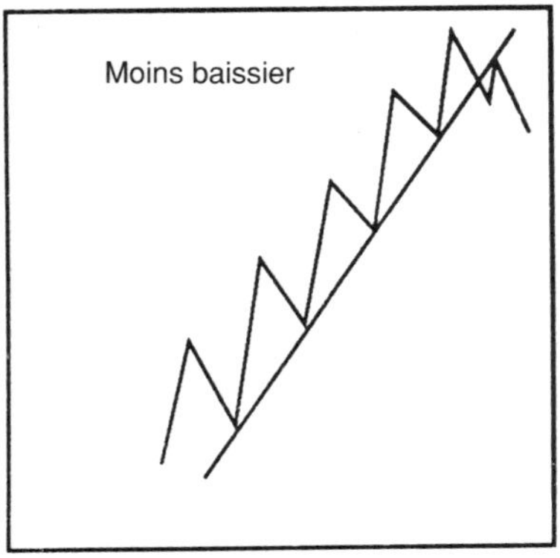

Graphe 1-9

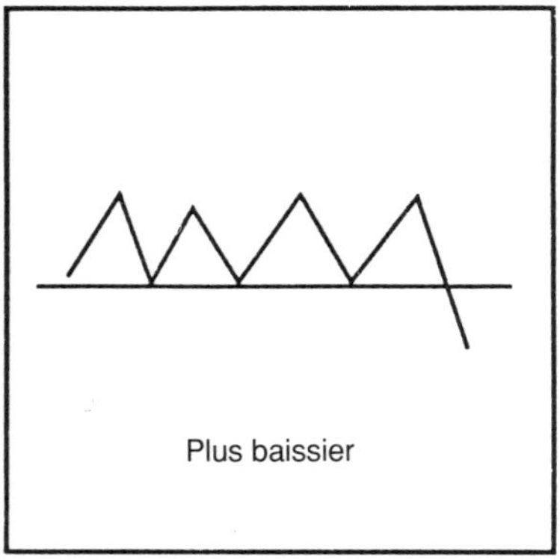

de chute d'une droite descendante sera fort (graphe 1-10), moins " bullish " ou positives en seront les implications quand la droite sera cassée. Tout cela veut dire que la valeur va à présent tomber avec un taux de chute moins fort, spécialement si la valeur est sous sa moyenne mobile à long terme. Cependant, plus cette droite de tendance est proche de l'horizontale, plus sa cassure par le haut aura des implications " bullish " (graphe 1-11). Les signaux les plus " bullish " sont donnés quand une droite de tendance très importante est cassée par le haut, et que les jours suivants, sa moyenne mobile long terme est aussi dépassée par le haut. A l'opposé, les implications

Graphe 1-10

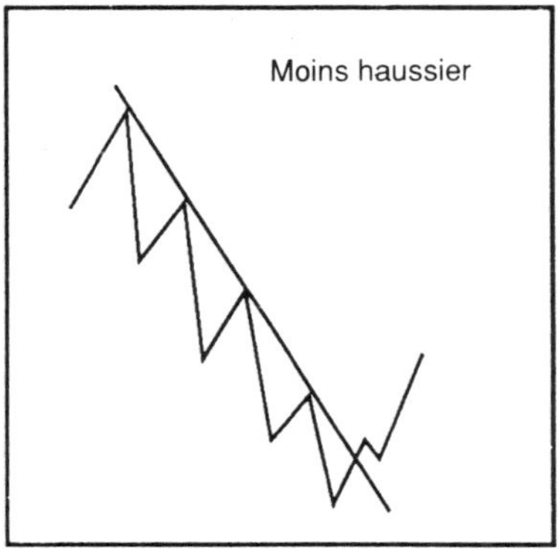

Graphe 1-11

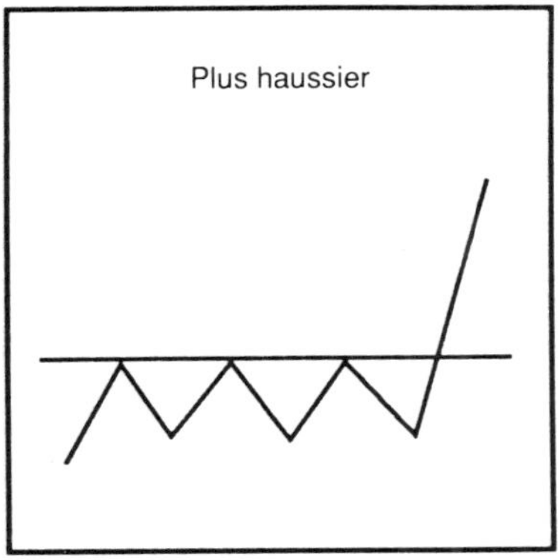

les plus négatives seront tirées d'une courbe de tendance significative cassée par le bas. Dans les jours qui suivent, la moyenne mobile long-terme sera, elle aussi, cassée par le bas.

Tendance haussière ou Uptrend. Tout simplement une série de pics et de creux de plus en plus élevés sur une valeur donnée (ou indice de marché) qui dure au moins sur plusieurs semaines et jusqu'à plusieurs années(voir graphe 1-6).

Tendance baissière ou Downtrend. Une série de pics et de creux de plus en plus bas sur une valeur donnée (ou indice de marché) qui, là encore, peut durer de plusieurs semaines à plusieurs années (voir graphe 1-6).

Des termes tels que trader, investisseur, long terme, court terme, sont relativement subjectifs. Il est pourtant important que vous sachiez ce que je veux dire quand je les utilise, car ce que l'un considèrera comme un investissement sera souvent pour l'autre une simple position de " trading ".

Trader. Quand je parle de trader dans ce livre, je ne parle pas forcément de gens qui achètent le matin et vendent dans l'après midi. Ma définition du trader est celle d'une personne qui cherche à capter tout mouvement significatif de marché à horizon de deux à quatre mois. C'est ce qui est d'après moi du " trading " intelligent. Acheter le lundi et vendre le mardi est intelligent uniquement dans le cas où vous voudriez enrichir votre " broker ".

Investisseur. Mon horizon d'investissement n'est pas supérieur à douze mois. Cela ne veut pas dire que vous ne garderez pas telle ou telle valeur plus longtemps. Je pense tout simplement que cela ne veut plus rien dire de parler de marchés ou d'actions en termes de trois, quatre ou cinq ans. Il y a de trop nombreuses variables, de trop nombreux cycles qui peuvent entrer en ligne de compte sur des durées aussi longues.

Cout terme. D'après moi, les mouvements court terme sont des mouvements de cycles d'une durée de une à six semaines.

Moyen terme. Ce sont des cycles qui courent de six semaines à approximativement quatre mois.

Long terme. Ma définition du long terme est de quatre à douze mois. Les tendances majeures sont des tendances long terme. C'est sur cet horizon que se développent les structures graphiques les plus importantes à regarder de près. Si vous êtes en phase avec les tendances long terme, vous vous sortirez toujours d'affaire même quand vous vous serez trompés sur votre " timing " court terme.

Force relative. Comment une action donnée ou un secteur donné agit par rapport au marché. Si, par exemple le titre XYZ gagne 10 pour cent alors que le marché s'apprécie de 20 pour cent, cela traduit une mauvaise force relative de la valeur, même si elle aussi s'est appréciée. D'un autre côté, si le titre

XYZ perd 10 pour 100, alors que les indices de marché laissent 20 pour cent, c'est une bonne force relative de XYZ malgré la perte. On calcule la force relative simplement en divisant le prix de la valeur (ou de l'indice de groupe) par le prix de l'indice de marché.

Vente à découvert. C'est la plus incomprise et la plus sous-utilisée des techniques de gestion boursière. Les " pros " l'utilisent, mais neuf investisseurs sur dix n'ont jamais essayé. Vendre à découvert, c'est placer un ordre de vente sur des actions qui ne nous appartiennent pas actuellement, dans l'attente de voir leurs prix tomber dans le futur. Si vous vendez XYZ à découvert à 20, vous empruntez les actions à votre " broker " pour les délivrer à l'acheteur. Si XYZ tombe à 10, comme vous l'espériez, alors vous achetez les actions XYZ sur le marché pour remplacer celles que vous devez à votre " broker ".

Ainsi vous gagnez 10 $ par action. Alors, qui vous a dit qu'on ne pouvait pas gagner d'argent sur des marchés baissiers ?

Je consacrerai un chapitre entier à la vente à découvert le moment venu.

Maintenant que vous avez lu chacune de ces définitions et avez au moins une connaissance de base, retournez au Graphe 1-6 et étudiez-le à nouveau. Vous devriez maintenant mieux comprendre ce qui s'y passe. Si, dans les chapitres suivants, vous oubliez ce que veut dire un terme ou n'en n'êtes pas sûr à cent pour cent alors relisez-en la définition dans ce chapitre.

Le prochain concept intéressant que nous allons voir c'est le graphe en lui-même. Avant d'y arriver, je vous propose un test rapide pour savoir si vous avez bien saisi ces principes de bases. Les réponses sont à la fin du test.

TEST

1. La valeur XYZ passe de de 50 à 60, soit un gain de 20 pour cent. Au même moment, le Dow Jones des valeurs industrielles (l'indice de marché) gagne 25 pour cent. C'est un exemple de bonne force relative. **V F**

2. Plus souvent une droite de tendance est touchée sans être cassée, plus cette droite est significative, et plus importante en sera une cassure. **V F**

3. Plus l'angle d'ascension d'une droite de tendance est fort, moins sa cassure par le bas sera significative. **V F**

4. Le fait qu'une action s'engage dans une zone de transaction est un signal " bullish " car cela nous montre que les acheteurs sont plus agressifs que les vendeurs. **V F**

5. Une valeur est dans un " trading range ", puis tombe à 8 avant de rebondir. La seconde chute s'arrêtera à 8 1/2 avant de remonter, puis elle retombera à 8 1/4 avant de rebondir. Cette zone 8-8 1/2 est considérée comme une zone de support. **V F**

6. Plus longtemps une zone de résistance est touchée sans être dépassée, plus la violation éventuelle de cette zone sera “ bullish ”. **V F**

7. N'achetez jamais une action qui s'échange au-dessous de sa MM 30, peu importe alors la qualité de ses “ fondamentaux ”. **V F**

8. Une valeur qui casse au-dessus de sa zone de résistance sur des volumes en baisse est un bon achat, car cela montre que les vendeurs sont de plus en plus faibles. **V F**

REPONSES

1. Faux. En pourcentage, le titre a gagné moins que la moyenne du marché, montrant une faible force relative.
2. Vrai
3. Vrai
4. Faux. Un “ trading range ” est un terrain neutre où les acheteurs et les vendeurs se montrent de forces égales.
5. Vrai.
6. Vrai.
7. Vrai.
8. Faux. Les valeurs qui cassent sur des volumes en expansion sont de bonnes valeurs. Les cassures sur des volumes bas ont de plus fortes chances d'être des faux signaux, car elles démontrent des forces d'achat moins puissantes pour les propulser de l'avant.

LES GRAPHIQUES – IL Y EN A POUR TOUS LES GOUTS

Bien qu'il y ait plusieurs types de graphiques disponibles (quotidiens, hebdomadaires, mensuels), il y en a deux fondamentaux avec lesquels nous devrions nous familiariser. Je vous les présenterai tous, mais je vous montrerai essentiellement les plus faciles et les plus pratiques à utiliser pour les “ traders ” et pour les “ investisseurs ”.

D'abord, il y a un trait ou bâtonnet, qui décrit le volume ainsi qu'un autre reliant le plus haut cours, le plus bas cours et le cours de clôture pour une période déterminée. Le second type de " chart " est le " point et figure " (voir graphique 1-12 de MARION LABS), qui enregistre seulement les changements de prix et ignore, à la fois, et le temps et les volumes. Ainsi, à supposer qu'une valeur enregistre de fortes oscillations un jour donné, sur " point et figure " nous aurons alors plusieurs pointages pour cette même journée.

Si, en revanche, la valeur s'échange sans changement de prix pendant les jours suivants, nous n'aurons pas d'autres pointages, puisque nous n'aurons aucun changement de prix à enregistrer. Les " point et figure " sont en fait des résumés compacts de l'action des prix (ce graphe P e t F de Marion Labs reprend 20 ans d'historique). Ils sont très pratiques pour localiser des formations importantes, identifier des zones de support (où un titre arrêtera son déclin) et de résistance (où une avancée rencontrera des obstacles). J'utilise pour ma part ces graphiques conjointement à mes autres graphes.

Graphe 1-12

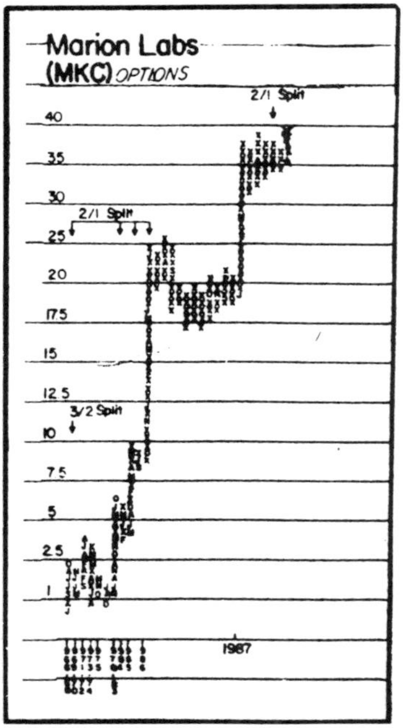

COURTESY: MARKET CHARTS
20 Exchange Pl.
New York NY 10005
212-509-0944

Quand j'analyse une valeur, ces graphes ne devraient jamais être utilisés seuls car ils ne comportent ni volumes, ni moyennes mobiles. De plus, cette technique est bien plus difficile à maîtriser. Aussi, dans ce livre, je m'en tiendrai aux graphes en bâtonnets. Dès que vous aurez compris leur utilisation, les graphes en bâtonnets pourront vous aider à gagner de beaux profits.

Retournons donc à l'analyse des graphes en bâtonnets. Peu importe la durée de la période étudiée, mais pour cette illustration (Graphe 1-13), prenons comme hypothèse qu'il s'agit des échanges d'une seule journée (graphe quotidien). Si le plus haut du jour est 18 et le plus bas 16 1/2, tout ce que vous avez à faire est de marquer d'un point ce plus haut (18) et ce plus bas (16 1/2) puis tracer un trait entre ces deux points. Si XYZ a clôturé ce jour là à 17 1/2, vous tracez un trait horizontal en ce point. De même, pour les volumes, nous aurons une échelle séparée en bas du graphe et sur le même axe jour. Si le volume des échanges se montait à 25.000 actions, alors vous n'avez qu'à mettre un point à ce niveau et tracer le trait le reliant au point 0 sur cette même échelle. Le jour suivant, le haut était à 18, le bas à 17 et la clôture à 17 . A droite du bâtonnet que nous venons de tracer, nous pointerons à nouveau 18 et 17 en " bas " et " clôture ". Supposons que les volumes échangés aient été de 20.000 actions pour ce deuxième jour.

Graphe 1-13

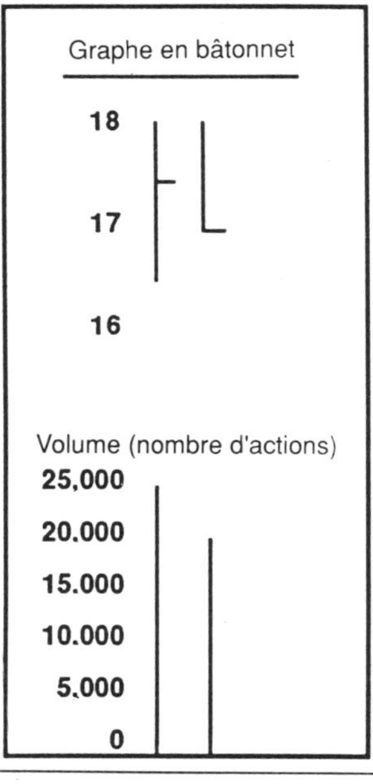

Voilà donc comment tracer un graphe en bâtonnets. Il n'y a rien de mystérieux, et c'est certainement bien simple à faire une fois que vous vous serez un peu exercé. Une seule différence pour un graphe hebdomadaire : vous pointerez alors les hauts, bas et la clôture de la semaine entière (du lundi au vendredi).

Vous pointerez aussi les volumes pour l'ensemble de la semaine. Sur des graphes à très long terme,vous pourrez faire la même chose pour un mois en entier (haut, bas, clôture et volumes pour le mois). Les graphes 1-14 , 1-15 et 1-16 montrent des exemples de chaque type de graphique.

Ces trois types de graphes ont chacun leur intérêt. Les graphes quotidiens (1-14) sont sans doute les meilleurs pour le " trading " à court terme qui s'intéresse aux évolutions courtes. Les graphes mensuels (1-16) sont à l'autre bout du spectre et sont utiles aux investisseurs très long terme s'intéressant aux tendances sur plusieur années. Entre ces deux extrêmes nous trouvons les graphes hebdomadaires Mansfield (1-15) qui sont un bon compromis entre les deux précédents. Leur “ définition de l'image ” est assez bonne pour faire du “ trading ” (bien que les traders à très court terme devraient utiliser des graphes quotidiens). Ils sont plus particulièrement utiles pour déceler les mouvements importants qui intéressent les traders moyen terme (plusieurs mois) et les investisseurs.

Graphe 1-14

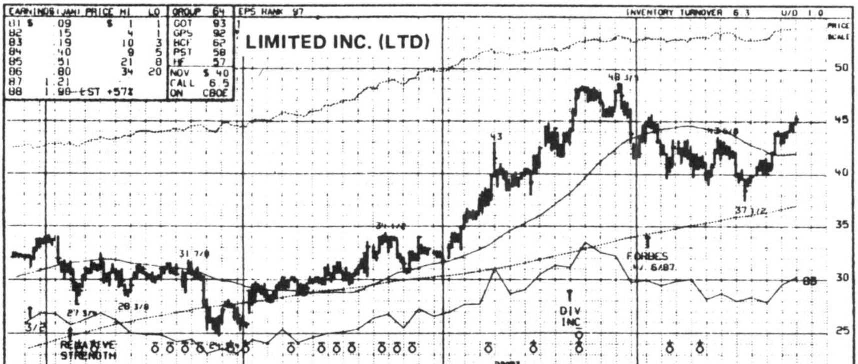

CHART COURTESY: DAILY GRAPHS AND LONG-TERM VALUES P.O. BOX 24933 LOS ANGELES, CA 90024 (213)820-7011

Graphe 1-15

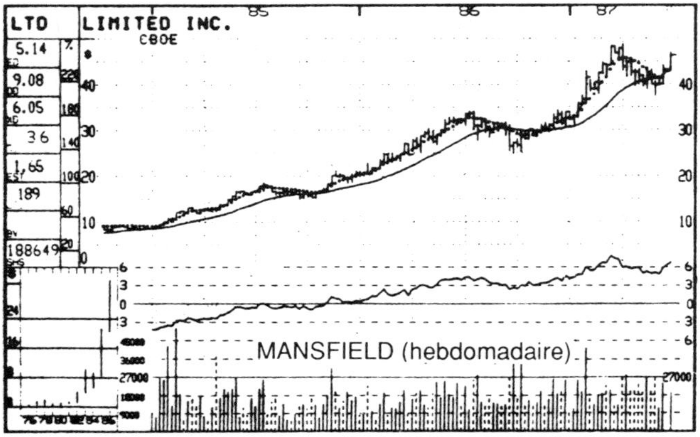

COURTESY OF MANSFIELD STOCK CHARTS

Graphe 1-16

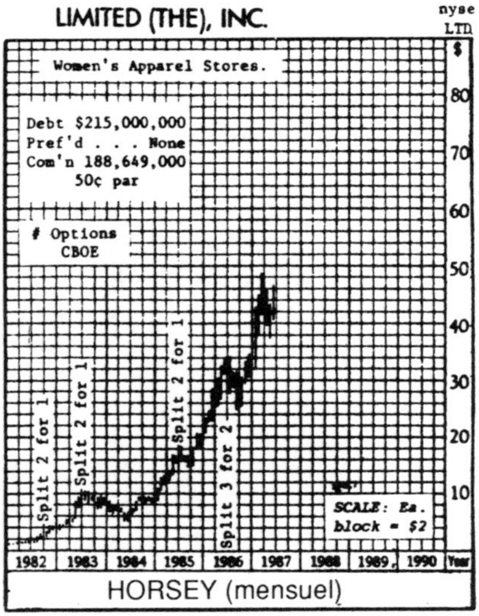

COURTESY OF HORSEY STOCK CHARTS
SALISBURY, MARYLAND 21801
301-742-3700

Bien que nous nous référerons aux deux autres types de graphes dans le cours du livre, nous travaillerons essentiellement sur les graphes Mansfield hebdomadaires, les plus versatiles pour l'investisseur car ils montrent en particulier plus de deux ans d'historiques de cours boursier à la fois. Néanmoins, sachez que les trois sont excellents, et que chacun sert un objet précis (6).

LA LECTURE DES GRAPHES MANSFIELD

Maintenant, passons aux choses sérieuses et étudions un graphe Mansfield hebdomadaire (graphe 1-17). Si vous n'en n'avez jamais vu, ne paniquez pas !, je vous promets que dans cinq minutes vous y verrez plus clair. Si, en revanche , vous êtes déjà un analyste expérimenté, vous pourrez rapidement survoler les deux pages suivantes pendant que les autres rattrapent leur retard.

Je ne vous accablerai pas de détails. Si la plupart des éléments portés sur ces graphes sont essentiels, d'autres ne sont pas indispensables et les analyser vous rendrait la tâche plus compliquée. J'en resterai à l'essentiel: ce qui compte pour vous faire gagner.

1. La première chose à regarder sont les pointes " haut-bas-clôture ". Les prix sont la composante la plus importante du graphe, car ils se déroulent en prenant des formes qui vous donneront des clés et des indices subtils quant aux mouvements qui vont suivre.

2. Le deuxième facteur à étudier, ce sont les volumes par semaine. Si les volumes gonflent alors que les prix montent, et s'ils baissent avec les prix, ce sera un signe positif. Comme nous l'avons déjà dit et vous le redirons maintes fois dans ce livre, il est primordial QUE LE VOLUME SOIT IMPORTANT ET EN EXPANSION SUR UNE CASSURE PAR LE HAUT. De forts volumes sont le signe d'achats puissants et " urgents " qui propulseront la valeur bien plus haut.

3. Le troisième élément important apparaissant sur ces graphes est la moyenne mobile à 30 semaines : MM30. Les graphes Mansfield ne donnent pas une MM30 classique où les trente observations ont la même pondération. Au contraire, ils donnent une moyenne mobile pondérée à trente semaines, sur laquelle le comportement le plus récent compte bien plus que le plus ancien.

(6) Avant de faire une recommandation au PTR, j'étudie chacun d'eux.

Graphe 1-17

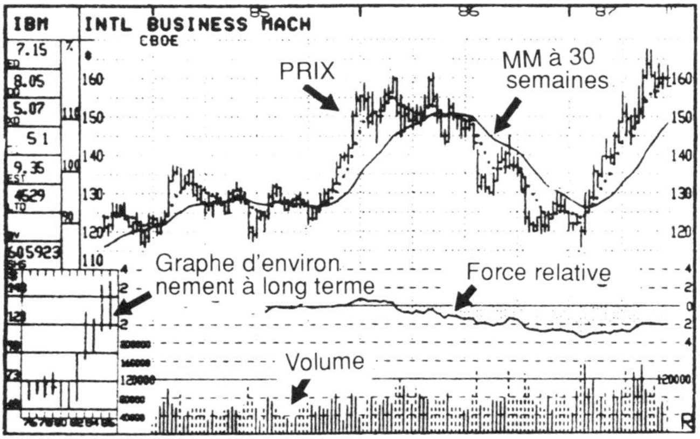

COURTESY OF MANSFIELD STOCK CHARTS

Cela rend la moyenne mobile bien plus sensible à l'activité présente ou récente et lui permet de se retourner plus rapidement. L'inconvénient de la méthode des moyennes mobiles pondérées est que nous aurons plus de faux signaux. Mais étant donné qu'il s'agit d'une moyenne mobile à long terme, les signaux lancés seront malgré tout valables le plus souvent. Rappelez-vous notre règle: ne jamais acheter une valeur, même si elle vous paraît bon marché face à ses " fondamentaux ", même après une chute importante si elle s'échange toujours au-dessous de sa moyenne mobile à 30 semaines. La performance des prix vous lancera toujours un signal clair s'il y a un ver dans la pomme! Dans ce cas, ne songez même pas à l'acheter! A l'opposé, ne vendez jamais à découvert une valeur qui s'échange au-dessus de sa moyenne mobile ascendante même si son P.E.R. paraît outrageusement élevé.

4. Le quatrième point à vérifier c'est l'environnement long terme. Il s'agit là des " hauts-bas " sur l'année qui apparaissent dans un cadre, en bas à gauche, sur les graphes Mansfield.

L'utilité de cet indicateur est la suivante : il vous aide à replacer le cours actuel d'une action dans son contexte historique. Quand une cassure par le haut plaça GOODYEAR TIRE à un nouveau plus haut pour 1986 (voir graphe 1-18), un coup d'oeil rapide au graphe historique vous aurait confirmé qu'il s'agissait aussi d'un plus haut historique depuis plusieurs années. Voilà une situation particulièrement favorable montrant qu'il n'y a plus aucune résistance au-dessus de la valeur. Nous voilà en territoires vierges où il n'existe pas de vendeurs potentiels qui essaieraient de " sortir sans perdre " d'une position .

Graphe 1-18

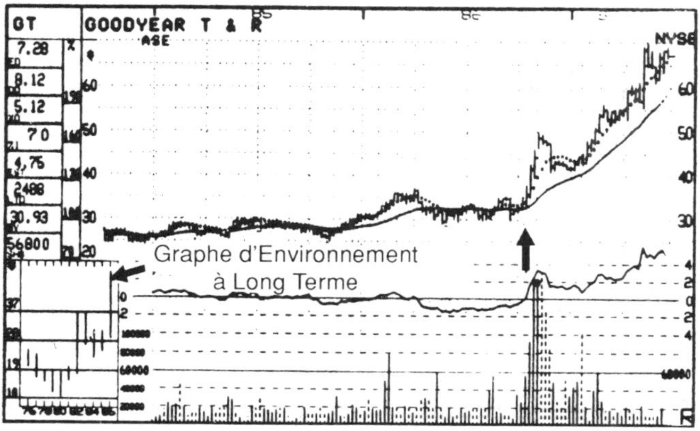

COURTESY OF MANSFIELD STOCK CHARTS

En l'absence de vendeurs, l'action peut encore monter. C'est d'ailleurs ce que fit GOODYEAR fin 1986 et début 1987. Ce n'est pas par hasard si cette valeur a entamé une reprise bien plus puissante, après avoir cassé sa résistance à 37, qu'elle ne l'a jamais fait au cours des années précédant cette cassure.

A l'opposé, une cassure par le bas qui " descend " un titre à un nouveau bas annuel traduit une situation dangereuse. Si, après avoir regardé l'historique long terme, il se confirme, en plus, que le titre a cassé tous ses plus bas historiques précédents, vous devez reconnaître que vous êtes confronté à une situation particulièrement " bearish " et dangereuse. Evitez alors d'acheter dans ces conditions.

CAMPBELL RESOURCES (graphe 1-19) nous fournit l'exemple parfait de ce qui se passe dans une telle situation : CAMPBELL cassa sous 7 1/2 et finalement enregistra un plus bas à 75 cents avant de se retourner.

5. La dernière caractéristique importante que nous surveillons sur un graphe sera la courbe de résistance. Tant que cette droite sera dans une tendance baissière, ne songez même pas à acheter le titre, même s' il casse une résistance sur le graphique des prix. Une mauvaise force relative montre que c'est encore un mauvais compétiteur comparativement à l'ensemble des valeurs du marché. D'un autre côté, si la ligne de force relative est sur une tendance ascendante, ne songez pas à vendre le titre à découvert même s'il casse à la baisse sur le graphe des prix. Une autre utilisation importante de la droite de force relative est de surveiller les situations où la droite passe de

Graphe 1-19

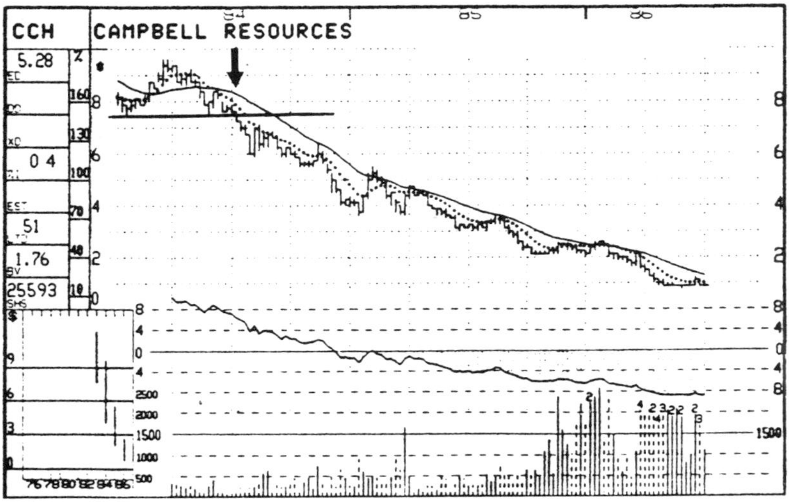

COURTESY OF MANSFIELD STOCK CHARTS

Graphe 1-20

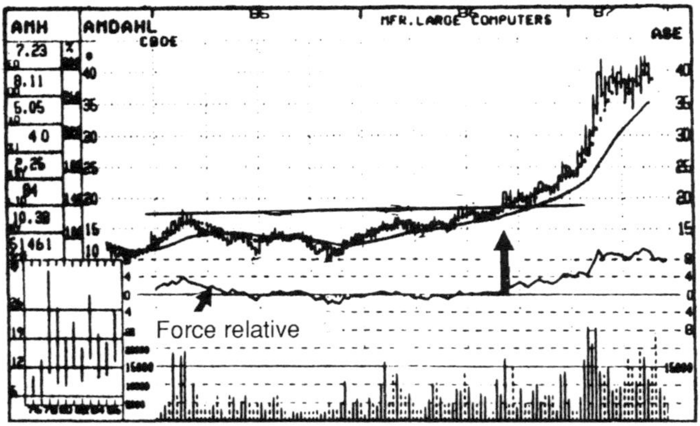

COURTESY OF MANSFIELD STOCK CHARTS

territoire négatif (sous la ligne des zéro) en territoire positif. C'est un autre signal favorable. Dans des exemples tels que celui d'AMDAHL (graphe 1-20) et NEWMONT MINING (graphe 1-21) - toutes deux des valeurs recommandées par PTR pendant l'été 1986 (voir flèches) - où la cassure de la résistance était accompagnée par le passage de la droite de force relative en territoire positif, les probabilités d'acheter un vrai gagnant étaient substantiellement augmentées. A l'opposé, quand une cassure des prix à la baisse va de pair avec un passage de la ligne de force relative sous le niveau zéro, (voir graphes 1-22 et 1-23) alors, " sauve qui peut " !. Ce sont des cas extrêmement négatifs où il importe peu de connaître la situation fondamentale des titres concernés. OCEAN DRILLING et READING AND BATES vous montrent ce qui peut arriver. Bien que ces deux titres aient nettement baissé avant que leur ligne de force relative ne soit passée en territoire négatif une fois le niveau zéro franchi, la chute se poursuivit et s'accentua.

Voilà! C'est tout ce que vous devez savoir pour tirer profit de la lecture des graphes. Bien sûr, il y a bien plus à apprendre sur l'analyse graphique; de nombreux livres excellents ont été écrits sur ce sujet. Mais vous venez d'apprendre les leçons sur la lecture des graphes, qui se traduisent par dè gros profits. Avec en main ces outils simples, vous êtes maintenant prêt à commencer à " charter votre chemin " vers un avenir bien plus riche.

Graphe 1-21

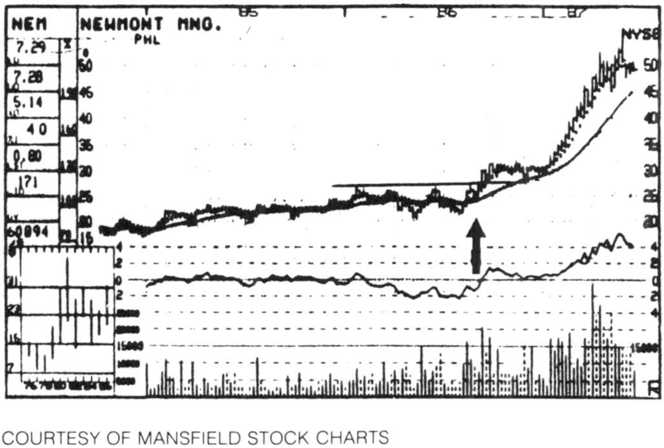

COURTESY OF MANSFIELD STOCK CHARTS

Graphe 1-22

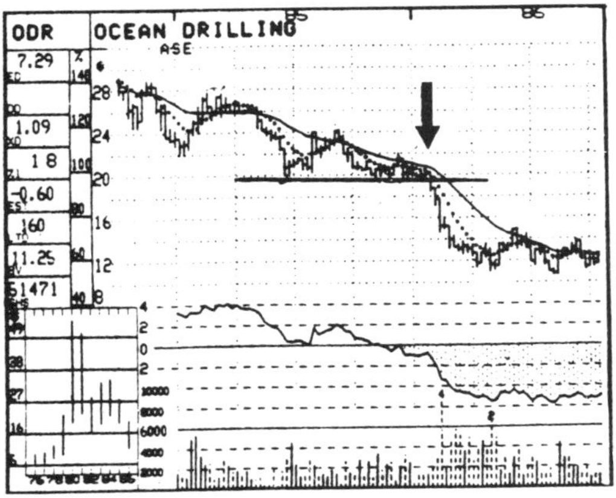

COURTESY OF MANSFIELD STOCK CHARTS

Graphe 1-23

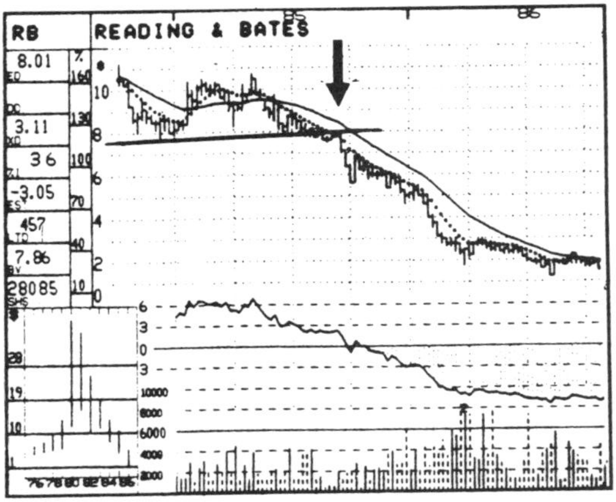

COURTESY OF MANSFIELD STOCK CHARTS

CHAPITRE 2

UN SIMPLE COUP D'ŒIL VAUT BIEN DES DIZAINES DE PREVISIONS FINANCIERES

Ce titre exprime bien une de mes profondes convictions. Il vous suffit de regarder le graphe d'une valeur comme GENERAL MOTORS - qui avait des revenus en hausse en 1981, alors que l'action chutait de 58$ à 34$ - ou un titre comme GREENWICH PHARMACEUTICALS qui passa de 3$ à 19$ en 1986-87, période pendant laquelle la société enregistra des pertes. Pour comprendre les évènements, gardez toujours en mémoire cette vérité première: " le TAPE vous dit tout ", à nous de bien l'écouter.

Vous êtes maintenant prêt à commencer à travailler sur votre diplôme d'"analyste technicien", et à apprendre l'application de mes méthodes. Ainsi le marché vous apparaîtra moins mystique et plus profitable. Regardez ce graphique des Phases (graphe 2-1). Si une illustration vaut bien mieux qu'un long discours, alors vous avez sous les yeux un exemple parfait! Etudiez ce graphe un instant à partir de maintenant . C'est ainsi que vous allez analyser marchés et valeurs. Une fois que vous aurez saisi cette technique essentielle, investir sur les marchés d'actions, d'options , de Sicav, de matières premières et autres ne sera plus qu'un jeu d'enfant. Vous pourrez jetter un oeil sur tout livre de " charts " et trouver très vite les quelques valeurs méritant d'être étudiées plus en profondeur, et éliminer le gros des titres ne méritant pas plus ample réflexion. Rappelez-vous cette règle simple: toute valeur est forcément dans l'une des quatre phases de marché que nous étudierons. Votre travail sera de trouver dans laquelle il se situe. Ces quatre phases de cycle, comme illustrées sur le graphe 2-1, sont les suivantes: 1- la phase de plancher, 2- la phase d'avancée, 3- la phase de sommet, et 4- la phase de chute.

Graphe 2-1

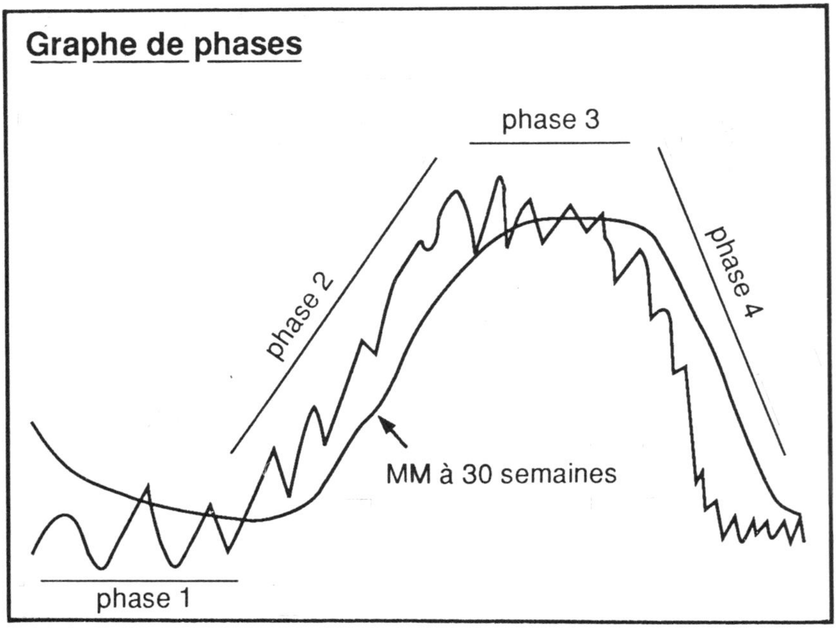

PHASE 1: LA PHASE DE FONDATION

Après la chute du titre XYZ sur plusieurs mois, l'élan baissier se ralentit en remontant.

Ce qui se passe alors, c'est qu'achats et ventes s'équilibrent enfin, alors que précédemment les vendeurs étaient bien plus forts, ce qui explique pourquoi le marché a chuté. Le volume, en général diminuera ou s'assèchera alors que se formera le plancher. Mais les volumes vont souvent gonfler en fin de Phase 1, même si les prix stagnent. Cette action indique que le " dumping " de titres par les investisseurs dégoûtés ne suffit plus à faire tomber les cours . Les acheteurs qui rentrent à ces niveaux sur la valeur ne demandent plus de concessions sur les prix. Voilà une indication favorable.

Voyez en la traduction sur le graphe. D'abord, la moyenne mobile à 30 semaines commence à s'aplatir. De plus, des " reprises " et " déclins " intermittents pousseront les prix de part et d'autre de MM30. Pendant cette phase, il y aura habituellement plusieurs oscillations entre un support au bas du " trading range " et une résistance en haut de ce couloir. Cette phase de fondation pourra prendre des mois et même des années à se développer.

C'est à ce moment là que beaucoup d'opérateurs seront pris de " démangeaisons " et essaieront d'acheter la valeur à son prix plancher. Ce n'est pas une bonne stratégie. Même si vous arrivez à acheter au plancher, vous risquez de bloquer votre argent sans raisons pendant longtemps, et le temps c'est de l'argent ! Pire encore, les investisseurs " précoces " seront souvent impatients et vendront, après avoir perdu des mois sur une action à des prix décevants (en dents de scie) juste avant que les cours ne remontent.

Etudions le graphique 2-2 de BETHLEHM STEELL, qui est en phase 1 (hachures). On remarque qu'après avoir dégringolé de 22 à 4 5/8, le titre a réussi a regagner sa chute et même à dépasser la moyenne mobile. Au cours de la deuxième phase de baisse, le titre est redescendu légèrement en dessous de la moyenne mobile.

Et au cours de la deuxième reprise (sur un volume plus important), BS a cassé brutalement sa courbe de tendance alors que la moyenne mobile a commencé à grimper. Après avoir dépassé 9 3/8, le titre est fin prêt pour attaquer la phase 2, celle de la poussée à la hausse. Et, il atteint rapidement 17 1/4 les semaines suivantes.

Graphe 2-2

Phase 1 (partie sombre)

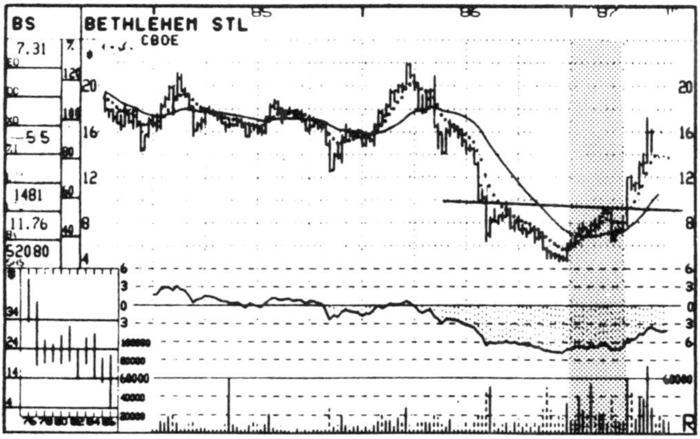

COURTESY OF MANSFIELD STOCK CHARTS

PHASE 2: LA PHASE D'AVANCEE

Le meilleur moment pour acheter se réalise lorsque les prix sautent au-dessus de la fondation pour entamer leur phase dynamique. Une telle cassure au-dessus du haut de la zone de résistance et de MM30 devrait se produire sur de très forts volumes. Cela marque le début de la Phase 2 d'avancée. Cependant, avant que la phase dynamique de la reprise ne s'engage, sachez que nous verrons une reprise initiale immédiatement suivie au moins d'un retour . Ce décrochage ramènera les prix près de leurs niveaux de cassure, ce qui vous donnera une belle occasion de faire de nouveaux achats à bas risque. Evitez d'attendre trop pour faire quelques sous de plus. Si la cassure se produit disons à 12 1/8, le retour pourra s'écraser à 12 3/8 ou 12 5/8, soit à proximité. Moins les prix reflueront, plus la dynamique haussière sera forte. Peut-être est-il intéressant de vous faire remarquer qu'au moment de la cassure les nouvelles fondamentales seront, le plus souvent, négatives. Et, à moins que votre " broker " ou conseil en investissement soit un technicien averti, il essaiera de vous dissuader d'effectuer votre achat.

En Phase 2, MM30 se retournera vers le haut, en général peu après la cassure. Ensuite la situation à laquelle nous serons confrontés sera particulièrement favorable, car les reprises successives porteront les prix toujours plus haut. De plus, les corrections elles-mêmes seront de plus en plus haut. C'est important ! Ne vous attendez pas à ce que les prix montent continuellement, même si la configuration technique est idéale. Le graphe 2-3 de INTERNATIONAL PAPER illustre bien mon propos : une fois le titre en Phase 2 (zone en gris) début 86, toutes les corrections à la baisse sont restées au-dessus de MM30, et toutes les reprises portèrent IP à de nouveaux hauts. Le marché nous jouera toujours des tours; c'est la raison pour laquelle tant d'investisseurs perdront de l'argent année après année. La bourse, et tout autre marché en l'occurrence, fera tout ce qui est en son pouvoir pour empêcher la majorité des investisseurs de gagner, et récompensera amplement la minorité des professionnels. Aussi attendez-vous à deux pas en avant, un pas en arrière. Tant que ces mouvements brusques et désordonnés se produiront au-dessus de MM 30, ne vous inquiétez pas : tout se passe comme prévu et des gains sont à la clé.

Graphe 2-3

Phase 2 (partie sombre)

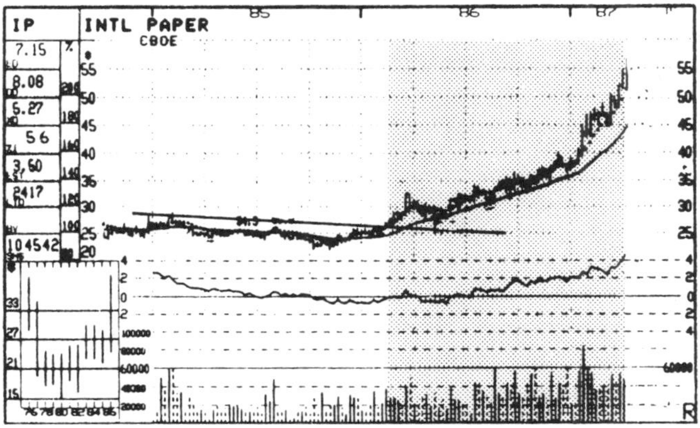

COURTESY OF MANSFIELD STOCK CHARTS

Après des mois de béatitude " bullish ", alors que les nouvelles fondamentales commencent à s'améliorer et que de plus en plus d'investisseurs prennent le train en route, les prix fléchiront progressivement , de plus en plus près de MM30. L'angle d'ascension de MM30 s'infléchira aussi considérablement. A ce niveau, le titre est " à garder " . Bien qu'il soit encore en Phase 2, il s'échange bien au-dessus de ses niveaux de support et il est enfin découvert par le gros de la communauté financière ; il est " sur-étendu " et n'est plus à conseiller à l'achat. A ces niveaux, tout achat devient très risqué.

Du point de vue de l'investisseur (nous verrons le trader plus loin), le moment idéal d'achat était soit sur la cassure initiale, soit plus tard, sur le retour vers le point de cassure (12 1/8 sur notre graphe 1-6 de XYZ). En ces points, alors que le titre était encore près de ses bases, le risque de baisse était minimal et le potentiel à la hausse illimité. Le couple risque/rentabilité était complètement à notre avantage. Maintenant, ce n'est manifestement plus le cas. De plus, plus nous avançons dans la phase 2, plus les prix auront des mouvements désordonnés, alors que les premiers acheteurs paniqueront sur les " sell-off " (périodes de fortes ventes); ils ne voudront effectivement pas perdre les excellentes plus-values enregistrées. Les retardataires profiteront des " sell-off " pour racheter, à bon compte pensent-ils, ces " valeurs chaudement recommandées " qu'ils viennent de découvrir. C'est alors que le titre sera entouré de rapports de presse élogieux et des rumeurs les plus folles. C'est aussi le moment où les émotions auront un impact très fort sur les décisions des uns et des autres. Je ne saurais assez vous rappeler le nombre de fois où j'ai vu des portefeuilles boursiers enregistrer des pertes énormes, les points d'entrée étant mal choisis. Soyez discipliné ! Si vous êtes un investisseur long terme, n'achetez qu'aux points d'entrée que nous avons déjà définis, soit tôt dans la Phase 2 (près de 12 1/8 pour XYZ). Si vous passez à côté d'une opportunité d'achat, ne paniquez pas et ne cherchez pas à acheter à n'importe quel prix. Soyez logique avec vous-même. Achetez franchement ou pas du tout. Bien sûr, un minimum de bon sens vous aidera . Si, par exemple, vous " manquez " l'achat à 12 1/8, un achat à 12 7/8 ne sera pas bien grave; par contre, payer 25$ ou 26$ pour le titre serait une bêtise ! Si vous avez manqué une bonne occasion, ne vous en faites pas. Avec des centaines de titres offerts, vous trouverez toujours de bonnes valeurs à de bons prix. C'est comme pour prendre un taxi, si vous manquez le premier, vous aurez le suivant !

PHASE 3 : LA ZONE PLAFOND

Toute les bonnes choses ayant une fin , en bourse, ce sera l'arrivée de la Phase 3. L'avancée perd de sa force et les prix entrent progressivement dans une phase en dents de scie. Les forces d'achat et de vente se rééquilibrent une fois encore . Pendant la Phase 2, les acheteurs étaient bien plus forts que les vendeurs. L' avancée s'achevant, les prix s'équilibrent et une structure symétrique à la structure de Phase 1 se forme .

Les volumes seront en général forts en Phase 3, et les mouvements de prix amples et saccadés. Si vous n'avez jamais entendu l'expression de " barattage " (action de battre la crème pour produire du beurre dixit Larousse, " churning " en anglais), cette phase en est l'illustration idéale. Les forts volumes sont provoqués par les nombreux acheteurs qui sont leurrés par l'amélioration des fondamentaux et en contrepartie par des vendeurs tout aussi nombreux qui, ayant acheté à bas prix, vendent en rafales et sortent du jeu. Voilà comment cela se traduira sur les graphes. D'abord MM30 perdra sa pente ascendante et s'aplatira. Alors que les corrections des prix en Phase 2 tenaient au-dessus de MM30, l'action maintenant sautille de part et d'autre de la moyenne mobile. Dès que la Phase 3 s'engage, les traders devraient s'échapper au plus vite avec leurs bénéfices ! Les investisseurs ont en revanche une plus grande latitude. Une fois cette étape atteinte, je conseille que les investisseurs prennent leurs profits seulement sur la moitié de leurs positions. Il est toujours possible que l'action casse une nouvelle fois par le haut, entrant de nouveau en Phase 2 d'avancée. S' il vous reste la moitié de votre position, vous pourrez profiter de cette nouvelle avancée. Il est tout de même impératif que vous protégiez vos profits sur l'autre moitié de la position en plaçant des ordres-stop juste au-dessous du bas des niveaux support les plus récents (25 7/8 dans ce cas). Pour l'heure, acceptez ces conseils pour argent comptant. Dans un prochain chapitre, nous vous montrerons précisément comment fixer vos stops; pas un investisseur sur cent ne sait le faire, et pourtant, il s'agit là d'un des secrets du succès en bourse.

Le graphe 2-4 de ICH Corporation est l'exemple parfait d'une Phase 3 (espace en gris). Remarquez comment la moyenne mobile arrête de monter, et comment ICH la casse par le bas, puis revient temporairement au-dessus. Bien que le P.E.R. n'ait été que de 10 à l'époque, et que le rendement soit encore en hausse, cette valeur, à l'évidence, avait déjà des problèmes. Une fois le niveau 24 traversé, le sommet de Phase 3 s'achevait et la Phase 4 était prête à se dérouler.

Dans le cours de la Phase 4, le titre a perdu plus de 50% en six mois, alors que le marché s'engageait dans un des " bull " les plus vigoureux de l'histoire des bourses américaines!

Soyez sûrs de bien dominer vos émotions en Phase 3, car les nouvelles sur le titre seront d'ordinaire très bonnes (forts bénéfices, distribution d'actions gratuites etc...). Là encore, ayez foi en ce que vous disent les graphes car, contrairement à vous et à moi, ils ne seront pas

Graphe 2-4

Phase 3 (partie sombre)

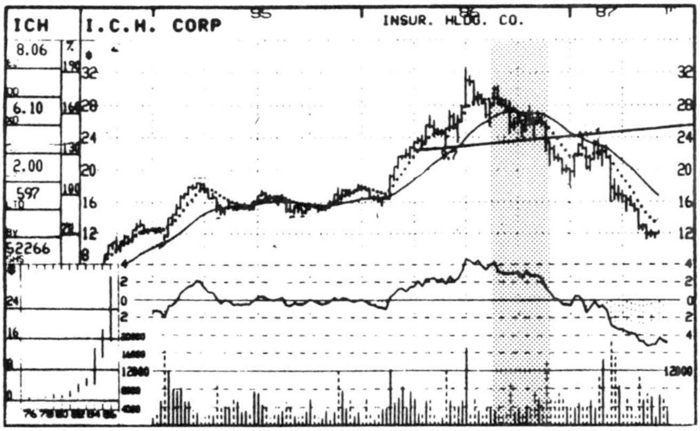

COURTESY OF MANSFIELD STOCK CHARTS

aveuglés par leurs émotions. Par l'apprentissage de cette discipline qui repose sur le strict suivi du message lancé par le marché sur les graphes, nous aussi, nous pourrons apprendre à garder notre sang froid, à être calmes et calculateurs, alors que d'autres se laisseront aveugler par leur peur et leur avidité. Aussi rappelez-vous bien cela: peu importe combien les fondamentaux sont puissants, combien les " ouï-dire " paraissent convaincants, vous ne devez jamais acheter une valeur dans cette phase car le ratio risque/rentabilité est contre vous.

PHASE 4 : LA PHASE DE CHUTE

Durant cette phase, les facteurs qui soutenaient les prix pendant la Phase 3 sont " étouffés " par le découragement et les pressions des vendeurs apeurés.On le constate de la manière suivante sur les graphes : après avoir fait des allers-retours dans une zone d'échange bien circonscrite, la valeur casse en fin de compte le bas de cette zone support. Sur notre graphe XYZ (1-6), nous avons une zone support à 26-26 1/2, une résistance autour de 30, et une moyenne mobile à peu près plate. A l'opposé de la cassure par le haut, qui exige UNE AUGMENTATION SIGNIFICATIVE DES VOLUMES POUR ETRE PRISE AU SÉRIEUX, UNE CASSURE PAR LE BAS DE PHASE 4 N'A PAS À ETRE CONFIRMÉE PAR DES VOLUMES SIGNIFICATIVEMENT À LA HAUSSE POUR ETRE VALIDÉE. Une augmentation des volumes sur la cassure suivie d'une baisse de ces volumes sur le retour confirme bien sûr une situation particulièrement critique; j'ai pourtant vu de nombreux cas où les titres passaient en Phase 4 avec des volumes relativement faibles et qui ont chuté très fortement malgré tout dans les mois suivants. Donc, bien qu'une hausse des volumes soit un signe baissier supplémentaire, ne vous laissez pas aller à une fausse impression de sécurité parce que les volumes ne sont pas importants [1]. D'une façon ou d'une autre, vous devrez solder votre position. Si votre " broker " est un fondamentaliste, il essaiera de vous dissuader de vendre, car les bénéfices ou d'autres facteurs fondamentaux sur le titre paraissent bien orientés. Et le sentiment dominant, quand cette phase 4 débutera, sera que le titre subit une correction. C'est ridicule . Une fois que la valeur casse en phase 4, le potentiel de hausse est infime (la vieille zone de support à 26-26 1/2 de l'action XYZ deviendra alors un plafond pour les

(1) Cependant quand vous cherchez à ouvrir des positions de vendeur à découvert, il est préférable que la cassure soit confirmée par de forts volumes, car ils traduisent des ventes " panique ", et la chute est souvent plus rapide.

prix, ou zone de résistance), alors que les risques négatifs sont devenus considérables.

A ce moment là, arrêtez tout, réfléchissez un instant et faites- vous une promesse : **engagez- vous à ne jamais plus acheter une action en Phase 4.** Engagez-vous aussi à ne jamais garder aucune des valeurs que vous aviez en portefeuille dès que celles-ci passent en Phase 4. Je vous expliquerai dans le chapitre sur les ordres-stop comment rendre cette promesse plus facile à tenir, comment rendre la décision automatique, sans états d'âme ni regrets, de manière mécanique et disciplinée.

Ne vous laissez pas prendre à ce jeu de “ machos ” qui consiste à “ surfer ” la chute. Tenir sa position en Phase 4 est un jeux masochiste et terriblement onéreux. Il n'y a rien de noble ou de courageux que de voir votre épargne durement gagnée, partir ainsi en fumée. La seule chose que vous ayez à faire pour apprendre cette leçon essentielle des marchés, c'est de vous passer le disque de Kenny Rogers “ The Gambler ”. Je suis très sérieux. Il y a plus de compréhension des marchés dans cette courte chanson que dans tous les clichés fondamentalistes qui inondent Wall Street ou Main Street. Ecoutez ces mots d'une grande sagesse :

“ Vous devez savoir quand les garder, savoir quand les plier, savoir quand les éviter, savoir quand prendre vos jambes à votre cou ”

Que vous jouiez au poker ou à la bourse, il est crucial d'apprendre à jouer toutes vos chances et à utiliser les tactiques des professionnels.

Quand bien même vous ne changeriez rien d'autre à vos tactiques boursières après avoir lu ce livre, si ce n'est de ne jamais garder ou acheter une valeur en Phase 4, je vous promets une amélioration si rapide de vos scores, que lorsque vous lirez votre prochaine déclaration de revenus, vous penserez que votre comptable a fait une erreur.

Comprenez bien, vous avez encore bien d'autres choses à apprendre avant de devenir un vrai gagnant, mais cette tactique est si importante que j'insiste sur ce point.

“ L'analyste de marché ” Kenny Rogers poursuit et nous dit que “ tout joueur sait que le secret de sa survie est de savoir ce qu'il doit jeter, savoir ce qu'il doit garder, car toute main est une main gagnante, ou perdante ”.

C'est encore très vrai. J'ai vu bien des portefeuilles qui, année après année, avaient plus de gagnants que de perdants. Pourtant, en fin de compte, ils s'en tiraient avec des pertes énormes. L'investisseur amateur crée son propre cauchemar quand il vend les valeurs gagnantes trop tôt et garde les valeurs perdantes qui deviennent des catastrophes, alors qu'elles s'engagent en Phase 4. Les joueurs plus sophistiqués enregistrent des super- profits car ils “ surfent ” les gagnants de Phase 2 jusqu'au bout et “ s'échappent ” immédiatement des valeurs à problèmes. Il s'agit donc bien de savoir " ce dont il faut se débarasser et ce qu'il faut garder ".

Penchez-vous sur votre propre expérience de la bourse. Combien de fois vous êtes-vous accroché à telle ou telle valeur que vous auriez dû vendre à 50, pour la voir tomber à 47, puis 45, et finalement 40 ? Est-ce vraiment une chance que votre conseil financier soit là pour vous tendre la main et vous assurer que la valeur vaut au minimum 50 (malheureusement le reste du monde civilisé n'est pas au courant). Toujours plein d'optimisme, votre " broker " vous suggèrera cette idée géniale: si le titre était un bon achat à 50, c'est un bien meilleur achat à 40. Ainsi, non seulement vous vous retrouvez sans avoir vendu, mais en plus vous aggraverez votre cas en vous engageant dans cette tactique dangereuse qui consiste à faire des moyennes à la baisse. Vous avez passé de nouveaux achat à 40, vous disant sans doute qu'ainsi vous récupèreriez vos pertes dès que le titre sera remonté à 45. Des mois plus tard, alors que la valeur, bon marché à 40, devient encore meilleur marché à 25, les mauvaises nouvelles fondamentales à l'origine de la baisse seront enfin rendues publiques. Pour couronner le tout, vous finirez par vous débarasser du titre à perte au moment où une fondation de Phase 1 est sur le point de se former.

Cela vous rappelle quelque chose ? Ce cauchemar ne sera plus jamais le vôtre, car vous ne serez plus à la merci de ces valeurs qui s'écroulent de plus en plus bas, tout en espérant qu'un rebond vous sortira d'affaire.

A l'opposé, vous garderez le contrôle de la situation; vous enregistrerez des profits ou une perte, si necessaire, et vous vous débarrasserez de tout titre pouvant vous abimer énormement en Phase 4. Rappelez-vous que le marché est une entité mécanique dénuée du pouvoir de la pensée qui n'a que faire du prix payé pour le titre. Si c'est un " perdant ", dites lui goodbye ! Autrement votre plus- value disparaîtra vite ou bien votre petite perte deviendra énorme !

Revenons maintenant au graphe 1-6 de l'action XYZ. Vous remarquez qu'elle a d'abord cassé sa résistance à 25 7/8 et est tombée une première fois à 23. Il y aura presque toujours une ou plusieurs " reprises " ramenant les prix au point de cassure, grâce aux " chasseurs d'affaires " qui considèrent la valeur bon marché (par rapport aux prix récents auxquels elle s'échangeait). Suite à quoi la baisse reprend de plus belle, et la moyenne mobile commence à tomber. D'un strict point de vue risque/rentabilité, se développe là la situation la plus dangereuse qu'on puisse rencontrer sur un marché. Voyez combien il est agréable de savoir qu'à partir d'aujourd'hui vous ne serez jamais plus " pris " dans une telle situation. Quand vous lirez votre quotidien financier, vous verrez que de nombreux échanges ont eu lieu sur la valeur; des gens achètent. Soyez heureux de ne pas être du lot.

Au cours d'une Phase 4, chaque baisse enregistre de nouveaux plus bas alors que toute nouvelle " reprise " n'arrive pas au niveau du pic précédent. C'est l'exemple type d'une tendance baissière. Pis encore, toute cette action négative se déroule alors que les prix sont sous leur moyenne mobile elle-même à la baisse. C'est malheureusement le moment choisi par les petits investisseurs pour essayer de faire une affaire, car ils pensent que la valeur n'a que trop baissé. Mais cueillir des étoiles filantes est le meilleur moyen de vous brûler !

Regardez un peu le graphe 2-5 de LEVITZ FURNITURE qui date du début des années 70. Vous voyez combien cette stratégie qui consiste à essayer de deviner un plus bas peut vous coûter cher (Phase 4 en gris sur le graphe). Au lieu de tomber dans ce piège, apprenez à lire les graphes boursiers et à utiliser les perspectives qu'ils vous donnent pour rester discipliné et de marbre dans votre quête pour les gros profits !

Graphe 2-5

GRAPHE DES PHASES

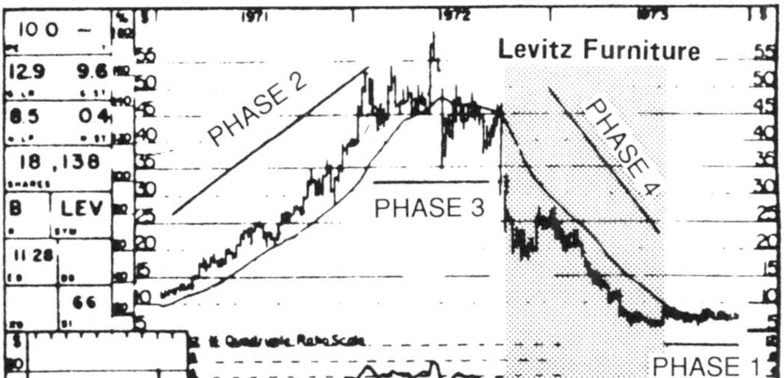

COURTESY OF MANSFIELD STOCK CHARTS

ACHETER LES NOMBRES

Maintenant que vous avez compris les concepts de l'analyse par phases, regardez les quatre graphiques suivants et assurez-vous que vous êtes d'accord sur la numérotation des Phases pour chacun d'eux à ce jour. (Je vous rappelle que la moyenne mobile est un bon point de départ pour analyser techniquement une valeur.)

Graphe 2-6

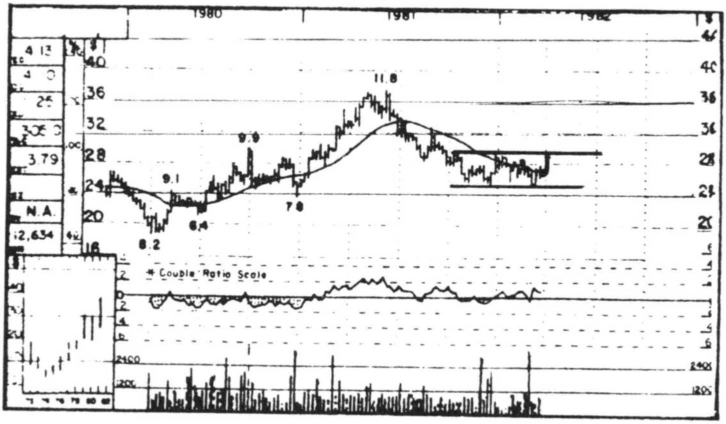

PHASE 1

COURTESY OF MANSFIELD STOCK CHARTS

Graphe 2-7

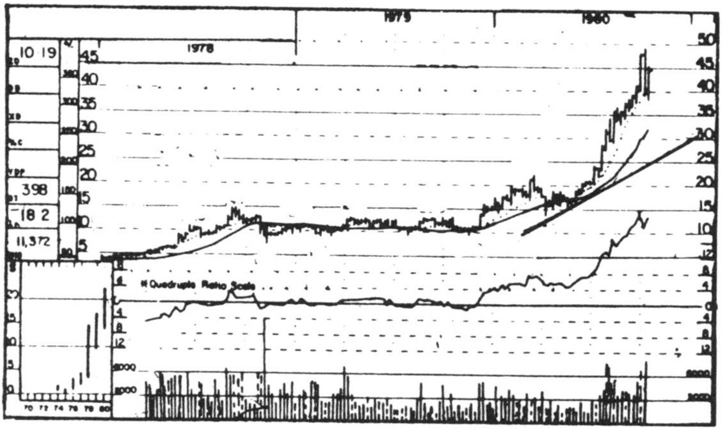

PHASE 2

COURTESY OF MANSFIELD STOCK CHARTS

Graphe 2-8

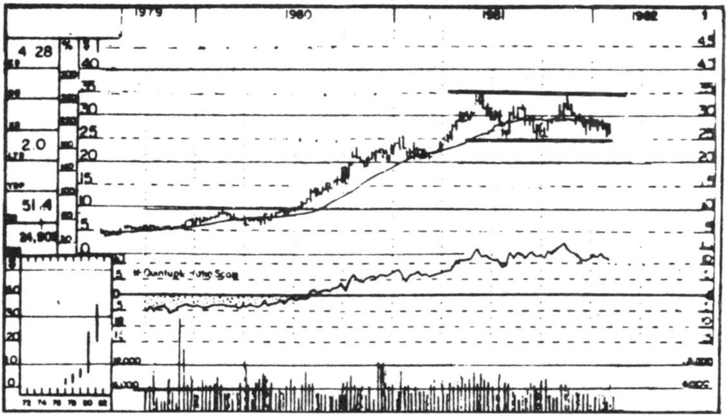

PHASE 3

COURTESY OF MANSFIELD STOCK CHARTS

Graphe 2-9

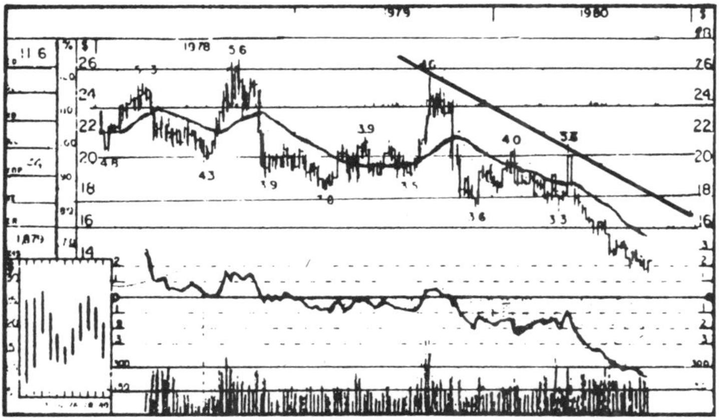

PHASE 4

COURTESY OF MANSFIELD STOCK CHARTS

MAINTENANT A VOUS DE JOUER

Voilà un petit test. Prenez le temps d'étudier ces graphiques boursiers et tâchez de savoir dans quelles phases ils se trouvent. Etudiez- les jusqu'à ce que vous soyez d'accord avec les réponses. Une bonne compréhension de la méthode aujourd'hui, vous aidera demain à gagner en bourse. Vous trouverez les réponses après les graphiques.

TEST

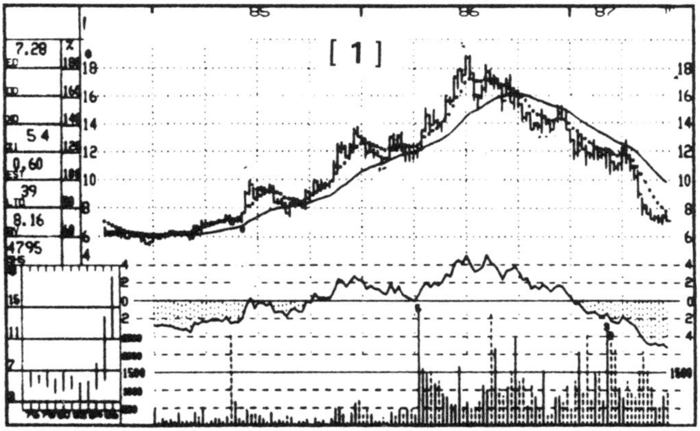

COURTESY OF MANSFIELD STOCK CHARTS

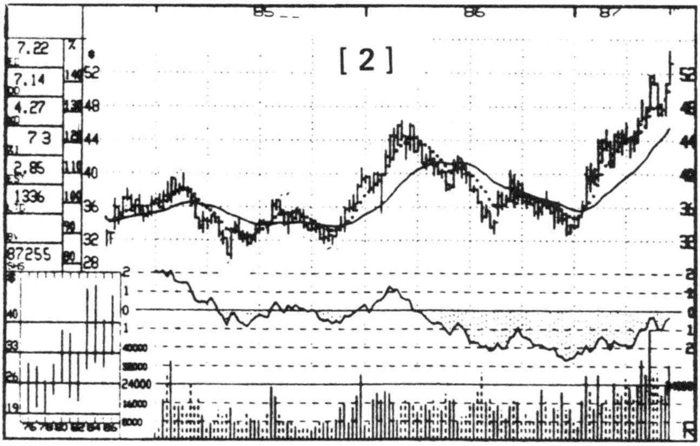

COURTESY OF MANSFIELD STOCK CHARTS

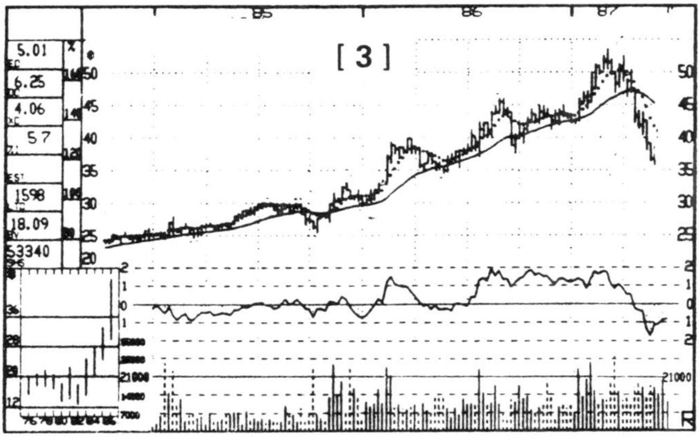

COURTESY OF MANSFIELD STOCK CHARTS

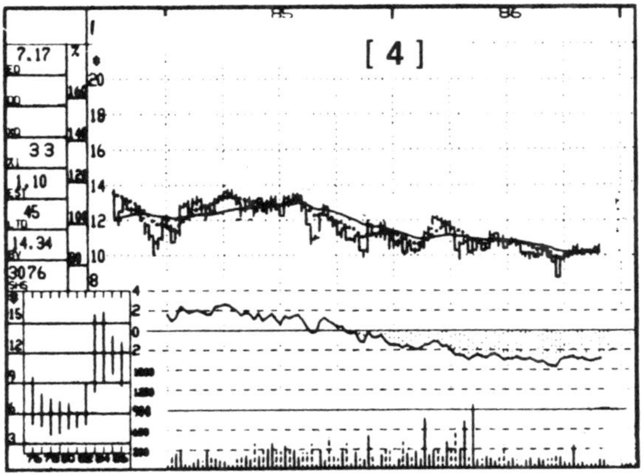

COURTESY OF MANSFIELD STOCK CHARTS

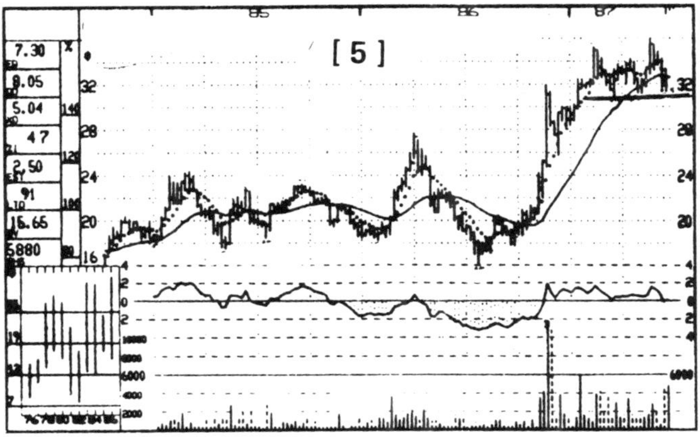

COURTESY OF MANSFIELD STOCK CHARTS

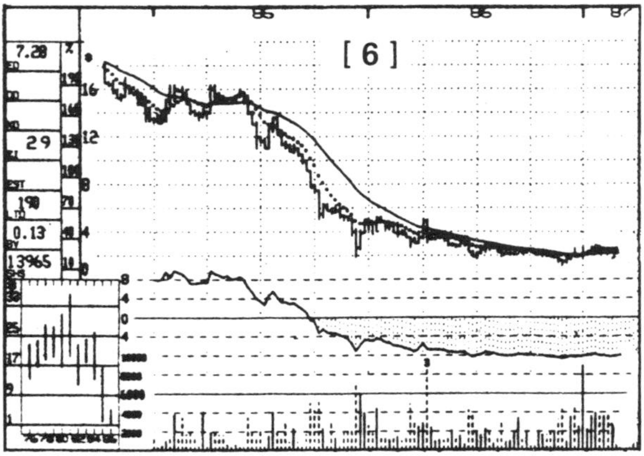

COURTESY OF MANSFIELD STOCK CHARTS

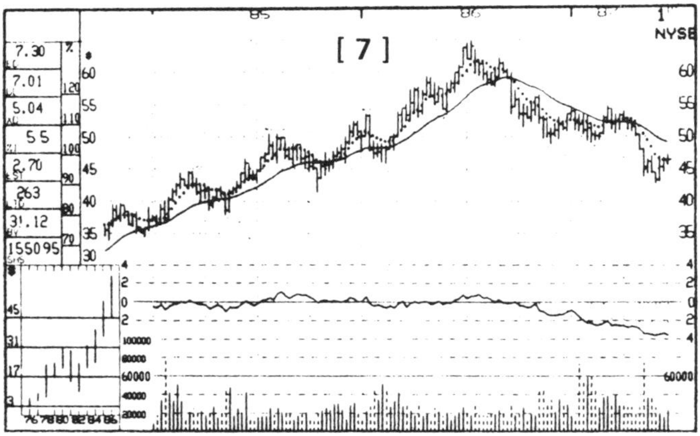

COURTESY OF MANSFIELD STOCK CHARTS

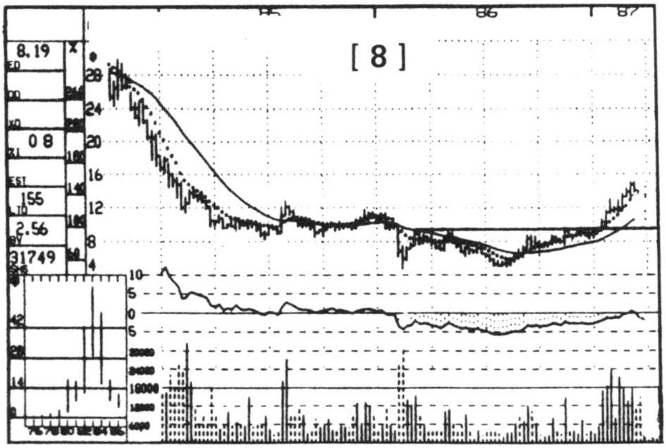

COURTESY OF MANSFIELD STOCK CHARTS

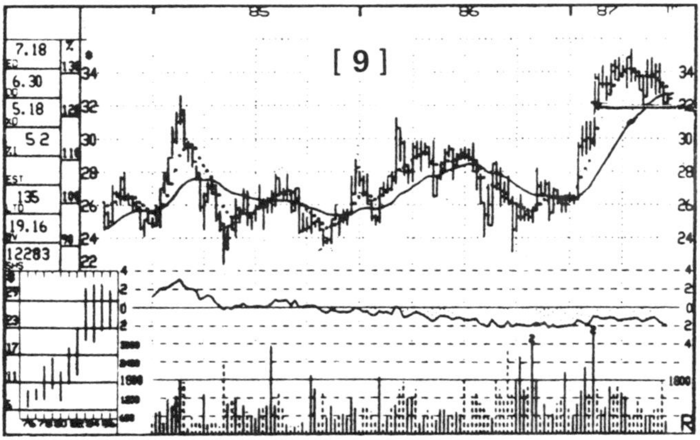

COURTESY OF MANSFIELD STOCK CHARTS

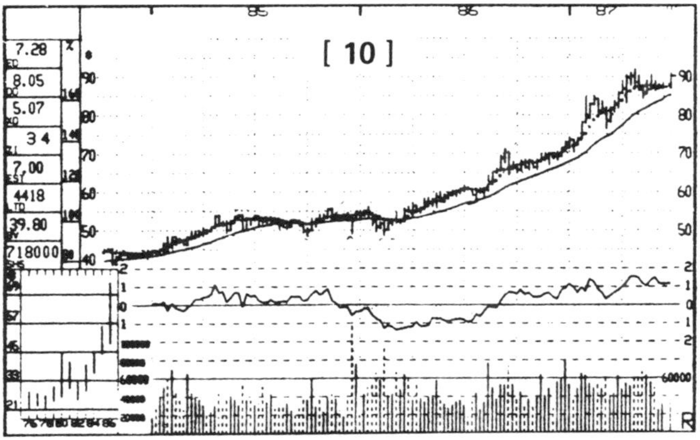

COURTESY OF MANSFIELD STOCK CHARTS

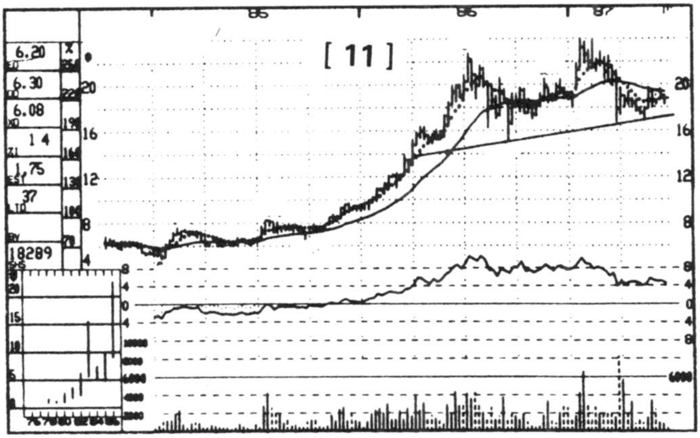

COURTESY OF MANSFIELD STOCK CHARTS

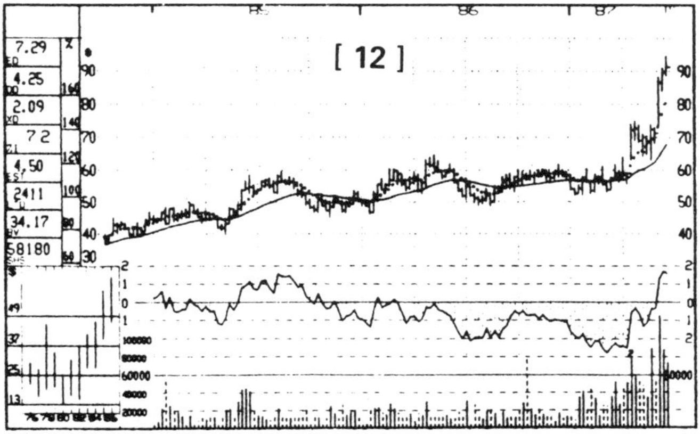

COURTESY OF MANSFIELD STOCK CHARTS

RÉPONSES

1. Phase 4. MM30 baisse et les prix sont sous MM30.
2. Phase 2. MM30 monte et les prix sont bien au-dessus de MM30.
3. Phase 4. MM30 baisse et les prix sont bien au-dessous de MM30.
4. Phase 1. MM30 est plate et les prix sont dans un couloir de fondation au-dessous d'une résistance.
5. Phase 3. MM30 est plate et les prix commencent à bouger de part et d'autre de MM30 après une importante phase 2 d'avancée.
6. Phase 1. MM30 est plate et les prix sont dans une fondation sous la ligne de résistance ascendante. Tout cela après une forte chute de Phase 4.
7. Phase 4. MM30 est descendante et les prix sont encore au-dessous de MM30.
8. Phase 2. Les prix ont cassé leur résistance à 9 achevant ainsi la Phase 1 de fondation. Maintenant ils se trouvent au-dessus de MM30 elle-même en phase ascendante.
9. Phase 3. Après la forte avancée de Phase 2, MM30 semble s'aplatir alors que les prix passent de part et d'autre de celle-ci.
10. Phase 2. Les prix sont encore au- dessus de MM30 (comme régulièrement depuis plus d'un an) et MM30 est ascendante.
11. Phase 3. C'est un cas très difficile car le sommet potentiel est très large (se formant depuis un an). MM30 malgré tout est à peu près plate et les

prix continuent à sautiller de part et d'autre de celle-ci. De plus, le titre est toujours au-dessus d'un support important, donc il n'est pas encore en Phase 4.

12. Phase 2. Les prix sont toujours au-dessus de leur MM ascendante.

LA PRATIQUE

Maintenant que vous commencez à comprendre, étudions quelques exemples concrets de puissantes envolées de Phase 2 et désastres de Phase 4 pour vous montrer qu'il ne s'agit pas là uniquement de belles théories, loin s'en faut ! Bien qu'aucune méthode de prédiction ne soit fiable à 100%, les résultats positifs de cette méthode sont tellement étonnants qu'on a du mal à y croire.

Dans un prochain paragraphe, je vous montrerai comment vous pourrez minimiser les conséquences dans le cas où " cela ne marche pas comme prévu ".

Regardez un instant les quatre valeurs présentées dans l'illustration suivante (graphe 2-10 à 2-13). Les quatre valeurs auraient dû être achetées dès leur passage en Phase 2 comme nous l'avions recommandé dans le " Professional Tape Reader " (voir flèches) - autrement dit à leurs cassures de sortie de Phase 1.

Graphe 2-10

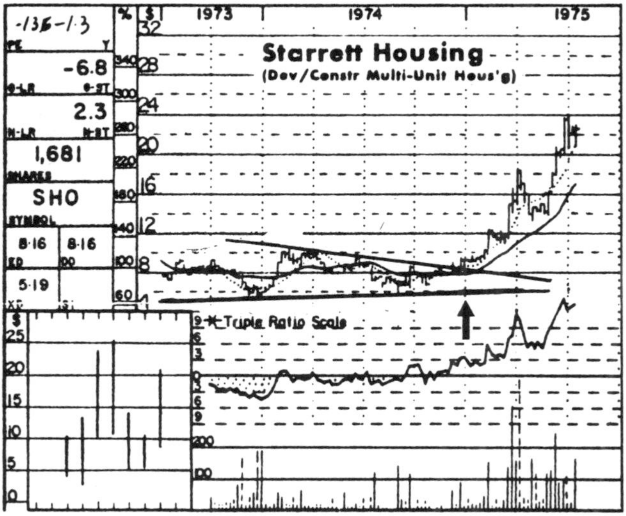

COURTESY OF MANSFIELD STOCK CHARTS

Graphe 2-11

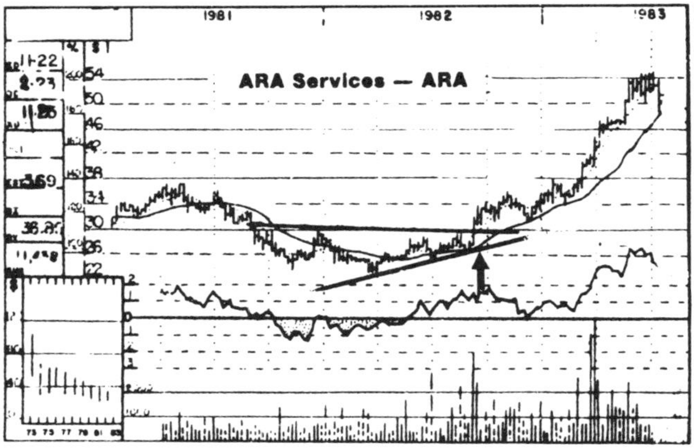

COURTESY OF MANSFIELD STOCK CHARTS

Graphe 2-12

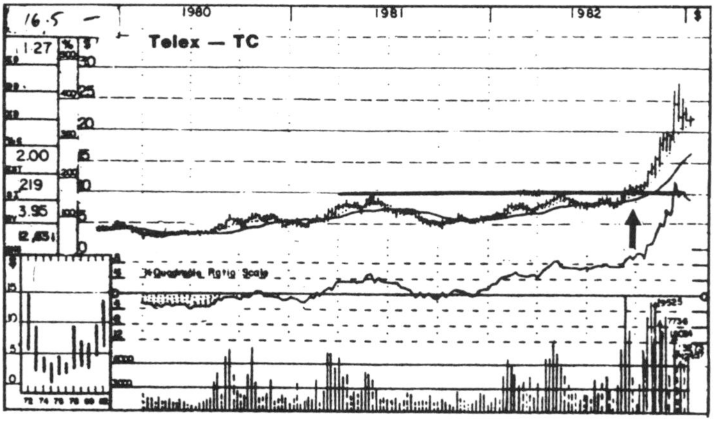

COURTESY OF MANSFIELD STOCK CHARTS

Graphe 2-13

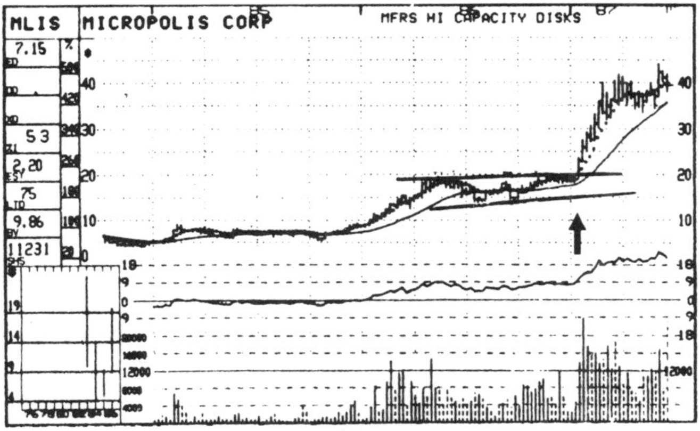

COURTESY OF MANSFIELD STOCK CHARTS

Starrett Housing (2-10) termina sa longue fondation de Phase 1 début 1975, quand le titre cassa la barre des 10. Ensuite la MM se retourna et le titre s'engagea dans une longue phase d'ascension. Vous remarquerez combien toutes les corrections enregistrées sur les six mois suivants furent confinées **au-dessus** de la moyenne mobile, alors que la valeur explosera à 24 en six mois (soit une très saine poussée de 280% en annualisé).

ARAS Service (2-11) a développé la même structure gagnante dès qu'il cassa les 30 sur de très forts volumes en 1982. Le titre atteint les 54 en l'espace de 9 mois, soit un beau gain de 100% en annualisé. Là encore les corrections sont restées au-dessus de MM 30.

Telex (2-12) cassa aussi sur de forts volumes au-dessus de 10. Il n'est dès lors pas surprenant que la valeur ait entrepris de gagner 680% en annualisé, en trois mois ! Une fois de plus, remarquez combien les corrections sont restées bien au-dessus de la moyenne mobile ascendante.

Enfin, plus récemment, notre recommandation sur Micropolis fin 1986 (2-13) dès sa cassure au-dessus de 19 1/2 sur des volumes très impressionnants, permit d'enregistrer un gain de 250 % annuel. C'est le seul cas d'achat qui ne s'est pas effectué sur passage de Phase 1 en Phase 2. Au lieu de cela, si Micropolis était un " bon achat " quand il entra en phase 2 début 86 et quand il cassa son point de résistance au-dessus de 10. Le titre, ensuite, dessina ce qui à l'époque aurait pu être pris pour un sommet de Phase 3 (entre un support à 15 et une résistance à 19 1/2) avant de casser une deuxième fois quand il a dépassé 19 1/2 (sur des volumes impressionnants. Lorsque cela se produit - fait rarissime - la soi-disant phase 3 " mord la poussière " et l'action se retourne aussi sec en phase 2. Voilà une formation particulièrement puissante, une de celles dont rêvent les " traders ". Alors que les investisseurs à plus long terme cherchent à faire leurs achats à proximité de la fondation (là où les risques sont très bas), les traders devraient être à l'affût de tels mouvements, violents et rapides, de continuation !

Voici maintenant quelques titres (Graphes 2-4 à 2-17) qui vous auraient " saigné à blanc " si vous n'en étiez sorti avant que les titres aient atteint le sommet de phase 3 et soient entrés en phase 4. Fort heureusement, tous quatre ont été recommandés à la vente sur le PTR dès leur entrée en Phase 4.

En 1973, Avon était sur la liste d'achats de plusieurs gérants qui, suivant la mode de l'époque, estimaient n'avoir rien d'autre à faire que d'acheter une valeur de croissance comme Avon, pour gagner. C'était l'époque baptisée " de la décision unique ", en l'occurrence celle de savoir non pas quoi acheter (une valeur de croissance, bien entendu) mais quand acheter. Ne croyez jamais en ces contes de fées. Jamais vous ne trouverez un investissement - que ce soit sur les actions, l'or, l'immobilier, les pierres précieuses etc ... du type " j'achète ... et je peux dormir dessus ". Les investissements évoluent par cycles, et si vous " tenez " pendant la phase descendante du cycle (phase 4) , vous en souffrirez financièrement et émotionnellement. Quand Avon acheva son sommet et entra en Phase 4, ses bénéfices se montaient à 2,26$ par action. Pourtant, plus tard, lorsque la valeur devint moins chère de 80$, les bénéfices se montaient toujours à 2,30$ (sur les douze derniers mois).

Graphe 2-14

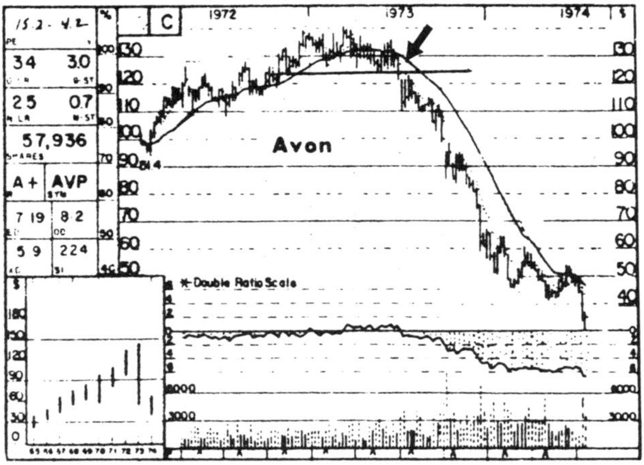

COURTESY OF MANSFIELD STOCK CHARTS

Graphe 2-15

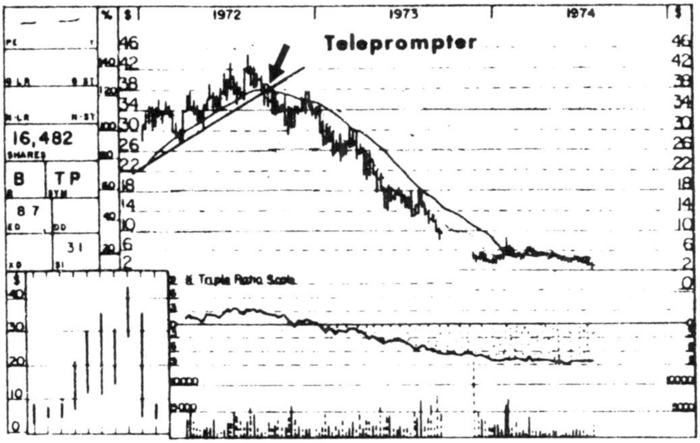

COURTESY OF MANSFIELD STOCK CHARTS

Graphe 2-16

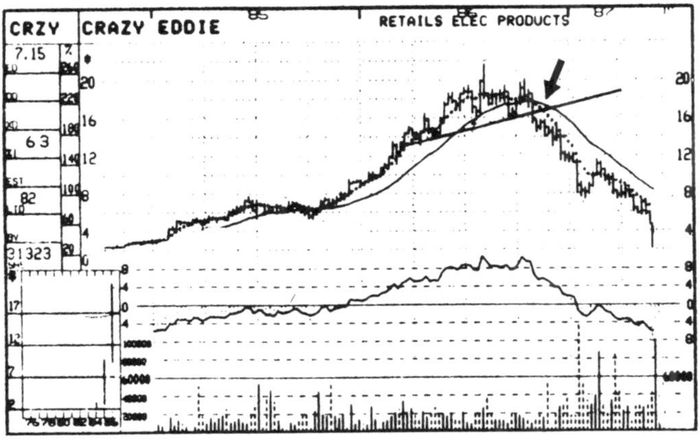

COURTESY OF MANSFIELD STOCK CHARTS

Si vous étiez tombé dans ce piège qui consiste à tenir votre position et rationaliser " la remontée ". Sachez que depuis la rédaction de cet ouvrage (fin 1987), quatorze années ont passé, et Avon n'est toujours pas revenu à ses plus hauts à 140, ni au niveau de la cassure de Phase 4 autour de 120. Le titre évolue aujourd'hui dans un couloir autour de 35 !

Graphe 2-17

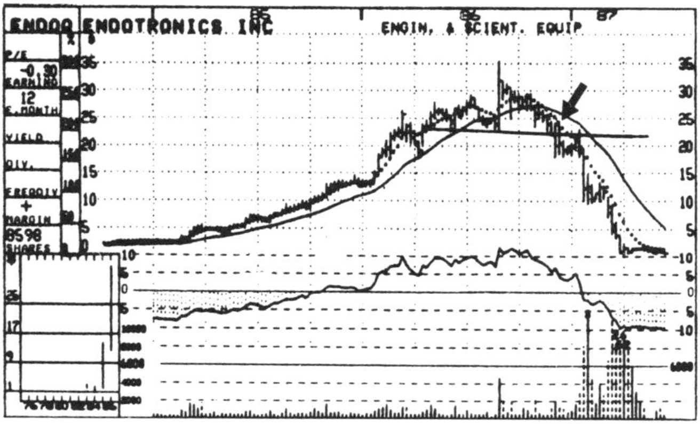

COURTESY OF MANSFIELD STOCK CHARTS

Regardez le graphe 2-14 d'Avon et regardez combien l'action des prix suivit le " scénario " auquel nous aurions dû nous attendre. Après cassure du support, le titre chuta sur le " scénario " des 110. Il entama ensuite une reprise jusqu'à 120 - le niveau du support cassé à l'origine - . Ensuite il s'effondra alors que la Phase 4 prit le dessus. Toutes les reprises lancées par la suite se sont écrasées juste au-dessous de MM30 à la baisse. Ainsi, ces millions d'actions qui ont changé de mains (car c'était une affaire à 80, une meilleure à 70 et encore mieux à 60) sont le témoignage de l'échec de ceux qui ont voulu deviner l'arrêt de la chute et le retournement. Vous ne serez jamais plus de ceux-là si vous utilisez ma méthode avec discipline !

Téléprompter (2-15) fut aussi un des " grands chouchous " de l'époque, alors que la télévision par cable atteignait les premiers foyers américains. Malgré des fondamentaux à la mode, Teleprompter à l'évidence achevait une phase de sommet au moment où le titre cassa à la fois sa moyenne mobile et sa tendance principale. Là encore, on vit une baisse abrupte (à 30) suivie d'un retour au niveau de la cassure. Ensuite, l'évolution des prix se fit à sens unique : à la baisse. Pas une reprise ne réussit à passer au-dessus de la moyenne mobile et le titre perdit jusqu'à 90 % de sa valeur par rapport à ses plus hauts.

Confirmant le vieux cliché qui prétend que " plus les choses changent, plus c'est la même chose ", les mêmes développements dangereux apparurent fin 1986. Cette fois, ce fut sur deux " favoris de Wall Street " - Crazy Eddie (2-16) et Endotronics (2-17) - qui sont " tombés du ciel " en plein milieu du grand " bull " des années 80. Pour vous prouver les limites de l'analyse fondamentale, sachez qu'à cette époque une des plus grandes charges d'agents de change lança des recommandations d'achat sur Endotronic quelques jours à peine avant l'effondrement de la valeur ! Une fois encore tout se déroula conformément à nos attentes. Dans les deux cas, de forts signaux de vente furent lancés alors que les sommes de Phase 3 s'achevaient. Une fois de plus, après un déclin initial, les deux titres sont remontés sur la cassure puis les " ventes en bloc " se sont succédées, toutes suivies de reprises de survente échouant systématiquement dans leurs tentatives pour repasser au-dessus des moyennes mobiles. Je peux vous garantir la réitération de telles situations dans l'avenir. Les valeurs choyées par Wall Street seront encore " descendues en flammes ", puis les investisseurs à la recherche de bonnes affaires et autres nécrophages chanteront victoire sur les belles opportunités d'achat qu'elles représentent. Votre stratégie devrait être limpide : vendez-les et restez à l'écart pendant la Phase 4. Dans certains cas, vendez-les à découvert - on verra comment plus loin - tandis que la foule accumulera ses pertes et tentera de les mettre sur le compte de la malchance.

Comprenez- vous maintenant le scénario ? En laissant au marché le soin d'intégrer tous les fondamentaux importants (connus), et en vous fiant à ses messages plutôt que de baser vos décisions sur ce que vous lisez dans les journaux ou sur les bulletins d'analyse des agents de change, vous améliorerez considérablement vos scores.

Une question est souvent posée sur ce point pendant mes séminaires : " pouvez-vous utiliser cette méthode sur d'autres marchés, comme ceux des matières premières ou des Sicav ? " La réponse est simple : oui, tout à fait ! Tout ce qui s'échange selon les lois de l'offre et la demande peut être tracé sur graphique et travaillé de la même manière. Sachez seulement que pour les matières premières ou les futures sur indices boursiers, le facteur temps sera " accéléré ". L'avancée de Phase 2 pourra se dérouler en quelques semaines au lieu de prendre des mois. Aussi serez-vous amené à utiliser une moyenne mobile beaucoup plus courte.

Jetez un œil au graphe des prix " spot " de l'or en hebdomaire (graphe 2-18) " chartés " contre sa moyenne mobile à 30 semaines. En 1983, l'or a cassé, d'un sommet de Phase 3 (voir flèche) et déroula sa Phase 4 de chute dans un environnement fondamental anticipant une inflation éternelle et des objectifs prix à 1000 ou 2000$ l'once. L'once tomba sous 300$ au cours des mois suivants. En 1985, alors que les taux d'inflation étaient tombés à des niveaux microscopiques, et que les anticipations de la majorité (qui s'étaient renversées) prévoyaient une poursuite de la chute à des niveaux 150-200, une fondation commença à se former et la moyenne mobile stoppa sa chute.

Graphe 2-18

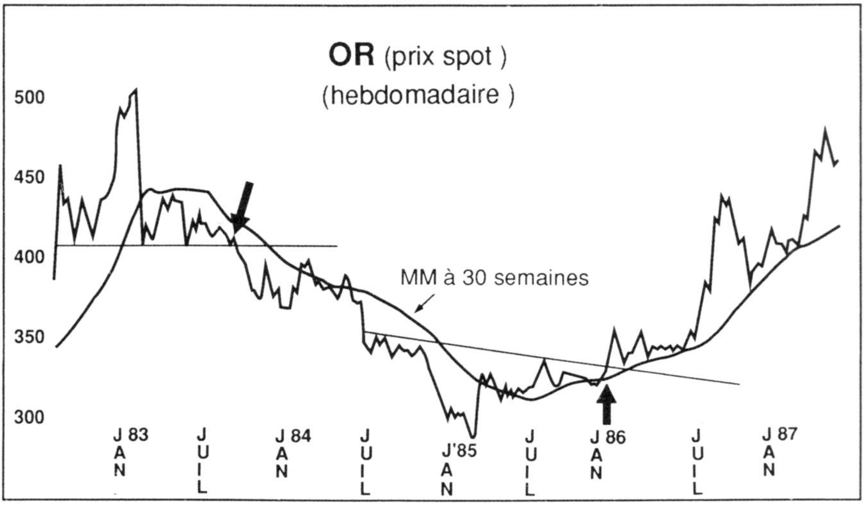

Dès que les prix eurent cassé leur ligne de résistance légèrement baissière, ils entreprirent de lancer une reprise " bull "qui les ramena à près de 500$!

Enfin, cette méthode est utile quand vous voulez déplacer vos fonds d'une Sicav à une autre. C'est surtout vrai pour les Sicav sans droits d'entrée ou avec des droits d'entrée réduits. Des Sicav sectorielles sont des véhicules d'investissement que vous devriez apprendre à utiliser. Nous verrons ces dernières en détail un peu plus tard. Pour l'heure, regardez le graphique 2-19 et voyez comme il aurait été facile et lucratif d'avoir acheté le Janus Fund quand il passa en Phase 2. En septembre 82, la part s'échangeait autour de 3 1/2 (voir flèche) au moment de sa sortie de la Phase 1, alors que les prix cassaient leur ligne de tendance à pente légèrement négative.

Maintenant, peu importe que vous soyez un fan de l'analyse fondamentale, j'espère que vous voyez l'intérêt de ma méthode technique. Au fur et à mesure que vous avancerez dans cette lecture, vous gagnerez de plus en plus de confiance et de compétence. Continuez donc à lire, digérer et réfléchir. La prochaine fois que vous entendrez quelqu'un traiter l'analyse technique comme une sorte de vaudou, voire pire, riez en mais n'essayez pas de le convaincre. Il est important que les investisseurs soient en désaccord. Si tout le monde utilisait les mêmes méthodes techniques et avait la même opinion " bull " ou " bear ", les marchés n'auraient plus qu'à fermer leurs portes. Sachez que pour réaliser des profits exceptionnels, nous avons besoin d'une majorité de gens désinformés !

Graphe 2-19

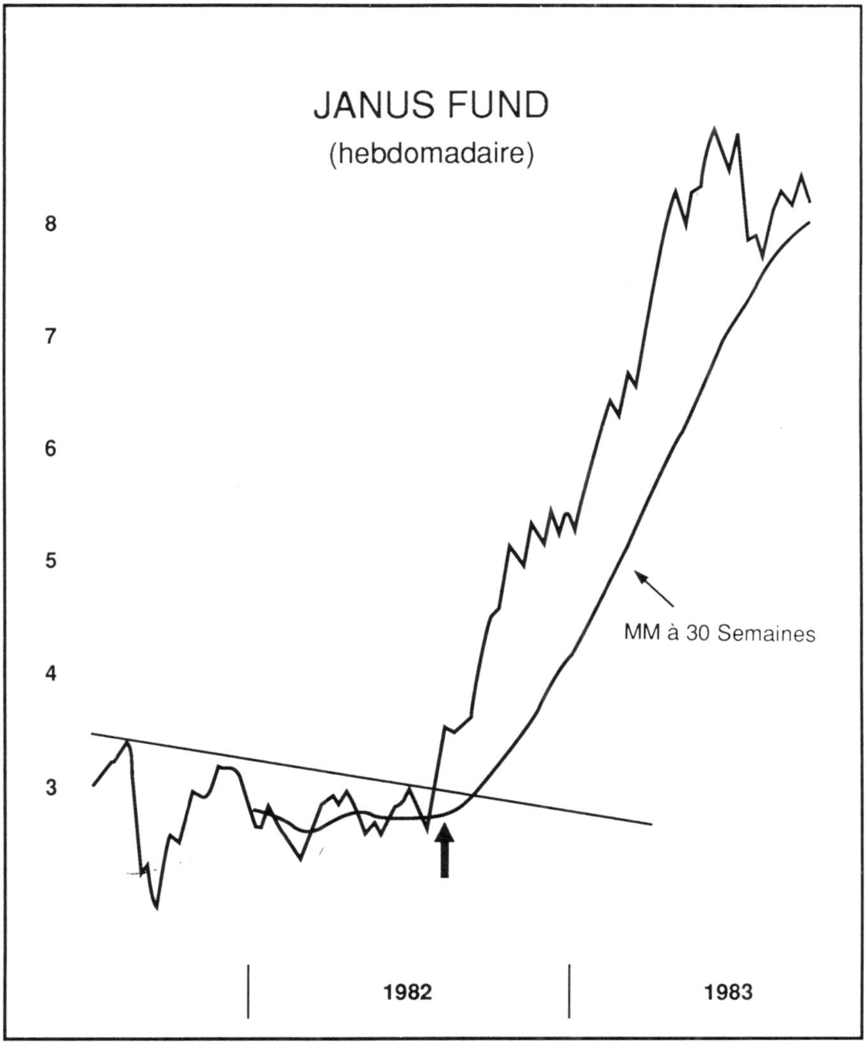

CHAPITRE 3

LA PÉRIODE D'ACHAT IDEALE

COMMENT, QUAND, ET QUOI

Dans les deux chapitres précédents, vous en avez déjà bien plus appris que vous ne le pensez. Vous pouvez dès à présent utiliser un livre de graphiques boursiers et voir au niveau de votre portefeuille ce que vous devez conserver et ce que vous devez vendre. Au lieu de prendre pour argent comptant les conseils de votre " broker ", vous pouvez dès à présent reconnaître rapidement les titres à bon potentiel et ceux qui vous donneront des ulcères. Cette reconnaissance est en votre pouvoir et vous êtes sur le bon chemin pour devenir un Hercule des marchés. Vous avez quand même encore beaucoup à apprendre. Maintenant que nous avons bâti les fondations, vous pouvez facilement faire la différence entre un titre " bullish " de Phase 2 et un titre " bearish " de Phase 4.

La prochaine étape sera dès lors de construire le reste de l'édifice et d'apprendre à reconnaître le meilleur moment pour acheter. De plus, il est vital de comprendre comment il faut s'y prendre pour acheter et de savoir quoi acheter. C'est très important, car si vous regardez un livre de graphiques (c'est d'autant plus vrai quand le marché est dans une phase de forte hausse) vous verrez des centaines de titres qui ont le bon " look " à l'achat. Il est donc primordial que vous choisissiez les actions de première qualité, celles qui ont le plus fort potentiel (à la hausse) et laissiez de côté celles qui en ont un plus faible.

Plus loin dans ce chapitre, on déterminera " quoi acheter ", ce qui est plus dur à savoir que " quand acheter ". Avant tout, vous devez bien maîtriser le point suivant, c'est-à-dire, savoir à quel moment effectuer l'achat. Si vous regardez un graphique de valeur ayant eu une forte avancée, il est facile de retrouver le meilleur " point d'achat ". Nous allons d'ailleurs concentrer notre étude sur ce point.

LE JEU DE L'INVESTISSEUR

Il y a deux moments privilégiés d'achat pour un investisseur : le premier se situe quand le titre quitte la phase 1 et entre en phase 2. Le second, certainement le moins risqué, se réalise lorsque le titre revient à son point de départ (celui de sa cassure) une fois la première poussée en phase 1 d'achats tarie. L'intérêt de l'achat sur un retour est de pouvoir jouer au critique cinématographique qui peut juger de ce qu'il a vu. Les volumes ont-ils explosé ? Le titre a-t-il cassé largement au-dessus de sa zone de point de cassure à la hausse ? Les volumes se sont-ils contractés sur le mouvement de retour ? Ou putôt les prix de XYZ ne sont-ils pas seulement étirés difficilement au-dessus des niveaux de résistance pour ensuite se rétracter bien en dessous (ce qui serait un signal très négatif). Après avoir bien observé le comportement des titres, vous en déduisez leur très fort potentiel. Quelle est la meilleure des tactiques ? Devez-vous attendre et n'acheter que sur le retour ? Non ! Si vous attendez pour ne faire que des achats à bas risque, vous resterez à l'écart des plus belles envolées. Ces quelques fusées qui ne font jamais de retours et atteignent les étoiles - celles-là même qui feront des grands gagnants, aussi ne voulons nous jamais être laissés à l'écart de leurs pas de tir. Si vous êtes un investisseur long terme, choisissez un compromis et n'investissez que la moitié de votre position désirée sur ces cassures initiales, et le solde sur le retour, s'il se produit. Je vous garantis que vous apprécierez ce qui se passera après la cassure [1]

Graphiquement 3-1 illustre ce qui se passe. Le point A est excellent pour passer de nouveaux achats. C'est un point particulièrement intéressant pour les investisseurs. A cette jonction, le risque de baisse est extrêmement bas car le support de fondation est juste au-dessous de notre prix d'achat. Egalement important, le potentiel haussier est énorme puisque toute la Phase 2 d'avancée est devant nous. Le seul inconvénient, c'est qu'il faudra parfois du temps pour que l'élan de la Phase 2 puisse gagner des forces. Comme pour les autres choses de la vie, on a rien sans rien, c'est à vous de choisir ! Vous obtenez un taux risque / profit en votre faveur, mais la patience peut coûter chère [2]. Si l'enjeu est moindre pour un investisseur, il est réél pour le

---

(1) Si, en revanche, vous êtes un " trader " et voulez vous porter sur un titre, achetez votre position entière à la cassure. Ce premier mouvement pourra être le " jackpot " du trader ! Après avoir pris une plus-value rapide, vous pourrez passer un rachat sur le retour pour un deuxième " essai ".

(2) dans à peu près 25 % des cas l'avancée partira immédiatement après la cassure.

Graphe 3-1

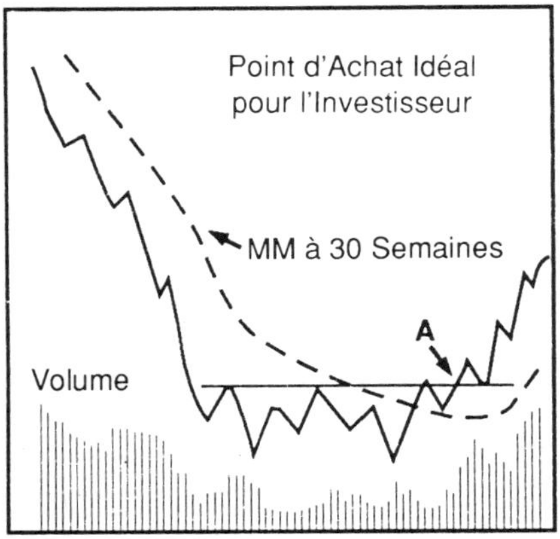

Graphe 3-2

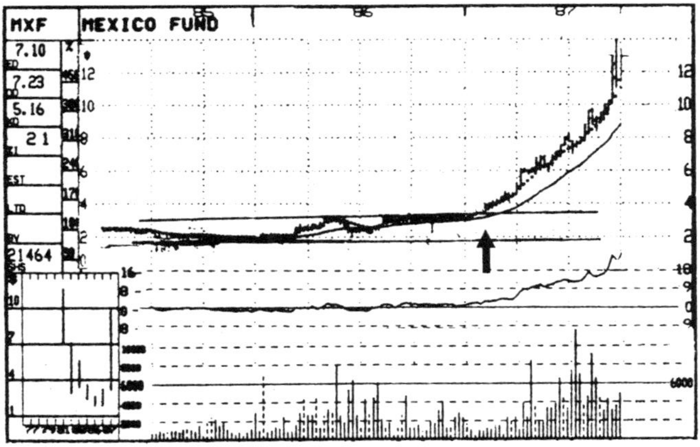

COURTESY OF MANSFIELD STOCK CHARTS

" trader " qui peut en devenir cinglé. Par conséquent, les investisseurs feront bien plus de ces achats avancés de Phase 2 que ne le feront les " traders ".

Voilà pour la théorie. Prenons maintenant des exemples concrets. Mexico Fund cassa à 3 1/4 (voir flèche sur le graphe 3-2) début 1987. Les volumes ont gonflé substantiellement alors que les prix se sont appréciés de

35 pour cent en quelques jours. Une fois la première poussée épuisée, le titre culmina momentatément à 4 3/8. Deux semaines après, il retomba à 3 3/8 - soit à proximité de sa cassure initiale. Le volume s'est contracté favorablement sur le retour : c'est à ce moment que vous auriez dû acheter la deuxième moitié de votre position. A la suite de quoi, le volume augmenta substantiellement alors que la poussée gagna en force. Et sur les neuf mois suivants, on put enregistrer une plus-value de 330 pour cent tandis que la reprise porta le titre à 14.

LE JEU DU TRADER

Il y a un autre moment particulièrement indiqué pour engager de nouveaux achats. Cela arrive quand la poussée de Phase 2 est déjà bien engagée, lorsque le titre tombe à proximité de sa moyenne mobile et " consolide ". Alors il casse de nouveau au-dessus de la nouvelle zone de résistance (point A sur le graphe 3-3). On appelle cela un achat de continuation ou de prolongement. Là encore il y a un choix à faire. Dans ce cas, il y a de très fortes chances que l'avancée prolongeant la consolidation soit très raide, mais le facteur risque est plus grand [3]. Ce type d'achat est plus approprié pour les " traders " que pour les investisseurs. Mais les investisseurs, eux aussi, peuvent s'engager à quelques achats tardifs de Phase 2 si le marché est globalement fortement haussier et s'il ne reste que peu d'opportunités de cassure initiale de Phase 2. En revanche, dans la phase initiale d'un marché haussier, rien ne devrait encourager l'investisseur à se lancer dans des achats de continuation puisqu'il y aura de nombreux titres cassant leurs fondations et plus appropriés à l'achat [4]. D'un autre côté, lorsqu'on est déjà bien engagé dans un marché " bull " - comme de 1986-1987 - , il n'y a plus beaucoup d'achats de cassure initiale et un grand choix d'achats de cassure de continuation. Dans de tels cas, même les investisseurs devraient s'engager dans des achats de continuation.

Le graphe 3-3 montre de quoi ont l'air ces types d'achats. La moyenne mobile doit être clairement dans une phase d'ascension, c'est essentiel ! Tout comme le coureur de marathon a besoin de réserves pour la dernière ligne droite, un titre en Phase 2 en a lui aussi besoin. Si la moyenne mobile semble se retourner en s'aplatissant, restez à l'écart du titre. Même s'il casse pour une avancée de continuation, il n'aura certainement pas ce " tigre dans son moteur " que nous recherchons.

(3) Puisque le titre est déjà bien engagé dans son avancée de Phase 2, il y a de bien plus fortes chances qu'on assiste à une fausse cassure.

(4) Ce fut le cas du troisième trimestre 1982 où les milliers de valeurs ont cassé leurs fondations de Phase 1.

Graphe 3-3

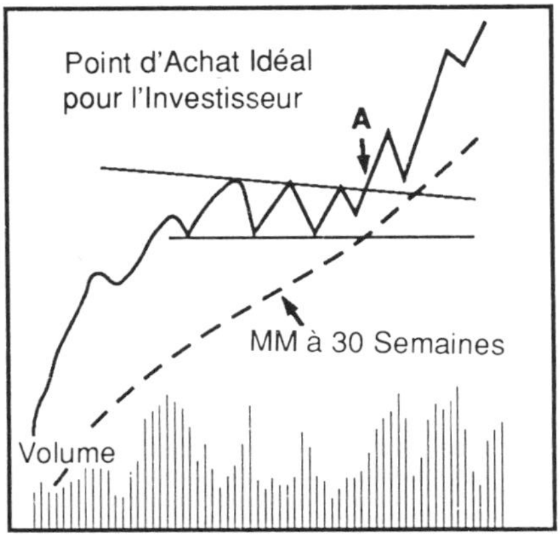

Cherchez au contraire un titre qui reproduise les évolutions du graphe ci-dessus et qui aura en réserve plein de chevaux vapeur.

Swift Energy vous fournit un exemple parfait de ce dont je veux parler : après avoir formé une fondation de Phase 1 étalée sur plusieurs années, le titre cassa à 2 1/8 début 1986 (flèche en A sur graphe 3-4). Sur les six mois suivants Swift eut une belle envolée jusqu'à 5 3/8 pour plus de 150 pour cent de gain. L'investisseur moyen, ainsi que malheureusement quelques techniciens, ont alors commencé à hurler que le titre était sur-coté. Faux !

Dans les cinq mois suivants, SFY consolida ses gains, tandis que sa moyenne mobile poursuivit son ascension non stop. Puis, en février 1987, Swift sortit de son couloir de consolidation à 5 1/2 (flèche en B) et très vite fut propulsé à plus de 18 pour une plus-value de 240 pour cent en quatre mois. Très logiquement, la valeur ne retourna jamais à son niveau de cassure : 5 1/2 [5].

Bien qu'environ 80 pour cent des cassures initiales de Phase 1 soient suivies d'un retour bien utile, cela n'arrivera, par contre, que dans moins de 50 pour cent des achats de continuation. C'est encore plus vrai si le titre est destiné à devenir un super gagnant. La tactique idéale est donc dans ces cas d'acheter toute votre position dès qu'est cassée une résistance importante.

(5) Le titre était cependant bien retourné sur son point de cassure initial à 2 1/8 quand il entama sa Phase 2 en 1986.

Graphe 3-4

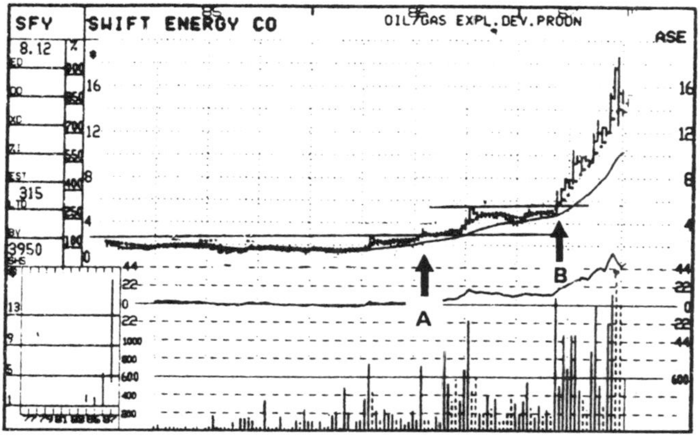

COURTESY OF MANSFIELD STOCK CHARTS

Bien qu'il n'y ait pas là de règles strictes, je dirai par expérience que les investisseurs devraient faire 75 à 80 pour cent d' achats sur la cassure initiale de Phase 2, le reste étant des achats de continuation. Les " traders ", en revanche, devraient faire l'inverse et passer 80 pour cent de leurs achats sur cassures qui sont déjà entrés en Phase 2 et se sont consolidés à proximité de la MM avant de casser à nouveau leur moyenne mobile. Le reste des achats est réservé au début de la Phase 2.

AU MICROSCOPE

Voyons maintenant au microscope comment un titre termine une fondation de Phase 1 et passe en Phase 2 de façon à visualiser clairement où exactement vous devez effectuer vos achats. Prenez le graphe 3-5 et voyez comment XYZ fluctue son support près de 8 et sa résistance à 12. La formation de la fondation se fait à proximité de la courbe de la moyenne mobile à trente semaines qui ne tombe plus mais commence à s'aplatir. Si le titre casse au-dessus de sa résistance à 12, ce sera le moment idéal pour l'acheter[6].

Graphe 3-5

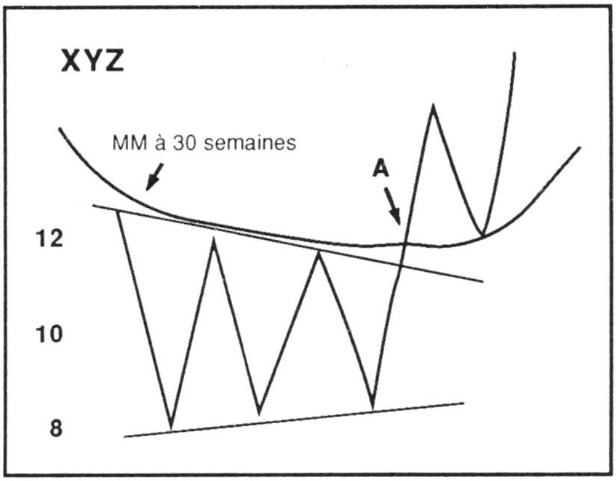

Mais comment faire si vous êtes au bureau ou en vacances quand cette situation se produira ? (point A sur graphe 3-5). C'est à votre retour du bureau, quand vous lirez votre quotidien du soir que vous vous sentirez frustré. XYZ a clôturé hier à 11 1/2 et ce soir à 14 soit un gain de 2 1/2 et vous êtes passé à côté de cette belle occasion. Il ne s'agit plus à ce moment là d'appeler votre " broker " et lui dire d'acheter à n'importe quel prix. Il ne s'agit pas non plus de vous abonner à un service de cotations en direct ou de demander à votre " broker " de vous appeler dix fois par jour. En fait, s'y prendre ainsi vous fera plus de mal que de bien. D'abord, car ces décisions sont prises sous l'effet de l'émotion et c'est absolument à éviter. J'ai remarqué que mes meilleures décisions ont toujours été prises tard le soir ou le week-end. Ce n'est pas fortuit. Ce sont les moments privilégiés où vous pouvez calmement étudier les graphes et leurs messages, loin des mouvements désordonnés des indices ou des coups de fil de vos " brokers " qui troublent votre jugement. De plus, il est sans doute primordial que vous puissiez vous consacrer à votre occupation professionnelle pendant la journée ! Il y a un moyen bien meilleur et bien moins stressant à votre disposition. Ne croyez pas que j'exagère quand j'insiste sur l'importance de garder son calme pour prendre ses décisions. Le marché est très stressant, même quand tout va bien.

(6) Rappelez-vous toujours que plus forte sera la base, plus fort sera le potentiel de hausse.

UTILISATION DES ORDRES D'ACHAT STOP

A partir de maintenant, chaque fois que vous voudrez acheter un titre à son point de cassure, utilisez UN ORDRE D'ACHAT STOP. Certains d'entre vous connaissent ce type d'ordres mais ne les utilisent pas; les plus expérimentés d'entre vous les utilisent. La plupart, loin de les utiliser, ne savent même pas précisément de quoi il s'agit. Tout cela va changer à partir de maintenant. Apprendre à utiliser cette technique de professionnels est le deuxième plus important secret pour gagner dans vos investissements. A partir d'aujourd'hui vous allez l'utiliser très souvent [7].

Un " achat stop " dit au spécialiste de l'échange que vous désirez acheter le tire XYZ. Mais - et ce mais est important - **seulement** si le titre casse au-dessus d'un certain niveau. Dans ce cas de notre graphe idéal de cycle (Graphe 1-6 page 11), on voudra acheter uniquement si le titre montre assez de force pour sauter au-dessus de sa résistance à 12. En plaçant un ordre d'achat pour mille actions à 12 1/8 STOP, le titre ne sera pas acheté si XYZ n'arrive pas à passer la barre des 12. Si les prix se catapultent au-dessus de ce niveau critique, cela deviendra un ordre au mieux permettant d'acheter immédiatement 1000 actions de XYZ. Il n'est plus nécessaire que vous surveilliez le titre en permanence. D'ailleurs, vous ne saurez sans doute pas quand votre ordre sera exécuté. Sachez quand même qu'il ne sera pas **forcément** exécuté à 12 1/8. Il se peut que le titre soit acheté à 12 1/4 où 12 1/8 ou même 12 3/8; mais dans la majorité des cas il sera passé très près de votre prix idéal d'entrée [8].

Si cependant le titre est coté sur le marché Over The Counter (OTC), vous ne pourrez pas placer d'ordres d'achat ou de vente stop. Dans ce cas il faudra que votre " broker " suive le titre sur son moniteur de cotation et l'achète pour votre compte dès qu'il franchira sa résistance.

L'utilisation d'ordres d'achat stop sera indispensable à votre nouvelle stratégie de marché. Avant d'en terminer avec ce sujet, j'ai quelques raffinements à vous expliquer. Il y a le revers de la médaille. Rien, dans les marchés comme dans la vie, n'est évident. Un problème avec ce type d'ordres : vous n'êtes pas à l'abri d'une très mauvaise exécution. Bien que cela n'arrive qu'une fois sur cinquante, c'est une fois de trop.

(7) Dans un prochain chapitre, je vous montrerai comment utiliser son cousin (l'ordre de vente stop) pour protéger vos plus-values et minimiser vos pertes sur les mauvais investissements.

(8) C'est surtout vrai pour un titre du New York Stock Exchange plutôt que de l'Américan Stock Exchange q
mon avis un marché moins liquide et où, dans trop de cas, le spécialiste ne " serre " pas autant son march

Voilà comment vous pouvez vous assurer que cela ne vous arrivera jamais. Supposez que votre titre a clôturé la nuit dernière à 11 5/8. Vous regardez votre graphe et décidez que la valeur est sur le point de casser sa résistance à 12. Vous appelez votre " broker " le lendemain matin avant l'ouverture du marché; une bonne nouvelle est rendue publique sur XYZ et le titre ouvre bien plus haut à 15. Au lieu d'acquérir votre titre au prix idéal de 12 1/8 vous êtes maintenant un heureux actionnaire de XYZ à 15. Bien que l'achat puisse en fin de compte s'avérer judicieux, on est loin du prix idéal d'achat. En plus, le taux risque / bénéfice est dès lors bien plus grand qu'il n'était à 12 1/8. A cause de tous ces éléments potentiellement négatifs, certains traders et investisseurs essaieront de trouver une parade. Ils utiliseront ce qu'on appelle un ordre d'achat stop limite avec un prix spécifié. Ils n'achèteront la valeur qu'à son prix idéal de 12 1/8 ou pas du tout. Je considère cette solution pire que le mal qu'elle est censée soigner. Ce ne sera plus une fois sur cinquante mais une fois sur quatre que vous verrez le titre casser sa résistance, sans que vous ayez votre ordre exécuté, car il passera trop vite au-dessus de 12 1/8.

ACHETER ENTRE DES LIMITES

Quelle est alors la meilleure réponse ? Il y a une variante de l'ordre d'achat stop limite, connue de peu d'opérateurs de marché. Cette dernière combine le meilleur de l'ordre stop et permet malgré tout de fixer des limites plus larges au prix maximum que vous êtes prêts à payer. Si nous voulons acheter à la cassure des 12, on utilisera un achat stop à 12 1/8 mais aussi une limite 1/4 de point au-dessus de la cassure - dans cet exemple 12 3/8 - on passera alors l'ordre de la manière suivante : acheter 1000 XYZ à 12 1/8 stop 12 3/8 limite. Vous achèterez ainsi la valeur sans problèmes à moins que son marché soit peu liquide (peu d'échanges).

Dans ce cas, vous remonterez la limite à 1/2 point au-dessus de la cassure et l'ordre s'écrira : acheter 1000 XYZ à 12 1/8 stop, 12 5/8 limite. Une fois de plus, vous minimisez une cause importante d 'ulcère car vous n'avez plus à vous inquiéter de payer trop cher la valeur.

Un autre problème potentiel peut apparaître : vous passez votre ordre lundi ou mardi et le titre ne casse pas tout de suite. Ensuite, vous avez d'autres préoccupations et vous riquez d'oublier de repasser votre ordre le mercredi. Bingo, la loi de Murphy (tout ce qui peut aller mal ira mal) est vérifiée et le titre casse ce jour là sa résistance. Votre ordre n'est plus là et vous passez à côté de l'avancée. Tous les vétérans de marché ont expérimenté cette situation. Un vieux cliché dit que le marché fera bien ce que vous attendez, mais pas au moment où vous vous y attendez. C'est tout à fait vrai et après avoir joué avec le marché plusieurs années, je crois maintenant fermement en la loi d'O'Toole qui prétend que " Murphy était un optimiste " ! Aussi, tout moyen nous permettant de réduire un problème potentiel sur le marché devrait être utilisé ! Voilà pourquoi la technique suivante est si géniale. Elles est simple et efficace.

Quand vous faites vos " devoirs techniques " et voyez deux ou trois structures de prix potentiellement intéressantes que vous aimeriez acheter - si elles cassent - faites comme cela : entrez des ordres d'achat stop pour chacun des trois titres, ordres bons jusqu'à annulation. Cela veut dire que vous aurez un ordre valable jusqu'à ce qu'il soit exécuté ou que vous l'annuliez. Soyez sûrs de bien suivre de telles positions. Si vous l'oubliez, tant pis pour vous ! Peut-être serez-vous surpris trois semaines plus tard d'apprendre que vous êtes l'heureux propriétaire de 2000 actions de Widget Technology. Voilà comment votre ordre d'achat devrait maintenant se lire : achat 1000 XYZ à 12 1/8 stop 12 3/8 limite bon jusqu'à annulation.

L' utilisation de tels ordres vous donnera la bonne habitude de faire plusieurs choses positives. D' abord, vous n'aurez plus à surveiller le marché en permanence, vous serez ainsi plus à l'aise au travail. En plus, vous prendrez de meilleures décisions, moins sous l'emprise de vos émotions, puique vous serez immunisé contre le stress des marchés. C'est particulièrement utile aujourd'hui alors que des programmes d'arbitrage complètement fous créent des mouvements de plusieurs dizaines de points sur le Dow Jones à tout moment. Ces mouvements brusques et inattendus de l' indice pourraient vous faire paniquer et vous encourager à sortir de positions parfaitement saines. Ou alors une reprise soudaine vous ferait vous battre pour n' importe quoi et ne pas passer à côté d' une envolée soudaine. Interdisez-vous cela ! Il est crucial que vous ayez la discipline d' acheter vos titres en suivant les règles énoncées et avec calme. L' utilisation de la méthode d' analyse par phases en conjonction avec des ordres stop limite " bon à annulation " automatisera les achats et c' est ce à quoi vous voulez arriver. Là encore, mes années d'expérience m'ont appris que plus le système est automatisé, moins nous serons soumis à nos émotions et nos jugements subjectifs, et plus cela fonctionnera. D' ailleurs, cette opinion est partagée par de nombreux " pros " que je connais et qui l'ont compris trop souvent dans la douleur.

Pourquoi en est-il ainsi ? Car nous ne sommes que des humains, tous déchirés par ces deux démons émotionnels de la peur et de la cupidité. La peur nous fait paniquer et vendre au plus mauvais moment (au plus bas) et la cupidité nous entraîne à acheter au plus haut. Telles sont les émotions qui nous gouvernent et qui sont responsables de la mentalité de " yo-yo " des foules. Pour éviter d'être envahi par ce syndrome peur-cupidité, prenez un

peu de temps tous les week-ends pour regarder, au calme, votre publication de graphiques. Une heure suffit amplement pour cela. Bien sûr, plus vous pourrez y consacrer de temps, mieux ce sera. Faites-vous la liste de quelques super achats que vous trouverez parmi les graphiques. Ensuite, tous les soirs, mettez à jour les graphiques de ces valeurs ainsi que ceux de vos valeurs en portefeuille. Ces quelques exercices simples vous permettront de développer pour vous-même un bon " feeling " du marché. De plus, au lieu d' être stressé et frustré, vous serez détendu et en confiance alors que vous verrez vos stratégies gagnantes se dérouler selon vos plans.

LES STRUCTURES D ' ACHAT ET DE VENTE A CONNAITRE

Avant d'être plus spécifique et de déterminer ce qu'il faut acheter, il existe quelques structures d'achat ou de vente qui se développent avec une telle régularité que vous devez apprendre à les connaître. Cela vous donnera un avantage décisif pour savoir quand vous pourrez être plus ou moins agressif. C'est plus particulièrement utile pour les traders de connaître les scénarios, mais même les investiseurs pourront améliorer leurs performances en étant informés de ces tendances. Bien que de nombreux techniciens aient travaillé dessus, personne à ma connaissance n'est allé aussi loin qu' Arthur Merrill et Yale Hirsch. Le livre de Merrill BEHAVIOR OF PRICES ON WALL STREET (Analysis press, 1984) et celui d Hirsch DON'T SELL STOCKS ON MONDAY (Facts on File Publications, 1986) sont des ouvrages excellents. Dans les prochaines pages, avec leur permission, j'emprunterai beaucoup de leurs travaux afin que vous puissiez mieux comprendre l'importance de ces structures récurrentes.

Le premier cycle que vous devriez connaître est de loin le plus important. Il s'agit du cycle présidentiel de quatre ans (aux Etats Unis) qu'investisseurs et traders devraient parfaitement connaître.

De nombreux investisseurs pensent à tort qu' il vaut mieux attendre les élections présidentielles pour acheter des actions. Ils supposent que Wall Street préfère une administration républicaine plus " pro-business ", et donc pensent que le marché tombera si un démocrate est élu. C'est faux à deux niveaux. D'abord, le Dow Jones des valeurs industrielles a gagné plus de points

Graphe 3-6

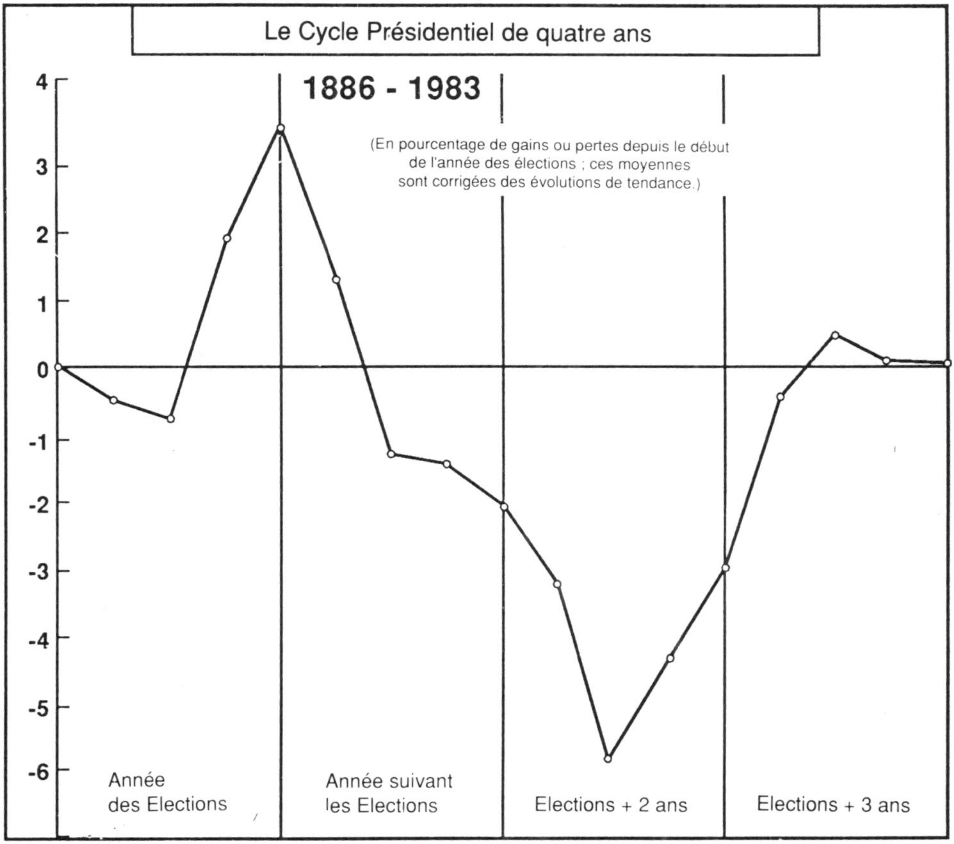

SOURCE: Arthur A. Merrill, *Behavior of Prices on Wall Street* (Chappaqua, NY: Analysis Press, 1984), p.4

pendant ce siècle sous des présidences démocrates que sous une administration républicaine. Une partie des gains est cependant imputable à une plus forte inflation pendant que les démocrates tenaient la Maison Blanche. Il est encore plus important de savoir, que quel que soit l'élu, l'année suivant les élections sera le plus souvent un désastre. Les marchés " bear " ces années-là ont été aussi fréquents que les candidats à la présidence qui embrassaient des bébés pendant leur campagne. Il est donc peu surprenant que les premières années du cycle présidentiel comme 1969, 1973, 1977 et 1981 furent placés sous l'égide de marchés " bear " (Il y a bien sûr des exceptions comme 1985 qui fut une année haussière). Historiquement parlant, il y a de fortes chances que le marché " bear " se poursuive sur la deuxième année de présidence jusqu'à ce qu'un plus bas soit enregistré à la mi-année en général (comme ce fut le cas en août 1982). Le deuxième semestre de " l'année 2 " est " bullish ", puis la troisième année du terme présidentiel est la meilleure du cycle (1987, jusqu'à la fin août ne fit pas exception). La quatrième année, l'année des élections est généralement en dents de scie, souvent faible en début d'année et plus forte dans la deuxième moitié.

Au cours du dernier siècle, ce cycle de quatre ans s'est déroulé avec une telle régularité qu'il semblerait presque que ce sont les politiciens qui en écrivent le script. Après tout, tous les présidents en fonction veulent être réélus, aussi est-il logique qu'ils stimulent l'économie pendant les deux années précédant les élections. A l'opposé, ils s'occupent de " faire passer la pilule " juste après leur élection. Ainsi, ils auront le temps de voir l'économie se raffermir avant la prochaine campagne. Donc, bien que vous deviez toujours surveiller de près les indicateurs de marché, ce sera encore plus important quand nous serons dans l'année suivant juste les élections.

Une autre structure à récurrence historique est l'action mensuelle des marchés sur une année type. D'après les données de Merrill, sur les quatre-vingts années précédentes, décembre est le meilleur mois pour la performance des marchés. Il a basé ses conclusions en notant simplement si le Dow Jones enregistre un gain ou non sur chacun des douze mois. Décembre fut à la hausse dans 68% des cas.

C' est au cours du trimestre formé de novembre, décembre et janvier qu' il existe le plus fort potentiel haussier. Cela démontre que la fameuse reprise de fin d'année n' est pas un mythe. Juillet et août sont aussi de bons mois, ce qui ...re qu'il y a effectivement du vrai dans le " syndrome du rallye d'été ".

Graphe 3-7

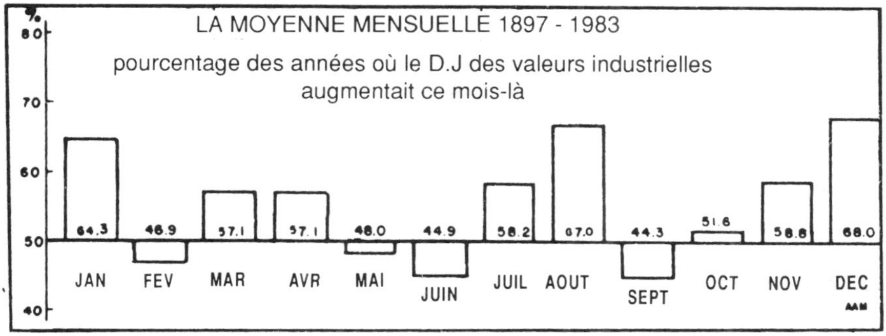

SOURCE: Arthur A. Merrill, *Behavior of Prices on Wall Street* (Chappaqua, NY Analysis Press, 1984), p. 7

A l'opposé février, mai, juin et septembre sont de très mauvais mois. Ils font de mauvais scores, assez en tout cas pour nous tenir à l'écart des marchés à moins que les graphes et les indicateurs ne soient fortement positifs [9].

Dans son livre, Yale Hirsch conduit des études intéressantes, basées sur les gains ou les pertes de l'indice composite du Standard & Poor's depuis 1950. Dans l'ensemble, ses conclusions sont proches de celles de Merrill avec cependant quelques divergences à signaler. Bien qu'il ait retrouvé la période novembre-janvier comme étant la plus " bullish ", novembre en fait dans son étude, ravit la première place à décembre. De plus, avril eut un bon score. C'est le mois qui ces dernières années a bénéficié des achats des IRA (Individual Retirement Account, équivalent des Plans d'Epargne Retraite). Les plus mauvais mois se retrouvent en février, mai, juin et septembre.

Observons encore plus précisément, sous microscope, les jours qui composent la semaine. Une fois de plus, mythe et réalité s'opposent. L'investisseur moyen est persuadé qu'après un week-end de soleil et de " bon temps " le marché est prêt à s'envoler le lundi. Ensuite, comme il l'a entendu dire, il s'attend à une poussée des ventes le vendredi. Ce raisonnement est le suivant : les traders sont supposés solder (vendre) leurs positions avant les " week-ends " pour partir tranquilles.

---

(9) Cela réfute la sagesse selon Mark Twain : " octobre est un des mois particulièrement dangereux pour spéculer sur des actions. Les autres sont juillet, janvier, septembre, avril, novembre, mai, mars, juin, décembre, août, et février."

Graphe 3-8

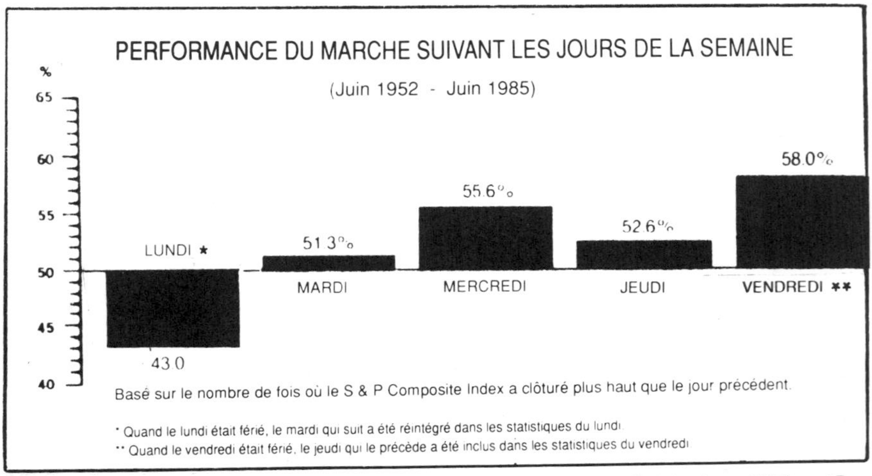

SOURCE: Yale Hirsch, *Don't Sell Stocks on Monday* (New York: Facts on File Publications, 1986), p. 17

C'est totalement faux ! (voir Graphe 3-8). Comme les chiffres de Yale Hirsch le montrent, le lundi est le plus mauvais jour de la semaine, tandis que le vendredi est le meilleur. Sur un marché " bear ", les lundis sont tellement mauvais qu'ils sont baptisés " blue monday " (10) mais, même sur des marchés " bull ", ce n'est pas la peine de s'exciter ces jours là.

Enfin, il y a encore une fausse idée reçue à dénoncer au sujet des vacances. Comme Arthur Merrill le dit dans son livre, la " une " des journaux reprend souvent des formules comme: " les marchés lancent un rallye malgré les vacances " ou encore ", la hausse va à l'encontre de l'habituelle vague de ventes qui précède un long week-end ! ". Rien n'est plus faux ! Les faits démontrent l'inverse. A la veille des vacances, on constate souvent des cas " bullish ". Ces fois là, le marché peut " gagner " dans 68 pour 100 des cas.

Bien sûr, si une cassure importante se produit un lundi ou en mai, il ne s'agit pas de ne pas " acheter " pour les raisons précédemment invoquées. Néanmoins, il est intéressant, pour le " réglage " de vos portefeuilles, que vous connaissiez ces structures importantes. C'est dans votre intérêt de savoir quand vous pourrez être un peu plus agressifs qu'à l'habitude; vous pourrez ainsi mettre au point avec une plus grande précision vos achats et

(10) Ce n'est vraiment pas une surprise de voir que la chute historique de l'indice Dow Jones de 508 points lors du krach d'octobre s'est produite un lundi. Il est aussi très important que les traders sachent que, les lundis sont ...lement des désastres sur des marchés baissiers, les mardis enregistrent souvent un plus bas en cours de ... car souvent les 60 à 90 premières minutes prolongent les vagues de ventes des lundis.

vos ventes. Prenez le temps de vous familiariser avec ces schémas récurrents, ce ne sera pas du temps perdu.

CE QU' IL NE FAUT PAS ACHETER

Avant de passer au prochain sujet très important - ce qu'il faut acheter - je veux m'assurer que vous savez ce qu'il ne faut pas acheter. Une erreur très courante des néophytes (et même de certains professionnels qui devraient le savoir) consiste à acheter quand un titre casse au-dessus de son couloir de fondation alors, que les prix sont toujours au-dessous de sa moyenne mobile encore orientée à la baisse. Ce n'est pas ce titre que vous voudrez acheter, puisqu'il n'est pas encore prêt à entamer une saine avancée. La plupart du temps, il lancera une reprise momentanée sur quelques semaines puis retombera. Au mieux, dans ce cas, la valeur pousuivra sa consolidation de fondation alors que sa moyenne mobile s'aplatira. Le pire des cas sera celui où l'action cassera sous sa droite basse de fondation et entamera un brutal mouvement baissier.

Voilà deux exemples pris sur le marché bear de 1973-1974 qui illustrent mon propos : Western Union était sévèrement attaqué en 1972 et chuta de 68 à 44. Ensuite les “ chasseurs d'affaires ” entamèrent leur ramassage. Puis, une fondation possible commença à se former (graphe 3-9). Le signe avant-coureur d'échec prévisible fut donné par la moyenne mobile à 30 semaines

Graphe 3-9

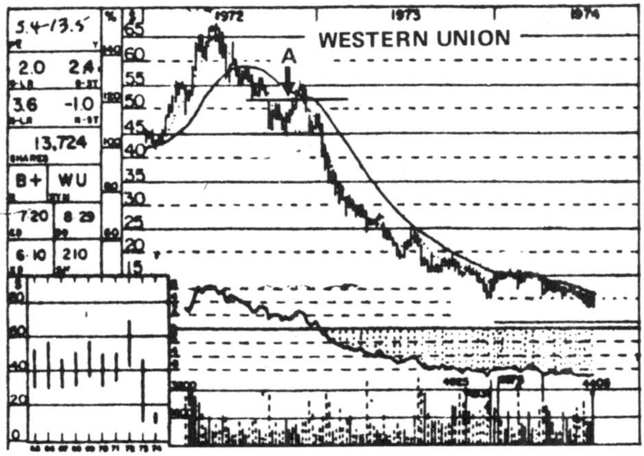

COURTESY OF MANSFIELD STOCK CHARTS

qui poursuivit sa baisse pendant la formation de cette base. Autre élément critique: la cassure d'avancée (point A) se déroula au-dessous de la moyenne mobile. Bien que par la suite WU passa au-dessus de MM 30, cette cassure des prix sous MM 30 était un signe d'avertissement . Signal négatif plus grave encore: MM 30 ne réussit pas à s'aplatir. N'achetez jamais un titre qui développe ces caractéristiques et quelle que soit son apparence bon marché.

Regardez le graphe avec plus d'attention. Sous 18 mois, ce titre qui paraissait bon marché à 45 devint plus attractif encore après avoir chuté à 8 1/2 !

Etudiez Cannon Group et vous remarquerez que le même scénario de “ mauvais augure ” s'est développé. Là encore, le titre parut bon marché après être vite tombé de 45 à 22. Un " trading-range " se développa alors en 1986, les prix étant coincés dans le couloir 22-27. Pendant la formation de ce " trading- range ", la moyenne mobile poursuivit sa chute (Graphe 3-10). Quand Cannon Group cassa au-dessus de la ligne des 27 (Point A), vous n'auriez pas dû envisager l'achat une seule seconde, car la cassure s'effectua au-dessous de MM 30. Qui plus est, MM 30 poursuivit imperturbablement sa baisse. Le résultat prévisible était que Cannon Group n'était une affaire ni à 22 ni à 27. Six mois plus tard vous auriez pu l'acheter à 4 1/8 !

Graphe 3-10

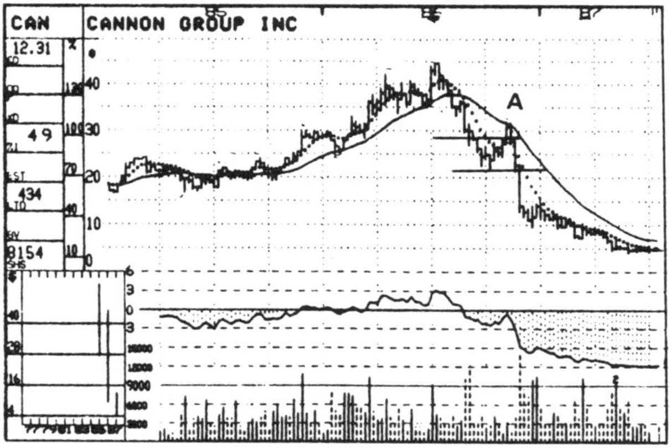

COURTESY OF MANSFIELD STOCK CHARTS

CE QU' IL FAUT ACHETER

Mon approche “ de la forêt à l'arbre ”

Aussi important que de savoir QUAND acheter il faut savoir QUOI acheter. C'est d'ailleurs une décision bien plus difficile à prendre. Une fois que vous aurez " digéré " les concepts que j'exposerai dans cette partie, tout cela ne sera plus que routine pour vous.

Nous avons en fait une équation à trois inconnues, - équation que je baptiserai “ approche de la forêt à l'arbre ” - à résoudre. Je veux dire par là que vous devriez partir du problème dans son ensemble - comment se comporte le marché dans sa globalité ? - jusqu'à sa plus petite composante - quels sont les titres les plus séduisants à acheter ? Entre ces deux extrêmes, il existe la médiane - quel est le groupe qui a le meilleur comportement technique ? Ainsi le processus de résolution se déroulera de la manière suivante :

1. Quelle est la tendance du marché ? Si elle est négative, vous ne voudrez faire que peu d'achats voire aucun, même si vous découvrez quelques valeurs prêtes à casser. Vos probabilités de succès sont forcément faibles quand la tendance du marché va à contre-courant.

2. Quels sont les quelques groupes offrant les meilleurs développements techniques ? Je ne saurais assez insister sur l'importance de cette question, car mes études m'ont constamment montré que deux graphes à même potentiel (également “ bullish ”) vont donner des résultats bien différents si l'un est tiré d'un secteur “ bullish ” alors que l'autre est d'un groupe “ bearish ”. Le bon graphe du meilleur groupe pourra rapidement gagner 50 à 75 pour cent, alors que l'autre bon graphe du mauvais secteur devra “ batailler ” pour péniblement gagner de 5 à 10 pour cent.

3. Une fois que nous avons déterminé que le marché est bien orienté et que le groupe A offre la meilleure configuration technique, la dernière étape consistera à se concentrer sur les meilleurs graphes de valeurs choisies dans ce groupe.

Si vous suivez cette chronologie en trois étapes, vous vous trouverez ainsi fortement investi dans les meilleures valeurs quand le marché monte fortement, et " assis " sur du liquide quand la tendance générale devient “ bearish ”.

COMMENT METTRE EN APPLICATION CETTE STRATEGIE ?

Voilà pour la théorie, la bonne ! Mais vous devez apprendre à l'appliquer. Comme d'habitude, le point de départ est le marché lui-même. Pour déterminer si le marché est techniquement fort ou faible, il ne vous suffira pas d'écouter les informations de 20 H qui vous apprennent que le Dow a gagné 30 points ou en a perdu 40 ! C'est malheureusement ce que font trop d'investisseurs. Une telle approche superficielle mène naturellement à l'indécision et vous garantira des pertes sur le marché, pour deux raisons essentielles. D'abord, l'action du marché au jour le jour masque sa tendance réelle. Vous finirez par prendre un mouvement court terme pour une tendance à long terme. Ensuite, si par chance, vous identifiez ainsi la tendance réelle du Dow Jones des valeurs industrielles, les conditions techniques du marché, au-dessous de la surface, vont souvent dans le sens opposé.

Un bon exemple de ce que je veux dire est donné par le graphe 3-11 du Dow Jones des valeurs industrielles en 1982. Du début de l'année aux plus bas de la mi-août, la tendance générale était à la baisse. Au même moment, en revanche, le pourcentage de graphiques de valeurs individuelles " bullish " [11] sur le New York Stock Exchange était en légère mais constante augmentation. C'était là un des nombreux indicateurs-clés qui m'ont encouragé à devenir " bullish " dès juillet 1982, soit un mois avant que le Dow ne lance le plus grand marché " bull " de l'histoire. Alors que les indices de marché montraient que la tendance était baissière, la majorité de mes critères techniques signalait l'ouverture d'un nouveau marché " bull " juste devant nous. Est-ce à dire que le marché devait changer de cap ?

Non, bien sûr. Le marché, comme nous le savons tous, est vicieux et ne fait jamais ce qu'il devrait faire. Cependant, si vous aviez joué les probabilités, vous auriez eu huit chances sur dix de gagner. C'est une bonne moyenne quand on essaie de prévoir l'avenir !

La bonne manière d'évaluer le marché, est de laisser les indicateurs fiables décider, sans émotions, à notre place. Je ne vais pas vous apprendre ces indicateurs maintenant. Je les exposerai en détail dans un prochain chapitre. Pour l'instant, émettons l'hypothèse que la tendance est haussière. Après avoir lu le chapitre 8, vous serez capable de déceler le prochain pic ou creux du marché !

---

(11) Toutes les semaines, je calcule le pourcentage de valeurs du New York Stock Exchange en Phases 1 et 2, et ce total sera pointé sur un graphe comparatif avec le Dow Jones. Ce calcul rapide nous donne un excellent sondage instantané pour plus de 1500 titres. Vous pouvez faire simplement ce sondage sur les groupes secteurs du Standard and Poor's. C'est l'un des cinquante indicateurs qui, pondéré, me donne mon " Poids des Evidences " suivi dans le " Professional Tape Reader ".

Graphe 3-11

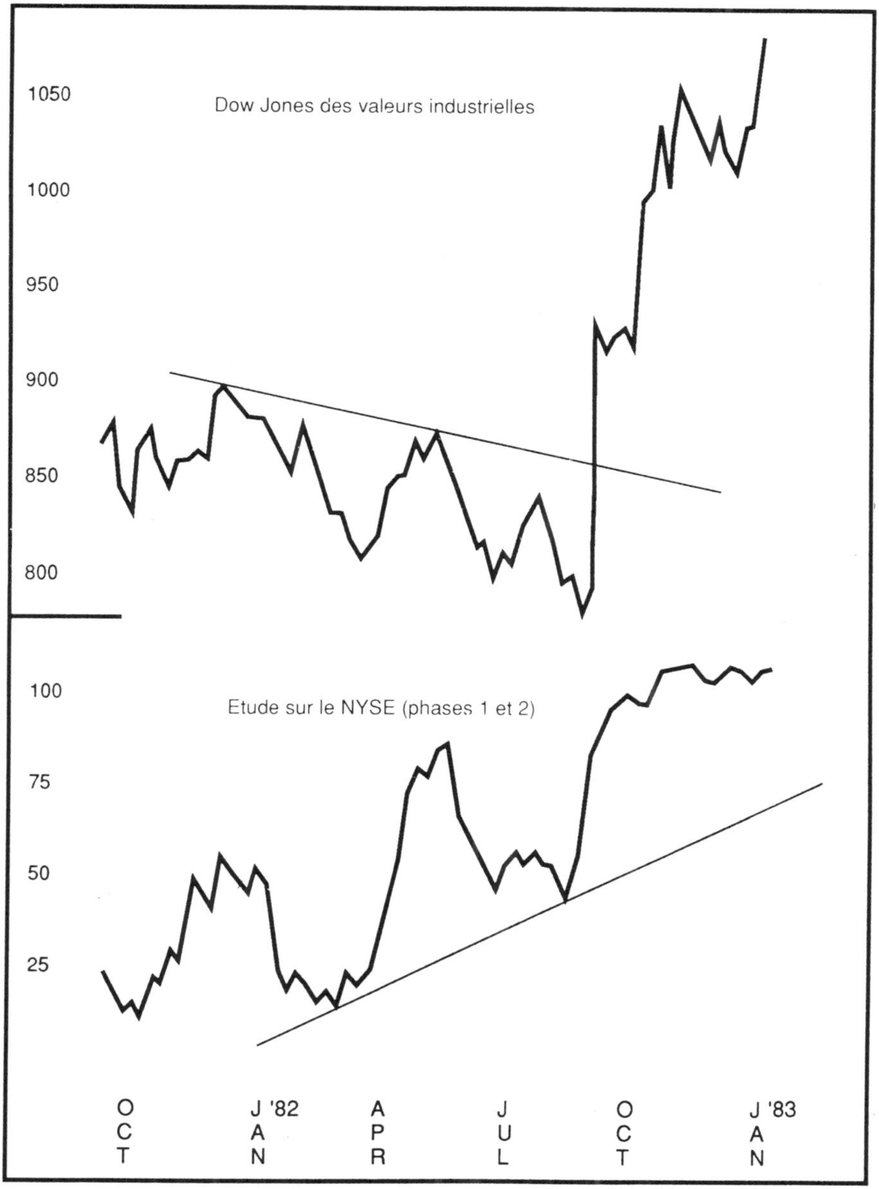

SOURCE: *The Professional Tape Reader*

LA SELECTION DU SECTEUR

Après avoir vérifié les indicateurs de marché et avoir eu confirmation de la tendance " bullish " du marché, il est temps de passer à l'étape suivante. Concentrez-vous sur les deux ou trois groupes qui montrent le plus fort potentiel haussier et le plus bas risque de baisse sur les prochains mois. Ce travail n'est pas seulement important, il est CRUCIAL! Après des années d'études de cycles de marché,il ne fait aucun doute dans mon esprit que l'analyse du secteur est aussi importante que le " timing " général du marché. En fait, c'est même pour certains marchés encore plus important. (Par exemple, le marché à deux vitesses " two tier market " de l'année 1977 qui vit les " blue chips " s'enfoncer dans un marché " bear " alors que les valeurs secondaires avançaient favorablement).

Alors, par où devons-nous commencer pour analyser les groupes ? Sûrement pas par l'analyse de leurs fondamentaux. En 1982, quand je suis devenu " haussier " sur le secteur des Mobile Homes (voir graphe 3-18), les bénéfices du groupe étaient complètement déprimés, ce qui ne l'empêcha pas de mener le peloton au hit-parade des hausses de 1982 à 1983. A la même époque, début 1981, les valeurs pétrolières avaient atteint des prix astronomiques alors que les prix du baril étaient montés à 38$. Certains prévoyaient qu'ils atteindraient même 100$ et qu'il y aurait pénurie. Les graphes cependant racontaient une toute autre histoire: des sommets importants de Phase 3 étaient en cours de formation sur la majorité des

Graphe 3-12

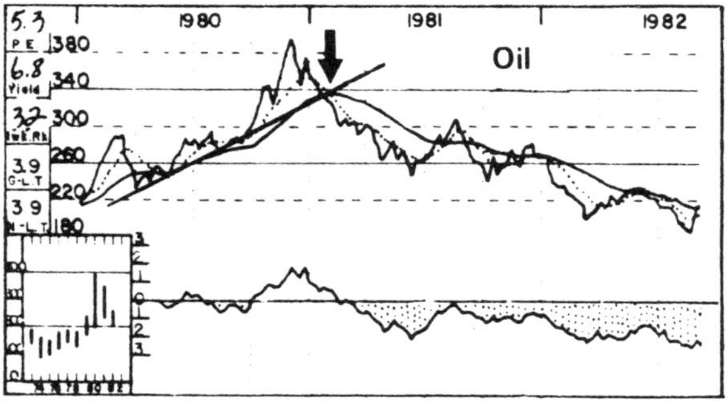

COURTESY OF MANSFIELD STOCK CHARTS

Graphe 3-13

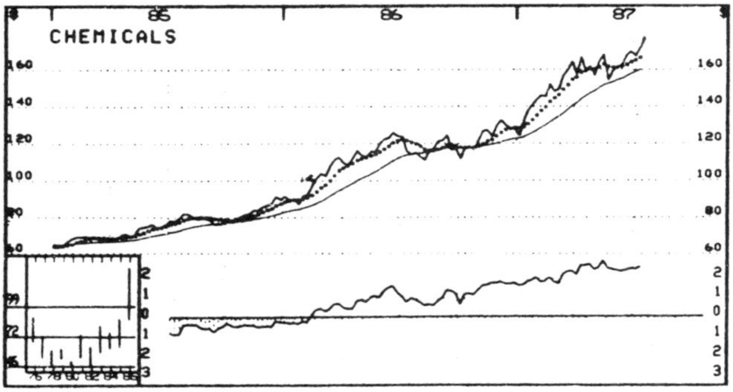

COURTESY OF MANSFIELD STOCK CHARTS

Graphe 3-14

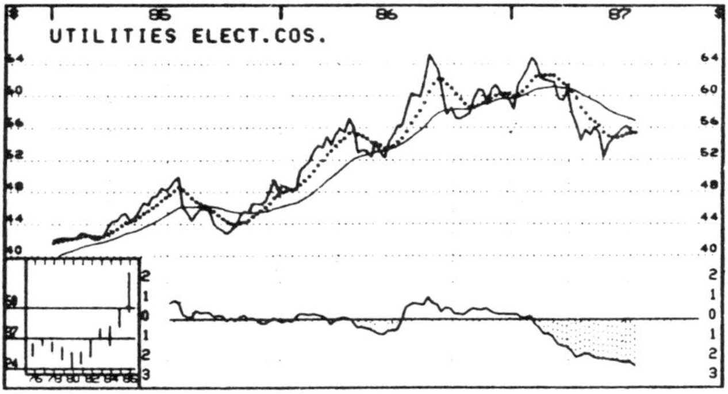

COURTESY OF MANSFIELD STOCK CHARTS

graphes de valeurs pétrolières et également sur le graphe du secteur (graphe 3-12). Au lieu d'écouter les fondamentalistes pleins d'optimisme, la meilleure stratégie consistait à prendre ses profits. Le reste appartient à l'histoire, le groupe " plongea " complètement dans les années suivantes.

A ce niveau, il faut commencer l'étude sur les graphes eux-mêmes. Pour cela, nous allons éplucher les graphes hebdomadaires Standard and Poor's des secteurs industriels. Cette matière première de base est aussi donnée par Mansfield Chart Service. Une seule différence entre un graphe de valeurs et un graphe de secteurs : ces derniers ne comportent pas les volumes. A part cela, tout est identique, comme vous le voyez sur les graphes 3-13 et 3-14.

80 D'abord, vérifiez la phase dans laquelle se trouve le groupe. Le graphe 3-13 montre qu'en 1987, les industries chimiques étaient dans une puissante ascension de Phase 2 alors que les compagnies distributrices d'électricité étaient dans une chute de Phase 4. Sachant cela, même s'il y avait eu des valeurs chimiques avec une configuration technique très négative, je n'aurais même pas envisagé de les vendre à découvert [12]. De la même manière, peu importe qu'une valeur paraisse très bien orientée pendant le premier semestre 1987. Si elle est dans le groupe des compagnies distributrices d'électricité, je n'envisagerais pas un instant de l'acheter. Par ces exemples, il est clair que vous pouvez très facilement perdre de l'argent si vous êtes dans les mauvais groupes, même si les indices de marché montent, comme ce fût le cas pendant le premier semestre 1987.

Quand on traite des secteurs, utilisez les mêmes critères que pour les valeurs individuelles. Les investisseurs devraient concentrer leurs achats dans les secteurs de marché en train de casser au-dessus de leur fondation de Phase 1, alors que les traders devraient être inclinés à rechercher les hausses de continuation en cours d'avancée de Phase 2. Il y a tout de même une différence. Si le groupe est déja dans une Phase 2 bien engagée et bien au-dessus de son niveau de support, un investisseur ne s'empresserait pas d'acheter une telle configuration graphique pour une valeur individuelle. Mais si le groupe est bien engagé dans sa Phase 2, et que la valeur individuelle de ce secteur est en train de casser ses bases de Phase 1, alors rien ne l'empêche d'acheter cette valeur précise. De même, si un trader trouve un bon achat de continuation dans un groupe qui vient de passer en Phase 2, le trader peut sans complexes acheter ce titre. Le facteur essentiel dans une étude de groupe, c'est que le secteur concerné soit sain (autrement dit, pas dans une Phase 3 ou une Phase 4). Toutes choses étant égales par ailleurs, la meilleure des situations possibles pour un investisseur est la suivante: quand le titre s'engage dans sa Phase 2 et que le secteur se trouve au même point. Pour le trader, l'idéal est une cassure de continuation au sein d'un groupe dynamique développant le même type de structure.

Un deuxième signal de groupe apparaît, en examinant minutieusement les graphiques un à un. Quand vous étudiez votre livre de graphes, si vous

---

(12) Si vous êtes investi sur un titre d'un secteur favorablement orienté qui casse sous son support et se renverse, vous devez immédiatement vous en débarrasser. MAIS NE LE VENDEZ PAS A DECOUVERT !

voyez plusieurs actions d'un même groupe qui tournent soudainement " bullish " (ou " bearish "), c'est un signal sûr [13]. Faites une liste des meilleures configurations graphiques avec leur secteur respectif. Si vous obtenez six groupes développant des " charts bullish " (sur Standard and Poor's), et si dans le même temps, la plupart des " gagnants " potentiels sont tirés d'un ou de deux groupes industriels, cela aussi vous en dit long sur le marché. Alors que les six groupes vont très probablement enregistrer des hausses, celui qui aura plusieurs graphiques de qualité sera sans doute le gros gagnant du lot.

Ce type d'approche vous aide aussi à être dans le coup d'une autre façon. Parfois, les graphes Standard & Poor's de secteurs industriels sont biaisés, car une valeur de l'un des groupes peut avoir un comportement extrême qui influe sur la configuration du graphe secteur. En utilisant cette méthode croisée de contrôle, vous ne serez pas induit en erreur par cette valeur atypique, candidat à une OPA ou en situation spéciale.

VOILA LE FONCTIONNEMENT

En 1978, j'avais remarqué une force haussière inhabituelle sur les graphes de plusieurs titres de casinos, alors que le secteur des hôtels et loisirs enregistrait une extraordinaire force technique. De plus, leurs lignes de force relative respectives étaient toutes très " bullish ". Comme si cela ne suffisait pas, pas un seul titre de casinos n'avait de configuration technique " bearish ". Avec tous ces titres " intéressants " à l'achat, j'étais comme un gamin dans une confiserie et je ne savais lequel choisir. C'est très rare de retrouver une telle force (ou faiblesse) technique touchant tous les titres du secteur mais, quand cela se produit, ne négligez pas le message évident envoyé par le marché. Dès fin mars 1978, je me lançais dans une succession de recommandations sur le secteur. Au cours des deux mois suivants, je recommandais Bally, Caesars World, Harrah's, Holiday Inns, et Playboy (voir flèches sur points d'achat). Ils enregistrèrent tous de superbes envolées, gagnant de 105% à 560% en quelques mois.

Le secteur des mobile-homes développa aussi cette configuration particulièrement favorable au cours de l'été 1982. Le graphe du secteur cassa violemment d'une puissante fondation de Phase 1. La force relative du

(13) Travailler ainsi est particulièrement facile avec les graphes Mansfield du NYSE puisqu'ils suivent un classement par secteurs. Les sections concernant l'AMEX et l'OTC sont par contre classées par ordre alphabétique.

secteur était " bullish " et toutes les valeurs partageaient des graphes superbes. Aussi, entre début juin et mi-août, avons-nous recommandé huit valeurs du groupe dans le PTR : Coachmen, Fleetwood, Oakwood Homes,

Graphe 3-15

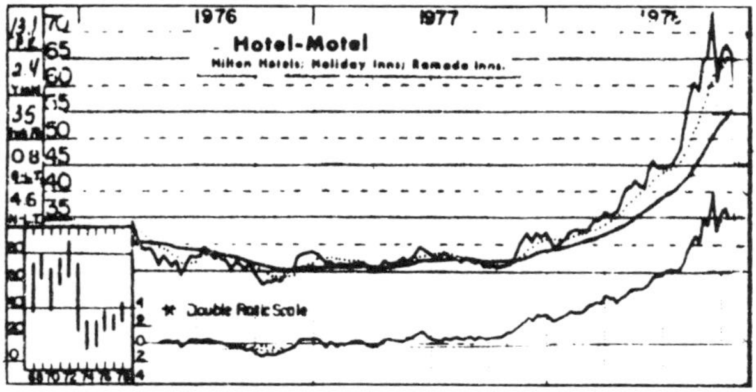

COURTESY OF MANSFIELD STOCK CHARTS

Graphe 3-16

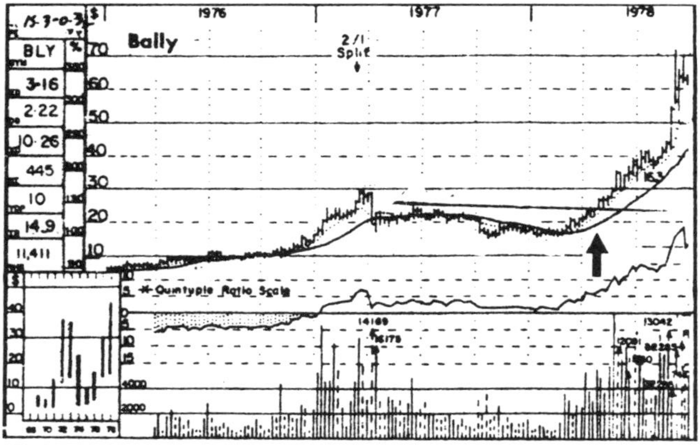

COURTESY OF MANSFIELD STOCK CHARTS

Philips Industries, Redman, Skyline, Winnebago, et Zimmer (voir flèches sur les graphes pour points d'achat). Ce groupe se comporta comme dans un rêve durant l'année suivante et explosa littéralement, nous permettant d'enregistrer un gain moyen de 260 pour cent.

Ne croyez surtout pas que ces titres avaient fière allure uniquement parce qu'un nouveau marché " bull " s'élançait à la même époque. Bien sûr ce fut un élément favorable, mais si vous n'aviez pas fait vos " devoirs techniques ", vous auriez pu tomber dans le piège fondamental, à savoir,

Graphe 3-17

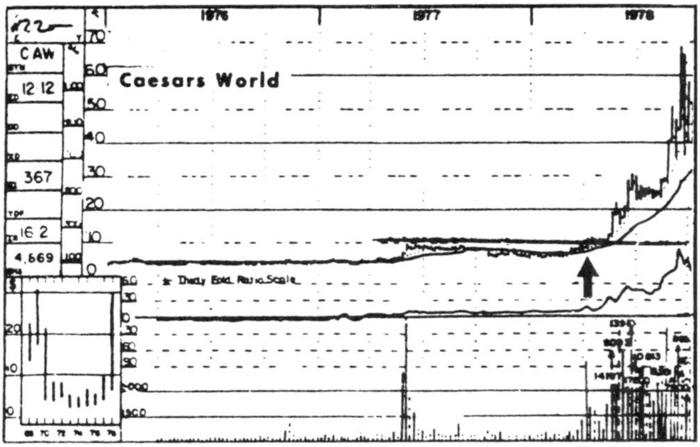

COURTESY OF MANSFIELD STOCK CHARTS

Graphe 3-18

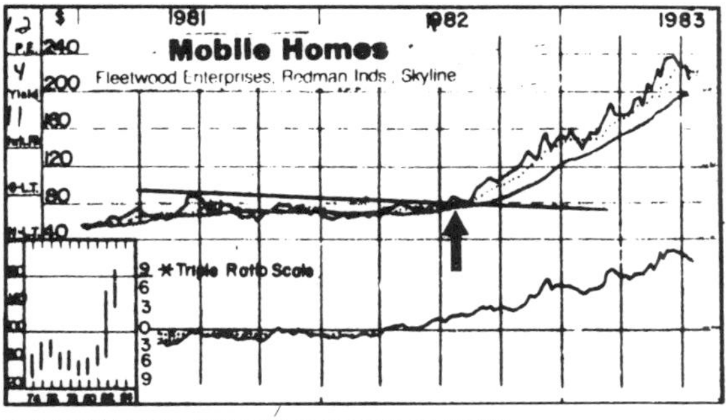

COURTESY OF MANSFIELD STOCK CHARTS

acheter des valeurs à faible P.E.R. (price earning ou rapport cours bénéfice) comme Warner Communications (3-22). Au cours de l'été 1982, alors que le marché se lançait dans une nouvelle phase haussière , cette bonne entreprise avait ses revenus par action des douze derniers mois qui atteignaient le niveau des 4.35$. Le titre s'écheangeait tout juste à 11 fois ses bénéfices. Si vous l'aviez acheté à la mi-1982 plutôt que les mobile-homes, douze mois plus tard vous auriez pourtant subi une perte de 60 pour cent au lieu d'un gain de 260 % à nouveau.

Y avait-il des signes précurseurs techniques qui vous signalaient de vous tenir à l'écart du titre? Ouï, à l'évidence! Regardez le graphe 3-21 de

Graphe 3-19

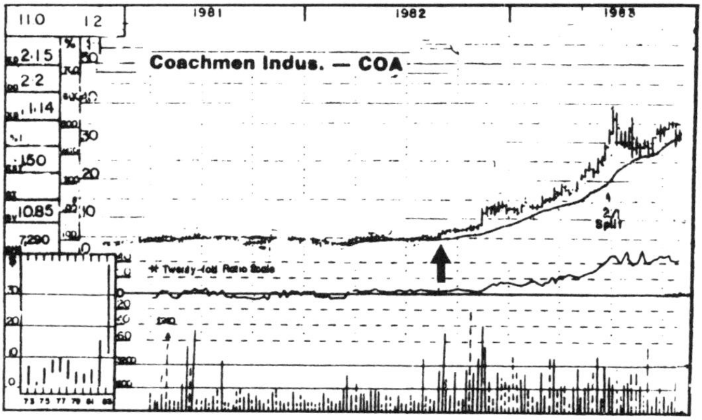

COURTESY OF MANSFIELD STOCK CHARTS

Graphe 3-20

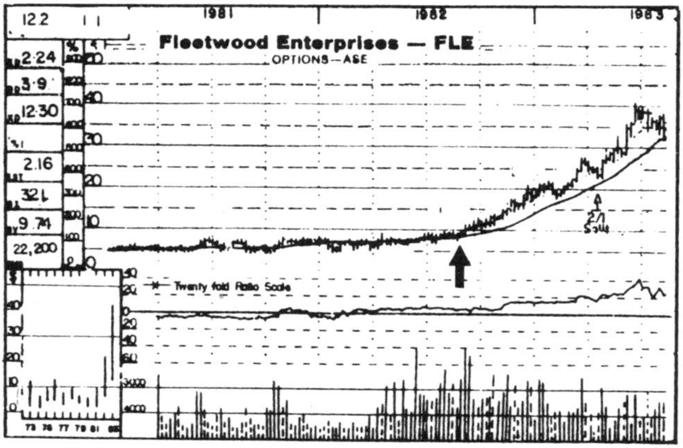

COURTESY OF MANSFIELD STOCK CHARTS

l'industrie du spectacle et des loisirs. Les prix cassaient sous leur moyenne mobile pendant cet été 1982, tandis que le secteur des Mobile-Homes cassait par le haut. De plus, la courbe de force relative était faible et glissa dans le négatif au cours de ce même été. Enfin, les graphes individuels de valeurs étaient mixés: alors que certains paraissaient " OK ", d'autres, comme Warner Communications, étaient catastrophiques. Remarquez que Warner (graphe 3-22) cassa cet été là en haut en Phase 4 alors que la majorité des autres valeurs et des autres groupes passait en Phase 2. Même après son krach

Graphe 3-21

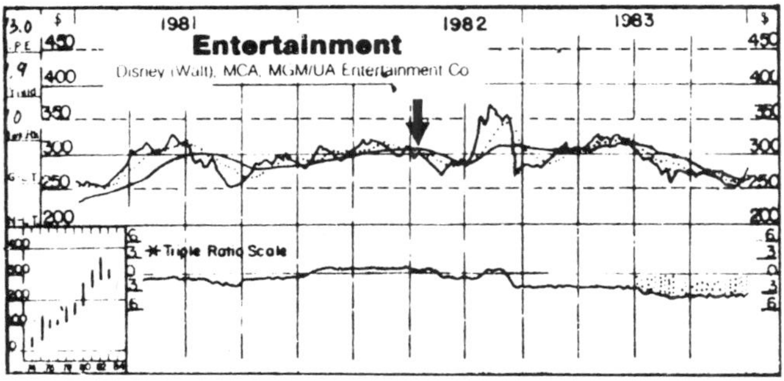

COURTESY OF MANSFIELD STOCK CHARTS

Graphe 3-22

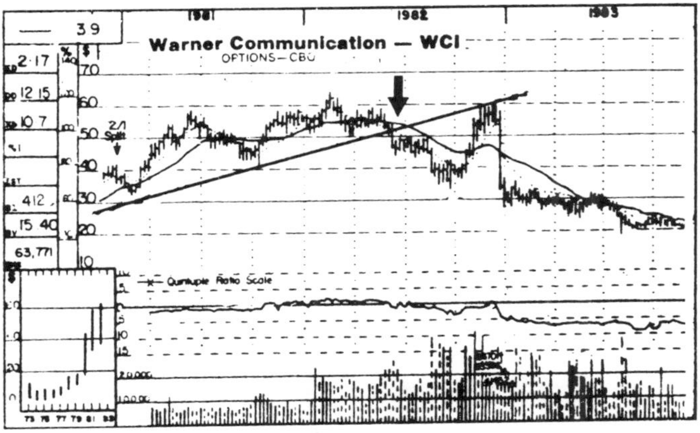

COURTESY OF MANSFIELD STOCK CHARTS

inattendu de 1982, nous n'en avions pas terminé avec les mauvaises nouvelles. Une forte reprise de sur-vente ramena le titre des niveaux 30 jusqu'à 60. Le " rallye " ne put franchir cependant sa ligne de tendance descendante [15]. Ensuite, " les chasseurs de bonnes affaires " reçurent une belle punition lorsque le titre retomba à 20.

(15) De même que les droites support, une fois cassées, deviennent des résistances sur des " rallyes "; les lignes de tendance ascendantes seront, une fois cassées, des résistances pour des reprises futures.

Graphe 3-23

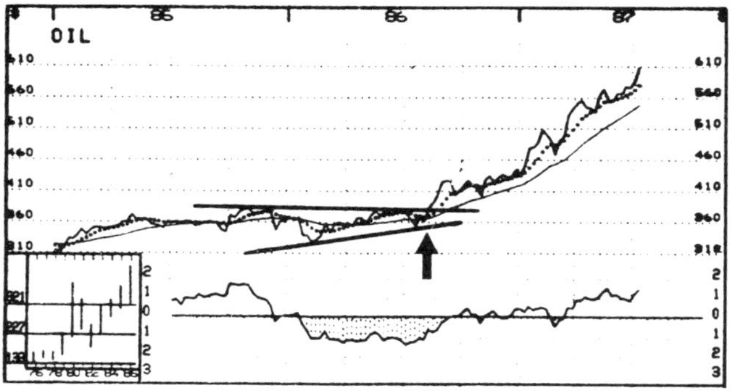

COURTESY OF MANSFIELD STOCK CHARTS

C'est toujours la même histoire. Les graphiques 3-23 et 3-24 montrent une configuration groupe et une configuration valeur plus récentes avec les mêmes résultats. En août 1986, je devins " bullish " sur les valeurs pétrolières. Le groupe cassa au-dessus d'une résistance importante, et la ligne de force relative avait un bon aspect, alors qu'elle passa en territoire positif. Et de fait, la grande majorité des graphes des valeurs pétrolières nous " criait " de les acheter. Il est intéressant de noter cela à un moment où le baril s'échangeait à 10$, alors que beaucoup craignaient sa chute à 6 ou 8$ [16]. Nous avions là une situation symétrique de celle que nous avions connue au début de 1981 : un optimisme généralisé sur le pétrole faisait les " unes " de la presse tandis que la situation technique était critique. C'est un superbe exemple de la théorie " contrarienne " qui fonctionne à la perfection. Etait-il dès lors surprenant de constater que toutes les recommandations d'achat sur plus d'une douzaine de valeurs du secteur pétrolier et des secteurs associés (pétrole, forages, et équipements de forage) faites sur le PTR débouchèrent sur des gains importants ? Certaines d'entre elles, comme American Oil and Gaz (Chart 3-24) eurent tout simplement des parcours spectaculaires.

Puis, en décembre de cette même année, les fabricants d'ordinateurs commencèrent à " sortir leurs modems à la pelle ". C'était alors le secteur sur lequel nous recommandions des achats massifs. Le graphique de groupe acheva une consolidation de Phase 2 à proximité de sa moyenne mobile à trente semaines (Graphe 3-25), alors que les prix cassaient par le haut une résistance importante. De plus, la ligne de force relative était bien orientée. Elle enregistrait de nouveaux plus hauts et passait simultanément en territoire

(16) Les graphes ont une façon d'anticiper l'avenir avec une étrange précision. Un an après, non seulement les valeurs pétrolières étaient bien plus chères, mais le pétrole aussi atteignait presque les 22$ par baril.

Graphe 3-24

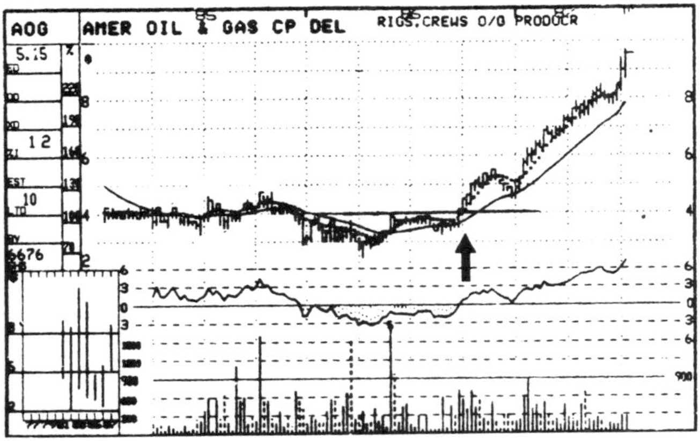

COURTESY OF MANSFIELD STOCK CHARTS

Graphe 3-25

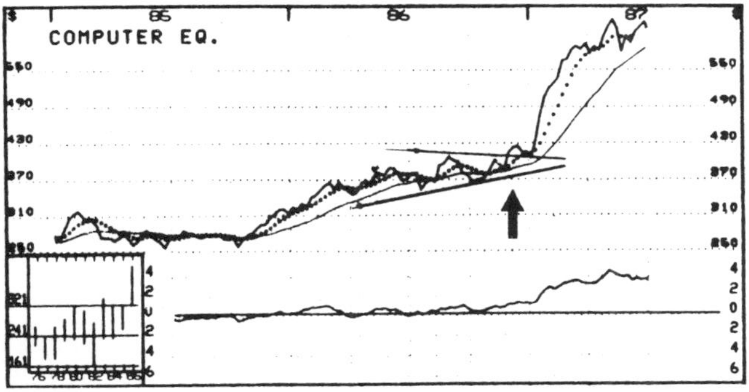

COURTESY OF MANSFIELD STOCK CHARTS

positif. Un autre apparaissait sur le graphe d'environnement long terme (en bas à gauche). Nous y voyons que le groupe enregistrait là de nouveaux plus hauts historiques. Enfin, plusieurs graphiques d'actions individuelles [17] dans ce groupe lançaient de puissantes reprises de cassure (voir Graphe 3-26).

Quand tous ces éléments d'appréciation importants donnent un signal positif, ne marchez pas, mais précipitez-vous sur votre téléphone et donnez immédiatement à votre " broker " les ordres d'achat. Chaque année il y a un

(17) Compaq Computer, Micropolis, et Tandem étaient trois des recommandations du PTR données à l'époque sur le secteur. Cette puissante action de groupe permit à toutes les valeurs informatiques de devenir des gagnantes.

Graphe 3-26

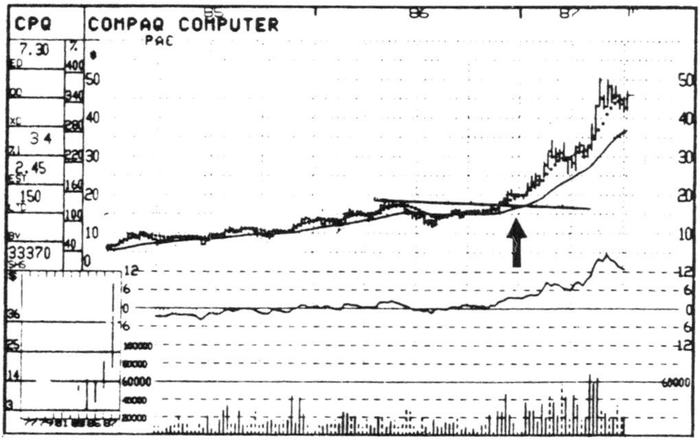

COURTESY OF MANSFIELD STOCK CHARTS

nombre réduit de secteurs qui font beaucoup mieux que les autres, à la fois à la hausse et à la baisse. En suivant cette approche par étapes vous pourrez vous placer parmi ceux qui seront en tête du hit-parade de Wall Street. En même temps vous éviterez les désastres à la baisse. Et quand la méteo du marché sera " bearish ", vous gagnerez en vendant à découvert les plus faibles valeurs des groupes les plus vulnérables. Ne sous-estimez pas l'importance de la confirmation du groupe. J'ai vu un nombre incalculable d'actions qui paraissaient bonnes sur les graphes et qui délivraient des performances mi-figue mi-raisin. Quand je vérifiais l'allure graphique du groupe, comme nous pouvions nous y attendre, j'y retrouvais des faiblesses techniques. A l'opposé, j'ai vu beaucoup de graphiques de titres qui étaient bons ,sans plus, et qui donnèrent naissance à des champions lorsqu'ils avaient l'aide de secteurs fortement haussiers derrière eux. J'ai aussi une multitude d'exemples de valeurs de groupes faibles qui furent des désastres, alors que la tendance du marché était " bullish ". N'essayez jamais de rationaliser un mauvais achat dans un marché " bull " en prétendant que vous vous en tirerez gagnant avec le temps.

Voilà l'exemple type de ce dont je vous parlais: malgré une hausse du DJI de plus de 600 points entre fin 1986 et l'été 1987, le groupe des immobilières (Real Estate Investment Trust ou REIT) eut un parcours désastreux. Lomas & Nettleton Mortgage, ainsi que de nombreux autres titres du groupe, chutèrent très fort au cours du premier semestre 1987 alors que les indices de marché fusaient de plus en plus haut (Graphe 3-28). Encore une fois ce bon piège fondamental (dans lequel vous ne tomberez jamais

Graphe 3-27

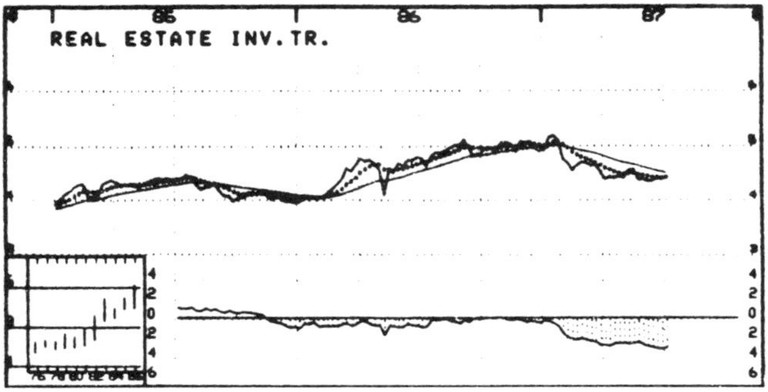

COURTESY OF MANSFIELD STOCK CHARTS

Graphe 3-28

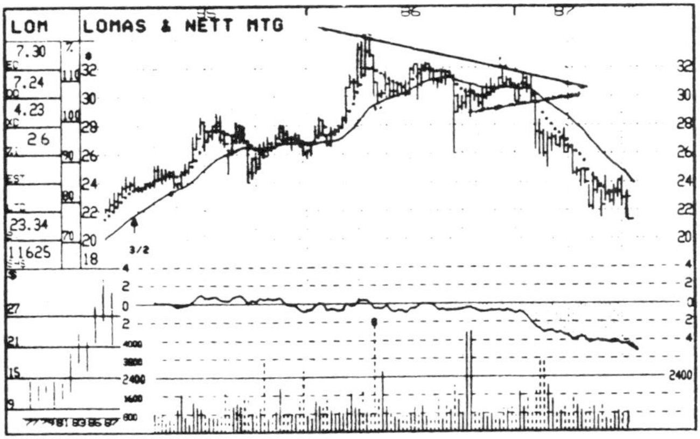

COURTESY OF MANSFIELD STOCK CHARTS

plus) avait fonctionné. Le P.E.R. était bas, l'entreprise de qualité, comment pouvions-nous perdre dans ces conditions ? Très facilement ! Le groupe était très mal orienté, et le graphe de la valeur était coincé dans une dangereuse Phase 3 au début de cette nouvelle année.Ensuite, alors que les prix avaient cassé en dessous de leur support à 29 1/2, le titre passa dans une terrible Phase 4. En outre, la ligne de force relative s'avéra désastreuse. Quand tous

Graphe 3-29

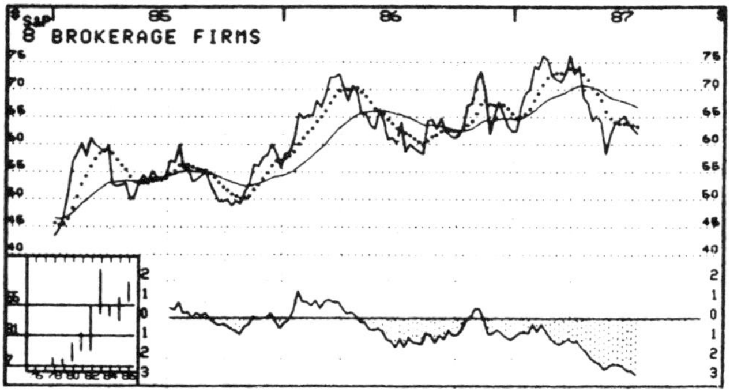

COURTESY OF MANSFIELD STOCK CHARTS

ces mauvais ingrédients sont réunis, il est facile de comprendre pourquoi le titre put perdre 30% alors même que le Dow montait de façon spectaculaire.

Un autre exemple de cet effet de groupe négatif s'est produit sur le groupe du brokerage en 1987 (Graphe 3-29). Alors que Lomas & Nettleton Mortgage était l'exemple d'un titre baissier dans un non moins mauvais groupe, McDonald & Company Investment était un titre relativement bien orienté, qui lança un faux signal de cassure haussier (point A), début 1987 (graphe 3-30). De telles hésitations sont souvent le lot des titres de mauvais groupes. Il n'était donc pas surprenant que l'action des prix se perdit dans un mouvement de hausse peu convaincant avant de se retourner et de baisser pendant une des plus fortes reprises haussières de l'histoire. La leçon est

Graphe 3-30

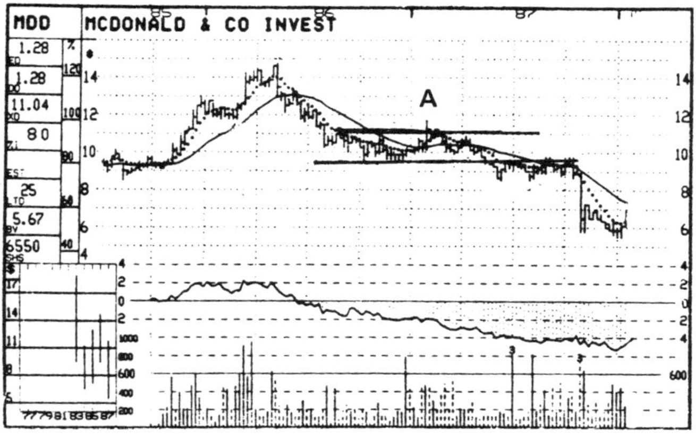

COURTESY OF MANSFIELD STOCK CHARTS

évidente. Ne jouez pas au “ petit génie ” en essayant de trouver le seul gagnant dans un groupe malade. Laissez à ceux qui se prétendent être des génies le soin de perdre leur argent dans de telles situations et contentez-vous de trouver des bons titres dans de bons groupes. Appréciez l'investissement, et engrangez vos plus-values !

TEST

1. Le titre XYZ est très liquide et son marché est actif. Il s'échange à 23 1/2. Vous décidez de l'acheter s'il casse sa résistance importante à 25. Comment devrez-vous rédiger l'ordre à votre " broker " ? Choisissez parmi les 4 réponses proposées:

A. Achat 1.000 XYZ à 25 1/8 stop

B. Achat 1.000 XYZ à 25 stop-25 1/4 limite-valable à révocation

C. Achat 1.000 XYZ à 25 1/8 stop-25 3/8 limite-valable à révocation

D. Achat 1.000 XYZ à 25 1/8 stop-26 limite-valable à révocation

2.

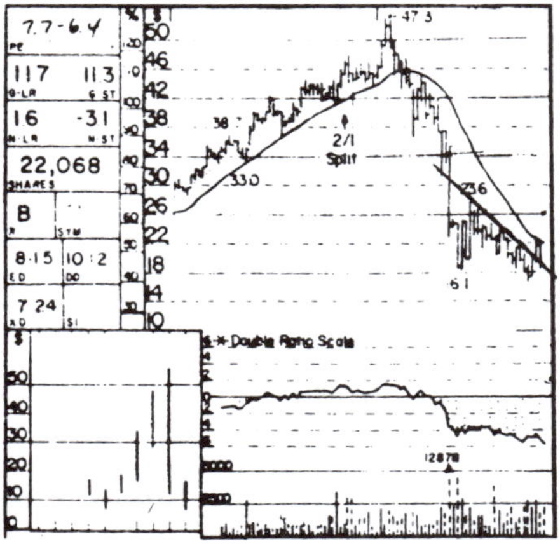

COURTESY OF MANSFIELD STOCK CHARTS

Auriez-vous acheté ce titre quand il cassa sa ligne de tendance à 20 ? Sinon, pourquoi ?

3. Vous ne devriez jamais acheter des actions dans l'année qui suit les élections présidentielles. **V F**

4. Lequel de ces deux graphes montre la cassure la plus appropriée pour un investisseur ? Pour un trader ?

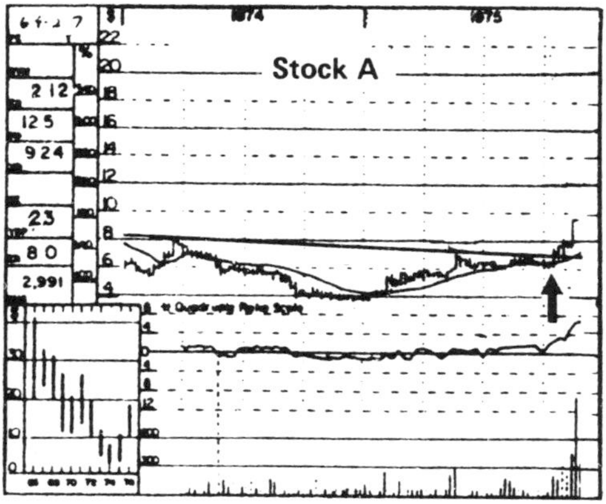

COURTESY OF MANSFIELD STOCK CHARTS

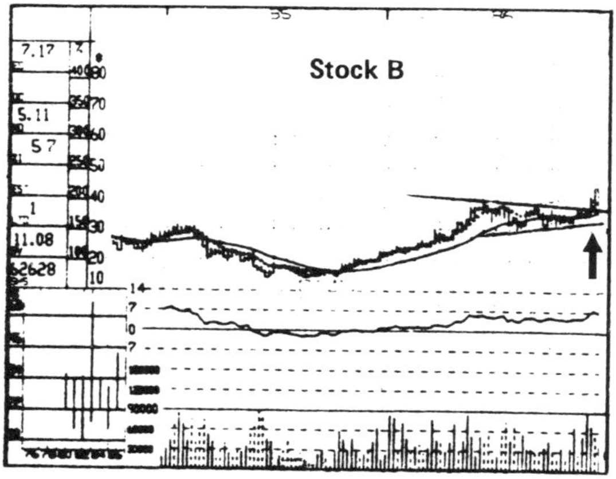

COURTESY OF MANSFIELD STOCK CHARTS

5. Un ordre bon à révocation est valable jusqu'à deux semaines après passation sur le New York Stock Exchange. **V F**

6. Quel est le point du cycle où l'achat d'XYZ est le moins risqué ? A,B,C ou D ?

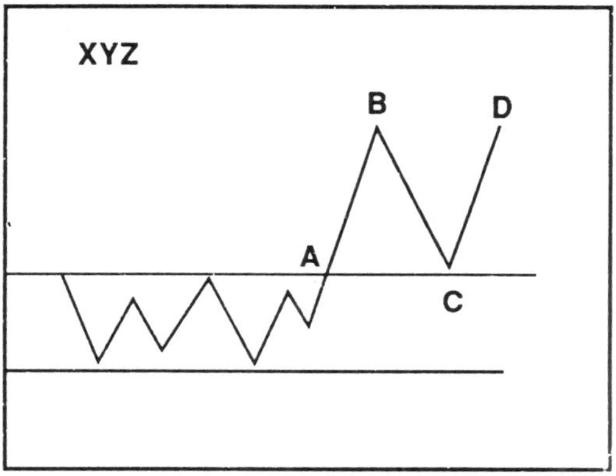

7. La troisième année du cycle présidentiel a été historiquement l'année la plus " bullish " du cycle de quatre ans. **V** **F**

8. Un trader ne devrait acheter que sur des retours. **V** **F**

9. Tard sur un marché " bull ", même un investisseur devrait faire des achats de continuation. **V** **F**

10. Bien que vous ayez sous les yeux un graphique très " bullish ", vous ne devriez pas acheter si les indicateurs de marché sont négatifs, et le groupe mal orienté. **V** **F**

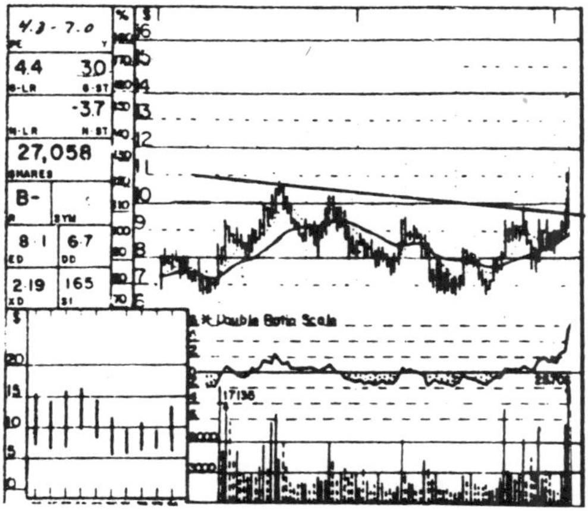

COURTESY OF MANSFIELD STOCK CHARTS

11. Les cassures de Phase 1 vous donnent d'habitude une deuxième chance d'achat sur le retour vers le point de cassure initial. **V F**

12. Nous sommes au début de 1987 et vous pensez avec raison que le marché est sur le point de lancer une avancée importante. Quel groupe choisirez-vous pour faire des achats agressifs : A ou B ? Pourquoi ?

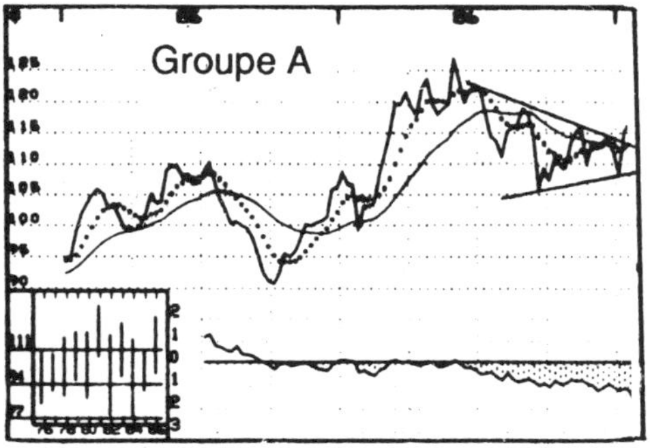

COURTESY OF MANSFIELD STOCK CHARTS

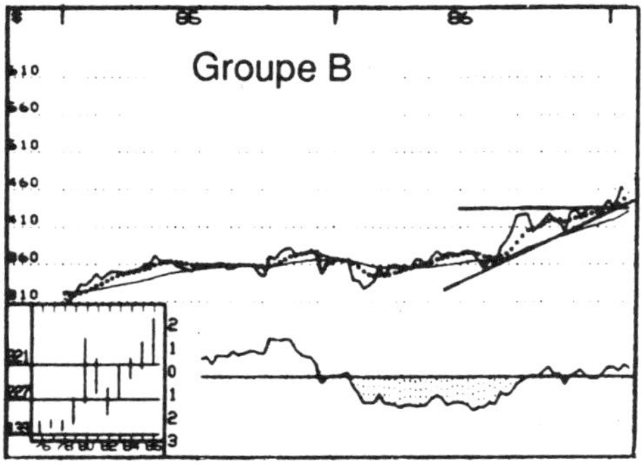

COURTESY OF MANSFIELD STOCK CHARTS

REPONSES

1. C. Le stop devrait être placé sur la cassure; la limite fixée à 1/4 de point au-dessus, car il s'agit d'un titre actif. Il faudrait placer l'ordre valable jusqu'à révocation.
2. Non, parce que le titre est toujours sous sa moyenne mobile à 30 semaines. De plus, cette MM est descendante, aussi restez à l'écart.

Cette décision s'avéra être la bonne non seulement en théorie mais aussi en pratique. En effet, le graphe est celui de Clorox, et cette cassure se produisit en 1973 à 20 1/2. L'année suivante, le titre ne valait plus que 6.

3. Faux. Les probabilités sont tout à fait mauvaises pour cette année là, et si les principaux indicateurs deviennent " bearish ", restez à l'écart de la bourse. Ceci dit, il y a des exceptions haussières, telles les années 1965 et 1985.
4. Le titre A est le meilleur achat pour l'investisseur au moment où il casse sa fondation long terme de Phase 1. Le graphe est celui de Swank, et la cassure se produisit en 1975, à 7 1/8. L'année suivante, la valeur s'échangeait autour de 20. Le titre B est plus approprié pour les traders. Il a déjà enregistré une hausse de 300% avant de consolider. C'est le graphe d'Apple Computer, qui sortit de sa phase de consolidation en cassant 39 en 1986; six mois après, le titre s'échangeait au-dessus de 80 !
5. Faux. Un ordre valable jusqu'à révocation veut dire ce qui est écrit: valable à révocation. N'oubliez pas d'enregistrer ces ordres et de les annuler si les configurations changent et si vous changez d'avis.
6. C. Le retour vers le point de cassure initial est le point d'entrée le moins risqué possible.
7. Vrai
8. Faux. Même si les traders peuvent faire quelques achats sur retour, ils devraient passer le gros de leurs achats à la cassure. Si l'avancée initiale est bonne, le trader pourra vendre et enregistrer un profit rapide puis entrer de nouveau sur la valeur à l'occasion du retour .
9. Vrai. A ce stade, il n'y aura plus que très peu de fondations de Phase 1 à exploiter.
10. Vrai. Ne luttez jamais contre la tendance du marché et du groupe. Ce graphe est celui d'American Motors, et la cassure se produisit début 1974 à 10. Les indicateurs de marché et de groupe étaient négatifs, et moins d'un an plus tard, le titre était descendu à près de 3.
11. Vrai. Mais c'est rarement le cas sur des cassures de continuation.
12. Vous auriez dû choisir le Groupe B. Il se trouvait pris dans une tendance plus fortement haussière et de plus, ne montrait pas de résistance " sur la tête ". Le groupe A , au contraire, avait à absorber de fortes résistances. Enfin, la force relative sur A était mauvaise, alors que celle de B était bonne. A est le groupe des Banques Régionales et, 7 mois après, alors que le Dow avait pris 600 points, le groupe en était au même point. B est le groupe des Pétrolières, ce fut l'un des grands gagnants des sept premiers mois de 1987.

CHAPITRE 4

L'ACHAT : AFFINONS LE PROCESSUS

Maintenant que nous avons appris à déterminer la tendance du marché et à découvrir les meilleurs rares secteurs, nous sommes prêts à atteindre notre but. Il est temps de nous concentrer sur le choix du meilleur candidat à l'achat sur le bon secteur. Comment déterminer les deux ou trois valeurs du groupe qui devraient être achetées ? Existe-t'il un moyen de prévoir quels sont les titres qui ont les meilleures chances de s'apprécier et et de s'avérer hors paire ?

Oui, tout à fait ! Bien qu'aucun système ne soit parfait pour anticiper, nous pouvons apprendre quelques règles simples qui nous donneront de meilleures chances de succès.

MOINS NOUS AURONS DE RESISTANCE, MIEUX CE SERA

J'ai déjà expliqué le concept de résistance. Revoyons-le rapidement et approfondissons-le un peu plus. Reprenons tout cela avec soin, car ce sera une règle de votre pourcentage de réussite. Sur le graphe 4-1, le titre XYZ forma un couloir d'échange aux niveaux 18-20, après avoir subi une chute sévère. La zone près des 18 devient temporairement un support. A la hausse, étant donné que les reprises se sont écrasées près de la barre des 20 à chaque fois qu'elles attaquaient cette barre, 20 devint la résistance naturelle de ce " trading-range ". Puis, après des semaines d'action en zigzag dans ce couloir, XYZ cassa à la baisse le support des 18. C'était, bien sûr, une indication négative qui signait le début d'un déclin. Suite à cet accès de faiblesse, XYZ s'est stabilisé sur une ligne basse à 13. Ensuite, les prix se sont déplacés dans un nouveau " trading-range " et ont bâti une fondation solide. Le nouveau niveau support était alors à 13 et la résistance à 15. Enfin, les prix vinrent à bout de cette résistance et, plus important encore, passèrent au-dessus de leur moyenne mobile.

Graphe 4-1

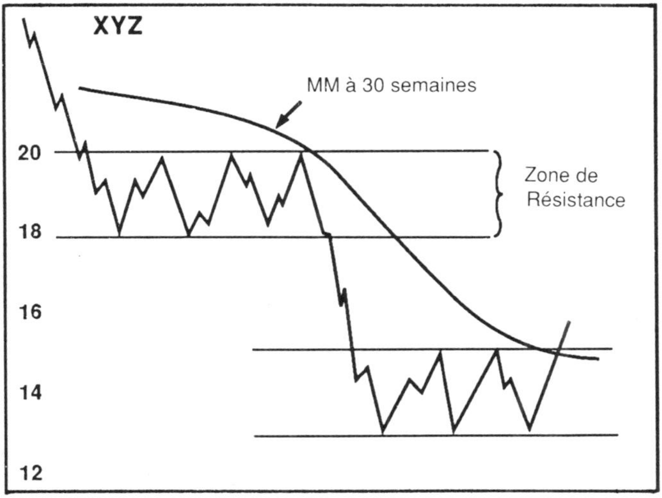

Vous avez maintenant assez d'expérience pour vous rendre compte que ce titre est dès lors dans une configuration haussière. Cela suffit-il pour l'acheter ? Pas forcément. Bien qu'il y ait de fortes probabilités pour que la valeur s'apprécie et que vous y gagniez de l'argent, cela ne suffit pas. Ceci vous semble illogique ? Je ne serais pas surpris de vous entendre dire: " où Stan veut-il en venir ? J'ai acheté quantité de perdants qui étaient tombés avant même que je reçoive mon bordereau d'achat. Et maintenant, il me dit que ce titre va monter et que je ne devrais pas l'acheter ! "

Suivez ma pensée, et vous comprendrez que je n'ai pas perdu la tête. Ce ne serait pas dramatique que vous achetiez XYZ - vous gagneriez de l'argent. Mais je veux faire mieux que cela pour vous. Je veux que vous gagniez " beaucoup " d'argent !

Il y a un concept économique important: c'est celui du MANQUE A GAGNER qui s'applique à la perfection dans cet exemple. En clair, cette expression veut dire que chacun a des ressources limitées que ce soient d'ailleurs 25.000$ ou 25.000.000$. Aussi, devez-vous OPTIMISER ces ressources ce qui, dans ce cas, est votre mise sur le marché. Si vous achetez un titre XYZ qui gagne 20 pour cent, mais que le titre ABC gagne dans le même temps 200 pour cent, vous aurez un manque à gagner égal à la différence. Par conséquent, tout ce que nous voulons faire, c'est trouver les titres de première qualité et laisser aux autres ceux des catégories moyennes et mauvaises qualité.

Maintenant, revenons au graphe 4-1 et je vous montrerai pourquoi nous avons affaire à un titre de catégorie B. Une fois que XYZ a lancé son signal d'achat en cassant au-dessus du niveau 15, vous devez regarder où se trouve le prochain niveau de résistance. C'est 18, qui était le plancher support du précédent couloir d'échange. Souvenez-vous que le support cassé devient une zone de résistance, une fois que le titre revient à ce niveau. Si XYZ arrive à bout de cette première résistance, le titre aura d'énormes difficultés à monter jusqu'à 20. Aussi, la zone 18-20 représente une résistance potentielle IMPORTANTE. Cela ne signifie pas que le titre n'en viendra pas à bout. Tout simplement, XYZ consommera beaucoup de son potentiel d'achat pour traverser cette zone. Aussi pouvons-nous nous attendre à ce qu'il “ cale ” un certain temps dans cette zone. Même dans le cas, peu probable, où il franchira rapidement cette résistance, il épuisera ses forces d'achat et devra “ récupérer ”. Vaut-il mieux monter six étages pour rentrer chez vous ou bien prendre l'ascenceur ? Laquelle des deux solutions vous fatiguera le plus ? Même chose avec les actions. Si les actions XYZ et ABC entreprennent l'une et l'autre de casser leurs résistances et commencent à utiliser un potentiel d'achat, disons de 500.000 titres au cours des prochaines séances, laquelle des deux ira le plus loin ? Celle qui ne rencontrera pas de résistance sur son chemin, ou bien celle qui trouvera beaucoup “ d'offres sur sa tête ” ? La réponse est évidente.

Aussi, regardons maintenant le graphe 4-2 de la valeur ABC. On l'a choisie dans le même groupe industriel que XYZ et elle casse aussi au-dessus de sa résistance et de sa moyenne mobile. Mais alors que XYZ avait une zone de résistance évidente à quelques points au-dessus, ABC n'a aucune résistance sur son graphe. Bien qu'au cours des deux a trois années passées (les graphes Mansfield reprennent un historique des prix de deux ans et demi) ABC aurait pu s'échanger au-dessus de son niveau actuel, on constate que ce ne fut pas le cas. Bien sûr, une résistance est toujours valide, même vieille de plusieurs années; cependant mes études ont montré que moins elle est récente, moins elle sera puissante. C'est logique puisqu'une résistance est créée par les vendeurs qui ont acheté à des prix plus élevés et veulent “ sortir ” le plus près possible de leurs prix d'achat, après que le titre ait perdu. Plus le temps passe, plus nous aurons d'investisseurs qui se seront débarrassés de leurs pertes. Après deux ans et demi (cas où l'on ne voit pas de résistance sur le graphique) le “ gros ” de ces investisseurs sera déjà sorti de la valeur, et la résistance n'aura plus beaucoup d'importance.

Dernière étape à cet exercice: vérifier les perspectives long terme sur les graphes Mansfield. C'est un graphique en bâtonnets reprenant les plus hauts et plus bas annuels des dix dernières années. Si nous n'avons pas de

Graphe 4-2

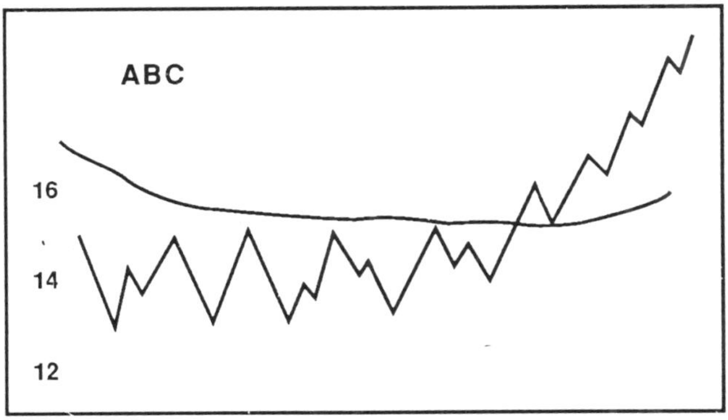

résistance (le titre ne s'est jamais échangé au-dessus des cours actuels en dix ans) sur ce graphe, alors vous pouvez être fier car vous avez trouvé une situation de catégorie A.

Vous trouverez ci-dessous quelques exemples empruntés sur le marché de New York qui illustrent mon propos. Regardez le graphique 4-3. Quand Allegis Corporation cassa au-dessus de son plus haut de " trading-range " annuel en 1987, on ne voyait aucune autre résistance sur le graphe. Ensuite si nous regardons les perspectives long-terme (graphique des hauts/bas annuels sur dix ans), tous les feux passent au vert. Il n'y apparaît aucune résistance long-terme (cf flèche sur perspectives long terme) au-dessus des niveaux actuels depuis 10 ans (1). Il n'est pas surprenant que AEG ait pris 30 points car les forces d'achat n'ont rencontré absolument aucune résistance. Chaque fois qu'une cassure arrive alors que le titre évolue sur des territoires vierges (là ou il ne s'est jamais échangé auparavant), vous aurez alors la situation d'achat la plus favorable. Pensez-y, il n'y a pas un individu qui soit " long " sur le titre et ait une perte sur sa position. Personne ne cherche à sortir même à 1 ou 2 points plus haut. Ainsi, les forces d'achat ont les moyens de faire exploser les prix (2).

---

(1) Sachez que ce graphique historique est mis à jour et reprend aussi les derniers plus hauts de 1987.

(2) Deux autres facteurs " bullish " étaient aussi présents: fort accroissement des volumes et force relative en amélioration.

Graphe 4-3

COURTESY OF MANSFIELD STOCK CHARTS

Regardez maintenant le graphe 4-4 de Pan Am Corporation, tiré du même groupe haussier des transports aériens qu'Allegis Corp en 1987. Bien que le titre sortit de sa phase de fondation et passa au-dessus de sa droite de résistance et de sa moyenne mobile, la configuration technique était plus faible que dans le cas d'Allegis. On voyait une résistance autour de 6 1/2, là où la reprise échoua en fin 1986. Pis encore, il y avait une offre importante autour de 7, là où PN cassa par le bas en 1986 avant de s'effondrer jusqu'à 4. Enfin, quand vous vérifiez les perspectives long terme, vous voyez à l'évidence qu'il y avait une résistance TRES importante juste au-dessus des 8. (Entre 1983 et 1986 PN chaque année se retourna juste au-dessus de 8). Alors qu'Allegis était de première qualité, Pan Am était de bien mauvaise qualité. (3) Sachez que si vous vouliez prendre une position sur le titre, PN était meilleur à l'achat qu'à la vente; mais vous n'avez pas à parier sur chaque “ course ”. Et rien ne vous oblige à acheter toutes les valeurs en Phase 2, seulement les meilleures !

Vous commencez à comprendre ce qu'il faut voir sur un graphe. Il ne suffit pas de trouver un titre en Phase 2 dans un bon groupe, il vous faut

(3) En plus d'une forte résistance “ sur la tête ”, il y a de nombreux autres éléments techniques négatifs : la fondation manque d'envergure, la force relative est faible, et la structure des volumes tout juste moyenne.

Graphe 4-4

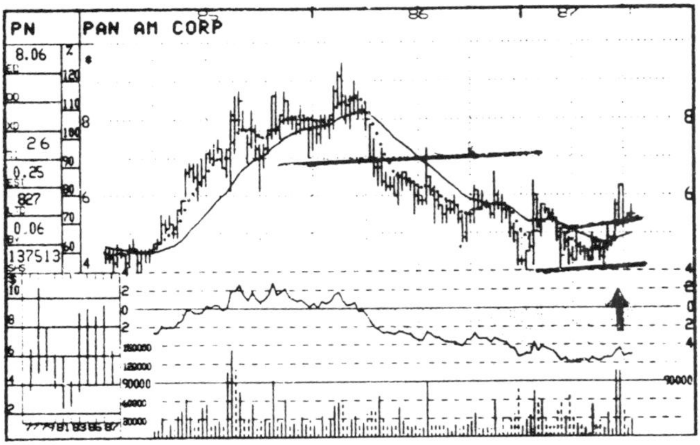

COURTESY OF MANSFIELD STOCK CHARTS

vérifier de nombreux autres éléments. J'y reviendrai dans un instant. L'un des plus importants est de savoir où se trouvent les résistances " sur la tête ".

Voici un autre exemple vous permettant d'appliquer la meilleure technique. Reynolds Metals est une action du groupe des valeurs de l'aluminium qui se trouvait être dans une excellente forme en 1987. Au début de l'année, RLM " flasha " un fort signal haussier quand il franchit par le haut, son couloir d'échange de l'année. Un coup d'oeil rapide au graphe 4-5 montre qu'il n'y avait aucune résistance sur les prix depuis deux ans et demi. Un regard sur les historiques long terme nous confirmait que les prix étaient à de nouveaux plus hauts sur 10 ans. Bingo ! il ne vous restait plus qu'à envoyer au plus tôt vos ordres d'achat car le graphique remplissait tous les critères déjà énoncés [4]. En quelques mois, la valeur était multipliée par deux tandis que de forts achats ne rencontraient aucune résistance sur leur chemin.

Comparez maintenant cette action, avec la cassure qui demeure quasiment en même temps, sur une autre action du même groupe : International Aluminium (graphe 4-6). IAL cassa au-dessus de 20 au tout

(4) En plus, la formation des fondations dura un an, la force relative était satisfaisante, et les volumes impressionnants.

Graphe 4-5

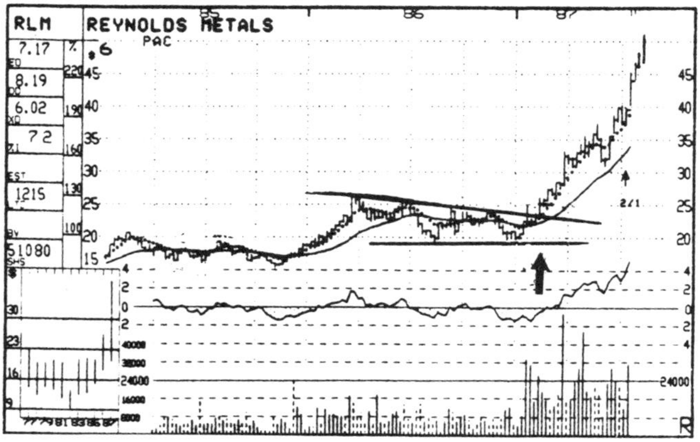

COURTESY OF MANSFIELD STOCK CHARTS

Graphe 4-6

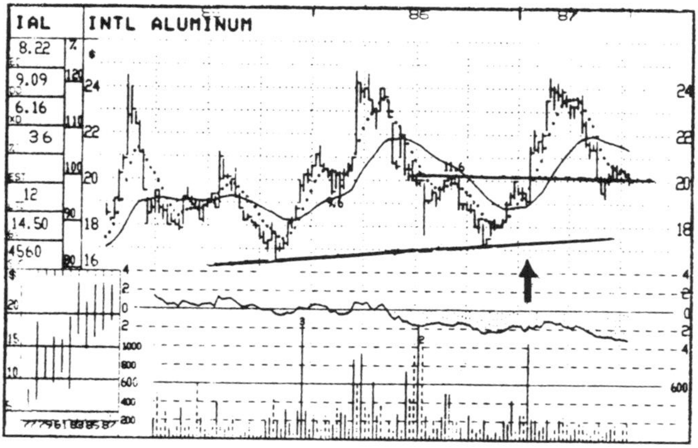

COURTESY OF MANSFIELD STOCK CHARTS

début de 1987. Contrairement à RLM, International Aluminium avait à surmonter de fortes résistances près du niveau des 24 1/2. Non seulement avions-nous là un " plus haut " début 1987, mais aussi en 1986, 1985 et 1983. Que se passa-t-il ensuite ? Au lieu de décoller d'un coup comme le fit Reynolds, le titre avança péniblement, et après une première avancée à 24 1/2, il retomba rapidement à 20. La configuration graphique d' IAL montrait d'autres problèmes: des volumes d'échanges médiocres après la première semaine, une force relative très moyenne et une fondation relativement étroite. Six mois après, vous vous seriez retrouvé au point de départ, alors qu'avec Reynolds vous auriez plus que doublé votre mise. Ce qui représente un gain annualisé de plus de 200 pour cent.

Le message est évident : vérifiez toujours où se trouvent les résistances potentielles et quelles sont leurs forces, avant de choisir un titre et d'appeler votre " broker " pour qu'il l'achète.

L'IMPORTANCE DU VOLUME

L'autre facteur important à évaluer, c'est le volume. Une fois que vous aurez appris à vous concentrer correctement sur cet indice, vous saurez séparer les valeurs moyennes à l'achat, des gagnants de première qualité. Même si nous ne pouvions expliquer la raison pour laquelle les volumes sont si importants, une lecture rapide de n'importe quel livre de graphiques boursiers arriverait aisément à vous convaincre de la crucialité d'une confirmation des volumes sur une cassure. Il y a cependant une raison bien simple expliquant pourquoi les signaux sur les volumes fonctionnent bien. Les volumes nous permettent de mesurer la puissance des acheteurs. Comme je l'ai dit précédemment, les titres peuvent tomber sous leur propre poids, mais pour monter, il leur faut assez de " force d'achat ". C'est comme pousser une roche au sommet d'une montagne. Il nous faut dépenser beaucoup d'énergie à la monter; en revanche une fois lâchée, elle prendra de la vitesse toute seule en descendant.

La règle est très simmple. *NE FAITES JAMAIS CONFIANCE A UNE CASSURE QUI NE S'ACCOMPAGNE PAS D'UNE FORTE CROISSANCE DE VOLUME.* Le graphe 4-7 nous montre comment une configuration technique saine se déroule au niveau du volume. Quand le titre est dans sa phase de fondation, la configuration du volume sera très variable d'un cas à un autre. Mes recherches ont abouti à des conclusions différentes de celles de nombreux analystes techniques. Certains pensent qu'on devrait voir apparaître une pointe, témoignant des dernières " ventes-panique ". Pour ces derniers le volume devrait se contracter, rétrécir, montrant une baisse de la pression de la vente. C'est sans doute une bien belle théorie mais j'ai

Graphe 4-7

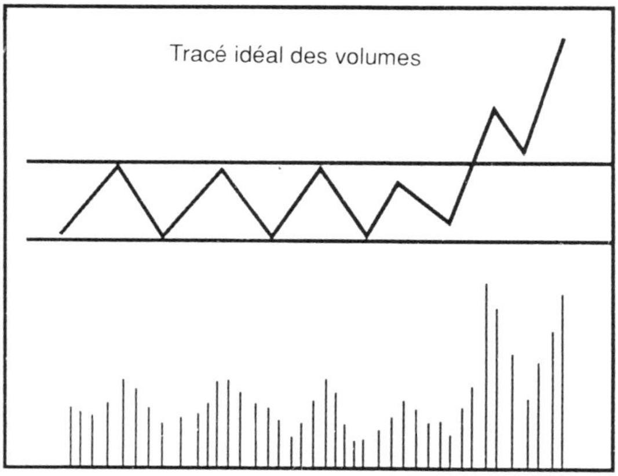

rencontré bien trop de situations graphiques, avec des configurations de volume bien différentes les unes des autres et qui ont abouti aux mêmes brillants résultats, pour que j'accepte cette règle. Restons simple, je ne m'occuperai pas de la forme des volumes dans le déroulement de la phase de formation. Cependant, une fois que XYZ casse le haut de sa résistance et passe au-dessus de sa moyenne mobile à 30 semaines, alors je veux que vous preniez bien soin d'observer ce qui se passe sur les volumes. Comme nous le montre le graphe 4-7, les volumes devraient gonfler significativement à la cassure. S'ils ne le font pas, il est alors très probable que vous aurez, au mieux, un gagnant médiocre sur les bras, un de ceux qui ne gagneront que quelques points. Au pire, le titre fera une fausse cassure et retombera rapidement dans son " trading range ".

Les investisseurs recherchent toujours des règles simples et indiscutables, et trop souvent nous avons le tort d'essayer de les leur offrir.

Je ne crois pas qu'il y ait un niveau magique du volume, indispensable pour trouver le super-gagnant. Au lieu de rechercher des cassures qui ont un taux d'augmentation des volumes pris au hasard, comme 4,65 fois le volume moyen des dernières semaines, je cherche les indices suivants : soit une " pointe-hebdomadaire " du volume qui représente AU MOINS deux fois les volumes moyens du mois écoulé (c'est mieux quand c'est plus), soit une " construction " du volume sur les trois ou quatre semaines passées,

Graphe 4-8

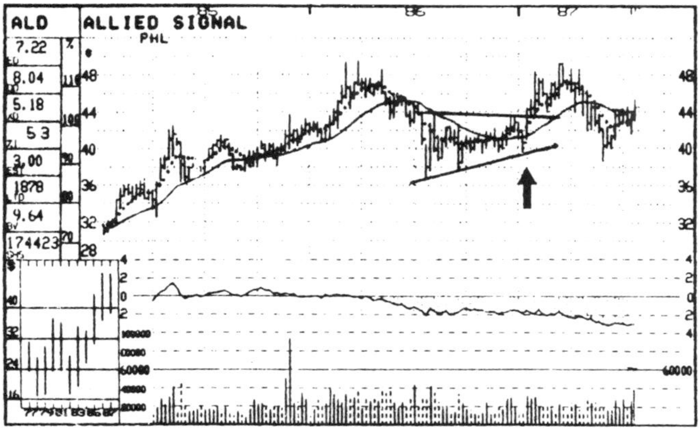

COURTESY OF MANSFIELD STOCK CHARTS

représentant au moins deux fois plus que les volumes moyens des semaines antérieures, le tout conjugué à une augmentation visible sur la semaine de la cassure (5). Peu importe les chiffres : s'il n'y a pas d'augmentation significative des volumes au moment de la cassure, restez alors à l'écart du titre. Si vous l'avez acheté avec un ordre d'achat stop, alors vendez et prenez vos gains pendant l'avancée suivant la cassure (c'est habituellement le cas).

Voilà quelques exemples concrets du comportement des volumes : le graphe 4-8 montre qu'il n'y a pas eu d'augmentation importante des volumes lorsqu'Allied Signal cassa sa résistance. Le volume moyen des quatre semaines précédentes étaient de moins de 20.000 sur le graphe. (On rajoute deux zéros pour avoir le chiffre réel des volumes échangés, soit 2 millions d'actions sur la semaine). Sur la semaine de la cassure, les volumes n'ont même pas atteint les niveaux des 40.000. C'était le signe que les achats sur le titre n'étaient pas assez forts pour lui permettre de franchir sa résistance historique à 50. Ainsi, il ne fut pas surprenant de voir ALD s'arrêter à 49 1/4. Si vous l'aviez acheté avec un achat stop à 43 5/8 quelques mois plus tôt, vous auriez dû prendre vite vos profits autour de 49, alors que le titre approchait de ses hauts de 1986.

(5) Si vous utilisez des graphes quotidiens au lieu de graphes hebdomadaires, recherchez un accroissement des volumes le jour de la cassure, mieux que deux fois la moyenne des volumes de la semaine précédente.

Graphe 4-9

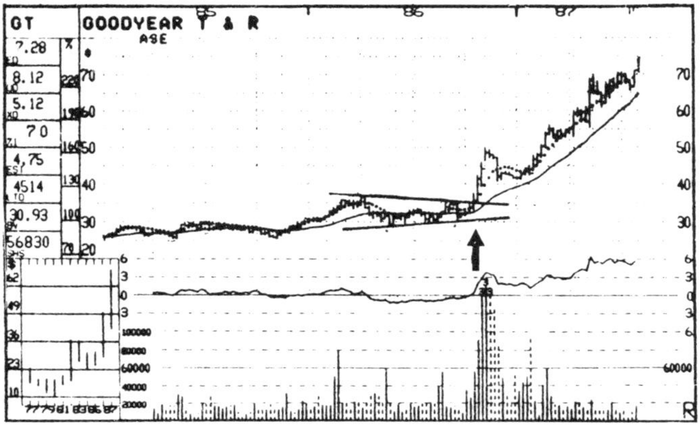

COURTESY OF MANSFIELD STOCK CHARTS

Comparez maintenant ce parcours mi-figue mi-raisin à celui qui suivit la cassure sur un autre des 30 “ blue chips ” du Dow Jones : Goodyear Tire and Rubber, à la fin de 1986. Le graphe 4-9 montre que d'importants achats ont accompagné la cassure sur GT. Les volumes hebdomadaires moyens sur les quatre semaines précédant la cassure étaient approximativement de 22.000; par contre sur la semaine de la cassure, ils ont presque triplé. Puis ils ont continué à augmenter sur les deux semaines suivantes. Le complément du volume était de première classe ! GT retourna à proximité de sa moyenne mobile, près des 40, quelques semaines plus tard. Vous remarquerez un autre signal haussier donné sur ce retour. Les volumes baissèrent de plus de 75 pour cent par rapport à leurs records. Si les échanges s'étaient poursuivis à ces niveaux record, alors vous ne vous seriez pas engagé à de nouveaux achats sur le retour. Mais tel ne fut pas le cas. Par cette hausse importante des volumes sur la reprise de cassure suivie d'une forte baisse sur le retour, le titre vous disait à l'évidence de poursuivre vos achats. Vous auriez dû doubler votre position autour du niveau bas des 40.

Voici un autre exemple qui vous aidera à maîtriser ce concept plus profitable: les deux titres suivants (Graphes 4-10 et 4-11) appartiennent à la même phase de marché et au même groupe. Pourtant, si l'un déboucha sur une hausse de 300 pour cent, l'autre donna une perte. La réponse n'était pas dans les astres mais dans les volumes. Puerto Rican Cement (Graphe 4-10) avait un volume moyen de 120 sur les quatre semaines précédant la cassure à 9 de début 1986. Les volumes dès lors se sont multipliés par 10, ceci étant

Graphe 4-10

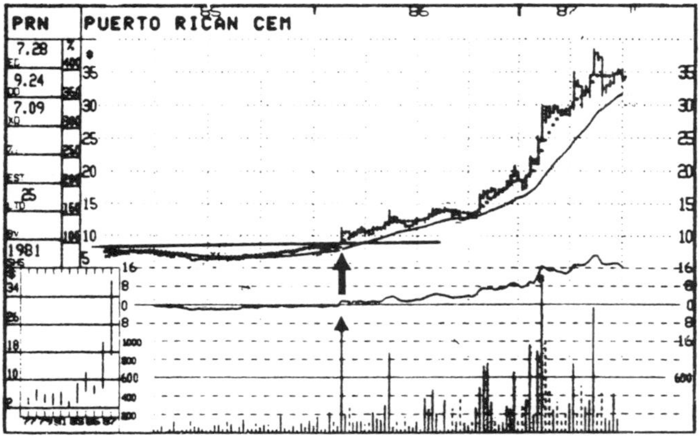

COURTESY OF MANSFIELD STOCK CHARTS

Graphe 4-11

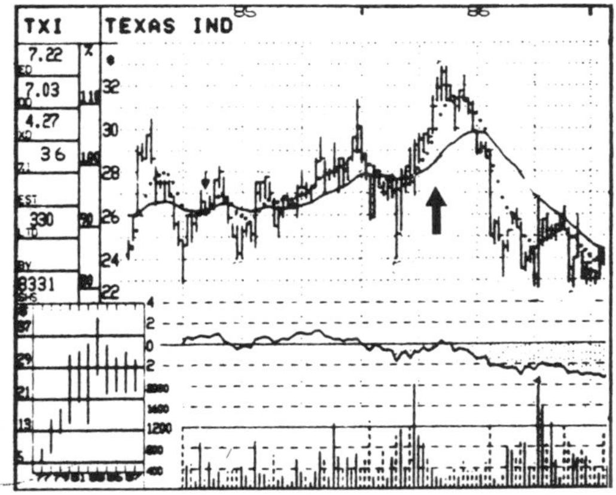

COURTESY OF MANSFIELD STOCK CHARTS

la preuve que des investisseurs voulaient soudain acheter au plus vite. Ces investisseurs avaient raison, car le titre qu'ils se sont arraché à 9 s'échangeait à 38 1/2 quelques 15 mois plus tard.

Texas Industries (Graphe 4-11) était une autre " cimentière " qui cassa début 1986. Cette cassure ne donna rien. Au lieu d'augmenter, les volumes, en fait, ont baissé à la cassure pour demeurer à des niveaux plus bas que ceux atteints au cours des mois précédents. C'était une bonne raison pour rester à l'écart de TXI, et de ne pas acheter à la cassure à 31 1/2. Le signal des volumes vous aurait sauvé car quelques mois après TXI était à 22 tandis que Puerto Rican Cement s'envolait de plus en plus haut.

Il y a encore bien plus à apprendre, mais faisons une pause pour revenir sur les quelques points cruciaux qu'il nous faut rechercher.

D'abord, on a besoin d'une tendance de marché haussière. Ensuite, les groupes ou secteurs doivent être positifs. De plus, nous voulons que les graphiques de ces groupes cassent en Phase 2 avec un minimum de résistance sur leurs têtes. Enfin, les volumes doivent à tout prix confirmer l'importance de la cassure. Regardez combien nous avons de " check-list " à notre disposition, et combien ces points nous permettent de séparer le très bon du moyen et le moyen du mauvais.

Il y a tant à apprendre de l'analyse technique, et pourtant combien de fois trouverez-vous des analystes et des économistes de marché vous dire et répéter que l'analyse technique ne marche pas et que les mouvements des prix sont purement aléatoires. Autrefois cela me mettait en colère, maintenant j'en souris. Tous ces mouvements vous paraissent-ils être le fruit du hasard ? Et comment pouvez-vous informatiser vos modèles d'achat en laissant l'ordinateur retrouver un millier de cassures et les traiter à l'identique, comme si nous n'avions que des super-gagnants ? Ce serait comme calculer la longueur normale des passes des " quaterbacks " en faisant la moyenne entre celles d'un Dan Marino ou d'un John Elway et celles de joueurs de deuxième division (Little League). Mais pourquoi, après tout, ces " aficionados " du pur hasard ne nous vendraient-ils-pas leurs titres sur " cassures ", tant qu'ils seront prêts à nous racheter les titres en Phase 4, et laissons-les croire à la magie du " vaudou " des graphes ...

TOUT EST RELATIF

Un nouveau facteur sera à contrôler, quand nous poursuivons notre filtrage technique nous permettant de déceler les meilleures valeurs à l'achat : la FORCE RELATIVE (FR). Cet outil cherche à mesurer comment un titre se comporte par rapport au marché. Même en phase de hausse, un titre peut avoir une mauvaise force relative. De même, un titre qui baisse peut montrer une bonne force relative. Réfléchissez-y. Si XYZ gagne 10 pour cent alors que le Standard & Poor's Composite gagne 20 pour cent, XYZ est en retard sur le marché, malgré sa hausse. Ce n'est non seulement pas un leader, mais

Graphe 4-12

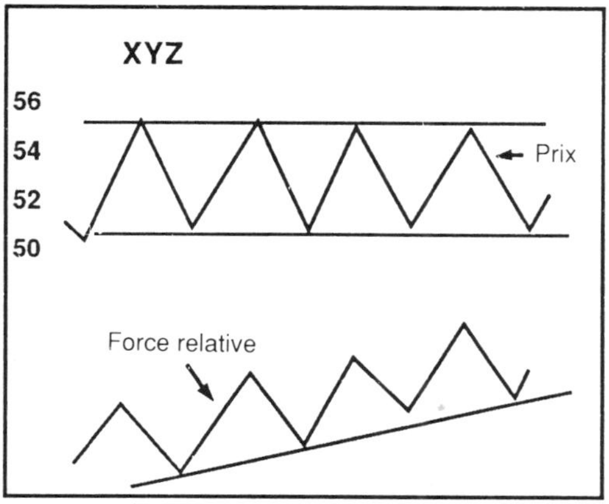

il est “ tiré ” presque contre son gré. Ainsi, XYZ a de fortes chances de se faire " descendre en flèche " lorsque le marché se retournera. A l'opposé, s'il perd 10 pour cent tandis que les indices s'effondrent de 20 pour cent, il nous démontre une belle force relative. Une fois que le marché se ressaisira, il aura toutes les chances de se trouver en tête du hit-parade.

La formule de la force relative est simple:

$$\frac{\text{Prix de XYZ}}{\text{Prix de l'indice de marché}}$$

Si le titre XYZ est actuellement à 50 et le “ SEP Composite Average ” à 310, sa force relative sera alors de 0,16 (50/310). Certains techniciens calculent ce chiffre tous les jours, à mon avis ce n'est pas indispensable. Si vous le faites une fois par semaine [7] vous verrez un schéma sans ambiguïté se former avec le temps, c'est ce qui importe. Une semaine, la force relative sera positive, alors que la semaine suivante, elle sera négative. Il faut un laps de temps donné pour que le schéma réel apparaisse.

---

(7) Prenez toujours la même journée comme base de vos calculs; que ce soit le mercredi, le jeudi etc.... Je préfère prendre les cours de clôture du vendredi, dernier jour de la semaine boursière.

Graphe 4-13

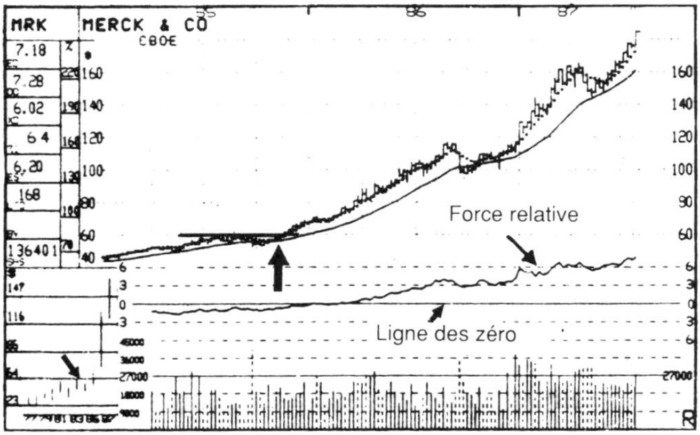

COURTESY OF MANSFIELD STOCK CHARTS

Le graphe 4-12 montre l'action des prix de XYZ sur la partie haute du graphe, et la force relative associée en bas. Vous remarquerez alors que l'action des prix est neutre, coincée dans un couloir 51 à 55. La ligne de la force relative a , en revanche une signification différente. C'est un point positif de voir la force relative suivre une pente ascendante. Les probabilités favorisent une cassure par le haut de ce couloir neutre. D'un autre côté, même si la valeur casse par le bas, NOUS NE VOUDRONS PAS la vendre à découvert. Chaque fois qu'un titre montre à l'évidence une bonne force relative, il vous signale de façon claire la limite de son potentiel à la baisse, aussi vous devrez chercher ailleurs de bon titres à jouer à découvert. Si néanmoins vous êtes investi sur la valeur, vous la vendrez quand même, dès sa cassure par le bas.

Il y a une alternative à un suivi indépendant des graphes de force relative. Certains services graphiques [8] incluront les forces relatives sur leurs graphes. Regardez le graphe 4-13 (voir flèche) et vous verrez où Mansfield Chart Service trace sa courbe de force relative. Il utilise une formule complexe avec pondération pour obtenir les mêmes résultats. Si l'action de la force relative est médiocre, vous n'achèterez pas le titre concerné. A l'opposé, quand vous verrez une tendance positive sur la courbe de force relative, vous éviterez de vendre à découvert le titre en question.

(8) Daily Graphs et Mansfield Charts vous fournissent l'un et l'autre des courbes de force relative sur leurs produits respectifs.

La courbe de force relative chez Mansfield a aussi une ligne 0 (voir graphe 4-13) qui est tracée. Au-dessus du niveau zéro, l'évolution " long terme " est positive et vice-versa. Bien que cela soit peu fréquent, c'est un point très favorable à long terme lorsque tous les critères d'évaluation sont positifs sur votre " check- list " (confirmation du groupe, résistance minimum, forts volumes etc...) et qu'en même temps la ligne de force relative passe de territoire négatif en territoire positif. Pour vendre à découvert (voir plus loin), l'inverse est vrai. Une cassure sous la ligne 0 est un point négatif important lorsque tous les autres critères de la vente à découvert sont en scène. N'en déduisez pas pour autant que vous ne pourrez jamais acheter une valeur qui est sous la ligne 0 de FR, ou que vous ne pourrez jamais vendre à découvert un titre au-dessus de la ligne 0. Si la courbe de force relative a belle allure et s'améliore, et si TOUS les autres critères sont positifs, alors foncez ! Mais n'achetez absolument JAMAIS un titre, quelle que soit l'orientation des autres critères, si sa force relative est en territoire négatif et demeure en mauvaise posture.

Voyons maintenant la pratique, sur quelques exemples concrets: revenez d'abord sur le graphe 4-13 de Merck. Une fois que les prix ont cassé au-dessus de 60 en fin 1985[9] la force relative a réagi comme on pouvait l'espérer. En fait, dès avant la cassure, la force relative avait une tendance à la hausse, ce qui était un signe positif. Puis, suite à la cassure de MRK au-dessus des 60, le titre passa en territoire positif et confirma son amélioration durant 1986, et pendant le premier semestre 1987. Il n'est dès lors pas surprenant que Merck ait triplé, devenant l'un des meilleurs gagnants parmi les " blue-chips ", de cette période.

Les graphes 4-14 et 4-15 démontrent les mérites du pointage des forces relatives. Adams Russell : AAR (Graphe 4-14) développa une cassure majeure au début de 1986, en passant au-dessus de sa résistance à 15. Les volumes étaient impressionnants, et une fois les prix passés au-dessus des 16, il n'y avait plus, dans une perspective long terme, de résistances " sur leurs têtes ". Avant la cassure, la force relative était très moyenne. Mais dans les semaines qui ont succédé à la cassure, la courbe de FR avança significativement. A la cassure, elle franchit la ligne des " zéro ". Une fois tous nos critères d'achat remplis, c'est sans surprise qu'on vit AAR pratiquement tripler au cours des 18 mois suivants.

Alpine Group (4-15) cassa au-dessus de 5 1/2 début 1986. Les volumes gonflèrent fortement; les résistances étaient inexistantes sur une

(9) Il enregistra en parallèle de nouveaux " plus hauts " historiques, nous n'avions donc plus de résistances sur la trajectoire.

Graphe 4-14

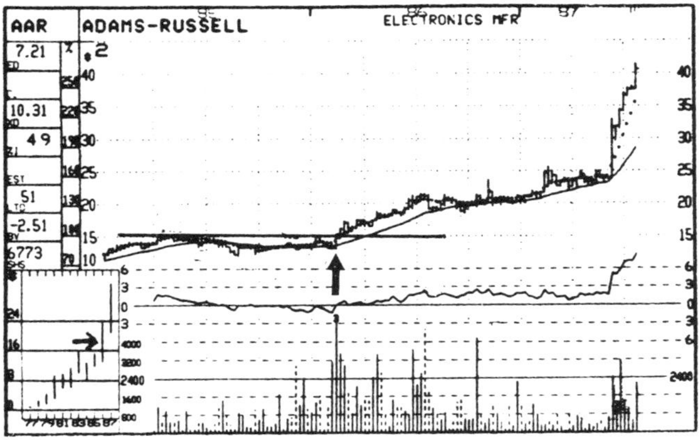

COURTESY OF MANSFIELD STOCK CHARTS

Graphe 4-15

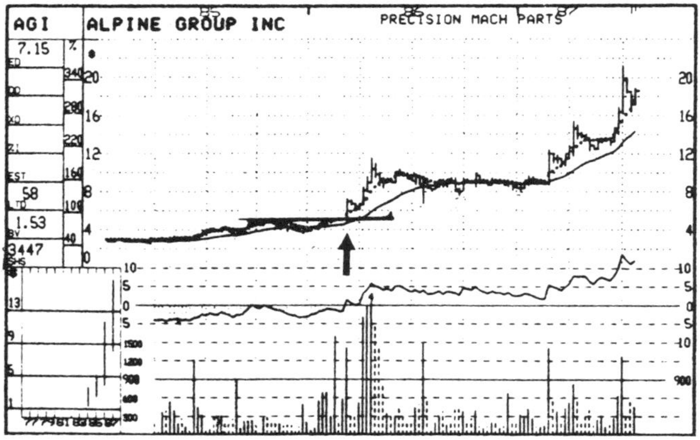

COURTESY OF MANSFIELD STOCK CHARTS

perspective long terme, et la courbe de force relative était bien orientée. Bien qu'elle se soit située au-dessous de la ligne des " zéro " avant la cassure, elle était sur une tendance haussière depuis 90 jours. Quand le titre passa au-dessus du niveau 15, la courbe de FR passa au-dessus de la ligne " zéro " : un deuxième signal favorable de force relative. Le titre suivit le scénario attendu puisqu'il quadrupla en 18 mois.

Graphe 4-16

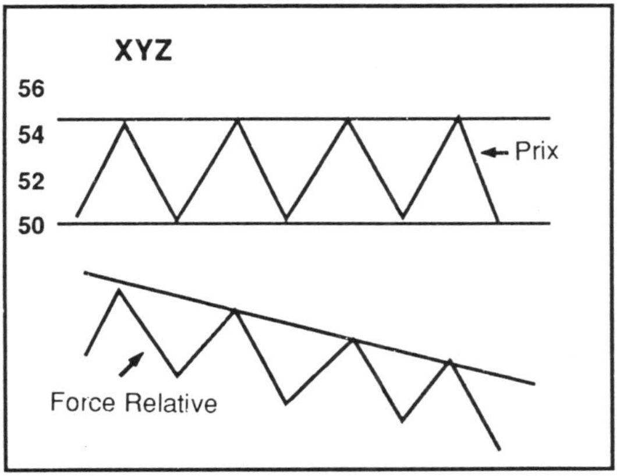

Graphe 4-17

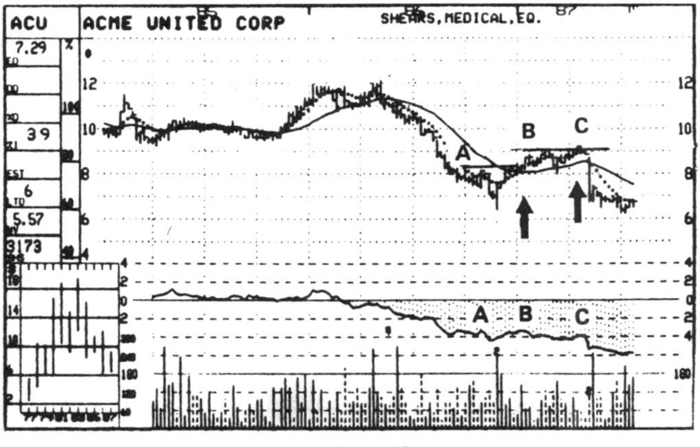

COURTESY OF MANSFIELD STOCK CHARTS

Voyons maintenant le revers de la médaille : ces cassures qui ne sont pas accompagnées d'une force relative positive. De temps en temps, de telles cassures médiocres feront des grands gagnants, mais ne vous préoccupez pas de cela. Notre plan d'action consiste à trouver les favoris, ceux qui ont les meilleures opportunités de gain en termes de probabilités, pas les outsiders. Nous laisserons ces derniers aux joueurs de tiercé.

Graphe 4-18

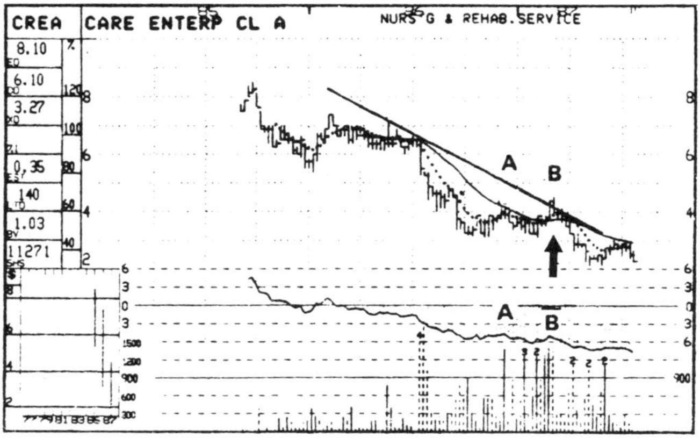

COURTESY OF MANSFIELD STOCK CHARTS

Le graphe 4-16 illustre la forme d'une courbe de force relative mal orientée. Bien que XYZ évolue latéralement dans un " trading range " 50-55, la courbe de FR nous conseille d'être sur nos gardes. Elle est sur une tendance baissière, montrant que l'action des prix sur le titre est bien plus faible que pour le marché. Il est dès lors probable qu'une cassure éventuelle se produise par le bas, hors de ce couloir neutre.

Si malgré tout le titre saute par le haut, ce ne sera pas la peine de l'acheter, car le mouvement d'avancée aura toutes les chances d'être médiocre.

Voilà une illustration de ce dont je viens de parler. Acme United Corporation (ACU) sur le graphe 4-17 cassa par le haut au début de 1987 à 8 1/2 (point B). La ligne de force relative, cependant, vous mettait en garde contre tout achat. Voilà pourquoi: d'abord, la ligne de FR est bien enfoncée en territoire négatif, bien plus bas que le niveau zéro.

Le titre n'est pas, pour autant, automatiquement exclu de nos achats potentiels, mais c'est risqué. La ligne de force relative doit démontrer une belle vigueur et une orientation positive. Autrement, laissez tomber ! Oublier ce titre était ce que nous avions de mieux à faire comme l'illustre l'exemple. Son deuxième point négatif était la ligne de force relative qui était dans une tendance négative long terme majeure depuis 12 mois, soit depuis ses hauts de début 1986. Un troisième point négatif fut signalé quand ACU cassa de nouveau en B alors que la ligne de force relative était plus basse qu'elle ne

Graphe 4-19

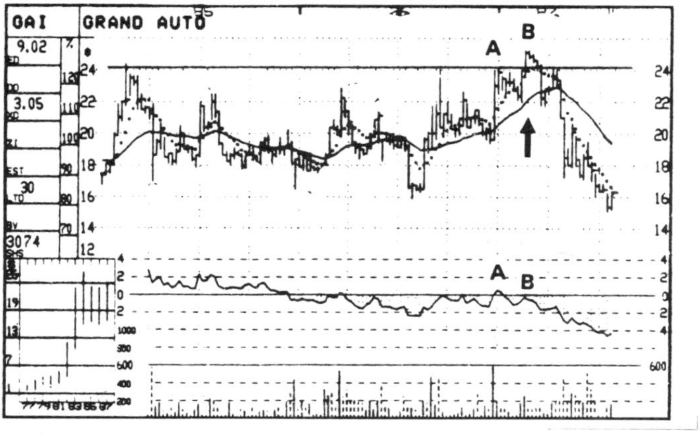

COURTESY OF MANSFIELD STOCK CHARTS

l'était en A (bien que l'action des prix ait été plus haute). Cela aurait dû vous enlever toutes velléités d'achat. Mais pour tenter les inconscients, le titre cassa de nouveau quelques mois après, à 9 1/8 (point C). Là encore, la ligne de force relative était plus bas encore que lors de son précédent pic (C était plus bas que B sur la ligne de FR). En conséquence, au lieu de monter avec l'indice Dow Jones, ACME baissa dans les mois suivants.

Ces mêmes développements négatifs se sont déroulés chez Care Enterprises (4-18). Début 1987, Care cassa à 4 1/4 (Point B). Une fois encore, la ligne de FR était en mauvaise posture. Elle était déclinante, en territoire négatif et plus basse à la cassure en B qu'en A. Il n'est pas surprenant dès lors que le titre ait perdu la moitié de sa valeur tandis que les indices de marché enregistraient de nouveaux plus hauts.

Enfin, le Graphe 4-19 boucle la discussion. Grand Auto avait une ligne de force relative qui avait besoin d'un " excitant ". Le point de cassure (point B) avait une mauvaise force relative (B au-dessous de A); la ligne de FR était sous la ligne zéro et le titre était dans une phase descendante. Un autre signal rouge à relever était l'absence d'une confirmation des volumes sur la cassure. Grand Auto se retourna alors et perdit 40 pour cent, sur un marché à la hausse.

Ainsi, la leçon est claire. Négligez le message de la force relative...mais ce sera à vos risques et périls. Nous voulons les meilleurs du lot, pas les moyens. La force relative vous aidera à vous concentrer sur les gagnants de demain dès aujourd'hui.

GUIDE DE REFERENCES A L'ACHAT

Avant d'aller plus loin, voici une " check-list " utile au moins à deux titres. D'abord, elle vous servira à vérifier rapidement les étapes importantes décrites dans la section sur l'achat. Ensuite, elle servira de guide de référence pour la chronologie des décisions à prendre, quand vous chercherez de nouvelles occasions d'achat.

- Vérifiez la tendance principale du marché dans son ensemble.
- Decouvrez les quelques groupes qui sont les mieux orientés techniquement.
- Faites une liste des titres dans les bons groupes qui ont des configurations haussières, mais qui se situent toujours dans un couloir d'échange neutre. Ecrivez le prix que chacun doit atteindre pour casser.
- Resserrez la liste. Barrez les titres qui ont une résistance sur leur tête à proximité.
- Resserrez encore plus en vérifiant les forces relatives.
- Placez vos ordres d'achat stop pour la moitié de la position sur ces quelques titres qui satisfont tous nos critères d'achat. Utilisez les ordres d'achat stop " bons jusqu'à révocation ".
- Si les volumes sont favorables sur la cassure puis se contractent sur le déclin des prix, achetez l'autre moitié de votre position sur le retour vers le point de cassure initial.
- Si la configuration des volumes est négative (pas assez élevée sur la cassure), vendez le titre à la première reprise. S'il ne lance pas de reprise et retombe sous son point de cassure, vendez immédiatement.

D'AUTRES TUYAUX POUR L'ACHAT

Les étapes que j'ai déjà décrites sur le processus d'achat sont cruciales. Sur une échelle de 1 à 10, 10 étant le plus important, toutes sont des10 ! Si vous les suivez consiencieusement, vous serez très agréablement surpris. Je voudrais maintenant vous apprendre quelques autres raffinements. Ils ne sont pas aussi importants que ce que nous venons de voir, mais ils vous permettront d'augmenter encore plus vos profits.

Quand vous lisez la plupart des livres sur l'analyse technique, on vous amène très vite à toutes sortes de configurations graphiques exotiques et qui

Graphe 4-20

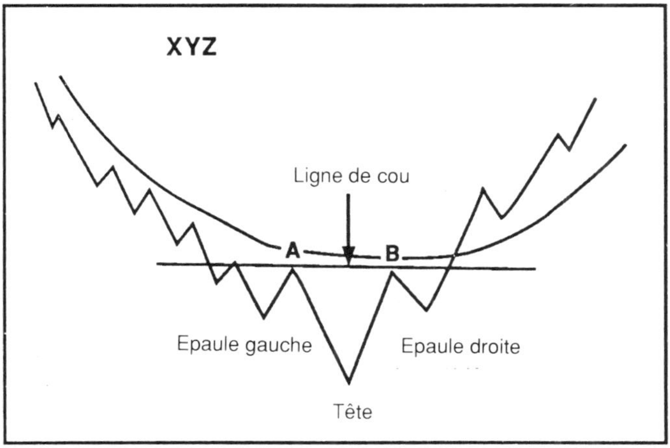

prêtent à confusion. Vous êtes soudain plongé dans le monde des triangles, des fanions et des drapeaux. Je ne dis pas que ces figures chartistes soient dénuées de tout mérite; elles ne sont tout juste pas assez déterminantes pour que vous réalisiez de jolies plus-values sur les marchés. Je vous ai promis au début de ce livre de traiter uniquement les indicateurs techniques les plus importants. Aussi oubliez les " soucoupes de creux ", les “ biseaux volants ”, et tout le reste ! Il y a néanmoins quelques figures que vous devriez connaître; ces dernières sont faciles à identifier et très profitables.

La première est la “ tête et épaule de creux ”. C'est la plus puissante et la plus fiable de toutes les formations de “ creux ”. La plupart des investisseurs en ont entendu parler, mais peu la reconnaissent quand ils la voient. En fait, les débutants croient la retrouver toutes les deux pages de leurs livres graphiques, un peu comme un étudiant en première année de médecine a souvent peur d'avoir contracté toutes les maladies qu'il étudie.

Cette structure dynamique apparaît après que le titre ait enregistré une chute importante et soit sur le point de se retourner brutalement vers le haut. Le graphe 4-20 montre ce à quoi il faut nous attendre une fois que cette structure se déroule. D'abord, nous avons un déclin qui fait tomber XYZ à de nouveaux “ plus bas ”, suivi d'une reprise de “ survente ” (point A). L'épaule gauche vient de se former mais il est encore trop tôt pour que vous vous en rendiez compte.

Ensuite, la valeur reçoit un coup la renvoyant à un nouveau " plus bas " de Phase 4. C'est là qu'apparaissent les premiers signes de force en cours de formation. Une fois la forte pression de vente tarie, XYZ remonte de façon surprenante approximativement au même niveau de résistance que précédemment (point B). La tête vient de se former sur une action des prix inhabituellement " bullish ". (Jusqu'alors les reprises lancées à la suite de nouveaux " plus bas " enregistrés, n'arrivaient pas à atteindre les niveaux des pics antérieurs). Ainsi, bien qu'il soit trop tôt pour acheter, vous sentez bien que quelque chose est en train de se produire.

Ensuite un nouveau déclin se réalise, mais il n'entraînera pas le titre à de nouveaux plus bas. En fait, le titre ne reviendra même pas aux niveaux du plus bas précédent, ce qui est un nouveau signe subtil de force. Les sommets des reprises (points A et B) devraient être approximativement aux mêmes niveaux, et les deux vagues de ventes massives - de part et d'autre de la tête renversée - ramèneront les prix pratiquement aux mêmes niveaux. Mais ne soyez pas trop tatillon; ces deux pointes et ces deux creux n'ont pas à être d'une symétrie parfaite. Assurez-vous simplement qu'il y ait une symétrie approximative.

Une fois les ventes massives taries et la reprise entamée, vous aurez votre épaule droite achevée. Une autre chose importante : relier entre eux les points A et B (les deux premiers pics précédents) par une ligne de tendance

Graphe 4-21

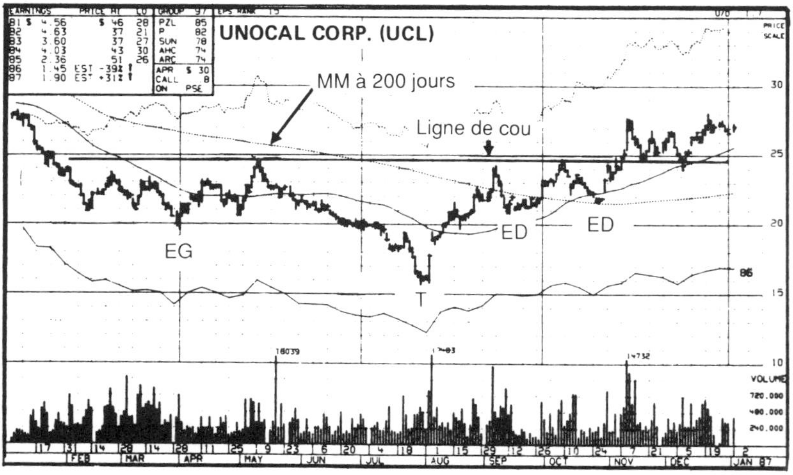

COURTESY OF DAILY GRAPHS AND LONG TERM VALUES

Graphe 4-22

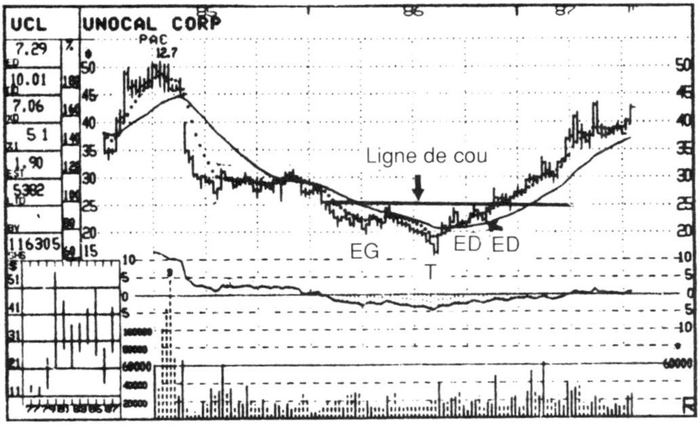

COURTESY OF MANSFIELD STOCK CHARTS

qu'on appellera LIGNE DE COU. Surveillez bien cette ligne de cou, dès que les prix la franchiront, le signal " bullish " sera lancé [10].

De même, au sujet des volumes sur " une tête et épaule de creux ", on entend les théories les plus fantaisistes. De nombreuses décrivent le scénario suivant comme haussier: les volumes les plus forts sont trouvés sur l'épaule gauche, ils sont un peu moins forts sur la tête, et en contraction sensible pendant la formation de l'épaule droite. Oubliez les volumes dans le cas de cette formation. Après avoir étudié littéralement des milliers de telles formations de renversement, j'en ai tiré la conclusion que les volumes ne sont pas un bon indicateur du potentiel de hausse future des prix.

Il y a deux signaux qui sont très importants et très fiables. Tous deux sont tirés de notre système et aucun d'eux ne doit être ignoré. D'abord assurez-vous que la moyenne mobile à trente semaines soit bien orientée. Elle ne devrait plus baisser et le titre ne devrait plus être en dessous, après avoir cassé sa résistance. Si MM30 baisse, n'achetez pas le titre même s'il casse au-dessus de sa ligne de cou, et même s'il passe au-dessus de MM30. Si, ensuite, MM30 arrête de tomber, vous pourrez acheter le titre sur un retour vers MM30. Si le titre est encore au-dessous de MM30 après être passé au-dessus de la ligne de cou, ne l'achetez pas avant qu'il la dépasse.

(10) Ne criez pas trop vite victoire ! Dans bien des cas, la tête et épaule de creux ne sera jamais achevée et même les prix sortiront par le bas.

Graphe 4-23

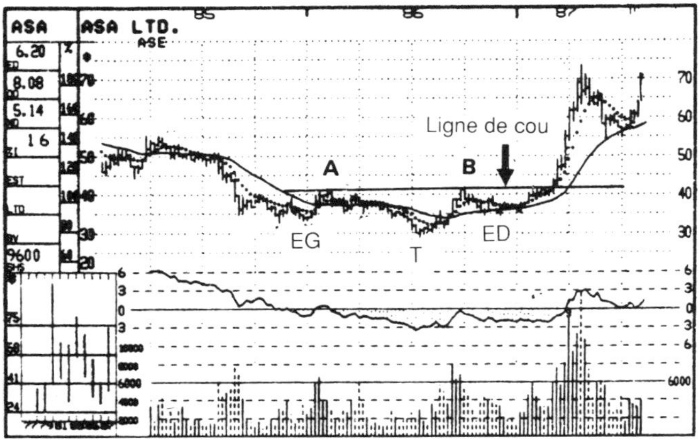

COURTESY OF MANSFIELD STOCK CHARTS

Le deuxième signal important est celui des volumes APRES que le titre ait cassé au-dessus de sa ligne de cou et de sa MM30. Alors qu'il n'est pas important que vous vous souciez de la configuration des volumes pendant la formation de la tête et épaule de creux, vous devrez regarder avec attention ce qui se passera après. Les mêmes règles sur les volumes que celles présentées précédemment sont valables. Il faut un accroissement significatif des volumes à la cassure, ou bien cette dernière n'est pas fiable.

Les têtes et épaules de creux sont sans doute plus faciles à localiser sur des graphes quotidiens que sur des graphes hebdomadaires. Regardez Unocal d'abord sur un graphe quotidien (4-21), puis sur les graphes Mansfield en hebdomadaire (4-22) et vous comprendrez ce que je veux dire. Néanmoins, les formations vraiment puissantes pourront être décelées même sur des graphes hebdomadaires. Commençons à nous y entraîner, ainsi vous saurez comment les localiser. D'abord, regardez le graphe hebdomadaire d'Unocal (graphique 4-22). Une fois que les prix sont passés au-dessus de la ligne de cou à 24 7/8, c'était un achat “ en béton ”. Nous avions une confirmation des volumes et une amélioration de la force relative, par conséquent la forte avancée des mois suivants était prévisible.

Regardez maintenant le graphe 4-23, qui montre la formation d'une tête et épaule de creux sur une année. Habituellement, ces figures se dessineront plus vite, mais cela ne les rend pas moins valables pour autant. Regardons aec attention son parcours en zigzag car il est instructif. D'abord, ASA chuta à un bas de 32 fin 1985 avant de revenir à proximité des 41. L'épaule gauche

Graphe 4-24

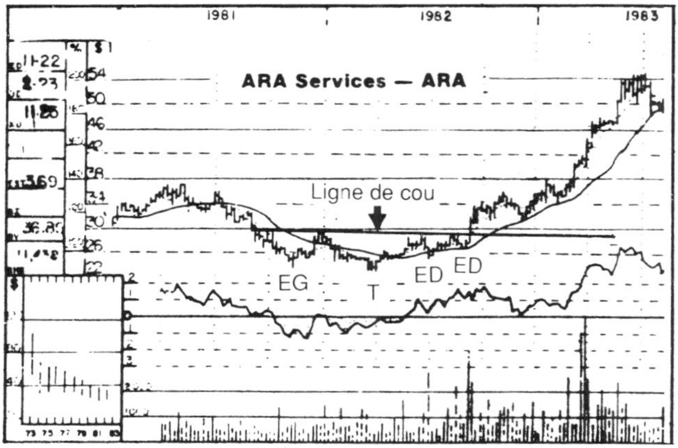

COURTESY OF MANSFIELD STOCK CHARTS

renversée était alors en place [11]. Ensuite, une chute encore plus forte se produisit ce qui ramena ASA sur la ligne des 28. Cependant au lieu de lancer une reprise faible, le titre décolla violemment. Où nous mena cette reprise ? A proximité immédiate du pic précédent sur la ligne des 41 1/2. La tête renversée était dès lors formée. Le fait qu' ASA ait pu casser à de nouveaux plus bas et retourner légèrement au-dessus du pic de la précédente reprise signalait avec force le début du " retour " d'acheteurs agressifs sur le titre.

Mais il y avait encore du travail. Le déclin suivant ramena ASA à 34 3/8, soit 2 points au-dessus du bas enregistré sur l'épaule gauche. Une fois la reprise suivante lancée, l'épaule droite était dessinée. Ensuite, on n'avait plus qu'à relier les deux pics de reprise (points A et B) pour former la ligne de cou. Il est maintenant temps d'attendre et de bien observer. Quand ASA franchit sa ligne de cou à 42 1/2, votre ordre d'achat stop fut éxécuté. Les volumes ont gonflé à la fracture, fait encourageant. La force relative s'améliora fortement au cours des semaines qui ont encadré la cassure; ceci était encore un " plus ". Et, finalement, bien qu'une résistance existait autour des 45, elle avait près de deux ans, ce qui la rendait bien moins puissante. Avec tous nos dispositifs de sécurité en place il était temps d'acheter la deuxième moitié de

(11) Remarquez la courte formation potentielle de creux qui se forma dans le cadre de l'épaule gauche avec une cassure mineure à 41. Vous n'auriez pas dû envisager l'achat en ce point car la MM baissait toujours et la résistance la plus proche " sur la tête " à 45 était proche de quelques mois.

Graphe 4-25

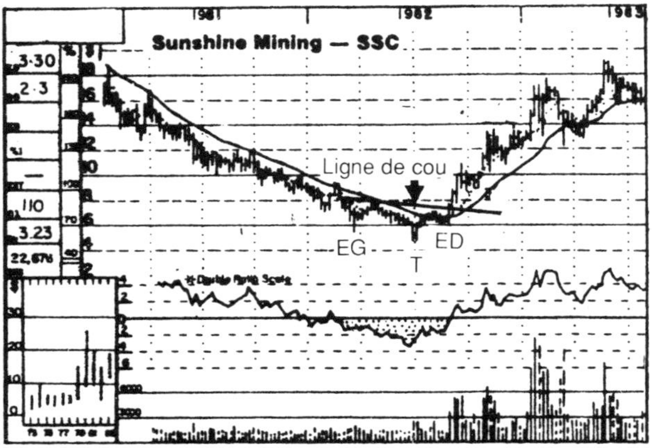

COURTESY OF MANSFIELD STOCK CHARTS

notre position. Bien que vous ne puissiez voir cela facilement sur les graphes hebdomadaires, ASA s'éloigna rapidement des 44, puis retourna vers 42 là où d'autres achats auraient dû être lancés. Le titre ensuite monta jusqu'à 49 avant de retomber à 46, C'était là notre dernière chance d'acheter ce titre qui explosa à 73 1/2.

ARA Services (4-24) nous offre un autre aperçu des merveilles des " têtes et épaules de creux ". Etudiez-le un moment et vous verrez le même scénario favorable se développer. Il y eut d'abord une chute à un nouveau bas de réaction près de 24. L'épaule gauche s'est formée alors qu'ARA ralliait à 30. Puis, début 82, le titre plongea sur un nouveau bas de Phase 4, près des 22. Par la suite, les acheteurs arrivèrent et ramenèrent les prix à proximité du pic précédent. La tête se forma et la ligne de cou se dessina. ARA plongea ensuite à 25, tout en restant nettement au-dessus des bas antérieurs. Alors, il se produisit un phénomène intéressant que vous devez connaître: le titre est remonté à proximité des 29 mais n'a pas cassé. Après cela il tomba rapidement sous 26 avant d'entamer une autre reprise. Nous avions ainsi deux épaules droites [12]. Ce fait est loin d'être rare, et n'enlève rien aux implications “ bullish ” de la figure. Les puristes parmi les techniciens exigent deux “ épaules gauches ”, lorsque sont tracées deux “ épaules droites ”. Je suis en désaccord avec eux. Une telle symétrie n'est pas

(12) Ce même phénomène se retrouva sur la " tête et épaule de creux " d'Unoca (voir graphes 4-21 et 4-22).

Graphe 4-26

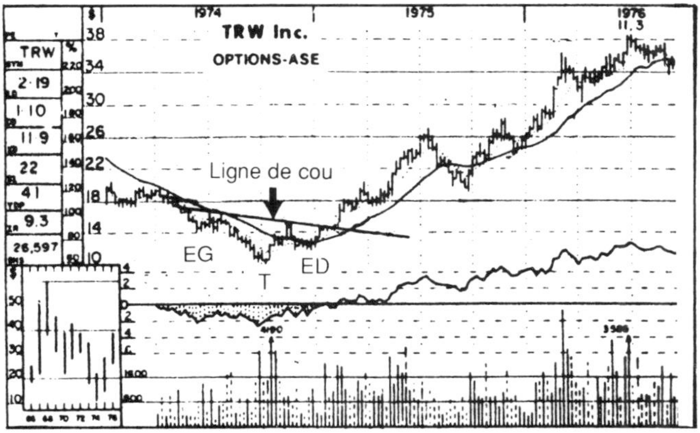

COURTESY OF MANSFIELD STOCK CHARTS

importante tant que les autres critères indispensables sont réunis. De toute manière, ARA était un excellent achat à 30, une fois qu'il cassa sa ligne de cou. Il était aussi aidé par des volumes impressionnants et une force relative excellente.

Commencez-vous à voir ce qu'il faut rechercher? Il est important que vous vous habituiez à localiser des " têtes et épaules de creux " de Phase 1, car ce sont des configurations très puissantes. Elle ne se forment pas aussi souvent que les techniciens amateurs le pensent, mais quand elles se produisent, vous vous devez de les " surfer ".

Etudiez maintenant les graphes 4-25 et 4-26 de Sunshine Mining et TRW. Ils vous permettront d'entraîner vos yeux à de telles formations.

La dernière chose que vous devriez savoir, c'est que les " têtes et épaules de creux " peuvent être aussi un indicateur pour le marché et pour les groupes. Voilà ce que je veux dire: bien qu'une ou deux figures prises isolément n'ont que peu de signification pour le marché, plusieurs formations de ce type apparaissant au même moment en diront beaucoup plus sur le marché. Par exemple, fin 1974 et de nouveau à la mi-82 on pouvait voir de très nombreuses formations de ce type. C'était un indicateur "bullish" pour le marché dans son ensemble. Ceux d'entre vous qui connaissent l'histoire des marchés savent que lors de ces deux occasions, des marchés " bull " majeurs ont débuté. Dans la même veine, l'apparition de plusieurs dessins de ce type sur un même groupe est un signal très "bullish" pour le secteur. Un exemple parfait de ce que je viens de dire s'est vu en 1986: plusieurs valeurs de l'environnement pétrole, sociétés de forages et services associés faisaient des " têtes et épaules de creux " avant que le groupe ne devint l'un des grands gagnants de 1987.

ACTION A " DEUX COUPS "

La formation que je vais maintenant vous enseigner n'est pas aussi dynamique que la " tête et épaule de creux ", mais caractérise tout de même une figure très profitable. C'est d'autant plus vrai, si elle apparaît avec de très forts volumes, une force relative favorable, et une résistance " sur la tête " minimale.

Comme vous pouvez le voir sur le graphe 4-27, le titre XYZ doit dans un premier temps toucher un point bas (point A), puis rebondir une fois la pression des vendeurs tarie. Puis une seconde vague de ventes se développe, ramenant XYZ à ses bas précédents (point B). C'est un signe favorable de voir qu'une recrudescence de la pression vendeuse ne peut mettre en route un nouveau mouvement baissier d'ampleur sur le titre. Peu importe qu'il y ait un nouveau plus bas marginal avec B légèrement plus bas que A. L'important est de voir le titre reprendre ensuite le terrain perdu et remonter au niveau du pic précédent. La cassure peut arriver juste après; ou

Graphe 4-27

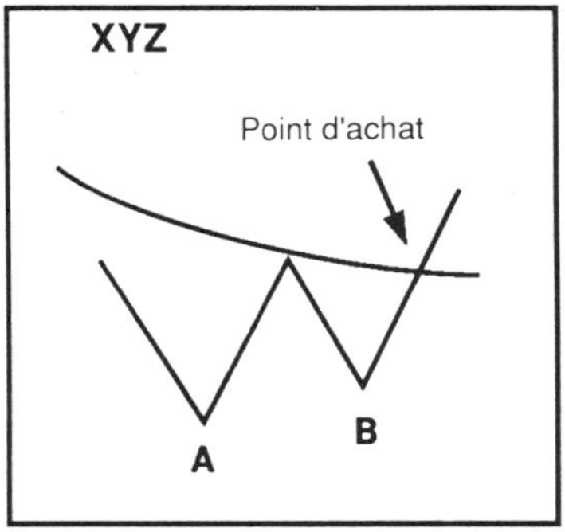

bien, dans certains cas, le titre peut consolider sur plusieurs semaines avant de casser sur sa résistance et de passer en Phase 2. Quelle que soit la forme prise par le creux, n'ESSAYEZ PAS d'anticiper. N'achetez pas prématurément. Parfois, la cassure n'arrivera pas et le titre s'effondrera à de nouveaux plus bas. D'autres fois, la cassure se produira des mois plus tard, et alors il y aura longtemps que vous aurez revendu le titre de frustration et d'impatience. Normalement, une telle structure se forme en quelques semaines, comme ce fut le cas d'Anchor Glass Container (Graphe 4-28) et de Sun Microsystems (Graphe 4-29). Cependant, dans des cas moins fréquents, elle se forme sur une longue durée, comme le fit Harvard Industries (Graphe 4-30). Prenez un instant pour regarder chacun de ces trois cas d'école :

Dans le cas d'Anchor Glass Container (4-28), le titre tomba près de 10 (point A) avant de se ressaisir à 14 1/8. Une seconde vague de ventes ramena alors le titre à 10 1/2 fin 86. Puis une lente reprise lui succéda, avec les volumes commençant à augmenter (un signe positif). Cependant, après avoir atteint 13 1/2, cette reprise ne put franchir la résistance importante des 14 1/8, et une autre consolidation se déroula pendant les semaines suivantes. Puis, une fois que le titre eut dépassé sa ligne de tendance et la résistance des 14 1/8, l'avancée de Phase 2 était lancée.

Dans le cas de Sun Microsystems (4-29), le double creux se forma rapidement. Une fois que le titre franchit sa résistance à 15 1/4, il était prêt à aller sur orbite. Remarquez que la force relative monta bien en ce point précis et qu'elle franchit la ligne des 0. De plus, les volumes étaient très impressionnants. Enfin, une fois dépassé le niveau des 20, on n'avait plus aucune résistance au-dessus.

Quant à Harvard Industries (4-30), le double creux se forma sur 15 mois; mais une fois la formation de creux achevée et le titre au-dessus de sa résistance à 8, les résultats étaient identiques à ceux d' Anchor Glass et de Sun Microsystems.

Vous devriez aussi être à la recherche de telles formations sur les indices de marché. Fin 1974 (Graphe 4-31), après le pire marché " bear " depuis 1929-32, un puissant double creux apparut sur le Dow Jones des valeurs industrielles. Après être tombé en B, la reprise suivante ramena l'indice des " blue-chips " au- dessus de sa ligne de tendance descendante et de sa moyenne mobile à 30 semaines. Le marché " bull " de 1975-76 était alors parti.

Soyez très prudent quand vous êtes face à des " doubles creux ", car ils arrivent souvent, tandis que les " têtes et épaules de creux " valables sont rares et éloignées les unes des autres. Soyez très exigeant et assurez-vous

Graphe 4-28

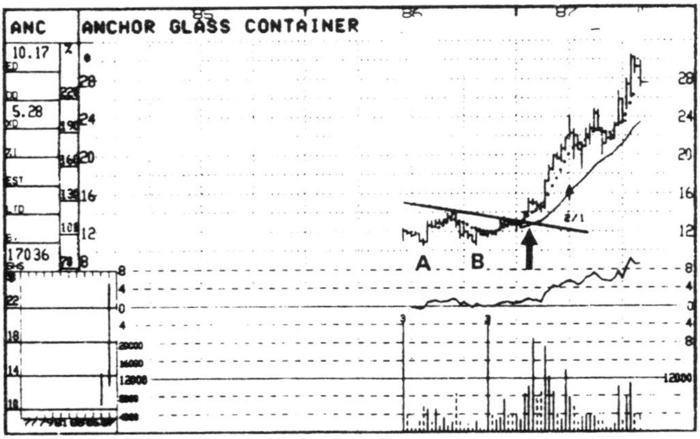

COURTESY OF MANSFIELD STOCK CHARTS

Graphe 4-29

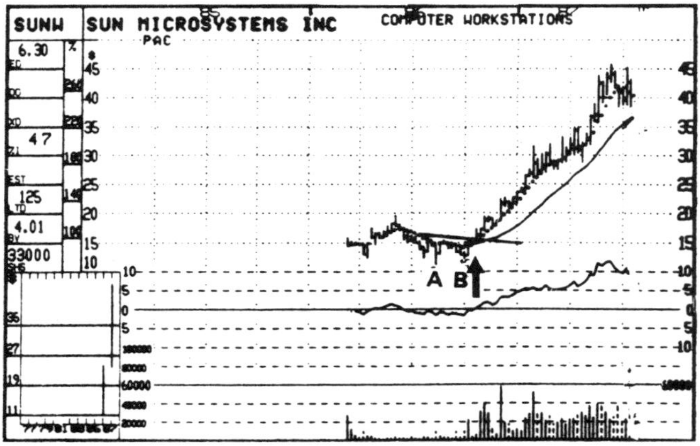

COURTESY OF MANSFIELD STOCK CHARTS

que tous les critères dont j'ai parlé précédemment sont réunis pour ne pas acheter des titres à potentiel moyen.

Graphe 4-30

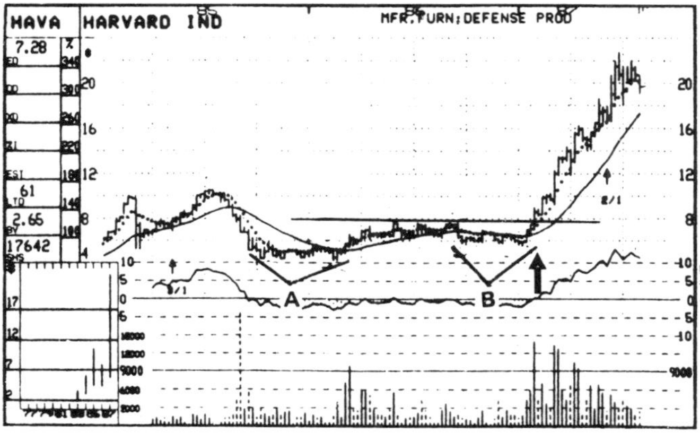

COURTESY OF MANSFIELD STOCK CHARTS

Graphe 4-31

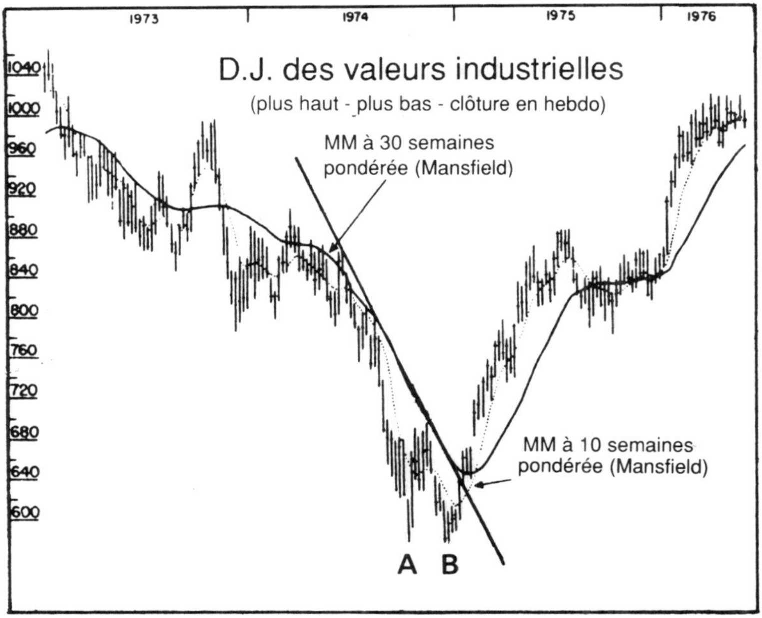

COURTESY OF MANSFIELD STOCK CHARTS

PLUS C'EST GRAND, MIEUX C'EST

Il y a un vieil adage technicien disant " plus grande est la fondation, plus grand sera le mouvement " (le corollaire étant," plus grand est le sommet, plus forte sera la chute "). Je souscris de tout coeur à ces affirmations. Bien qu'il y ait de très nombreux cas où des fondations courtes couplées aux autres ingrédients gagnants produisent d'excellents résultats, soyez toujours à la recherche de cassures de formations à très large base. C'est vraiment important, car ces formations débouchent d'habitude sur des très fortes et très étendues avancées des prix. Cette théorie est intuitivement très logique. Tout comme une grande maison a besoin de fondations importantes, de la même façon, une grande fondation sur les actions peut les propulser très haut sur une longue durée. C'est aussi logique techniquement parlant. Une large fondation signifie que beaucoup de titres ont changé de mains pendant cette formation de Phase 1. Beaucoup de vendeurs désabusés qui détenaient ces titres quand ils ont chuté avec l'espoir de recouvrer leurs pertes, puis ont perdu patience et dégoutés ont vendu à un nouveau groupe d'acquéreurs à bas prix. Cela enlève d'autant les forces de résistance potentielle " sur nos têtes ". Que de nombreux vendeurs potentiels se soient dégagés et aient été remplacés par des nouveaux venus est un bon point. Ces derniers sauront être plus patients et attendront que les titres remontent de façon significative avant de vendre à leur tour.

Voici deux exemples de ce que vous devriez rechercher: American Barrick Resources (4-32) cassa sur sa résistance à 4 début 86 puis gagna presque 400 pour cent en 15 mois. Tout les facteurs sur lesquels j'ai insisté étaient en place. Il y eut une longe période de formation des fondations terminée lorsque ABX cassa sa résistance. Non seulement les volumes ont été impressionnants sur la cassure, mais ils s'étaient construits progressivement pendant plusieurs semaines avant la cassure. De plus, il n'existait aucune résistance à proximité et la courbe de force relative était passée en territoire positif dès la cassure.

Cette même combinaison d'ingrédients gagnante était évidente sur le Korea Fund (4-33) en 1986. Quand KF passa sa résistance à 18, il nous dit qu'il avait achevé sa fondation long terme et qu'il était prêt à lancer une avancée substantielle. Sa montée à 86 sur les 18 mois suivants en était bien une. Une fois encore, volumes, force relative, et l'absence de résistance rapprochée en faisaient un cas d'école.

On a bien avancé sur ces quelques chapitres; faisons une pause et revenons sur ce qui a été vu. Maintenant vous devriez réaliser que gagner sur les marchés est une question de discipline et de capacité à localiser ces

Graphe 4-32

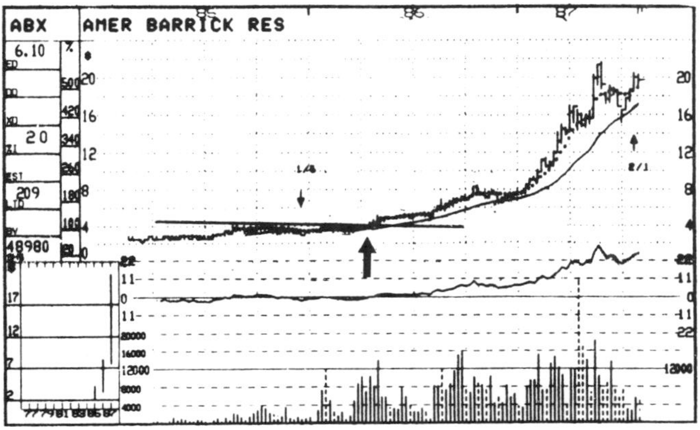

COURTESY OF MANSFIELD STOCK CHARTS

Graphe 4-33

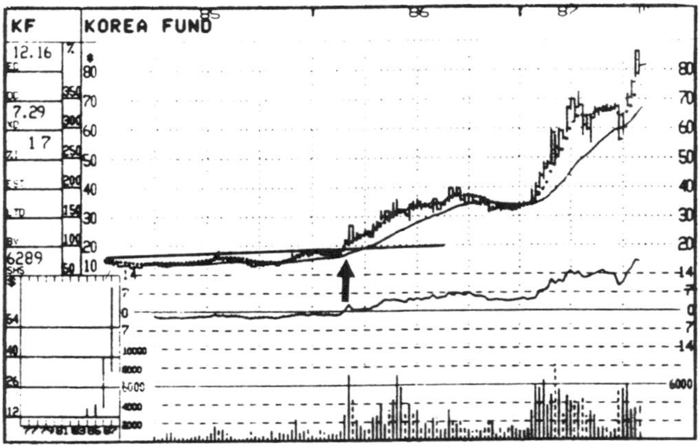

COURTESY OF MANSFIELD STOCK CHARTS

formations qui ont toujours fait les grands gagnants. Vous devriez également vous rendre compte que plus le nombre des ingrédients réunis est grand, plus nos chances de gagner seront importantes et plus nos gains seront forts.

LES COMMANDEMENTS DE STAN : CE QU'IL NE FAUT PAS FAIRE

Maintenant que vous savez " quand " et " quo i" acheter, voici la " check- list " de " quand " et " quoi " ne pas acheter. Bien que cette liste soit courte, elle est d'une profonde sagesse. Si vous l'apprenez bien et vous assurez de ne jamais enfreindre chacune de ces règles dans l'avenir, vous vivrez votre expérience des marchés avec bien plus de plaisir, et réaliserez bien plus de profits.

- N'achetez pas quand la tendance du marché est " bearish ".
- N'achetez pas une valeur dans un groupe " négatif ".
- N'achetez pas une valeur si elle se trouve au-dessous de sa moyenne mobile à 30 semaines.
- N'achetez pas une valeur qui a une MM à 30 semaines à la baisse (même si cette valeur est au-dessus de sa MM).
- Peu importe qu'un titre ait une configuration " bullish ", ne l'achetez pas trop tard dans une phase d'avancée, alors qu'il est loin du point idéal d'entrée.
- N'achetez pas une valeur qui a des caractéristiques " volume " médiocres sur la cassure. Si vous l'avez achetée, car vous aviez un ordre d'achat stop qui courait, revendez-la vite.
- N'achetez pas une valeur montrant une mauvaise force relative.
- N'achetez pas une valeur qui à une forte résistance " sur la tête " à proximité.
- N'essayez pas de deviner un " plus bas ". Ce qui apparaît comme étant une affaire peut devenir un désastre très onéreux de Phase 4. Achetez plutôt sur cassure de résistance.

TEST

1. Une configuration très favorable se développe quand un titre casse au-dessus d'une résistance et passe dans des territoires vierges. V F
2. La force relative mesure comment une valeur se comporte par rapport à sa configuration " volumes ". V F
3. Si tous les autres facteurs sont positifs quand une valeur casse: la tendance marché est positive, le groupe est fort, il y a peu de résistance, etc..; alors, une non-confirmation des volumes peut être négligée. V F

4. La configuration des volumes pendant la formation de la fondation est encore plus importante que ses caractéristiques au moment de la cassure. **V F**
5. Plus la résistance est ancienne, moins elle est importante. **V F**
6. Même si une valeur baisse, elle peut démontrer une force relative favorable. **V F**
7. La formation de renversement la plus puissante et la plus favorable que nous recherchons après un fort déclin est le double creux qui ensuite passe au-dessus de sa MM. **V F**
8. Ce graphe est un exemple de “ tête et épaule de creux ”. **V F**

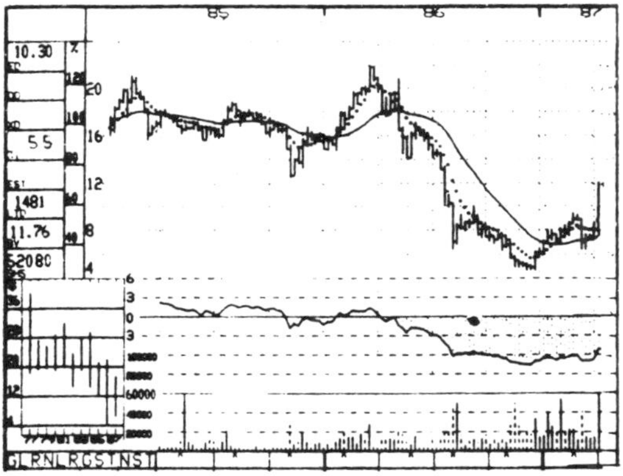

COURTESY OF MANSFIELD STOCK CHARTS

9. Lequel de ces deux titres achèteriez-vous ? (en partant du principe que dans les deux cas l'action du marché et du groupe est positive).

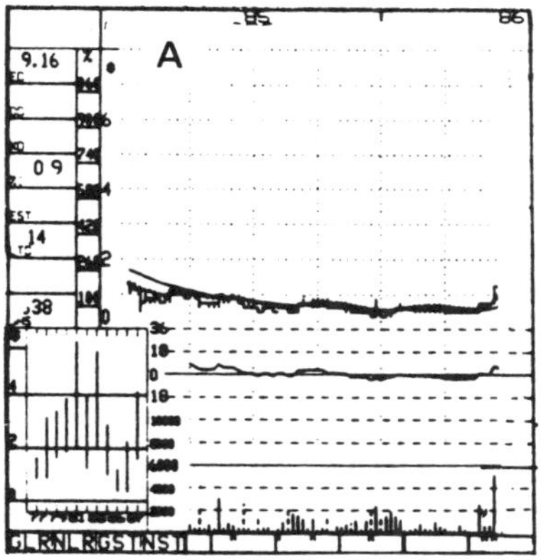

COURTESY OF MANSFIELD STOCK CHARTS

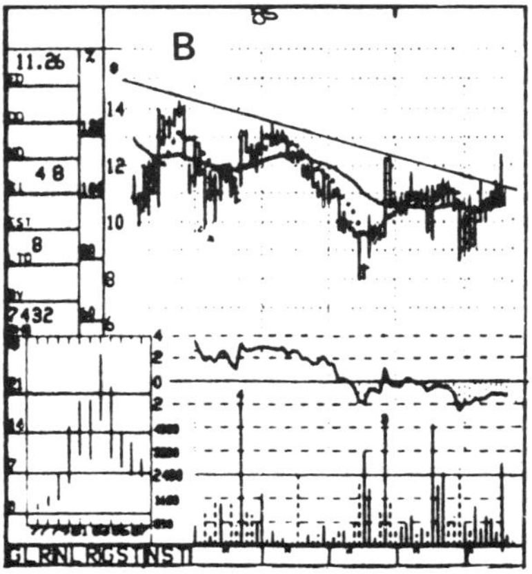

COURTESY OF MANSFIELD STOCK CHARTS

10. Lequel de ces deux titres achèteriez-vous ? (en présumant encore que dans les deux cas l'action du marché et du groupe est positive).

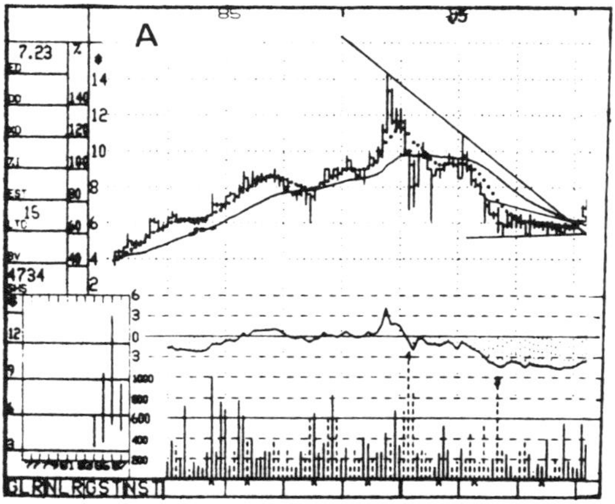

COURTESY OF MANSFIELD STOCK CHARTS

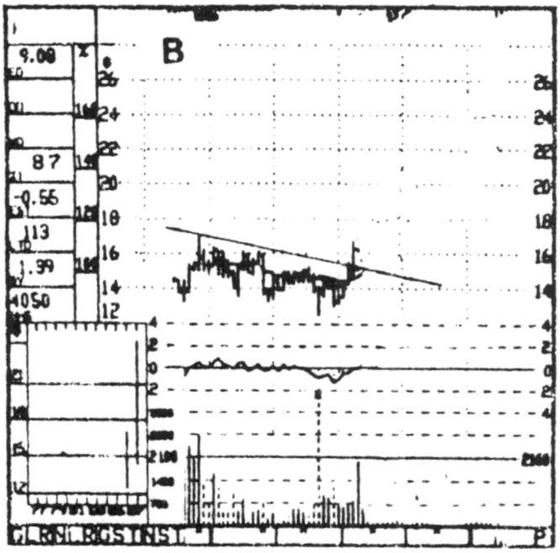

COURTESY OF MANSFIELD STOCK CHARTS

11. Lequel de ces deux titres achèteriez-vous ?

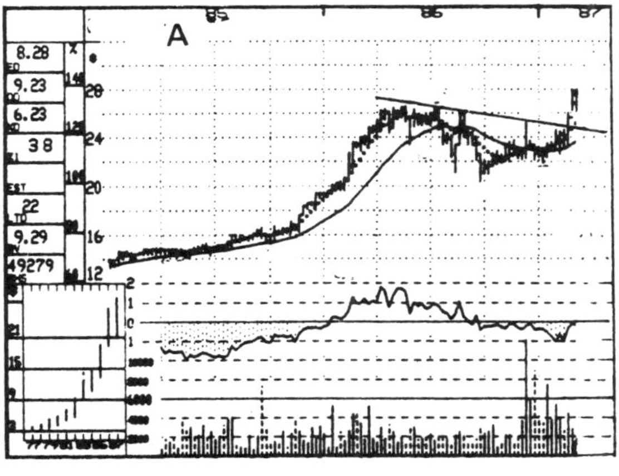

COURTESY OF MANSFIELD STOCK CHARTS

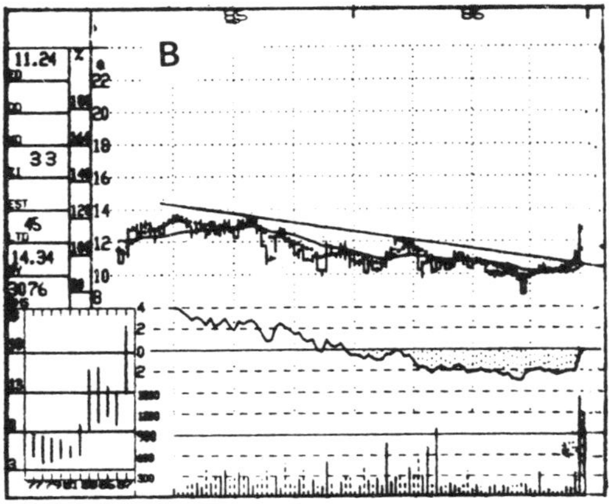

COURTESY OF MANSFIELD STOCK CHARTS

12. Lequel de ces trois titres achèteriez-vous ? (en partant du principe que dans tous les cas l'action marché et groupe est positive)

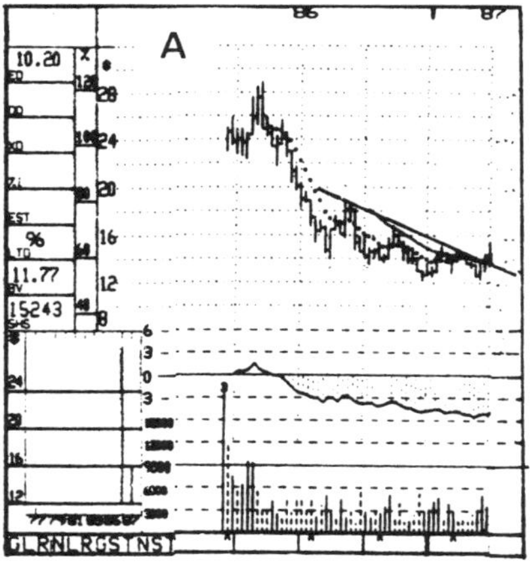

COURTESY OF MANSFIELD STOCK CHARTS

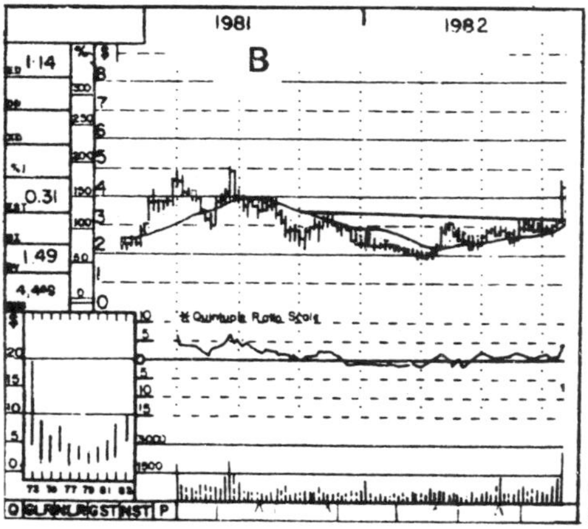

COURTESY OF MANSFIELD
STOCK CHARTS

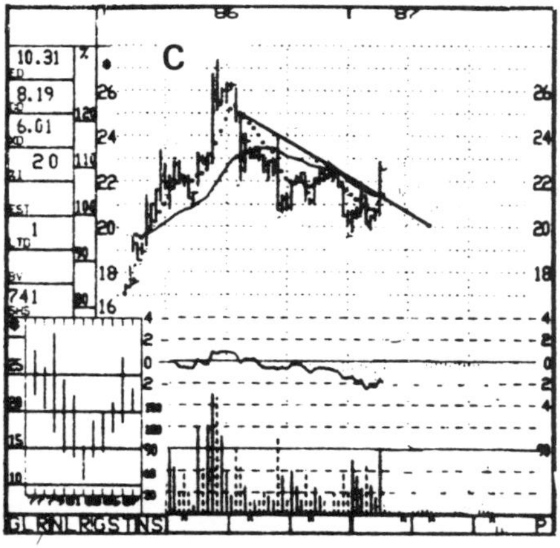

COURTESY OF MANSFIELD
STOCK CHARTS

REPONSES

1. Vrai. Il n'y a plus de résistance pour freiner l'avancée.
2. Faux. La force relative mesure comment se comporte une valeur en relation avec le marché.
3. Faux. Ne négligez jamais des volumes médiocres à la cassure. C'est un signal de danger très important signifiant que la cassure manque de force.

4. Faux. La configuration " volume " dans le cours de la phase 1 de fondation n'est pas importante, en revanche elle est cruciale à la cassure.
5. Vrai.
6. Vrai. Si le titre baisse, mais moins que le marché sur la même période, il démontre une force relative positive.
7. Faux. La formation de renversement la plus puissante et la plus fiable est la " tête et épaule de creux " qui passe au-dessus de sa moyenne mobile.
8. Vrai.

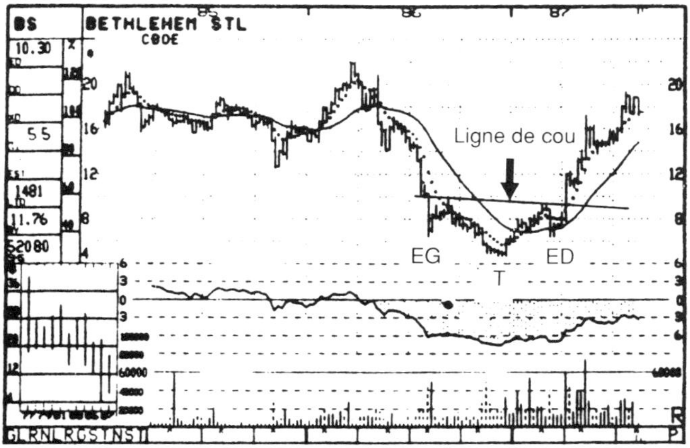

COURTESY OF MANSFIELD STOCK CHARTS

9. A. Dans ce cas, nous n'avons aucune résistance de proximité, alors que B a beaucoup de résistance " sur sa tête ". De plus, A a une fondation étendue (18 mois) alors que B formait une base plus étroite (6 mois). Ensuite, la valeur A avait une excellente confirmation des volumes, celle de B étant juste honnête (double des quatre semaines précédentes mais inférieure aux deux semaines antérieures de la fondation). En outre, A avait sa force relative en amélioration alors que la FR de B était tout juste médiocre (en territoire négatif et au moment de la cassure inférieure à ce qu'elle était au début de la fondation). Le résultat fut que la valeur A (Marcade Group) cassa à 1 1/8 à la mi-86 et un an plus tard valait 7 5/8. Pendant la même période, la valeur B (Alpha Industries), cassa à 11 1/2 en 1986, et ne valait plus que 6 3/8 un an plus tard.
10. B (American Cable Systems). La force relative s'améliorait au moment de la cassure dans le cas d'American Cable System, alors qu'elle était

médiocre pour IRT Corporation (valeur A). En plus, IRT avait une forte résistance près des 8 1/2 (qui était un ancien support avant d'être cassé). En même temps, American Cable System avait une résistance assez faible dans la zone des 16-17, puis plus rien ! Le résultat fut que IRT cassa à 6 1/4 début 87. Huit mois après, le titre avait perdu 35 pour cent. American Cable System cassa en même temps à 15 1/8 et sept mois plus tard avait gagné 85 pour cent.

11. B (Facet Enterprise). Le facteur négatif le plus important de National Service (Valeur A) était ses volumes médiocres à la cassure de continuation. Au même moment, la confirmation des volumes était excellente chez Facet sur la cassure. De plus, Facet voyait sa force relative s'améliorer fortement, alors que celle de National Service était moyenne. Le seul point négatif sur le graphe de Facet était sa résistance à 14. Cette dernière avait quand même 18 mois d'existence et la fondation était assez large pour en venir à bout. Enfin, les volumes étaient si exceptionnels que cela méritait un achat. Facet cassa à 10 1/2 et valait 8 mois plus tard plus du double (23 1/8). National Service qui cassa à 25 3/4, six mois plus tard n'était monté qu'à 26 1/4 !

12. Vous auriez dû acquérir l'action B (Mobile Homes) quand elle cassa à 3 1/4 en 1982. La force relative était excellente sur Mobile Homes et médiocre sur A (Rothschild) et C (Chicago Rivet & Machine) début 87. En plus, Mobile Homes avait la fondation de Phase 1 la plus étendue et cassa au-dessus de sa ligne de tendance horizontale, alors que les deux autres ont cassé au-dessus de lignes de tendance baissières. Il n'était pas surprenant que Rothschild, après avoir cassé à 14 1/4 ne valait toujours 5 mois plus tard que 14 1/4, tandis que Chicago Rivet, après cassure à 22, valait après 6 mois seulement 21. Mobile Homes, au contraire, gagna 300 pour cent en un an.

NE METTEZ PAS TOUS VOS OEUFS DANS LE MEME PANIER

Maintenant que vous savez ce qu'il faut ou ne faut pas acheter, nous avons un dernier sujet à aborder: la diversification.

Quel que soit le degré d'habileté que vous atteindrez dans l'exploitation de ma méthode, ne tablez pas sur le zéro défaut. Rien n'est parfait ! L'avenir est trop incertain. Il est possible d'être dans le vrai très souvent. Mais cela implique que vous aurez tort de temps en temps. La prudence exige que vous répartissiez vos risques sur un certain nombre de titres. Cela empêchera un mauvais choix de vous porter un coup fatal.

Même quand vous protégez vos positions longues par des ventes stop (que je vous apprendrai à passer au Chapitre 6), vous pouvez recevoir de mauvais coups si vous ne diversifiez pas. Si vous perdez 15 % avec une position sur laquelle vous aviez joué toute votre mise, cela fait un sacré trou à votre porte-monnaie ! Si, en revanche, vos mises sont équitablement réparties sur 15 positions, et que l'une d'entre elles perde 15 pour cent, cette perte ne représentera plus qu'un pour cent de votre capital.

Un très bon exemple de cette " Loi des Moyennes " sur le marché était présenté début 1987, dans le Professional Tape Reader. Trois de nos recommandations d'achats faites début janvier de cette même année étaient Dravo (Graphe 4-34), Tandem Computers (Graphe 4-35), et Texas Instruments.

Dravo atteint un nouveau " plus haut " historique après avoir passé sa résistance à 20 (point A). Malheureusement, le titre fit peu de progrès et il fallait " sortir " quand les prix sont repassés au-dessous de leur support majeur à 18. Dans le même temps, Tandem Computer arriva vite presqu'à doubler par rapport à notre prix recommandé à 19 7/8 (point A). Texas Instruments délivra aussi une performance de première qualité, bien qu'il lui fallut plus de temps pour pratiquement doubler par rapport à notre prix recommandé à 41 7/8.

Graphe 4-34

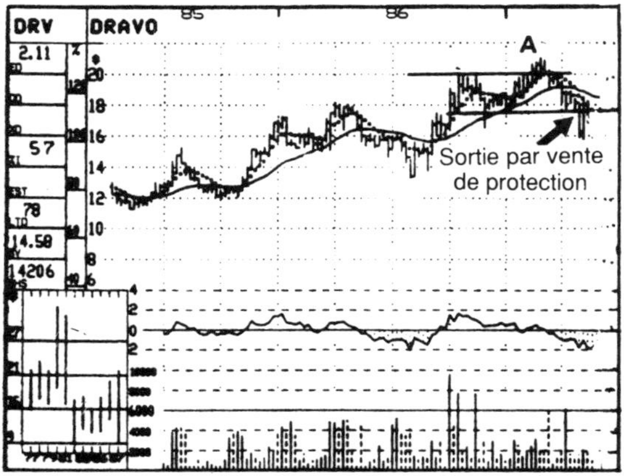

COURTESY OF MANSFIELD STOCK CHARTS

Graphe 4-35

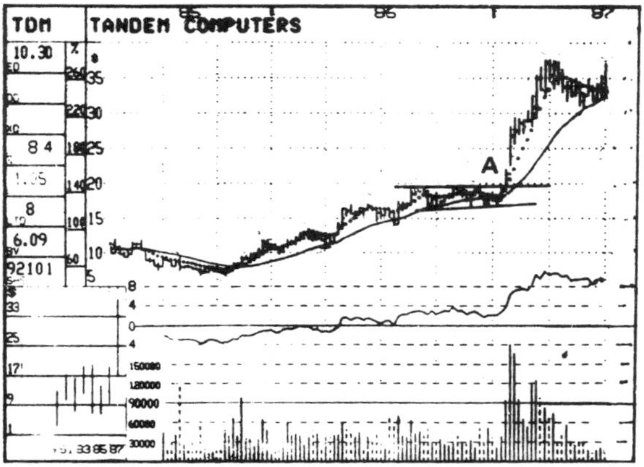

COURTESY OF MANSFIELD STOCK CHARTS

Si vous aviez misé tout votre capital sur Dravo, la puissante avancée de marché lancée début 1987 aurait été décevante pour vous. En diversifiant votre argent sur les trois titres, vous seriez ressortis le sourire aux lèvres.

Nombreux sont les participants à mes séminaires qui me posent la question suivante : " quel est le bon nombre de valeurs à détenir dans mon portefeuille ? Est-ce 8, 10 ou 12 ? " La réponse ? Il n'y a pas de chiffre magique ! Mais une fourchette approximative qui semble logique. Je sais que ne détenir qu'une ou deux valeurs en portefeuille est une allocation de capital bien trop dangereuse. Je sais aussi que 40 ou 50 titres c'est trop pour suivre convenablement chaque position. Surveiller d'un oeil bienveillant votre portefeuille est un peu comme le fait d'être parent: plus vous avez d'enfants sous votre responsabilité, plus ce sera dur de ne pas les perdre de vue. Il en est de même pour les actions. Si vos actifs sont dispersés sur 50 valeurs, il sera dur pour vous de sentir comment chacune agit. En plus, vous aurez tendance à vous concentrer sur les titres qui se comportent bien et négliger ceux qui traînent, espérant qu'ils reviendront plus tard. Vous laissez alors les bonnes valeurs subventionner les moins bonnes.

La bonne façon de suivre votre portefeuille de titres est de faire comme si chaque position était la seule que vous déteniez. Si elle agit bien, parfait, " surfez-là ". Mais si elle agit médiocrement, si elle est en retard sur le marché, alors allégez-vous, même si le niveau de vente stop n'est pas atteint.

Utilisez ces produits sur un autre titre en Phase 2 ayant de meilleures perspectives. Pour être plus précis, pour un portefeuille peu important qui investit des sommes modestes (10.000$ à 25.000$), je conseille de diversifier dans cinq ou six titres maximum. Mais au fur et à mesure que le montant augmente jusqu'à 100.000$ ou plus, 10 à 20 titres seraient le maximum sur lequel j'investirais en permanence. Utilisez aussi, approximativement les mêmes montants sur toutes les positions quand vous bâtirez votre portefeuille. Ne faites pas comme de si nombreux investisseurs qui pensent en termes de nombre de titres à acquérir. Il achètent 1000 actions différentes, que ce soient des titres qui valent 5$ ou 40$. Pour utiliser un chiffre rond pratique, si nous investissons 100.000$ sur 10 titres, chaque position devrait approxima-tivement se monter à 10.000$ en valeur. Ainsi, si vous achetez un titre à 50$, vous n'aurez que 200 actions. Si votre deuxième position est ouverte sur un titre à 10$, vous passerez un ordre d'achat pour 1.000 actions. Vous devez utiliser votre bon sens pour construire votre portefeuille. *NE METTEZ PAS TOUS VOS ŒUFS DANS LE MEME PANIER !* Mais n'allez pas d'un extrême à l'autre en utilisant trop de paniers!

Il est une autre forme de diversification que vous devriez connaître. Ne faites pas tous vos achats dans un seul groupe. Si trois ou quatre secteurs démontrent une forte action technique, achetez des "cassures" de Phase 2 sur chacun d'eux plutôt que de prendre tous vos achats dans le groupe A. Si un groupe se retourne soudainement, votre portefeuille restera ainsi en bonne posture. Si vous mettez en pratique ces deux formes de diversification et utilisez correctement ma méthode, vous devriez bien vous en " tirer " sur les marchés, à la fois pendant les bonnes et les mauvaises années.

CHAPITRE 5

DÉCOUVRIR LES GAGNANTS EXCEPTIONNELS

N'avez-vous jamais rêvé d'acheter un titre de société aujourd'hui, puis de vous endormir et de vous réveiller le lendemain en apprenant la réjouissante nouvelle que la société a fait l'objet d'une offre publique d'achat à un prix substantiellement plus élevé ? Je vous expliquerai dans ce chapitre comment transformer ce rêve en réalité, au moins de temps en temps. En plus, vous apprendrez une méthode technique peu connue mise au point par moi-même et qui produit des profits aussi fantastiques qu'avec des OPA.

Examinons d'abord ce rêve d'OPA qui aboutit, pour la majorité des investisseurs, à des cauchemars financiers. J'ai vu des investisseurs acheter des titres sur rumeurs d'OPA qui ne se sont jamais concrétisées. Des pertes énormes peuvent s'accumuler, alors qu'ils attendent une annonce qui n'arrivera jamais. Pourquoi donc tant d'investisseurs courent après de tels mirages ? C'est un problème simple de psychologie. D'abord, il y a la cupidité. Nous voulons tous toucher le gros lot rapidement, aussi pensons-nous à chaque fois que “ cette fois-ci sera la bonne ”. Deuxièmement, il y a cette théorie de psychologie appelée le “ renforcement intermittent ”: si un animal obtient ce qu'il veut, même très peu souvent, il reviendra à la charge pour en obtenir plus. On a démontré de nombreuses fois que si une souris obtient du fromage une seule fois quand elle passe par un labyrinthe, elle essaiera de se retrouver dans ce labyrinthe plusieurs fois de suite, même si le fromage n'est plus là. Les gens ne sont pas différents des animaux. Pourquoi donc joueraient-ils aux machines à sous à Las Vegas, ou essaieraient-ils de gagner à la loterie ? Un gros lot gagné au casino ou à la loterie apparaissant à la une d'un journal, et on recommence à rêver...

Tant que vous ne serez pas omnubilé par cette maladie du “ super coup ”, même si vous glissez quelques pièces dans une machine à sous ou achetez occasionnellement un billet de loterie, ce ne sera pas grave. Ce serait beaucoup plus sérieux si vous passiez tous vos ordres d'achat sur de simples rumeurs. Cela vous coûtera horriblement cher, car pour une rumeur qui se confirmera, des centaines finiront par des chutes de Phase 4. Ce ne sont pas de bonnes probabilités.

Et pourtant, de plus en plus de valeurs sont avalées par la manie des
142 OPA toujours plus populaire. Y-a-t'il une façon pour jouer intelligemment à ce jeu-là ? Oui et, une fois n'est pas coutume, la réponse se trouve dans la discipline de l'étude des graphes. Faites simplement la chose suivante: d'abord ne jouez ce jeu que sur un petit pourcentage de votre capital, pour le reste de vos achats, fiez-vous à vos études. Deuxièmement, si vous avez vent d'une rumeur, évaluez en la source. Si elle vient de votre " broker ", et que quelques unes de ses recommandations précédentes ont été bonnes, c'est mieux que s'il n'a jamais " tapé dans le mille " de sa vie !...

Mais ne vous arrêtez pas là. Maintenant, faites preuve de discipline: prenez vos graphiques et étudiez avec soins la valeur. Si le titre se comporte comme Beverly Hills Enterprises à la mi-87 (Graphe 5-1), alors oubliez-le, même si des rumeurs d'OPA l'entourent. Si le titre est en Phase 4 et que sa force relative est un film d'horreur, fuyez de suite cette machine à sous. Ou alors, si le graphe est " bullish " mais très au-dessus de son point d'entrée idéal, comme le fut Anchor Glass Container (Graphe 5-2) à la mi-87 à 28, laissez tomber ! [1]. Je préfère toujours passer à côté d'un profit potentiel plutôt que d'acheter un titre avec un mauvais rapport risque/rentabilité. Chaque fois que vous passez à côté d'un gagnant, tout ce que vous perdez c'est un profit potentiel. Et, comme pour les bus, un autre passera après. Mais quand vous prêtez le flanc à une situation perdante, vous perdez un morceau de votre si précieux capital. Faisons un peu de mathématique: si vous avez 50.000$ investis et que vous perdiez 20 pour cent, il ne vous reste donc plus que 40.000$. Pour revenir à zéro vous devez gagner 25 pour cent sur votre prochaine position. Et si cette position est perdante, alors les pourcentages seront encore pire. Ainsi DISCIPLINE et SELECTIVITE sont les mots-clés que vous devez toujours garder en mémoire. Souvenez-vous que vous pouvez faire beaucoup d'argent sur les marchés, même si vous passez à côté de cent gagnants et que vous n'achetiez que 10 titres dans l'année, si 7 ou 8 d'entre eux deviennent des gagnants.

Mais que faire si le graphe du titre entouré de rumeurs paraît " bullish " mais qu'il n'ait pas encore cassé ? Ou bien s'il a cassé sa résistance et se trouve encore à proximité de son point idéal d'entrée ? Si tous les facteurs

(1) Anchor Glass aurait dû être acheté début 1987 à 14. Mais n'achetez jamais une valeur " sur-étendue " et ayant un mauvais ratio risque/rentabilité, ce qui était le cas d' Anchor Glass plus tard dans l'année.

Graphe 5-1

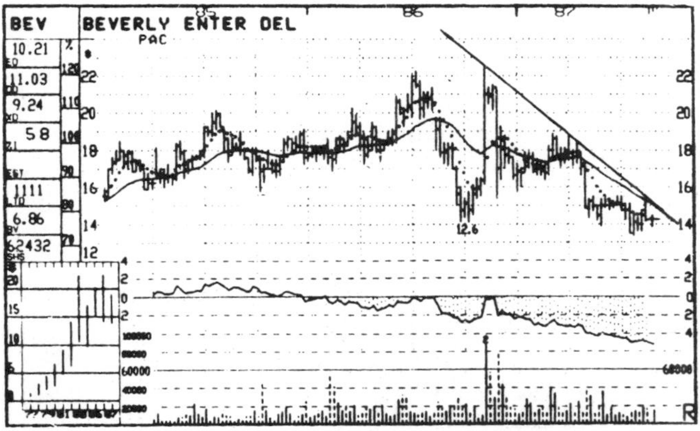

COURTESY OF MANSFIELD STOCK CHARTS

Graphe 5-2

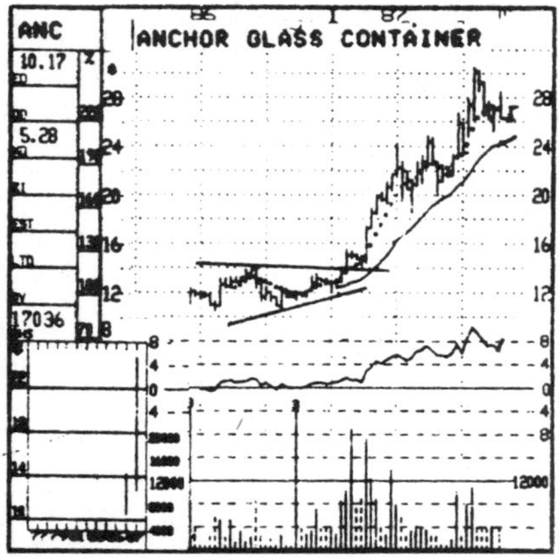

COURTESY OF MANSFIELD STOCK CHARTS

sont favorables et si honnêtement vous envisagiez l'achat, même en l'absence de rumeurs, alors tentez le coup. La possibilité d'OPA est simplement le " beurre des épinards " ! C'était le cas de Kidde (Graphe 5-3) mi-1987. Le titre était un achat valable alors qu'il passait au-dessus de 37 sur

Graphe 5-3

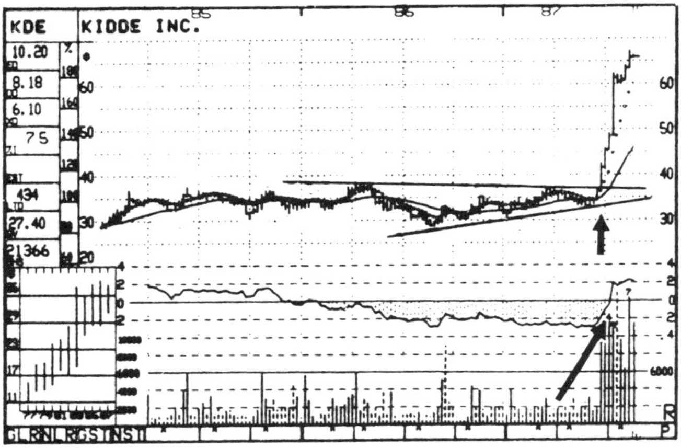

COURTESY OF MANSFIELD STOCK CHARTS

de très forts volumes, rumeur ou pas rumeur. Les volumes étaient impressionnants, la force relative en amélioration, et nous n'avions plus de résistances sur la " tête ". Quelques semaines plus tard, cet achat paraissait encore plus judicieux, le titre ayant atteint 67 1/4 sur nouvelle qu'Hanson Industries lançait une OPA à son encontre.

Rappelez-vous simplement que les mêmes règles graphiques s'appliquent. Si le volume ou tout autre facteur important est négatif, alors laissez tomber ! Quand il s'agit de localiser les titres opéables, il y a une clé qui en dit long : les volumes. C'est particulièrement vrai si l'OPA est sur le point d'être déclarée. Dans presque tous les cas où une fusion ou une acquisition est imminente, les volumes se construiront en crescendo. C'est logique car de plus en plus de gens découvrent qu'une OPA est sur le point d'être lancée. Bien que jamais personne ne soit supposé écouler des informations d'initié, cela se produit. Les graphes nous montrent jour après jour que des gens sont avisés et achètent sur la base de cette information. Aussi ne croyez JAMAIS à une OPA possible si les volumes ne sont pas en augmentation TRES sensible.

Etudions maintenant quelques exemples concrets de titres de sociétés sur le point d'être rachetées. Vous saurez ainsi avec précision vers où orienter vos recherches.

Etudiez le Graphe 5-4 de Hammermill Paper: dès la mi-86, le titre était entouré de rumeurs le donnant " opéable ". Que se passerait-il si vous n'étiez

Graphe 5-4

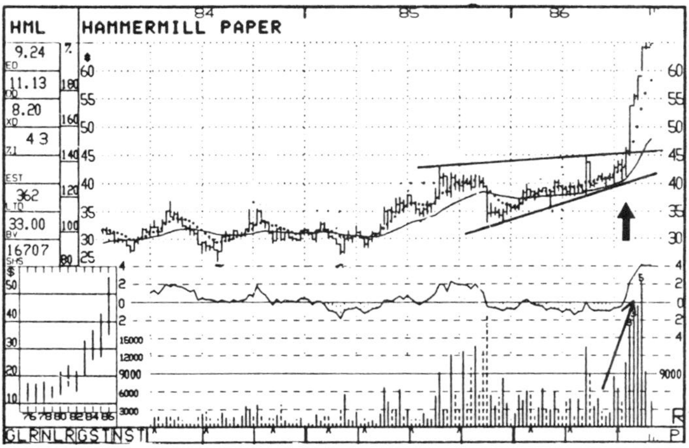

COURTESY OF MANSFIELD STOCK CHARTS

pas au courant ? Vous fondant simplement sur les règles enseignées, dans ce livre vous auriez vu que ce titre était un solide candidat à l'achat, dès son passage au-dessus de la barre des 45. La tendance du marché était bien orientée. De plus, le groupe aussi, avec de nombreux autres titres également " bullish " dans ce même groupe. En outre, la force relative se trouvait en territoire positif et en amélioration rapide. Un autre facteur favorable était le suivant : une fois la résistance cassée à 45, il n'y avait plus d'autre zone de résistance " sur la tête ". Et, plus important encore, les volumes étaient fantastiques ! Etudiez en détail ces volumes un instant, car c'est le point-clé pour découvrir des OPA. Non seulement étaient-ils élevés sur la cassure, ce qui est un signe " bullish ", mais il y eut une croissance constante des volumes sur les huit semaines précédant la cassure. C'était l'argument massue ! Même si vous ne saviez rien sur les rumeurs d'OPA sur HML, vous aviez là un " achat de continuation " de grande qualité. HLM fusa de 45 1/8 à 65 sur les cinq semaines d'après cassure et fut alors acquis par International Paper.

Chesebrough Ponds (Graphe 5-5) développa les mêmes caractéristiques début 1987. Là encore, tous les facteurs techniques étaient en place pour donner un super gagnant, que votre " broker " vous ait donné ou non le tuyau. La tendance marché était " bullish ", le groupe positif, aucune résistance " sur tête " significative, et la force relative était très bonne. Le coup de grâce fut donné par la taille des volumes. Quand le titre cassa, les volumes

Graphe 5-5

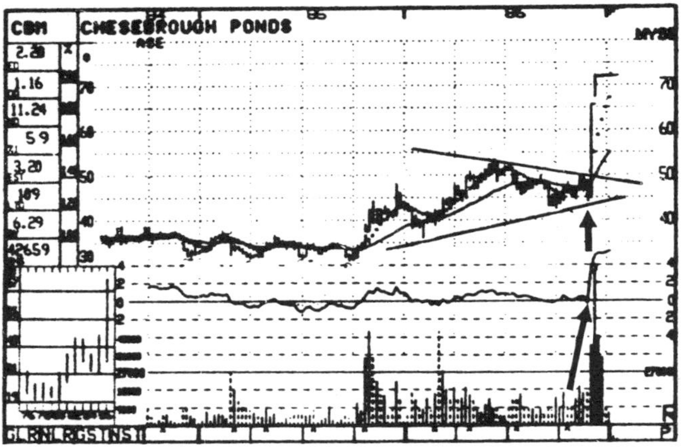

COURTESY OF MANSFIELD STOCK CHARTS

ont enregistré leur niveau le plus élevé en “ lecture semaine ” sur leurs graphes. Par conséquent, que vous ayez ou non entendu quiconque colporter la rumeur, vous auriez dû acheter Chesebrough. Tous les signes techniques que vous surveilliez lançaient des signaux d'achat. Le titre ne nous déçut pas en passant en un rien de temps de 50 à plus de 72.

Ces exemples rendent-ils les choses plus claires ? Même si vous ne saviez rien sur le titre, le graphe était le “ tuyau ” vous indiquant qu'il se passait quelque chose. Et si aucune OPA n'était en projet, c'est qu'autre chose de très favorable se préparait; les probabilités d'une superbe hausse étaient là quoiqu'il en soit.

Plaçons un autre exemple sous notre microscope et reprenons en l'étude pas à pas. En fin 1986, Burlington Industries (Graphe 5-6) était déjà dans un mouvement haussier de Phase 2, quand il cassa sa résistance à 40. Tous les critères d'évaluation étaient au vert et le titre méritait l'achat sur cette cassure de continuation. Les volumes n'avaient cependant rien de spectaculaire. Tout juste satisfaisaient-ils au critère du doublement, et les prix entreprirent de monter durant les semaines suivantes. Début avril 1987, on vit des développements très intéressants se produire. Les rumeurs sur BUR s'amplifiaient et le titre cassa sa résistance à 50 sur des volumes incroyablement élevés. Si vous étiez déjà investi sur le titre, vous aviez là des raisons pour poursuivre vos achats. Si vous n'étiez pas engagé sur ce titre, cette action graphique exigeait quelques achats. Le titre sauta de 50 à 77 1/2

Graphe 5-6

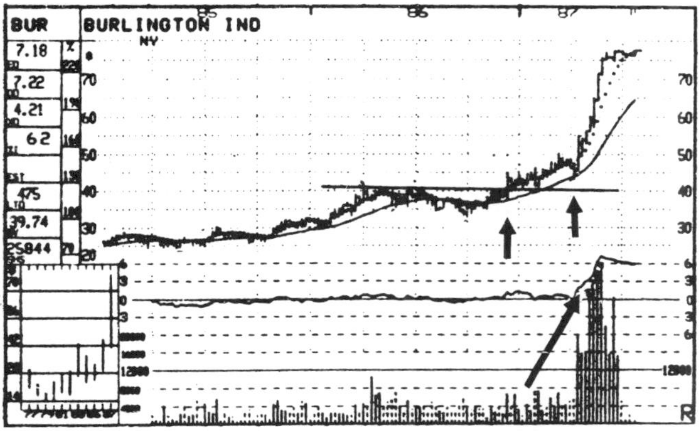

COURTESY OF MANSFIELD STOCK CHARTS

en quelques mois. Une fois de plus, les volumes nous avaient fourni le tuyau que quelque chose était en train de se passer.

Si après ces exemples, vous croyez toujours qu'aucun initié n'utilise ses informations pour agir avant l'annonce officielle d'une OPA, c'est que vous êtes bien moins cynique que je le suis.

Voilà deux autres exemples de titres qui ont eu une configuration " d'opéables ", avant l'annonce officielle de l'acquisition. Dans le cas de Fruehauf (Graphe 5-7), la fondation de Phase 1 était très large, les résistances faibles, et la force relative en amélioration. Encore plus important, l'activité des volumes était conforme au schéma classique de “ ramassage ” important. Par conséquent, quand le titre cassa au-dessus de 27 début1986, vous auriez dû l'acheter que vous soyez ou non au courant des rumeurs. Un tel achat aurait été judicieux, puisque FTR monta jusqu'à 50.

De la même manière, Purolator Courier (Graphe 5-8) était un autre achat appétissant qui s'avéra très rentable si vous aviez suivi les règles techniques pour découvrir les grands gagnants. Quand il cassa au-dessus de sa ligne de tendance descendante à 20 1/8 à la fin 86, sa force relative s'améliorait alors qu'elle passait au-dessus de la ligne 0. En plus, les volumes en accroissement important indiquaient de fortes chances que la résistance à 24 soit balayée. Ce qui se produisit puisque le titre atteignit les 40.

Maintenant, vous devriez voir clairement quels sont les développements graphiques qui devraient vous alerter de l'imminence d'OPA.

Graphe 5-7

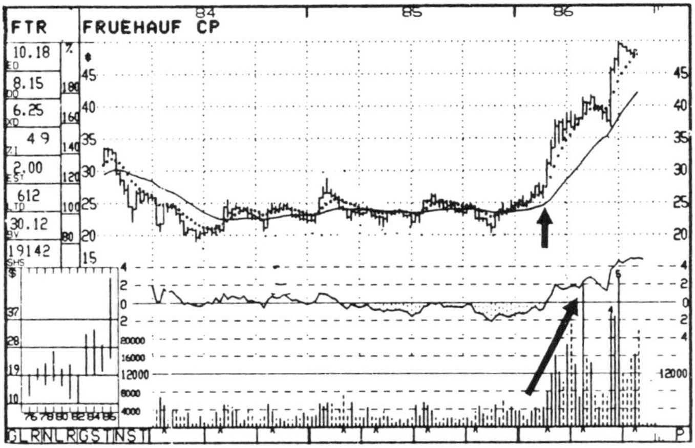

COURTESY OF MANSFIELD STOCK CHARTS

Graphe 5-8

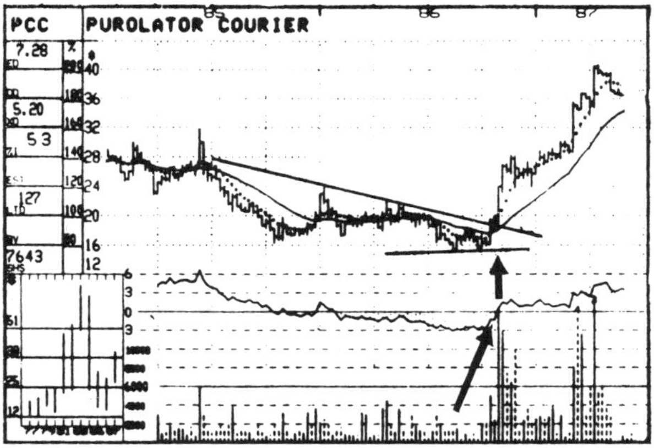

COURTESY OF MANSFIELD STOCK CHARTS

Ce ne sont ni les " potins ", ni les rumeurs, qui peuvent empêcher une formation négative dePhase 4 d'aller à son terme comme dans le cas de Financial Corp. of America (Graphe 5-9) en 1987. Par contre, si j'avais été " tuyauté " sur un titre démontrant une forte configuration technique-comme

Graphe 5-9

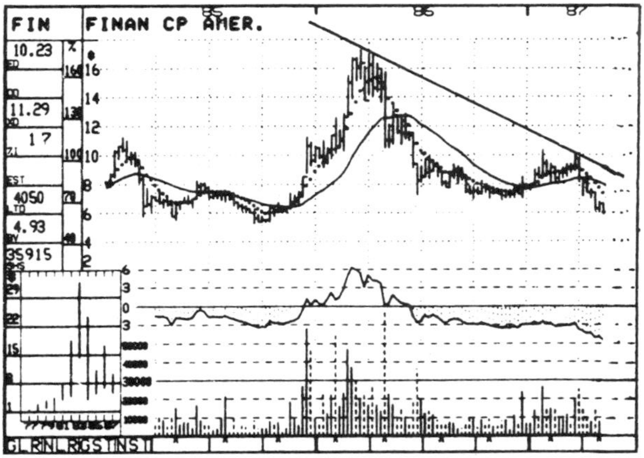

COURTESY OF MANSFIELD STOCK CHARTS

Graphe 5-10

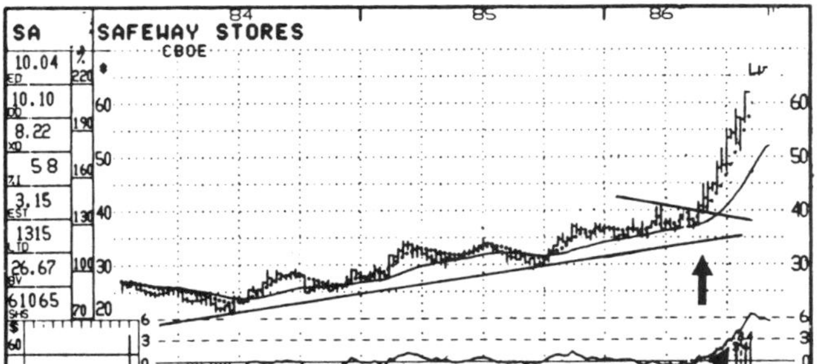

COURTESY OF MANSFIELD STOCK CHARTS

Safeway Stores (Graphe 5-9) en 1986, je l'aurais sans doute placé sur ma liste d'achats potentiels. Ensuite, quand il cassa les 40 avec une force relative positive, plus aucune résistance " sur la tête ", et un fort accroissement des volumes, j'aurais encore plus fortement conseillé l'achat, OPA ou non. Il s'est avéré que la société a effectivement fait l'objet d'une OPA comme tous les titres présentés dans ce chapitre, à l'exception des deux valeurs montrant une configuration technique négative: Beverly Enterprises et Financial Corporation.

Aussi, en suivant ces règles, vous vous surprendrez souvent à acheter ce que les initiés achètent, sans avoir leur information. C'est exactement ce qui s'est passé quand j'ai recommandé des titres tels que Caesars World, Owens-Illinois, Piedmont Aviation, et Spectradyne (Graphes 5-11 à 5-14) dans " The Professional Tape Reader ". Ils sont tous devenus des cibles d'OPA et se sont considérablement appréciés en quelques mois. Certains lecteurs du PTR étaient certainement convaincus que je savais quelque chose sur ces titres, mais la simple réalité est que j'ai lu le message fourni par leurs graphes. A partir de maintenant, vous pourrez en faire de même.

LA STRUCTURE DE TRIPLE CONFIRMATION.

Il existe une deuxième structure technique à rechercher et qui donne aussi de très bons résultats. Cela n'a rien à voir avec les opéables, sinon par pur hasard. Les résultats sont cependant également spectaculaires et, dans certains cas, PLUS PROFITABLES ENCORE que sur les OPA.

J'ai découvert cette technique il y a longtemps et l'ai présentée dans " The Professional Tape Reader " dans les années 70. N'oubliez pas, même si

Graphe 5-11

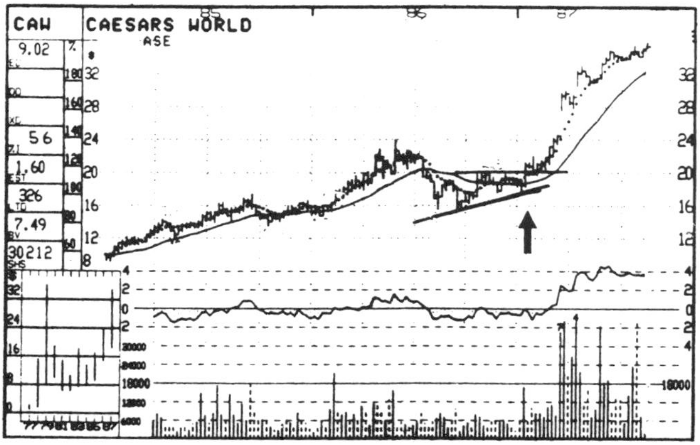

COURTESY OF MANSFIELD STOCK CHARTS

Graphe 5-12

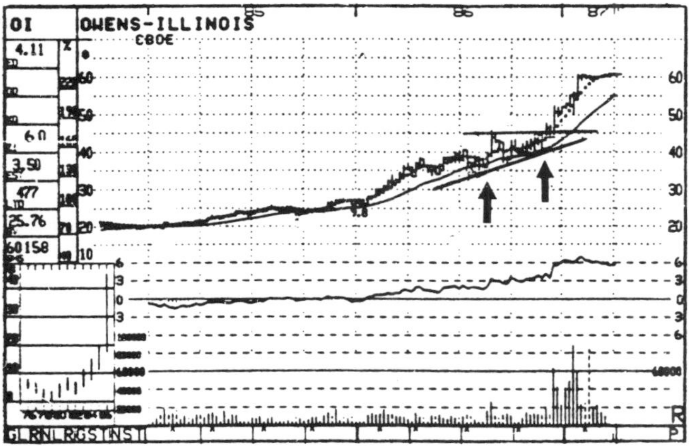

COURTESY OF MANSFIELD STOCK CHARTS

Graphe 5-13

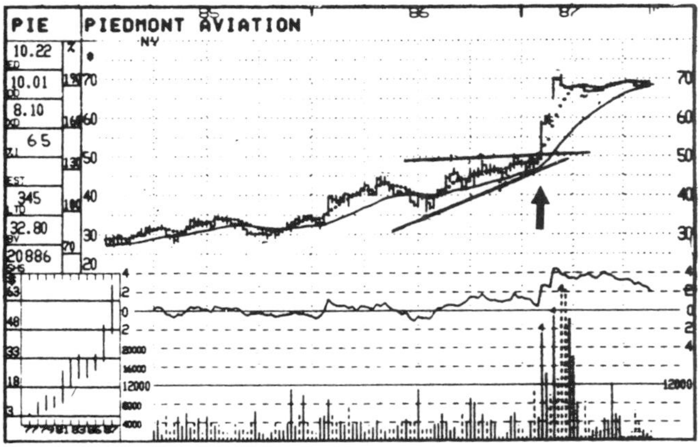

COURTESY OF MANSFIELD STOCK CHARTS

cette configuration graphique produit d'incroyables gagnants, ce n'est PAS pour le " trading " à court terme. C'est plûtot une méthode permettant aux investisseurs agressifs de découvrir ces incroyables gagnants potentiels. En football américain, un joueur complet sait passer, courir et jouer au pied. Il est

Graphe 5-14

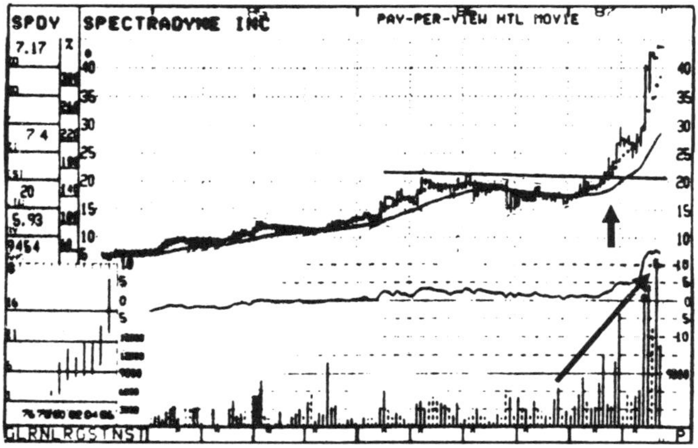

COURTESY OF MANSFIELD STOCK CHARTS

rare de trouver un athlète capable de bien faire les trois choses à la fois. Ces perles rares se découvrent aussi parmi les valeurs boursières, lorsque trois signaux importants sont lancés presque en même temps.

En plus de l'exigence habituelle de ne retenir le titre que s'il est au-dessus de sa moyenne mobile, il faut pouvoir déceler les trois choses suivantes sur nos graphes. D'abord, il faut un SIGNAL DES VOLUMES. C'est vital ! Les champions des marchés ont pratiquement toujours des volumes substantiellement plus forts à la cassure que pendant la formation de leurs fondations. Pour ces champions, nous voulons que les volumes à la cassure représentent plus du double des volumes d'échange moyens sur les quatre semaines précédentes. De plus, ces très forts volumes doivent durer. L'expansion initiale des volumes devrait être suivie par plusieurs autres semaines de forts échanges. Ce signal indique un fort intérêt soudain pour le titre, ainsi qu'une demande à venir supplémentaire. Lorsque le titre commencera à s'envoler vers les sommets, les acquéreurs conforteront rapidement leurs positions à chaque correction. Si les creux sont trop légers pour convenir à leurs achats, il déclencheront souvent une panique à l'achat.

Une fois encore, les volumes impressionnants (A sur Graphe 5-15) sont un des éléments-clés du super-gagnant, mais ce n'est pas le seul.

Le second facteur à suivre est la force relative (B sur Graphe 5-15). C'est un outil très utile pour différencier les bons achats des achats géniaux. Pour cette configuration à trois “ plus ”, la ligne de FR doit être dans une position

Graphe 5-15

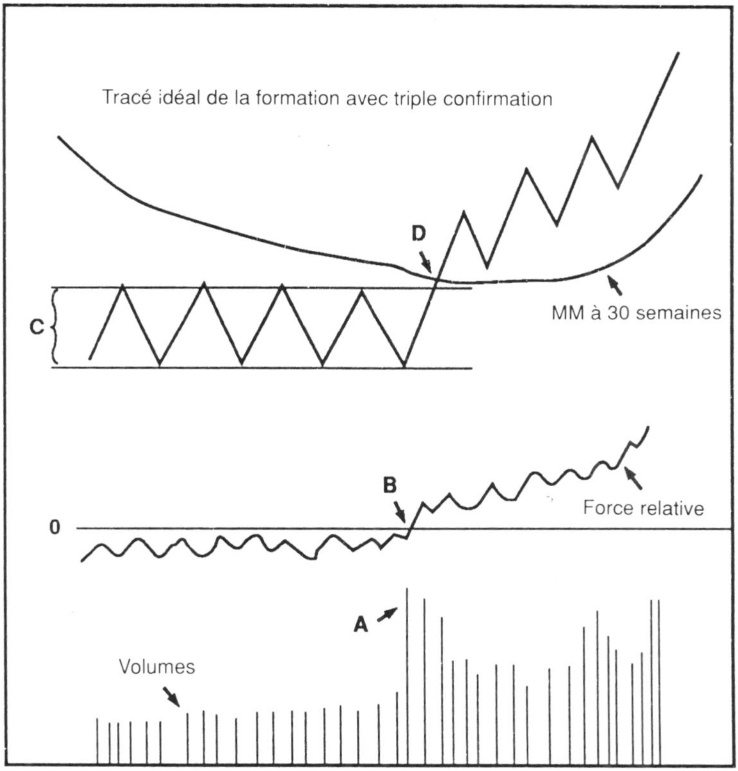

particulière. Elle doit, pendant la fondation, soit être en territoire négatif, soit " flirter " avec la ligne des " zéro " de façon pratiquement horizontale. Puis, à la cassure de Phase 2, la ligne de FR doit passer franchement en territoire positif. C'est très important ! J'ai montré que vous pouvez acheter des titres qui ont leur ligne de force relative en territoire négatif, tant qu'elle s'améliore, et que TOUS les autres facteurs techniques sont positifs. Mais lorsque vous recherchez cette configuration très particulière de super gagnant, il n'y a pas de compromis qui tienne. Si la force relative reste en territoire négatif, ce critère particulier n'est plus rempli, même si le titre est encore un achat intéressant et peut dégager un gain correct.

Le troisième signe à rechercher est un *MOUVEMENT AMPLE DES PRIX AVANT LA CASSURE.* Cela peut paraître bizarre, puisque nous voulons tous acheter aussi bon marché que possible; mais c'est là un critère essentiel pour avoir cette configuration du super gagnant. Si le titre a de très fortes oscillations alors qu'il développe encore sa fondation de Phase 1, il sera d'autant plus susceptible de devenir une " boule de feu " une fois qu'il cassera. Tout comme un sauteur en hauteur s'accroupira juste avant de se détendre, une valeur qui creuse d'abord, puis utilise son energie sur le retour, sera beaucoup plus puissante une fois sortie de ses " starting blocks ". De façon simple, les actions qui gagnent 40% à 50%, voire davantage, AVANT de casser, sont ensuite les meilleures. Cela ajoute quelques risques court terme sur la cassure; comme je l'ai déjà précisé, ce type d'achats est plus approprié pour l' " investisseur " que pour le " trader ".

En 1971, Anthony Industries remplissait à la perfection tous ces critères. Les volumes augmentèrent jusqu'à représenter quatre fois les niveaux normaux, un signe évident du grand intérêt des acquéreurs pour la valeur (A sur Graphe 5-16). Qui plus est, ces volumes restèrent à ces niveaux élevés au cours des semaines suivantes. La ligne de force relative passa franchement en territoire positif (B sur Graphe 5-16). Le troisième critère important - l'apanage des super gagnants - était la forte volatilité du prix de

Graphe 5-16

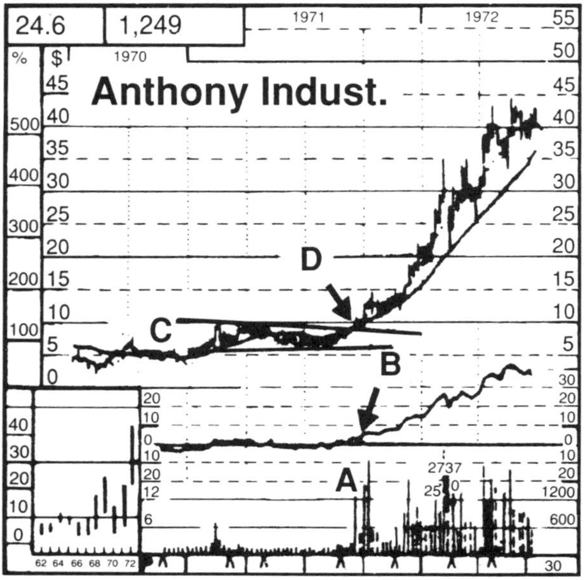

COURTESY OF MANSFIELD STOCK CHARTS

Graphe 5-17

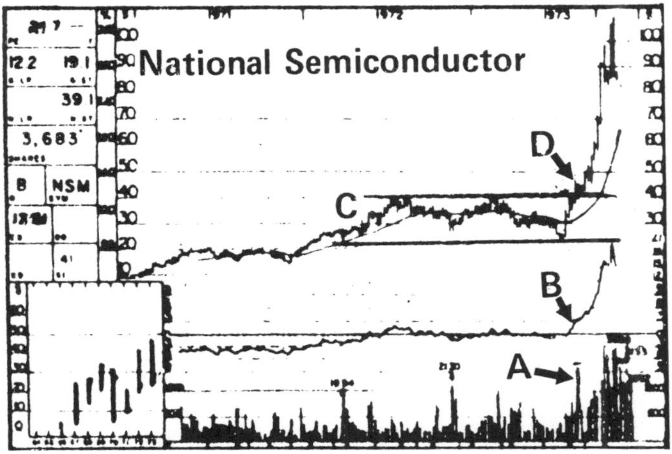

COURTESY OF MANSFIELD STOCK CHARTS

l'action Anthony Industries, alors que le titre était encore en phase de fondation. Il balança de part et d'autre d'un support à 5 et d'une résistance à 10. Ainsi, quand il cassa à 10 1/8 en 1971 (Point D sur Graphe 5-16) il avait déjà gagné 100 pour cent ! Pour beaucoup, il était temps dès lors de vendre, puisque le titre était " sur-acheté " (2). Maintenant que vos yeux sont entraînés, et que vous arrivez à " sentir " les graphes, vous devrez apprécier cette situation bien différemment ! En D, Anthony passait juste en Phase 2 sur de très forts volumes. Aussi, au lieu de vous joindre au conventionnalisme des foules jugeant en termes de sur-achat ou de sur-évaluation, un seul mot aurait dû vous venir à l'esprit : j'achète ! Sur les huit mois suivants, notre théorie du super gagnant se réalisa et Anthony gagna plus de 300 pour cent.

National Semiconductor (Graphe 5-17) démontra ce même potentiel des super gagnants en 1973. Puisque l'ensemble des indices de marché était alors négatif, vous n'auriez pas dû rechercher de nombreux achats. A l'opposé, vous auriez dû ouvrir plusieurs positions de ventes à découvert pendant ce marché " bear ". Dans le cas où vous rencontrez une configuration d'achat aussi exceptionnelle que celle de National Semiconductor, vous auriez pu couvrir vos positions courtes avec ce type d'excellent candidat à

(2) Sur-acheté est un terme technique signifiant que sur le court terme, le titre a avancé trop rapidement et est mûr pour une correction temporaire avant de poursuivre son avancée.

l'achat. Mieux vaut pour vous que vous soyez sûr que ce soient des titres de catégorie A , car c'est un minimum pour jouer l'achat quand le marché est sur une tendance négative. National Semiconductor était bien un titre de catégorie A. C'était un gagnant ayant les trois critères du succès, avec ses volumes qui sont montés à près de trois fois leur moyenne des semaines précédentes (A sur Graphe 5-17). En plus, ils sont restés à ces hauts niveaux dans les semaines suivant la cassure. La force relative était toute proche de la ligne 0 avant la cassure de Phase 2. A la suite de quoi elle se déplaça rapidement et fortement en territoire positif.

Le troisième signal déterminant permettant de penser qu'une grande avancée était en train de germer fut le fort mouvement lancé par National Semiconductor avant la cassure de Phase 2. Le titre doubla presque en passant de 20 à 40 pour casser en D, à 40 1/2. Là encore, beaucoup pensèrent que le titre était trop cher après une si forte avancée, mais pas vous ! Pour vous montrer combien cette configuration de la triple confirmation est puissante, je vous dirai que National Semiconductor gagna 150 pour cent dans les trois mois, soit une impressionnante progression de 600 pour cent en annualisé. C'est un gain fabuleux quelle que soit l'époque, d'autant plus qu'il se produisit au beau milieu du marché " bear " de 1973-74. Soyez donc toujours en alerte sur de telles formations, car une fois localisées, vous voudrez les exploiter pleinement.

Pour m'assurer que vous avez parfaitement compris ce concept important, étudions quelques autres exemples. Début 1987, les volumes étaient en forte hausse sur Blocker Energy (Graphe 5-18) quand il cassa à 1 1/8 de sa base de Phase 1. Non seulement ses volumes dépassaient la moyenne des semaines antérieures de plus du double, mais en fait ils faisaient plus que quintupler. Une telle augmentation montre que des puissances financières paraissent intéressées par la situation. C'est presque toujours l'ancipation d'une forte hausse. C'était encore un jeu d'enfants de découvrir ce super gagnant. Même si les fondamentaux étaient loin d'être incitatifs et la société accusait des résultats négatifs, ces clés techniques significatives étaient visibles (3).

Un titre comme Blocker, qui était déjà dans un groupe bien orienté, n'avait aussi que peu de résistance " sur sa tête " (résistance datant de près de 18 mois). En outre, la construction de la fondation de Phase 1 avait été importante. Vous pouvez voir qu'en plus de ces signes haussiers, les trois

---

(3) Blocker annonce des déficits sur six des huit trimestres précedant la cassure.

Graphe 5-18

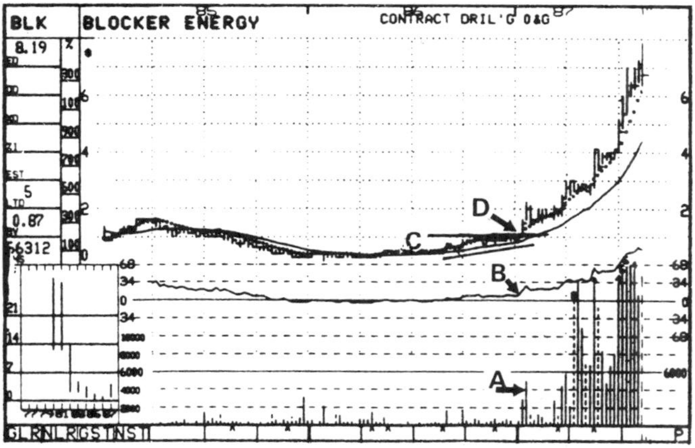

COURTESY OF MANSFIELD STOCK CHARTS

critères du super gagnant étaient présents. Les volumes excellents sur la cassure de Phase 2, montrant bien que les réservoirs de la fusée étaient pleins. Deuxièmement, la force relative errait autour des zéro, légèrement en territoire positif. A la cassure, la force relative décolla d'un coup. Enfin, bien que cachée par le très bas prix du titre, il y eut une sacrée avancée avant la cassure. Blocker passa d'un bas à 3/8 à un haut de 1 1/8 à la cassure, soit une confortable hausse de 200 pour cent. Mais la partie de plaisir était à peine commencée, puisque Blocker gagna 600 pour cent dans les 11 mois suivants...

Ces valeurs ne sont-elles que de rares météorites perdus dans l'immensité de l'univers ? Pas du tout ! Bien que ces dessins ne fleurissent pas tous les jours, ou même toutes les semaines, on les retrouve de temps en temps. Quand vous serez plus experts à la lecture des graphes, vous repérerez ces configurations et en tirerez tous leurs bénéfices.

Keystone Consolidated et Philippine Long Distance Telephone (Graphe 5-19 et 5-20) remplissaient les trois conditions de mes super gagnants techniques. Une fois de plus, les résultats dépassèrent nos espérances ! Il est intéressant de remarquer que lorsque le mouvement haussier démarra à 4 5/8 sur Keystone, les résultats des douze derniers mois accusaient un DEFICIT de 3,70$ par action, et de nombreux analystes fondamentalistes craignaient la faillite de la société. Après l'avancée fantastique qui propulsa le titre à 30, pensez-vous que les revenus se soient améliorés ? A la mi-87, avec l'action à

Graphe 5-19

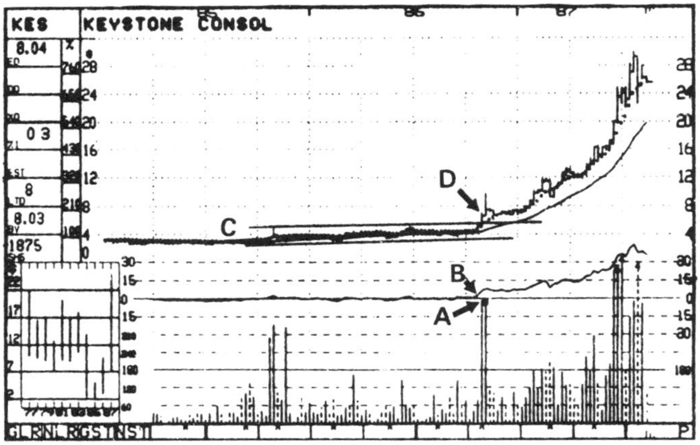

COURTESY OF MANSFIELD STOCK CHARTS

Graphe 5-20

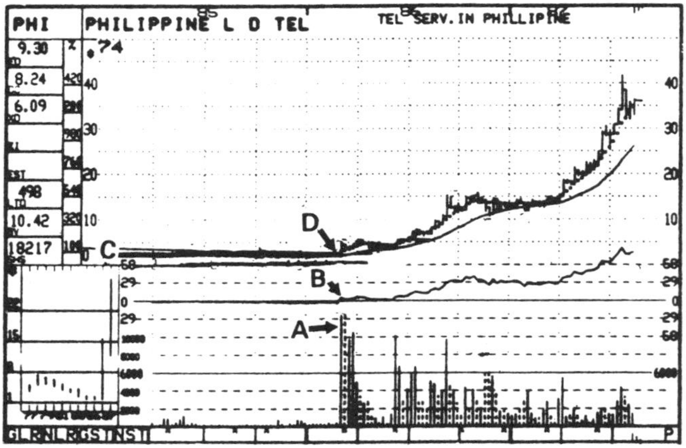

COURTESY OF MANSFIELD STOCK CHARTS

30, les revenus cumulés des 12 derniers mois indiquaient un déficit important de 1,16$. Les comptes étaient toujours dans le rouge ! Autant pour l'analyse fondamentale et les ratios cours/bénéfices (price earning ratio) ! Quant à l'activité dans le " canal de fondation ", elle a satisfait à notre critère des 40 pour cent ou plus, bien qu'il soit difficile de le voir sur ce graphe. Les Graphes Mansfield sont dessinés sur échelle arithmétique et non logarithmique, ou échelle en pourcentages et il s'agit là d'une de leurs rares faiblesses. Quand un titre à prix peu élevé monte fortement, l'action des prix semble minuscule sur les graphes arithmétiques alors que les pourcentages de variation sont élevés. Quand vous trouvez une de ces structures spéciales de super gagnants, profitez en pour investir plus fort, car vous avez toutes les chances de décrocher le gros lot.

Après avoir maîtrisé les concepts de cet important chapitre, vous saurez comment découvrir ces situations spéciales qui rendent l'investissement en actions beaucoup plus rémunérateur que les produits obligataires. Et vous saurez à quel moment " sauter à bord " !

TEST

Pour vous mettre à l'épreuve, je présente ci-dessous quelques cas historiques de valeurs qui ont cassé; mais dans chaque groupe de trois graphes, seul l'un d'eux devint un super gagnant. En utilisant les règles de ce chapitre permettant de découvrir les super gagnants, voyez si vous pouvez marquer un " essai transformé " dans chaque groupe.

(Choisissez le meilleur titre pour chaque groupe de trois)

1. A. B. C.

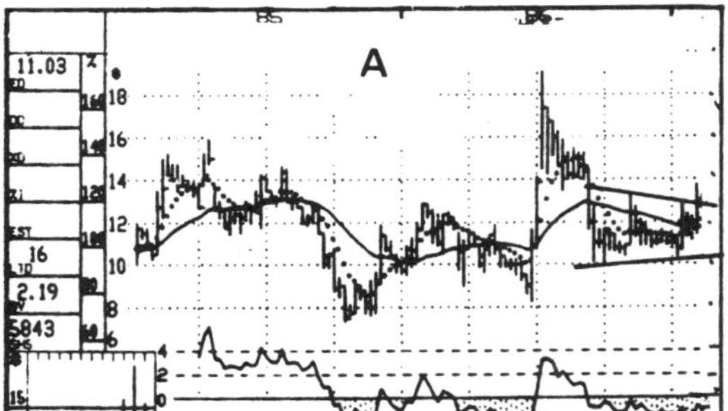

COURTESY OF MANSFIELD STOCK CHARTS

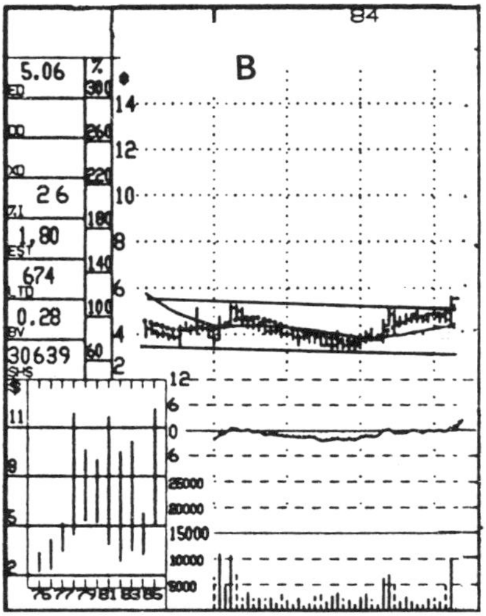

COURTESY OF MANSFIELD
STOCK CHARTS

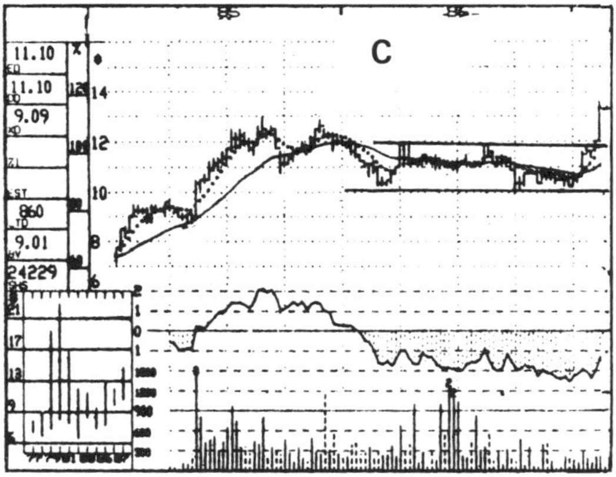

COURTESY OF MANSFIELD
STOCK CHARTS

2. A. B. C.

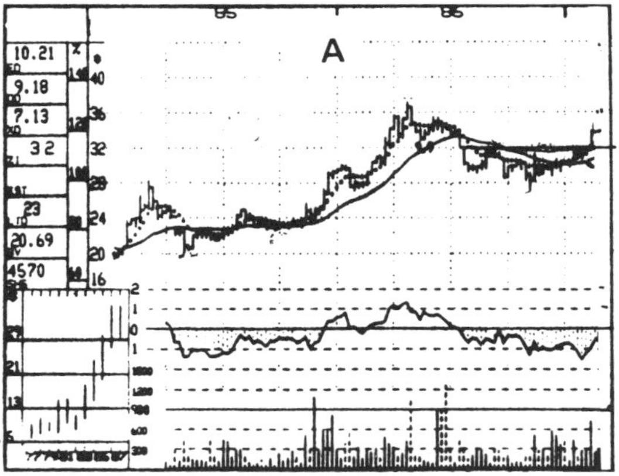

COURTESY OF MANSFIELD
STOCK CHARTS

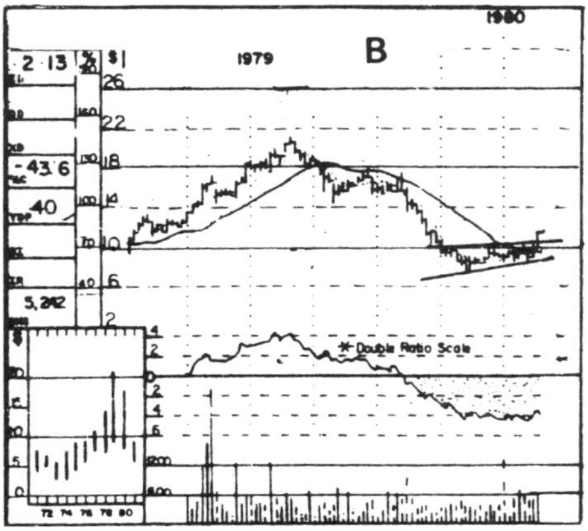

COURTESY OF MANSFIELD STOCK CHARTS

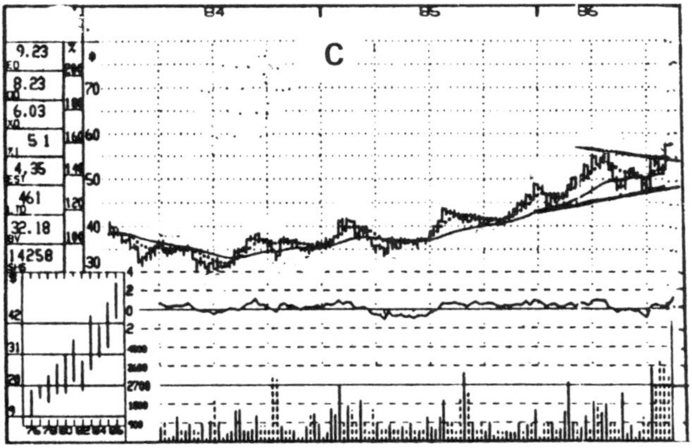

COURTESY OF MANSFIELD STOCK CHARTS

3. Quels sont les deux titres que vous achèteriez dans ce groupe ? A. B. C.

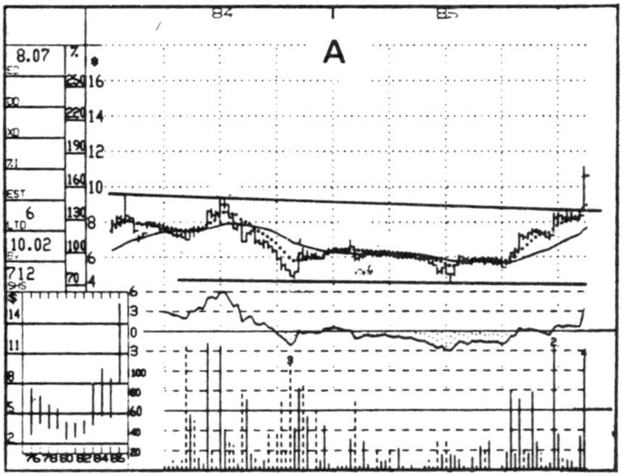

COURTESY OF MANSFIELD STOCK CHARTS

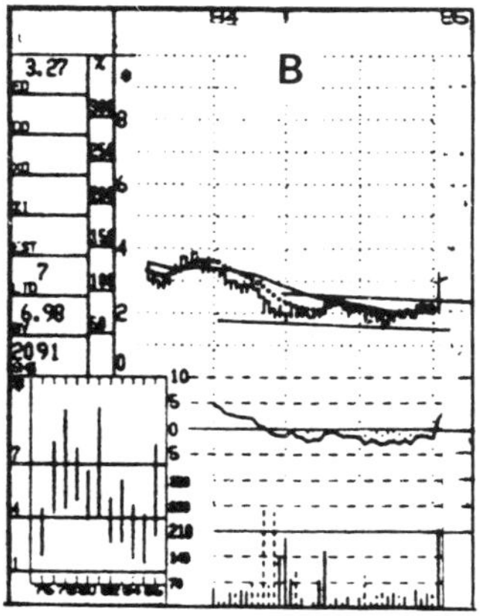

COURTESY OF MANSFIELD STOCK CHARTS

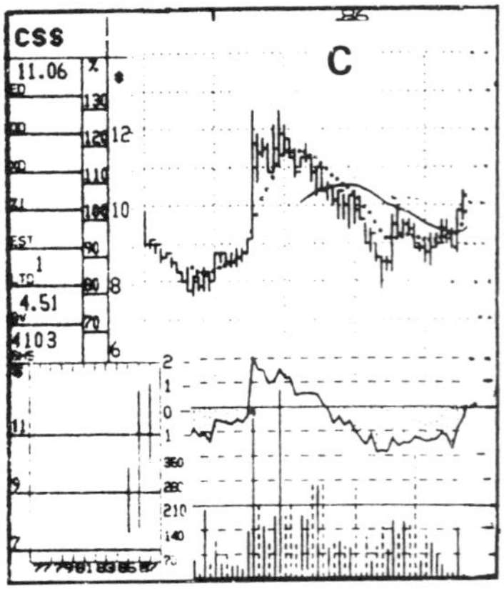

COURTESY OF MANSFIELD STOCK CHARTS

4. Ces trois titres sont à acheter. V F
A. B. C.

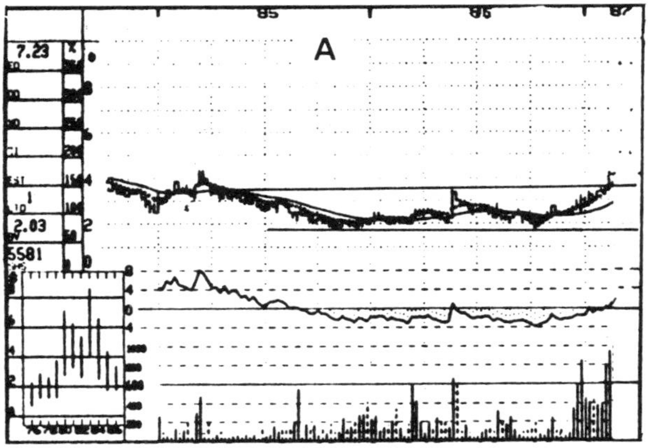

COURTESY OF MANSFIELD STOCK CHARTS

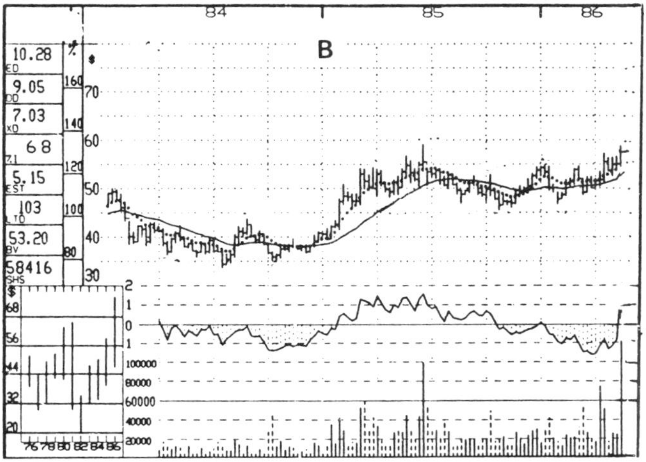

COURTESY OF MANSFIELD STOCK CHARTS

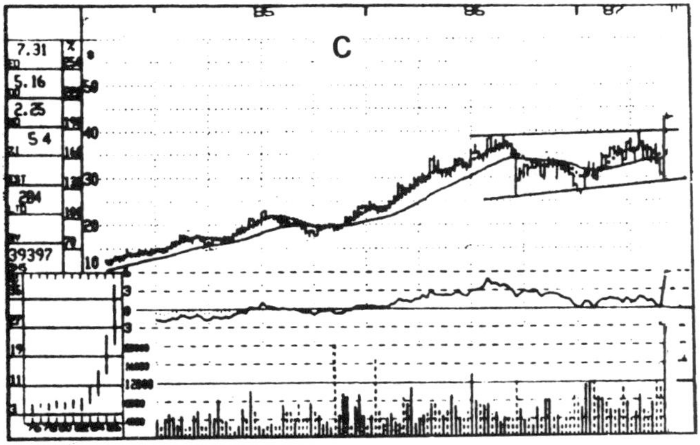

COURTESY OF MANSFIELD STOCK CHARTS

REPONSES

1. Le bon choix est le titre B, Republic Airlines. Ce titre a développé une structure de triple gagnant, avec les volumes multipliés par plus de trois à la cassure, le titre ayant gagné plus de 50 pour cent quand il cassa, et la force relative ayant dépassé la ligne des zéro. En confirmation, nous avons eu une poursuite de l'augmentation des volumes dans les mois suivants et Northwest Airlines réussit son OPA sur Républic début 1986 à 17$. Quant au titre A (Mac Gregor Sporting Goods), la force relative n'était pas

impressionnante; et plus important encore, les volumes ne faisaient pas le double de la moyenne des quatre semaines précédentes. En fin de compte, le titre gagna quelques points à 15 1/2, puis crasha à 8 à la mi-87. En ce qui concerne le titre C (Inter-City Gas), les volumes étaient faibles sur la cassure, aussi ne l'aurions-nous pas retenu. Il cassa à 12 1/4 et huit mois après s'échangeait à 15.

2. Dans ce cas, vous auriez dû acheter le titre C (Ex-Cell-O). La construction des volumes était impressionnante et la force relative saine. Vous auriez dû l'acheter à sa cassure des 55. Quelques semaines après il était racheté par Textron à 77 1/2.

   Le titre A (Van Dorn) avait des volumes convenables et une bonne force relative. Le titre cassa au-dessus des 32 et s'échangeait huit mois plus tard à 40.

   Enfin, le titre B (Lamson & Sessions) avait une force relative déplorable et des volumes pire encore. C'était le plus mauvais des trois et il eut d'ailleurs la plus mauvaise performance. Il cassa à 10 1/4, et monta très peu avant de retomber à 4, un an et demi plus tard.

3. Les titres A (Crown Crafts) et B (International Proteins) étaient d'excellents achats. Crown Craft était un triple gagnant qui enregistra près de 100 pour cent avant de casser. Il connut une impressionnante augmentation de ses volumes à la cassure, et vit aussi sa ligne de FR passer en territoire positif. Le titre cassa à 9 et atteint 87 1/2, 18 mois plus tard.

   International Proteins était aussi un triple gagnant qui augmenta de plus de 50 pour cent avant de casser. Il connut une forte croissance des volumes, et vit sa ligne de force relative virer en positif. Le titre s'échangea sans surprise, à 20 3/4 moins de deux ans plus tard.

   Quant à C (CSS Industry), les volumes étaient à peine convenables. Bien qu'ils aient gagné plus de deux fois la moyenne antérieure, ces volumes à la cassure étaient inférieurs à ceux enregistrés pendant plusieurs semaines lors de la formation de la fondation. C cassa à 10 1/8 et six mois après n'était toujours qu'à 12.

4. Vrai. Tous trois étaient de très bons achats. Le titre A (GTI) était un triple gagnant qui cassa à 3 1/2. Quatre mois plus tard, il était monté à 10. Le titre B (Sperry Corporation) était aussi un triple gagnant et démontra une impressionnante construction des volumes. On aurait dû l'acheter lorsqu'il passa au-dessus des 57. Quelques semaines plus tard, il faisait l'objet

d'une OPA par Burroughs Corporation à 76 1/2. Enfin, Harcourt Brace (titre C) était un super achat à 40 alors que ses volumes augmentèrent fortement ; sa force relative était positive, et il n'y avait plus d'offres sur la tête au-dessus des 40. Tous ces facteurs positifs ont payé joliment par une avancée rapide qui poussa le titre à près de 60$, en l'espace de quelques semaines.

CHAPITRE 6

QUAND FAUT- IL VENDRE ?

Vous avez fait maintenant plus de la moitié du chemin vous permettant de réaliser des investissements fructueux. Pour terminer ce voyage, il y a une autre étape importante à maîtriser : apprendre à vendre. La décision de vente est cruciale si vous voulez vraiment gagner gros sur les marchés. Malheureusement, peu de " joueurs " savent correctement maîtriser cette importante étape.

Détenir une valeur comme Avon quand elle chute de 140 à 19, ou Floating Point de 45 à 8 1/2, voilà qui peut vous mettre vite hors d'état de jouer et sans espoir de retour. (Voir Graphes 6-1 et 6-2.) Vous n'imaginez pas le nombre de fois où j'ai vu des portefeuilles composés de titres qui, gagnants dans le passé, sont devenus par la suite des cauchemars. Vous connaissez le scénario: la valeur XYZ a été achetée correctement à 40 puis monta vite à 60. La rumeur prétendait qu'elle valait 100, alors à quoi bon vendre ? Ce n'est qu'une fois descendue à 20 que vous comprenez pourquoi vous auriez dû la vendre plus tôt.

Alfin et VM Software (Graphes 6-3 et 6-4) illustrent parfaitement l'importance d'apprendre à vendre correctement. Dans les deux cas, des signaux d'achats furent lancés (point A sur les graphes). Au cours des mois suivants, ces titres firent des bonds en avant qui sont le rêve de tout acheteur. Mais si vous étiez resté marié à ces valeurs, ce rêve aurait vite tourné au cauchemar: après une belle avancée, toutes deux rendirent leurs gains. Pire encore, elles enregistrèrent des pertes ! Une fois que vous maîtriserez les techniques exposées dans ce chapitre, PLUS JAMAIS vous ne serez pris dans de tels tourbillons !

La décision de vendre trop tôt est souvent très préjudiciable pour votre portefeuille. Combien de fois avez-vous acheté un titre au bon moment, puis l'avez-vous vu tripler en quelques 12 à 18 mois... mais sans vous ? Au lieu de le garder de 40 à 120, vous aviez pris vos profits à 50, persuadé, à tort, que vous ne perdrez jamais à prendre vos profits. En vérité, sur le long terme, vous devez capturer ces avancées gigantesques pour équilibrer les pertes d'erreurs occasionnelles. Ainsi, seulement vous dégagerez des profits nets importants.

Graphe 6-1

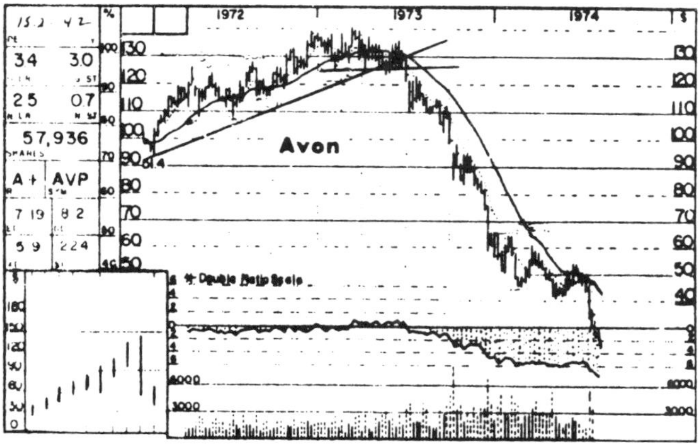

COURTESY OF MANSFIELD STOCK CHARTS

Graphe 6-2

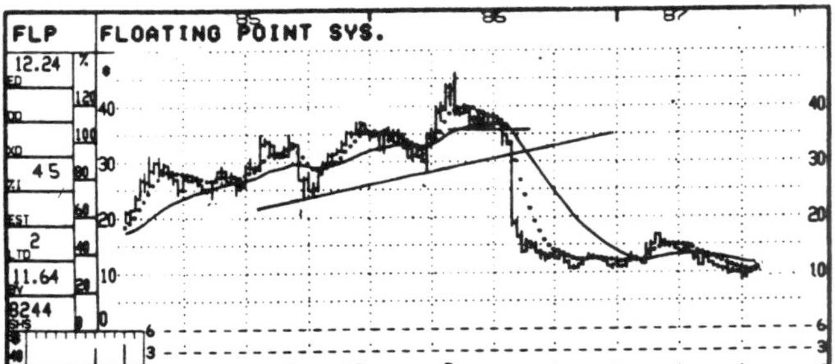

COURTESY OF MANSFIELD STOCK CHARTS

Le problème est qu'un investisseur ou un trader vend trop souvent pour la simple raison qu' il juge le titre sur-coté. Il attend ensuite passivement que

Graphe 6-3

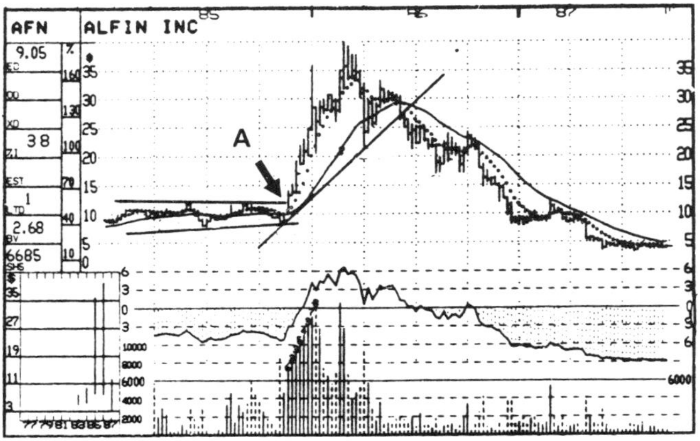

COURTESY OF MANSFIELD STOCK CHARTS

Graphe 6-4

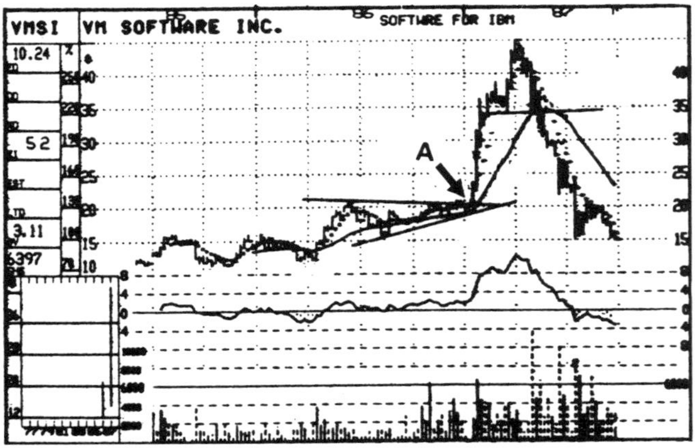

COURTESY OF MANSFIELD STOCK CHARTS

le titre devienne encore plus cher. Existe-t-'il une façon logique de procéder pour savoir si la hausse est sur le point de s'arrêter ? Tout à fait, et je vous renvoie à ma méthode d'analyse par phases. Avant d'en venir à la bonne technique de vente, il est utile d'analyser l'approche incorrecte pourtant suivie par une majorité d'investisseurs.

CE QU'IL NE FAUT PAS FAIRE A LA VENTE

1. *NE PRENEZ PAS VOS DECISIONS DE VENTE EN FONCTION DE CONSIDERATIONS FISCALES.* C'est mettre la charrue avant les boeufs. Trop souvent, l'investisseur prendra la décision de ne pas vendre une valeur donnée car la vente lui coûterait trop cher en impôts. Puis, dans les mois suivants, le titre s'effondre ainsi que vos plus-values. Cette chute, si elle avait été évitée, vous aurait largement payé ces taxes. En outre, le produit de la vente aurait pu être réinvesti sur une situation de Phase 2, ce qui vous aurait permis d'enregistrer des gains supplémentaires.

A ce propos, l'histoire suivante est édifiante. En 1978, lors d'un de mes séminaires, j'ai dit qu'après avoir été " bullish " sur les valeurs du groupe des Casinos, je lançais maintenant un signal de vente [1]. Après ma présentation, un investisseur paniqué (appelons-le Jim) vint me voir pour me dire qu'il avait un sérieux problème. Il détenait plusieurs milliers d'actions Resort International de Classe A (voir Graphe 6-5). Le titre s'échangeait autour de 65 à l'époque et son plus haut était de 70; je pensais donc qu'au pire il avait perdu cinq points. Aussi lui ai-je-dit, " ne soyez pas déçu. Prenez votre petite perte et vous vous rattraperez sur un autre titre." Il m'étonna beaucoup car il me dit alors : " oh, je n'ai pas perdu. J'ai acheté le titre autour de 20. Mon problème est que j'ai de trop gros profits donc de très gros impôts à payer." Je lui répondis qu'on aimerait tous avoir de tels problèmes, et qu'à sa place je vendrais le titre et paierais mes impôts. L'année suivante, quand je revins faire mon séminaire au même endroit, je revis Jim qui me rappela notre conversation . Je lui demandais comment cela s'était passé. " Oh, je n'ai plus de problèmes," dit-il, " Resort est revenu à 20 et je n'ai plus à m'inquiéter pour mes plus-values."...

Ne tombez jamais dans ce piège. Quand un titre devient négatif, il est à vendre, que vous ayez une plus-value ou une moins-value, des impôts à payer ou non. Le verdict froid du marché n'a que faire de vos considérations fiscales. Vous devez apprendre à devenir objectif et insensible.

---

(1) Bien qu'elles n'étaient pas encore en Phase 3, les valeurs de Casino montraient les symptômes habituels de la " bulle " spéculative. Les mouvements des prix et des volumes étaient devenus trop excessifs.

Graphe 6-5

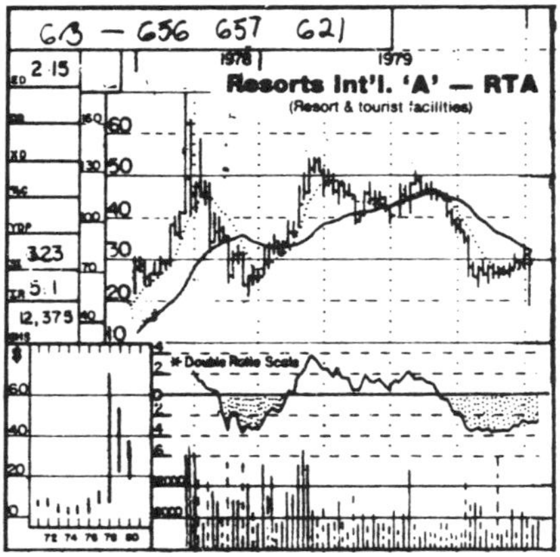

COURTESY OF MANSFIELD STOCK CHARTS

2. *NE PRENEZ PAS VOTRE DECISION DE VENTE SUR LE RENDEMENT DU TITRE* (les dividendes perçus rapportés à la valeur du titre). Trop souvent, les investisseurs décident de conserver un titre affaibli parce que ce dernier paie de beaux dividendes. C'est idiot parce que s'il tombe encore, comme ce fut le cas de Rochester Gas & Electric en 1987 (Graphe 6-6), la chute effacera tous les dividendes annuels et même plus. Cette forme de raisonnement est particulièrement courante sur les titres des " utilités " offrant en général de généreux dividendes. C'est très bon d'avoir ces titres en Phase 2 bien qu'il soit rare qu'ils explosent complètement à la hausse. Ils auront en général une très bonne rentabilité (plus-value et dividendes) bien supérieure aux 5 1/2 que vous auriez à la banque. Mais une fois ces titres passés en Phase 4 et commençant à tomber, c'est aussi ridicule de vous accrocher à ces titres que ce le serait pour n'importe quel autre titre. Rappelez-vous que si vous avez un dividende de 10 pour cent mais une moins-value de 20 pour cent, en mathématiques cela ne fait pas un gain. Voilà pour les bonnes nouvelles... Cela pourrait être pire. Il est toujours possible qu'une chute des cours du titre soit le signe de problèmes économiques majeurs pour la société. Les nouvelles peuvent être si négatives que la société n'est plus capable dans le futur de payer des dividendes. Plusieurs investisseurs de Continental Illinois et d'autres " anges déchus " ont appris cette leçon à leurs dépends.

Graphe 6-6

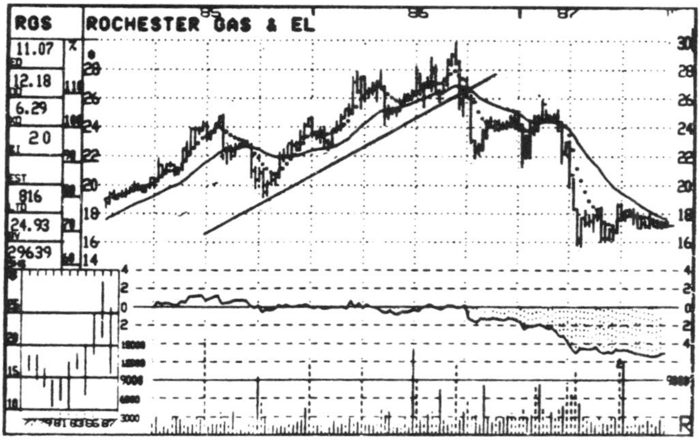

COURTESY OF MANSFIELD STOCK CHARTS

3. *NE GARDEZ PAS UN TITRE PARCE QUE SON P.E.R.* (rapport cours/bénéfice) est bas. Ce rapport semble souvent être à un niveau intéressant même quand le titre est à un sommet. C'est souvent bien des mois après la baisse du titre que vous constaterez la chute libre des bénéfices. C'est seulement alors que, tout d'un coup, son P.E.R. n'apparaîtra plus aussi “ bon marché ”, mais ce sera trop tard pour vendre avec profit. De plus, on voit souvent des titres avec des P.E.R. faibles qui demeurent bas alors que les cours chutent de toute façon. Le Graphe 6-7 de Chase Manhattan illustre parfaitement ma pensée. Quand CMB approcha 50 en 1986, son P.E.R. n'était qu'à 7. Pourtant 13 mois plus tard, il était descendu à 6. Malheureusement entre temps le titre était passé en Phase 4 et chutait de près de 50 à 34. Voilà le résultat lorsqu'on s'accroche à un titre en prétextant un P.E.R. bas !

4. *NE VENDEZ PAS UN TITRE POUR LA SEULE RAISON QUE SON P.E.R. EST TROP ELEVE.* Tenir le raisonnement symétrique au précédent peut aussi causer de sérieux problèmes. Une blague bien connue à Wall Street raconte l'histoire d'un investisseur qui demande à son " broker " pourquoi un titre est monté. Faute de meilleure explication, son " broker " lui répond “ parce qu'il y a plus d'acheteurs que de vendeurs.” Il y a plus de vrai dans cette réponse mi-sérieuse que dans bien d'autres explications. Trop peu d'investisseurs s'en rendent compte. Ils veulent toujours une rationalisation du

Graphe 6-7

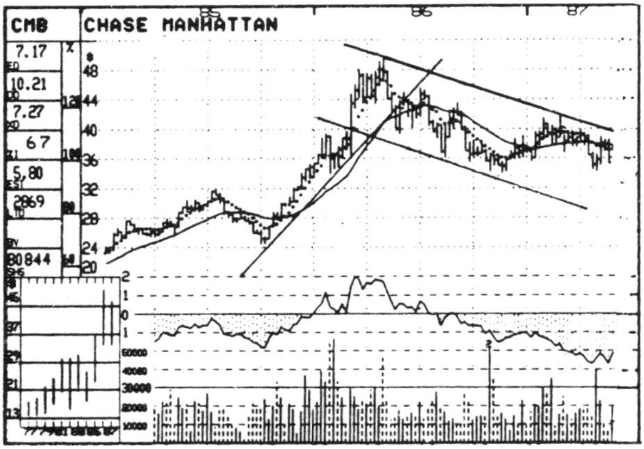

COURTESY OF MANSFIELD STOCK CHARTS

pourquoi des mouvements de prix. Ils obtiennent, des réponses soit ambigües soit infondées. Peu d'opérateurs de marché ont compris que le marché est loin d'être toujours rationnel. La bourse se contente de refléter la psychologie ambiante ou l'humeur des investisseurs. Si les investisseurs deviennent trop " bullish " et tombent dans des anticipations trop optimistes, alors les P.E.R. déjà trop élevés pourront atteindre le ciel. Tandem Computers (Graphe 6-8) illustre bien ce point. Son P.E.R. à 32 était loin d'être une affaire en 1985, quand TDM cassa sa résistance à 10 (point A). Quinze mois plus tard, il était encore moins " une affaire " à 44 alors que le titre flirtait avec les 38.

Il y a quelque chose de maniaco-dépressif chez l'investisseur: pris par l'optimisme, il trouve toujours de bonnes excuses pour acheter le titre, peu importe si son P.E.R. est élevé. D'un autre côté, s'il devient pessimiste et inquiet, il deviendra réticent et n'achètera plus, même si le P.E.R. du titre est très bas. Le secret est de savoir accepter que " trop élevé " puisse devenir " encore plus élevé " quand un titre est en Phase 2. Alors ne succombez pas au désir de vendre avant de voir arriver la Phase 3 " dans le blanc des yeux " ! Ce dernier signe est de loin bien plus important qu'un P.E.R. trop élevé; il montre objectivement que les forces d'achat qui ont catapulté le titre aussi haut, sont enfin neutalisées par des forces de vente également importantes. Ce n'est pas ce concept fumeux de sur-évaluation qui provoque la chute sur le titre, mais la réalité mesurable qu'en fin de compte l'offre équilibre la demande.

Graphe 6-8

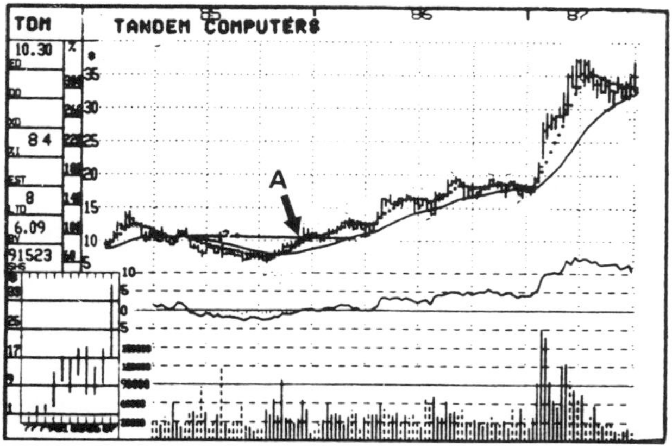

COURTESY OF MANSFIELD STOCK CHARTS

Graphe 6-9

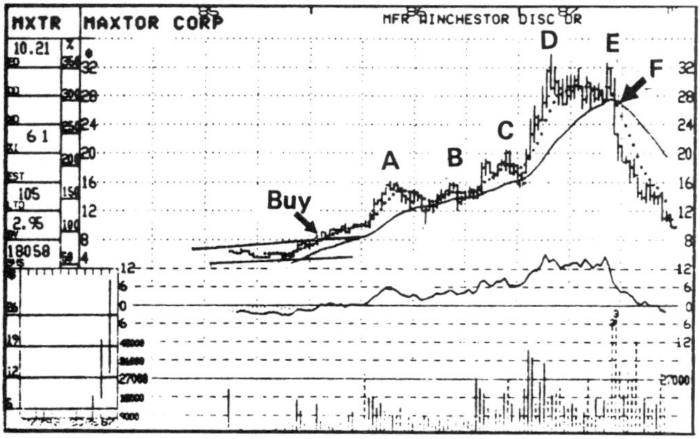

COURTESY OF MANSFIELD STOCK CHARTS

Le Graphe 6-9 de Maxtor nous le dit bien. Quand MXTR est passé au-dessus de sa résistance à 8 début 1986, le titre était un solide achat de Phase 2 bien que son P.E.R. soit loin d'être bon marché à 16. Ensuite, en A, le

P.E.R. était très élevé à 28. Plus tard, en B, il était toujours, d'un point de vue fondamental, à un dangereux 34. En C, il était élevé à 20. Cependant, puisque sa moyenne mobile était toujours à la hausse, notre méthode nous conseillait d'ignorer le danger représenté par un P.E.R. élevé et nous demandait de conserver la valeur. Quelques mois plus tard, le titre monta pratiquement à 34 et son P.E.R. atteignit 33 (point D). Plus tard encore, en E, le P.E.R. était toujours à un inquiétant 28. Si vous aviez basé votre décision de vente sur ce ratio, vous auriez vendu à 16 (point A). Mais MXTR ne lança pas un VRAI signal de vente avant d'atteindre le point F, quand il cassa une importante formation de sommet, alors que sa moyenne mobile se retournait. Quelques mois après, le titre avait dégringolé à 9 5/8. Vous remarquerez que le P.E.R. était " trop haut " pendant les 18 mois d'ascension du titre. Maxtor tomba enfin, après que l'offre eut rattrapé la demande et que la Phase 3 soit arrivée. Cela illustre bien le fait que notre méthode technique est bien plus utile et précise qu'une théorie subjective des critères de sur-évaluation comme celle des P.E.R.

5. *NE FAITES JAMAIS DE MOYENNES A LA BAISSE*. Que ce soit sur Polaroïd (Graphe 6-10) qui chuta de 150 à 16 en 1974 ou sur Western Health Plan (Graphe 6-11) qui passa de 15 7/8 en 1985 à 3 deux ans après, c'est toujours la même chose. Ce sont des titres passés en Phase 4 et qui auraient dû être vendus. Malheureusement, là encore, de trop nombreux investisseurs sont tombés dans le piège fondamentaliste. D'abord, ils " ont conservé " car " il s'agissait de bonnes sociétés ", du moins le pensaient-ils. Quand ils se sont aperçus qu'elles étaient en difficultés, ils ont essayé de bien " sortir " lors de la reprise suivante. C'était du masochisme pur. Une fois que l'effondrement de Phase 4 a démarré, le titre ne vous donnera jamais la possibilité de ressortir à peu près indemne. Trop souvent, la panique se développe et ces investisseurs aveugles aggravent leurs cas en faisant des moyennes à la baisse[(2)]. Cette technique est théoriquement superbe mais dans la pratique, c'est du suicide. Ceux qui pratiquent une telle technique jouent avec le feu. Anacomp en 1983-84 (Graphe 6-12) et Halliburton en 1981-82 (Graphe 6-13) sont juste deux exemples pris parmi des centaines, vous montrant comment vous auriez pu être balayé si vous aviez utilisé cette technique dangereuse. Anacomp lança un clair signal de vente en cassant sous les 18 sur la route qui le conduisit à 2. Halliburton vous dit de vendre en cassant sa moyenne mobile et en passant au-dessous de 70, avant de s'arrêter à 21.

---

(2) Faire une moyenne à la baisse consiste à acheter plus de titres à la baisse pour abaisser le coût moyen d'achat.

Graphe 6-10

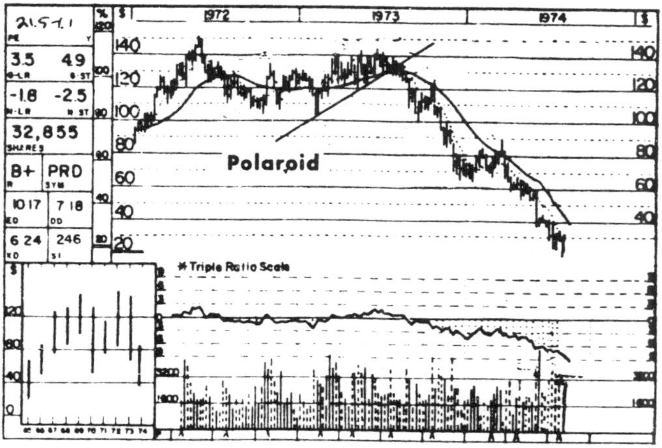

COURTESY OF MANSFIELD STOCK CHARTS

Graphe 6-11

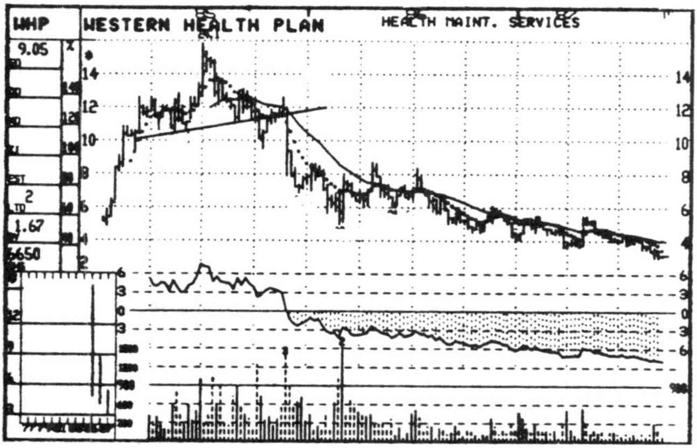

COURTESY OF MANSFIELD STOCK CHARTS

Ne tombez jamais dans ce piège séduisant consistant à penser qu'en achetant à un prix de plus en plus bas, le titre n'aura plus qu'à reprendre la moitié de sa perte pour que vous vous en tiriez sans dommages. Faites comme les professionnels: des moyennes à la hausse, et non à la baisse.

Graphe 6-12

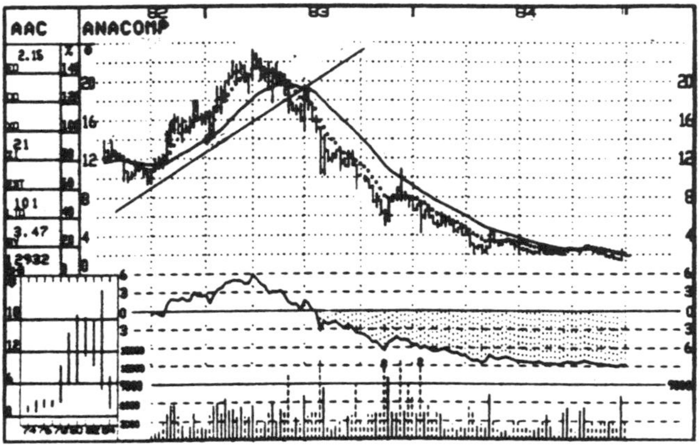

COURTESY OF MANSFIELD STOCK CHARTS

Graphe 6-13

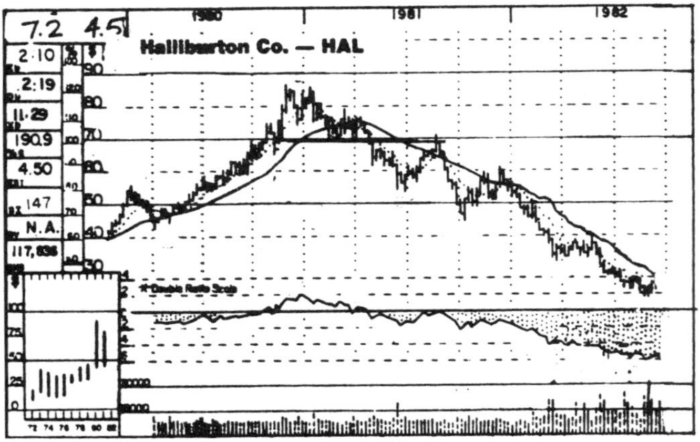

COURTESY OF MANSFIELD STOCK CHARTS

Quand l'action de marché commence à leur montrer qu'ils sont dans le vrai, les " pros " commencent à " accumuler " sur leurs positions, mais pas quand on leur a prouvé qu'ils avaient tort. Plutôt que de s'asseoir sur un titre à problèmes, ils s'en détournent vite. Apprendre à gérer une situation perdante et à minimiser les pertes est l'un des plus importants secrets pour rencontrer le succès dans ses investissements. C'est tellement important que je consacrerai une section entière de ce chapitre à ce sujet.

Celui qui fait des moyennes à la baisse est balayé de la route aux profits puisqu'il alourdit sa position en achetant plus, au lieu d'en sortir. Même si le titre reprend un peu, il va au-devant de problèmes, car il a en tête un niveau de prix cible qui lui permettra de s'en tirer sans pertes. Quand l'avancée ne parvient pas à atteindre ce prix, il continue malheureusement à tenir sa position, restant fidèle à ses objectifs mathématiques.

Comme vous le montrent ces exemples, faire des moyennes à la baisse peut être handicapant et même catastrophique si vous tenez tout au long d'une débâcle de Phase 4. Chaque fois que vous faites une moyenne en espérant avoir enfin touché le fond, en réalité, vous ajoutez plus de titres et plus de pertes à votre portefeuille. Vous jetez votre argent par les fenêtres. Au lieu d'être une technique " conservatrice ", la technique des moyennes à la baisse est fortement " spéculative ". Essayer d'avoir le " plus bas " sur une valeur éprouvée est comme essayer d'attraper un poisson à la main. L'espoir est un prétexte stupide pour camper sur une position perdante, pire encore, pour justifier d'autres achats ! Apprenez donc à " verrouiller " vos profits en utilisant des ordres de vente " stop " de protection, et coupez court vos pertes en admettant que votre titre a des problèmes. Si vous suivez cette discipline gagnante, vous aurez préservé assez de capital pour éponger vos pertes sur des achats à venir.

6. *NE REFUSEZ PAS DE VENDRE PARCE QUE LA TENDANCE DU MARCHE EST " BULLISH "*. Il est vrai qu'un puissant marché " bull " vous sortira parfois d'affaires sur des mauvais choix, mais ne croyez pas que ce soit la panacée. Bien sûr, une tendance marché à la hausse vous permettra de gagner plus encore sur vos gagnants de phase 2. Il est vrai aussi qu'un " bull déchaîné " limitera souvent les pertes sur vos titres à problèmes. Voilà pourquoi on dit à Wall Street : " ne vous creusez pas les méninges quand le marché est haussier " ! Néanmoins, si un titre commence à lancer des signaux de danger, n'hésitez pas, vendez. Le seul fait qu'un titre montre des faiblesses malgré un marché puissamment haussier est un signe avant-coureur de l'imminence de sa chute. Mc Lean Industries (Graphe 6-14) et Sunbelt Nursery (Graphe 6-15) illustrent ce point: alors que le Dow Jones des valeurs industrielles était passé de 1.250 à 2.746, Mc Lean a chuté de 15$ à 75 cents. De la même façon, Sunbelt passa de 15 1/2 à 5 1/2, alors que le Dow Jones " grimpait à toute allure " de 1.500 à 2.746. Garder ces titres, tout comme des douzaines d'autres en Phase 4, parce que le marché montait, se serait avéré très onéreux. Ne tombez jamais dans ce piège.

Graphe 6-14

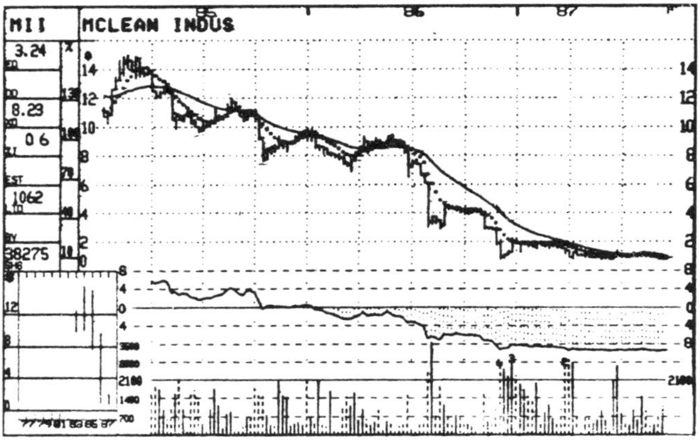

COURTESY OF MANSFIELD STOCK CHARTS

Graphe 6-15

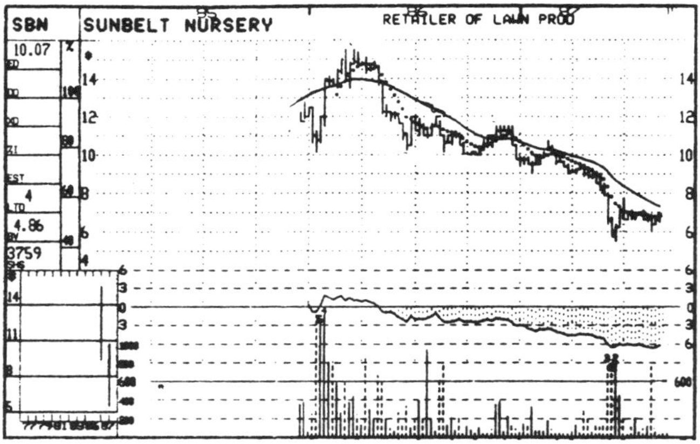

COURTESY OF MANSFIELD STOCK CHARTS

7. *N'ATTENDEZ PAS LA PROCHAINE REPRISE POUR VENDRE.* Si un graphe révèle qu'un titre va à l'encontre de difficultés, sortez immédiatement. Ne tergiversez pas en espérant reprendre un point ou deux sur une reprise. Cette tactique, en général, vous coûtera plus d'argent qu'elle ne vous

Graphe 6-16

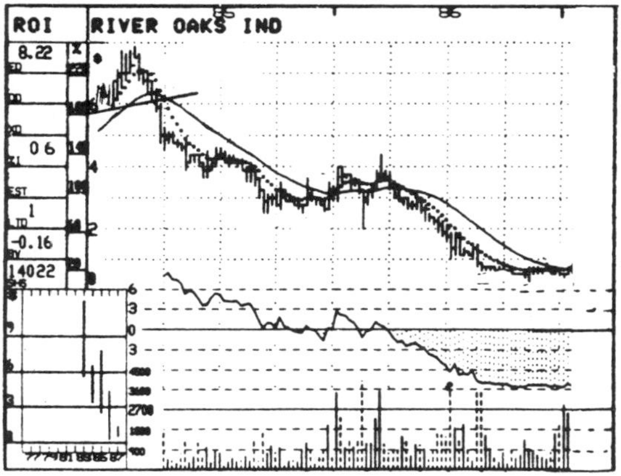

COURTESY OF MANSFIELD STOCK CHARTS

Graphe 6-17

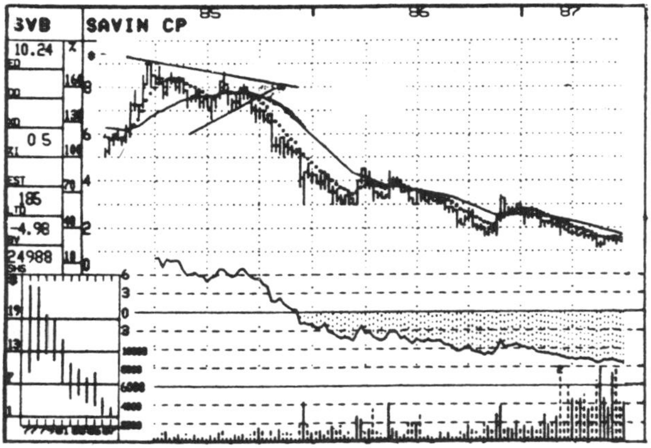

COURTESY OF MANSFIELD STOCK CHARTS

en fera gagner. Les cas de River Oaks et de Savin (Graphes 6-16 et 6-17) vous le démontrent. River Oaks aurait dû être vendu quand il a cassé sous les 6. Le titre n'est jamais revenu à ces niveaux sur son chemin qui le mena à un plus bas de 25 cents ! Savin lança un très fort signal de vente à 7 1/4. Il ne revint jamais non plus à ces niveaux, mais il poursuivit " implacablement " sa chute jusqu'à 1 1/8. Ainsi, dès que vous avez localisé les indices de danger et réalisé que le titre est à vendre, vendez-le et ne cherchez pas à obtenir un prix légèrement supérieur.

8. *NE GARDEZ PAS UN TITRE POUR LA SEULE RAISON QU'IL EST DE QUALITE.* Ces titres dits " de qualité " ont aussi leurs cycles, et une fois qu'ils deviennent négatifs, ils vous donneront autant de maux de tête que les autres. IBM est pour beaucoup le summum de la qualité, mais son graphe (6-18) devrait vous convaincre que la qualité ne vous protège pas contre des pertes sévères. Début 1973, alors que le titre atteignait un sommet à 360, les bénéfices des douze derniers mois se montaient à 8,82$ par action. Vingt mois plus tard, ces bénéfices atteignaient 12,24$. Malheureusement, le prix du titre montrait bien que le marché s'en moquait; IBM était rentré dans une configuration de Phase 4 le ramenant à 155 ! Voilà pour la qualité !

De même, Central Hudson Gas & Electric (Graphe 6-19) nous délivre ce message important: il devint négatif en 1986, cassant sous les 35, et tomba à près de 23 alors que se déroulait un des plus grands marchés " bull " de l'histoire. Tous les seconds couteaux ont leurs bons jours sur les marchés. Quand un titre de mauvaise qualité entre dans une Phase 2, son heure a sonné. Il constitue donc un meilleur achat qu'une valeur de grande qualité entrant en Phase 4.

Graphe 6-18

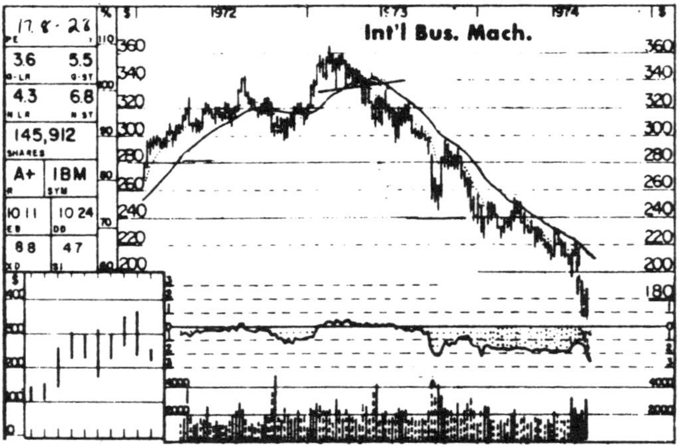

COURTESY OF MANSFIELD STOCK CHARTS

VENDRE CORRECTEMENT - POUR L'INVESTISSEUR

Maintenant que nous savons ce qu'il ne faut PAS faire, précisons la façon correcte de déterminer le moment de la vente. Bien que ce soit en théorie semblable pour les investisseurs et les traders, il existe des règles et des paramètres différents pour chacune des deux catégories. Parlons d'abord de la manière de procéder pour les investisseurs; on verra comment un trader devrait opérer dans la partie suivante.

La première chose que doit réaliser tout bon trader ou tout bon investisseur est qu'il ne devrait jamais tenir une position sur un titre sans un ordre de vente stop de protection. Tout trader digne de ce nom opérant sur les " futures ", sait que cette technique est vitale pour gagner.

C'est le même principe à la bourse. Les mouvements en sont tout simplement plus lents. Avec l'apparition des " futures " sur indices boursiers (du " trading " informatisé), cette distinction entre les deux marchés se réduit considérablement. Des cycles qui mettaient des années à se dérouler dans les années 50 ou 60 se déroulent de nos jours en quelques mois.

Cette volatilité accrue sur les marchés boursiers est une lame à double tranchant. D'un côté cela nous permet de faire de l'argent encore plus vite. D'un autre côté, lorsqu'un retournement se produit, votre titre peut passer d'une Phase 2 à une Phase 3 bien plus vite qu'auparavant. C'est d'autant plus

Graphe 6-19

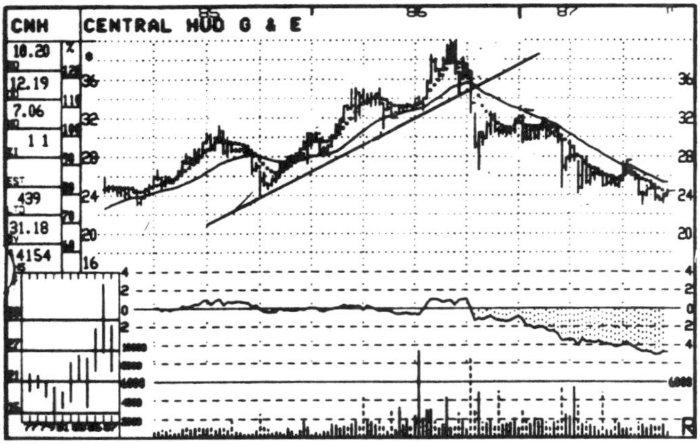

COURTESY OF MANSFIELD STOCK CHARTS

vrai si le titre en question est un des plus " choyés " par les institutionnels. Ces titres peuvent changer de direction à toute vitesse quand de mauvaises nouvelles arrivent et que le " troupeau " des institutionnels commence à paniquer. La meilleure protection consiste à utiliser des ordres de vente stop. C'est l'image inversée des ordres d'achat stop appris au chapitre 3.

LES ORDRES DE VENTE STOP

Un ordre de vente stop sera exécuté si un niveau prédéterminé est atteint. Par exemple, si le titre XYZ s'échange actuellement à 30 et que vous placiez un ordre de vente stop à 26 7/8, cet ordre ne sera exécuté que si XYZ casse au-desous de 27. Il devient alors un ordre de vente " au mieux ". Dans la plupart des cas, la transaction se passera très près des 26 7/8. Tout comme avec un ordre d'achat stop, il vaut mieux le passer sur la base de " bon à annulation ". Une différence avec votre technique d'achat stop : si le titre est au New York Stock Exchange, je vous suggèrerai de placer un ordre de " vente stop simple " plutôt qu'un ordre de " vente stop avec limite ". Sur le NYSE vous pouvez utiliser les deux, mais vendre n'est pas acheter. Quand vous essayez d'acheter, vous pouvez être très exigeant sur le prix que vous êtes prêt à payer pour un titre donné. S'il casse à 20 1/8 et que vous ayez placé un ordre à 20 1/8 stop - 20 3/8 limite et qu'il n'est pas exécuté, ainsi soit-il ! Mais quand vous vendez, vous êtes déjà propriétaire du titre et ce n'est pas la peine de se voiler la face. Si le titre devient négatif, vous voulez en sortir.

A l'American Stock Exchange, il est interdit d'utiliser un ordre stop simple. Sont uniquement acceptés les ordres stop avec limites. Mais l'AMEX n'est pas encore tout à fait au vingtième siècle... Autrefois le stop limite devait être au même prix (e.g, stop 26 7/8-limite 26 7/8). Si le titre tombait d'un seul coup au-dessous du niveau de vente sans que vous ayez reçu un avis d'exécution, c'était la faute à " pas de chance ". Maintenant, ils nous permettent d'étaler nos prix . Ainsi, pouvez-vous par exemple, vendre XYZ à 26 7/8 stop-26 limite. Si vous passez l'ordre avec un bon écart, il ne devrait plus y avoir de problèmes. Une fois de plus, assurez-vous de passer le " bon à annulation ".

Quant aux titres sur l'Over The Counter, on doit faire face au même problème qu'à l'achat. Aucun " ordre stop ", de vente ou d'achat, n'est permis. Vous devez travailler de concert avec votre " broker " sur ces titres et lui demander de les suivre sur son " moniteur ". Si les titres cassent leurs niveaux de " danger ", ils devront être vendus IMMEDIATEMENT-au mieux-ce qui ne devrait pas être un problème puisque c'est tout ce que vous exigerez de votre " broker ". A partir de maintenant vous prendrez tout seul vos décisions d'achat et de vente. Tout ce que vous exigez de votre " broker ", c'est une bonne exécution et une bonne disponibilité. La plupart d'entre eux seront ravis de vous " servir", car votre compte sera bien plus actif que celui d'un investisseur qui achète et attend . Si vous rencontrez un " broker " qui n'est pas coopératif, prenez en un autre !

Puisqu'on est sur le sujet des " brokers ", j'insiste sur le fait que vous ne devez jamais payer plein tarif ! Il est évident que vous paierez moins cher chez les " discount brokers ", et il y en a d'excellents. Mais ce qui n'est pas évident, et de nombreux investisseurs ont du mal à le réaliser, c'est que vous pouvez avoir une réduction substantielle chez la plupart des " brokers service complet ". Il suffit de demander autour de soi, d'en questionner plusieurs et de négocier. Là encore, puisque vous aurez un compte actif, vous ne devrez avoir aucun mal à négocier une remise intéressante. Ne sous-estimez pas les économies réalisables. Que vous traitiez avec un " broker service complet " ou un " discount broker ", peu importe, du moment que vous obtenez un bon taux de courtage [(3)].

Le bon usage d'ordres de " vente stop " de protection est essentiel à l'application de ma stratégie de vente. Cela rendra nos décisions simples, objectives et dépassionnées. Ainsi, vous n'aurez plus à vous demander constamment s'il est temps ou non de prendre vos bénéfices ou vos pertes. Cette simplification du processus de vente est de nos jours plus importante qu'autrefois car les marchés sont devenus bien plus volatils. Vous ne voulez pas vendre subitement un titre en Phase 2 pour la simple raison que le Dow Jones a perdu 60 ou 70 points ce jour-là, et que votre titre a perdu aussi, car il s'est trouvé " coincé " sous les feux croisés de nombreux programmes informatisés de vente [(4)].

La grande majorité des professionnels du marché utilise les " stops de protection ", pas le grand public. La raison en est simple. Seuls très peu d'opérateurs de marché comprennent vraiment comment les utiliser. Cet outil

(3) Les " discount brokers " sont des " brokers " qui prennent des commissions plus faibles pour traiter les ordres des particuliers que les " full service brokers ". Ces derniers offrent par contre un service plus complet (informations de marché etc). Les " discount brokers " ont un service convenable sur le NYSE ou l'AMEX, par contre ils sont moins utiles pour les ordres sur " l'over the counter ". Ces ordres doivent être convenablement suivis car vous ne pouvez utiliser les " stops ". Ainsi vaut-il mieux utiliser un " broker service complet " pour ce type d'ordres. Voilà pourquoi je vous conseillerai d'ouvrir un compte chez ces deux types de " brokers ".

(4) Quand la " prime du future " sur indice Standard & Poor's par rapport aux titres supports du Standard & Poor's Composite baisse à certains niveaux mathématiquement calculés, il est alors intéressant pour les " arbitragistes " sur indice de " bloquer " un petit profit sans risque. Ce qu'ils font consiste à vendre les 500 titres du Standard & Poor's composite et simultanément d'acheter le S & P futur sur indice. Ces actions entretiennent une pression vendeuse court terme sur le marché et ses indices. Les programmes d'achat sont les symétriques des stratégies précédentes et sont lancés quand la prime du futur dépasse certains niveaux.

particulièrement intéressant pâtit d'une très mauvaise réputation, car de trop nombreux investisseurs l'ont très mal utilisé. Ils découvrent l'outil dans des articles de presse et comprennent que les ordres de vente stop devraient être placés de 10 à 12 ou 15 pour cent au-dessous des cours afin de protéger leurs positions. C'est un mauvais calcul qui peut entraîner de plus mauvais résultats que l'abandon pur et simple de la technique. Il n'y a pas de pourcentage magique qui marche à tous les coups ! Vous ne pourrez jamais, avec constance, faire de l'argent sur les marchés en suivant un raisonnement aussi simpliste. Comment, par quel miracle, peut-on expliquer qu'un pourcentage donné (10 pour cent par exemple) soit le bon ? Pensez-vous que le marché se soucie du prix d'achat de votre titre ?

Le Graphe 6-20 le montre bien. USX Corporation a cassé à 22 3/8 (point A) en 1986. Si vous aviez protégé arbitrairement votre position avec un ordre de vente stop à moins 10 pour cent soit à 20 1/8, vous auriez automatiquement vendu votre titre sur le retour à 19 5/8 (point B). Malheureusement, juste avant que le titre soit prêt à décoller et à doubler. Ensuite, après qu'il ait atteint 33 1/4 (point C), si vous aviez décidé de déplacer votre ordre de vente stop de protection à 10 pour cent au-dessous des niveaux actuels (point D) pour la seconde fois, il aurait été arrêté sans raison, sur retour à 29 1/2 (en supposant que vous ayez racheté le titre après en avoir été sorti en A). USX lança alors une avancée importante. Au lieu d'avoir profité de cette forte tendance haussière de Phase 2, vous auriez été

Graphe 6-20

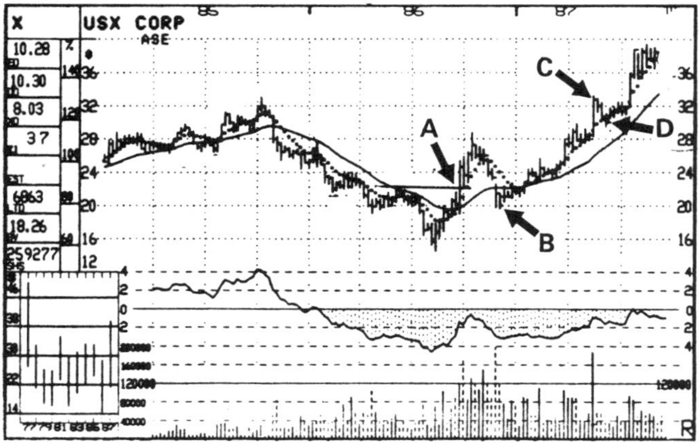

COURTESY OF MANSFIELD STOCK CHARTS

sorti plusieurs fois de la valeur et auriez payé des commissions inutilement. De telles histoires sont bien trop courantes, et c'est la raison pour laquelle les quelques investisseurs qui essaient les ordres de vente stop, les abandonnent en vitesse.

L' ordre de " vente stop de protection ": voilà une technique très fine et utile QUAND ELLE EST CORRECTEMENT UTILISEE. C'est ce que vous allez maintenant apprendre à faire. La première chose à savoir est que vous devez avoir assez de souplesse pour placer votre premier ordre stop de protection. Parfois ce sera 8 pour cent au-dessous de votre prix d'achat, d'autres fois 12 pour cent ou plus. Le pourcentage ne sera PAS le facteur déterminant. Au contraire, le niveau support le plus récent et la moyenne mobile à 30 semaines seront les deux clés sur lesquelles vous devrez vous concentrer. Quand vous fixez votre stop initial, attachez moins d'importance à la moyenne mobile qu'au précédent plus bas de correction. Si le titre XYZ s'échange dans un couloir 18 1/4 - 20 1/4, et que vous l'achetiez quand il casse à 20 3/8 , le stop devrait être placé juste au-dessous du plancher de support significatif. Vous pourriez placer le stop à 18 1/8 (sous le plancher à 18 1/4). Mais laissez-moi vous confier un petit secret appris par expérience et qui m'a bien servi: si l'ordre de vente stop doit être placé juste au-dessus d'un chiffre rond, ou sur le chiffre rond lui-même, placez - le donc un peu plus bas 17 7/8. La psychologie joue un rôle déterminant dans les mouvements de marché, et vous avez là un autre exemple de l'instinct grégaire. De nombreux investisseurs aiment acheter sur des chiffres ronds. Si le titre s'échange à 18 1/2 ou 18 1/8, les ordres d'achat stop sur les carnets de cotation vont s'accumuler à 18. Par conséquent, ce niveau sera difficile à casser. S'il est perforé, alors vous pouvez être persuadé que le titre est mal parti. Votre intérêt est alors d'en sortir rapidement. J'ai vu de nombreuses fois fixer les ordres de vente stop au-dessus d'un chiffre rond, disons 18 1/8. Les prix touchent ce niveau et alors quelques centaines de titres changent de mains au niveau du chiffre rond sans qu'il soit franchi. Puis une nouvelle reprise est lancée. A un moindre degré, ce phénomène se produit aussi aux niveaux intermédiaires (18 1/2, 19 1/2 ect). Aussi, si le stop de vente devait être placé à 18 5/8, placez-le donc au-dessous de 18 1/2 à 18 3/8.

Ainsi, à partir de maintenant, ne détenez jamais plus d'un titre sans avoir placé un ordre de vente " stop de protection ". Dès que vous achetez une valeur, placez immédiatement un stop de protection bon à annulation. Vous ne serez jamais pris au dépourvu, sans protections, et n'aurez jamais de mauvaises surprises à découvrir dans les pages de cotations de votre journal du soir. De plus, n'entrez jamais votre ordre d'achat avant d'avoir calculé précisément où votre stop de protection devrait être placé. En prenant cette habitude, vous aurez un nouveau filtre travaillant pour vous, quand vous aurez à établir votre liste des meilleurs candidats à l'achat. Si tous les critères précédemment cités sont vérifiés, et que vous arriviez, par exemple, à trouver trois achats à faire, vous devriez alors étudier les niveaux initiaux des stops de protection. Si le titre A a une cassure à 20 il faudrait placer l'ordre de protection à 17 7/8 ; le risque négatif sera alors de 11 pour cent. B a une cassure à 40 et un stop de protection à 33 7/8. C'est un risque négatif de 15 pour cent. Enfin C, avec une casure à 60 et un niveau stop de protection à 56 7/8, aura au pire un potentiel de perte de 5 pour cent. Toute chose égale par ailleurs, le titre C sera le meilleur choix d'un point de vue risque/rentabilité. Bien qu'il y ait des exceptions pour des configurations graphiques exceptionnelles, essayez en général de limiter vos achats à ces cas précis où le stop initial de protection est à moins de 15 pour cent au-dessous du prix d'achat.

LES ORDRES DE VENTE STOP DANS LA PRATIQUE

Passons maintenant à des cas pratiques, afin que vous sachiez exactement où votre stop de protection devra être placé initialement, à quel moment et à quel niveau il devra être remonté ensuite. Le titre XYZ était dans un couloir d'échange 18 1/4 - 20 1/4 avant qu'il ne casse et passe en Phase 2. Vous avez acheté le titre à 20 3/8 et le stop initial a été placé sous le chiffre rond à 17 7/8. Maintenant tout ce que vous avez à faire est de prendre du recul et d'attendre. Dans le cas peu probable d'une chute du titre, votre position sera vendue un fois le niveau 17 7/8 touché.

Dans le cas plus probable et plus heureux où le titre commence à monter, voilà ce que vous devrez faire : tant que le titre se situe au-dessus de sa moyenne mobile à 30 semaines, que cette moyenne mobile a une pente ascendante conformément à la configuration attendue en Phase 2, assurez-vous de laisser au titre assez d'espace pour ses mouvements. Nous allons faire suivre le stop de protection en fonction de l'avancée des prix de la manière suivante: après la première correction substantielle de 8 à 10 pour cent minimum, vous allez alors vous apprêter à déplacer votre stop de protection. Mais vous ne le changerez pas avant la fin de la correction, et avant que le titre ne revienne à son haut précédent (Point A sur Graphe 6-21). Si toute cassure sous le point bas, en l'occurence point B, avait aussi cassé MM 30, vous aurez là un point valable jusqu'où remonter votre stop de protection. Si, comme sur notre exemple, le bas de la correction est AU-DESSUS de la moyenne mobile à 30 semaines, elle-même orientée à la hausse, placez le stop juste au-dessous de la moyenne mobile en C.

Graphe 6-21

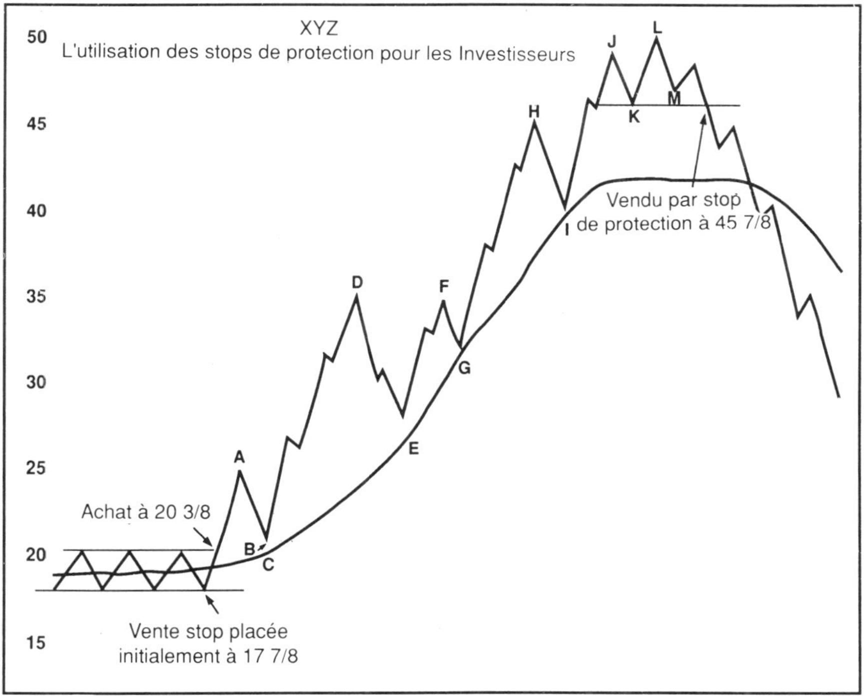

Continuez à remonter le stop de protection tandis que la moyenne mobile avance (points E, G, I ect). Revenons au cas où le bas de correction est à 21, alors que la moyenne mobile est montée en 20. Le stop de protection devrait alors être remonté en C à 19 7/8 (sous le chiffre rond de 20). Un dernier point. Ne remontez pas le stop à 19 7/8 AVANT que le titre n'ait rebondi bien au-delà du bas de B, et presque au niveau du pic précédent en A.

Ensuite, le titre repart à la hausse, comme attendu en Phase 2, après cette première correction. Après avoir enregistré un sommet à proximité des 35 (Point D), il corrige sur les 28 avant de reprendre son avancée. En ce point, la Moyenne Mobile est remontée à 26. Par conséquent, quand vous remontez le stop de protection, placez le à 25 7/8 (point E). Là encore, ne remontez pas votre stop de protection avant que XYZ ne remonte en F, point qui est à proximité du pic précédent. Le déclin suivant en G s'arrêtera juste sur la moyenne mobile à 32 1/8. Après le départ de la reprise suivante qui ramènera les prix à proximité du point F, le stop devra être remonté à 31 7/8, là encore juste au-dessous d'un chiffre rond. De même, le stop de protection devra ensuite être remonté en I à 38 7/8. En ce point, le bas le plus récent est à 40 alors que la moyenne mobile a atteint le niveau 39 1/4.

C'est alors que nous allons changer de tactique; regardez avec attention ce qui va se passer ! La moyenne mobile a arrêté de monter, elle commence à s'aplatir en I. Dès que cela se produit, il y a de fortes chances qu'un sommet de Phase 3 commence à se former; à partir de là, toute violation franche de support et de la moyenne mobile par les prix peut nous précipiter dans une Phase 4. Par conséquent, dès que le titre passe dans cette zone à hauts risques, vous devrez placer vos stops de protection plus agressivement. Dans le cas de XYZ, cela se traduira de la façon suivante: vous placerez le stop de protection suivant juste au-dessous du bas de correction le plus récent soit en K, même si ce niveau est AU-DESSUS de la moyenne mobile. Puisque K est à 46, remontez le stop à 45 7/8. Ensuite, dans les semaines suivantes, une " tête et épaule " paraît se former avec une " ligne de cou " près des 46. Puisque le point M est à 46 1/2, il n'est pas nécessaire que vous remontiez votre précédent stop de protection pour si peu. Par la suite, le support de 46 sera franchi, et vous serez sorti de votre position en ayant réalisé une belle plus-value, avant que la chute de Phase 4 vous fasse reperdre le gros de vos gains. En utilisant cette technique, vous ne vendrez pas au plus haut, ce qui n'est pas grave dans la pratique. Mais vous vendrez normalement assez près de ce plus haut et en ayant réalisé assez de plus-values pour justifier le temps passé et les efforts consacrés. Qui plus est, vous éviterez de reperdre vos profits, ce qui est le lot commun de beaucoup d'investisseurs, comme sur Alfin ou VM Software (Graphes 6-3 et 6-4). Vous sortirez de votre position avec une précision toute chirurgicale comme vous y étiez rentré grâce à vos stops de protection. Et puisqu'un titre chute très rapidement en général dès qu'il est dans une Phase 4, vous sortirez avant que cela " fasse mal ".

L'utilisation des stops de protection vous permet de pas être dominé par vos doutes et vos émotions. Votre vente sera éxécutée sans que vous le sachiez immédiatement, alors que vous serez au travail, ou, pourquoi pas, en vacances. Encore mieux, vous n'aurez pas à prendre de décisions " douloureuses " et difficiles à tout bout-de-champ. Dois-je garder le titre malgré les mauvaises nouvelles que je viens de lire ? Dois-je le vendre car mon " broker " a eu de mauvaises informations ? Le titre n'est-il pas sur-acheté et prêt à s'effondrer ? Finies ces questions, toute décision deviendra automatique et disciplinée. Plus important encore, nous laisserons au marché

Graphe 6-22

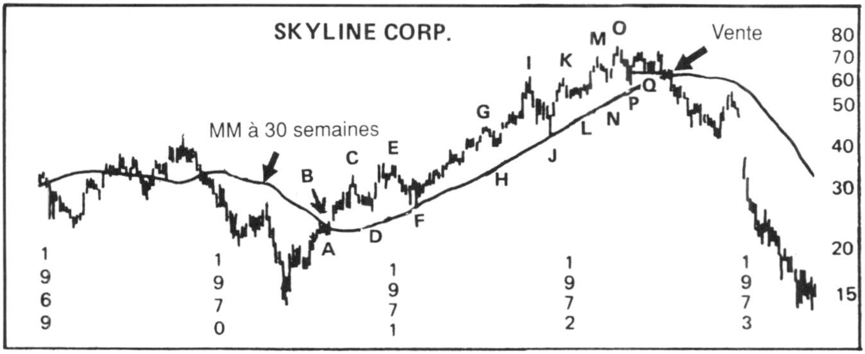

SOURCE: Data Graph

le soin de prendre ces décisions à notre place. Le marché étant l'ultime réalité quand on traite de bourse et de tendances, son jugement aura bien plus de chances d'être le bon, plutôt que notre évaluation de tous les " pour " et les " contre " que nous pourrions avoir au sujet d'une valeur.

Nous en avons fini avec la théorie. Regardons quelques exemples concrets qui vous permettront d'ajuster vos stops de protection dans l'avenir. Le Graphe 6-22 nous montre Skyline Corporation quand le titre se réveillait au début des années 70. Il nous fournit une très bonne illustration de ce que devrait faire un investisseur pour utiliser mon système de stops de protection suivant les mouvements des prix. SKY aurait dû être acheté autour de 20 en fin 1970, quand il cassa sa moyenne mobile à 30 semaines et émergea en Phase 2 (point B). Au début, le stop de protection aurait dû être placé au-dessous de la correction antérieure au " break-out ", soit en A. Cela vous aurait permis d'éviter de grosses pertes si le scénario ne s'était pas déroulé conformément à nos espérances. Au cours des semaines suivantes, SKY monta dans un premier temps jusqu'en C avant de corriger. Ensuite, la reprise suivante porta le titre à un nouveau haut (point E). Vous auriez dû relever votre stop en D au moment où SKY remonta à proximité de son haut précédent (point C). Vous remarquerez que D était au-dessous du bas de correction précédent, ainsi que de la moyenne mobile à 30 semaines. Quand la correction suivante eut ramené le titre sur sa moyenne mobile et l'ait remonté ensuite à proximité du point E, il était temps d'agir de nouveau. Le stop de protection aurait dû être remonté en F (au-dessous du creux précédent et de la moyenne mobile) alors que le titre se rapprochait du pic antérieur. Après une reprise brutale qui propulsa le titre au point G, et d'un autre creux suivi d'une avancée en de nouveaux plus hauts, le stop de protection aurait dû être remonté en H. Ce point se situait bien au-dessous du creux antérieur mais juste au-dessous de MM 30. Après un autre mouvement de hausse qui s'acheva en I, SKY tomba assez fortement. Ce n'est pas par pure coïncidence que ce courant de ventes stoppa juste sur la moyenne mobile à 30 semaines. Une fois que le titre avait rebondi fortement de ce point bas, le stop de protection aurait dû être remonté en J. A nouveau, c'était en dessous, A LA FOIS de MM 30, et du bas de correction le plus récent.

Suivre cette méthode avec discipline vous aurait permis de bloquer de substantielles plus-values, même si le titre n'était pas monté plus haut. Mais SKYLINE n'en avait pas terminé avec son avancée de Phase 2. Le titre monta ensuite en K, retomba légèrement, puis avança jusqu'en M. A ce point vous auriez remonté le stop de protection en L. Vous remarquerez que le point L se situait bien au-dessous du bas précédent et juste sous MM 30. (Tant que la moyenne mobile est dans une phase ascendante, avec une forte pente, l'INVESTISSEUR doit s'assurer de laisser assez d'espace au titre quand il ajuste ses stops de protection). Ensuite, vous auriez eu à remonter votre stop jusqu'au point N, puis en P. Mais une fois que la moyenne mobile a commencé à se tasser, et que la Phase 3, ou ce qui apparaît comme une Phase 3 potentielle, a commencé à se développer, il est temps pour vous de tirer des ordres stop beaucoup plus serrés. Alors vous auriez dû placer le nouveau stop en Q, bien que ce point se soit situé AU-DESSUS de MM 30.

Finalement, en fin 1972, près de deux ans après l'achat, SKY déclencha le stop de protection en Q alors qu'il cassa sa ligne de tendance horizontale. Il cassa vite en dessous de sa moyenne mobile à 30 semaines et les problèmes de Phase 4 étaient prêts à apparaître. Remarquez, là encore, que vous n'avez pas vendu au plus haut, mais vous auriez capté la part du lion de cette reprise de 2 ans et auriez pratiquement triplé votre investissement initial.

Bien qu'on ait l'impression de consacrer un temps énorme à la définition des stops de protection, ce n'est pas vrai. Seuls quelques rares ajustements auraient dû être faits pendant ces deux années. Le reste du temps il ne vous restait plus qu'à vous reposer et à regarder le cycle se dérouler. En plus, vous n'aviez plus à vous inquiéter en lisant les gros titres des journaux et, semaine après semaine, à vous torturer l'esprit afin de savoir s'il valait mieux vendre ou conserver. Enfin, et encore plus important, vous avez vendu au moment où le marché vous a lancé un signal dénué d'ambiguïté vous disant que l'équation de l'offre et de la demande était devenue négative. Si vous n'aviez pas vendu, cela aurait été le cas classique

Graphe 6-23

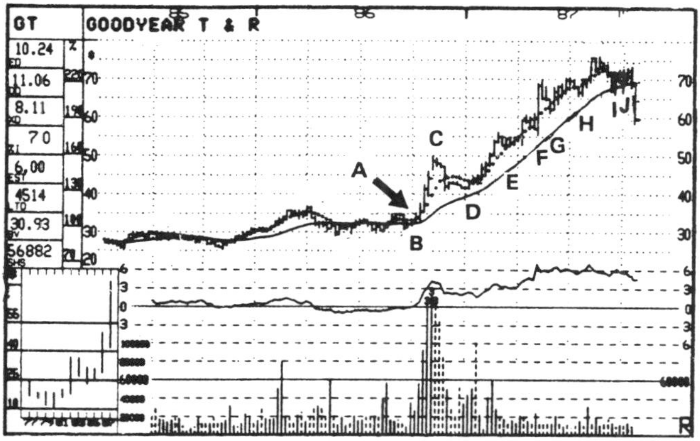

COURTESY OF MANSFIELD STOCK CHARTS

Graphe 6-24

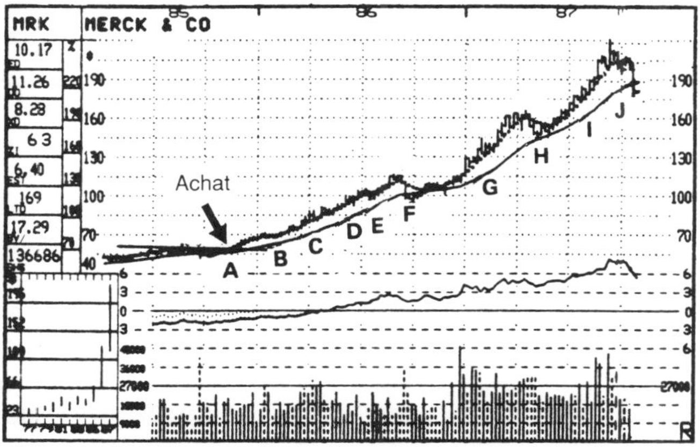

COURTESY OF MANSFIELD STOCK CHARTS

de hauts puis de bas, de plus-values transformées en moins-values. Il n'est pas du tout surprenant de constater en fin de compte que les énormes profits que vous auriez dégagés en deux ans se seraient évanouis en l'espace de quelques mois, une fois la Phase d'effondrement en route. Tout comme il faut dépenser plus de temps et d'énergie pour monter une roche tout en haut d'une colline que pour la faire descendre, il en sera de même avec les actions. La peur comme la loi de la gravité fait vite tomber les choses.

Le Graphe 6-23 de Goodyear Tire and Rubber illustre une fois encore la façon dont les investisseurs devraient s'y prendre pour engranger tranquillement de belles plus-values. GT aurait dû être acheté quand il passa au-dessus de 35 en 1986 (point A). Le stop de protection initial aurait dû être placé à 29 7/8 (point B), juste au-dessous du bas antérieur à la cassure de Phase 2. Une fois le titre à 50 (point C), puis redescendu à près de 40, il était temps de vous apprêter à remonter votre stop. Après que GT ait repris bien au-dessus de ce bas, le stop de protection aurait dû être remonté à 39 7/8 (point D). Ce qui le situait au-dessous du précédent bas significatif, ainsi qu'au-dessous de MM 30. On était aussi au-dessous du chiffre rond de 40, psychologiquement très important. Dans les mois qui suivirent, nous aurions graduellement remonté nos stops de protection en E, F, G, H, I et J. Puis, lors du “ massacre ” d'octobre 1987, Goodyear a cassé au-dessous du niveau 67 alors qu'il entrait en Phase 4. Pendant ce temps, vous auriez dû sortir à 66 7/8 sans vous poser de questions, et avec en mains une superbe plus-value.

Le graphe 6-24 de Merck nous montre que même si le titre pénètre légèrement sa moyenne mobile en cours de route, vous pouvez encore le garder. Cependant, cela n'est vrai que si deux critères importants sont satisfaits. D'abord, la moyenne mobile doit toujours être en phase ascendante, et deuxièmement, le bas de correction le plus récent ne doit pas, lui, être violé. Si vous aviez acheté Merck en 1985, quand le titre dépassa sa résistance autour de 60, votre stop initial aurait dû être fixé en A. Puis, au fur et à mesure de ses avancées entrecoupées de corrections sur sa route, les stops auraient du être montés en B, C, D et ainsi de suite. Comme vous pouvez le voir, les stops de correction ont TOUJOURS été placés sous la moyenne mobile, même quand les bas de correction étaient situés au-dessus de cette moyenne mobile. C'est un point important que tout investisseur devrait garder en mémoire. Quant aux traders, leurs exigences sont différentes.

Après avoir remonté votre stop de protection en E, Merck lança une reprise en de nouveaux “ plus hauts ”, avant de rendre le gros de ses gains, au point de pousser temporairement au-dessous de sa moyenne mobile. Il n'était pas assez tombé pour déclencher le stop en E. Après une longue consolidation qui se déroula entre un support autour des 100 et une résistance à 115, le titre repartit de l'avant une fois encore. Le stop aurait alors dû être remonté en F. Dans les mois suivants, à la suite de toutes les corrections successives, les stops de protection auraient dû être remontés en H, I, et J. A la suite de quoi, en octobre 1987, Merck toucha finalement son stop de protection lorsqu'il cassa les 190. Vous seriez passé bien près du " plus haut historique ", et en auriez profité pour tripler votre investissement, ce qui est bon à prendre quant on le peut.

Cette méthode qui cherche à protéger vos profits et à limiter vos pertes est vraiment géniale. Elle améliorera énormément vos succès sur les marchés au cours des ans. Mais n' attendez pas de cette technique ou de toute autre, la perfection. Vous enregistrerez toujours de temps à autre des échecs ou des faux signaux, coûts à passer par pertes et profits. Ces quelques imperfections sont bien peu de chose, si le reste du temps la méthode vous permet d'enregistrer de substantielles plus-values que vous pourrez réinvestir.

Le Graphe 6-25 de Wal-Mart Stores nous fournit l'illustration de ces faux signaux qui peuvent apparaître de temps à autre. Si vous aviez acheté Wal-Mart autour des 15 en 1985, vous l'auriez protégé au début par un ordre de vente-stop de protection fixé en A. Dans les mois suivants, le stop aurait graduellement été remonté en B, C, D et E. Malheureusement, en fin 1986, le titre cassa au-dessous de son support à 22. Pire encore, il cassa substantiellement sa moyenne mobile à la baisse, alors que celle-ci avait cessé de monter. A l'évidence, on pensait alors que Wal-Mart avait dessiné son sommet de Phase 3 et était sur le point d'entrer en Phase 4 de chute, au moment où notre stop de protection à 21 7/8 a été déclenché. Il est exact que

Graphe 6-25

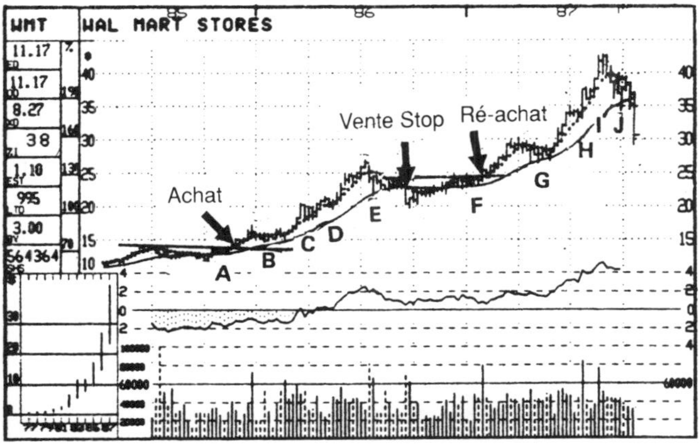

COURTESY OF MANSFIELD STOCK CHARTS

vous aviez enregistré d'honorables profits, mais dans les mois suivants Wal-Mart reconsolida et cassa de nouveau par le haut, alors qu'il passa sa résistance à 25. Il était dès lors clair que la cassure par le bas était un “ faux signal ” et qu'au contraire, les probabilités penchaient en faveur d'une nouvelle avancée du titre. Il n'y a rien de mal à être de temps en temps induit en erreur par le suivi discipliné de la méthode, de vendre puis de racheter un peu plus cher une fois les signaux de danger disparus. Considérez ces quelques dollars de perdus comme le coût d'une assurance. Tout comme vous payez des primes pour assurer votre maison contre les risques d'incendie ou de vol, là aussi cela vaut la peine de payer pour vous protéger contre les risques de destruction de Phase 4. Dans notre exemple, après avoir gagné 7 points sur la première transaction, vous auriez dû alors retourner sur le titre au moment où il franchit avec force la ligne des 25 et atteint de nouveaux plus hauts. A ce moment-là, votre nouveau stop initial aurait dû être placé en F, puis monté progressivement au cours des mois suivants en I, juste au-dessous des 35. Puis en octobre 1987 quand ce stop a été touché, vous auriez pu sortir avec une deuxième plus-value intéressante, alors que tant d'autres investisseurs se seraient cassé la tête en se demandant que faut-il faire, au moment de l'effondrement du marché.

Le cas de Wal-Mart vous aurait fait passer par des hauts et des bas et vous aurait fait ressentir quelques frustrations, mais vous auriez gagné, par deux fois, de beaux profits. Ce qui vous fait vous arracher les cheveux, c'est

Graphe 6-26

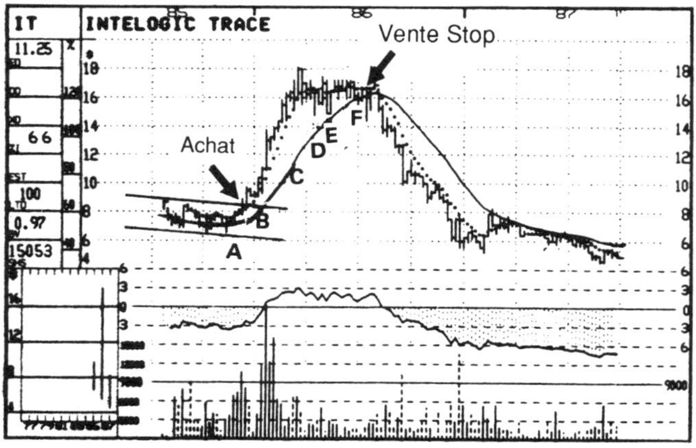

COURTESY OF MANSFIELD STOCK CHARTS

de reperdre tous vos profits sur une position conservée trop longtemps, et même d'enregistrer une perte. Cette expérience est d'autant plus douloureuse, qu'on peut l'éviter. Au début de ce chapitre je vous ai montré maints exemples de ces situations où tout va vite à la hausse puis à la baisse. Interlogic Trace (Graphe 6-26) est un autre titre qui rentre dans cette catégorie. Maintenant que vous savez comment correctement utiliser vos stops de vente de protection, vous ne serez jamais plus pris dans de telles situations. De nombreux investisseurs ont acheté Interlogic Trace quand il lança son signal d'achat en passant au-dessus de 8 1/4. Malheureusement, parmi ceux qui portèrent le titre pendant son ascension, beaucoup ne savaient pas à quel moment en sortir. Ils furent nombreux à perdre tous leurs profits et même plus !

A partir de maintenant, les seuls tours de “ roller coasters ” que vous ferez, ce sera à la fête foraine. Si vous aviez acheté IT quand il cassa au-dessus de sa résistance, vous auriez au départ protégé votre position en plaçant un stop en A. Au cours des mois suivants, vous l'auriez relevé comme indiqué sur le graphe. Une fois que la moyenne mobile s'est aplatie et que le titre a cassé sous son stop de protection, vous auriez dû être heureux d'en être sorti, car vous auriez ainsi bloqué des plus-values avant que les problèmes n'apparaissent. Vous n'auriez pas vendu exactement au plus haut, il est probable que vous ne le capterez jamais; mais vous auriez enregistré des profits substantiels en l'espace de quelques mois. Et, plus important encore, vous vous seriez mis à l'écart de l'horrible chute de Phase 4 qui aurait transformé vos profits en pertes ! Aussi afin d'éviter ces retournements meurtriers-croyez moi, ils ne sont pas rares- cela vaut vraiment la peine de sortir parfois un peu trop tôt.

VENDRE CORRECTEMENT - CHEZ LE TRADER

Beaucoup des questions que l'on me pose pendant mes séminaires concernent les “ traders ”. Comment définir ce qu'est un “ trader ” ? Devriez-vous faire du " trading " ? A quoi bon faire du " trading " ? Vaut-il mieux être “ investisseur ” ou “ trader ” ? Ceux qui ont une longue expérience des batailles de marché savent s'ils préfèrent le " trading " ou l'investissement. Les nouveaux venus ont par contre du mal à déterminer ce qui leur convient le mieux. Plus surprenant, même les opérateurs d'expérience ne savent quelle approche choisir. Ils peuvent se considérer comme des investisseurs mais avoir plutôt une psychologie de “ traders ”, et par conséquent mal s'y prendre.

Aussi, avant de définir comment les traders doivent planifier leurs ventes, je veux faire un peu de philosophie pendant un moment. Je ne pense pas qu'en la matière il y ait de vérité universelle, à savoir, que l'un soit mieux que l'autre. Je connais de nombreux traders qui sont couronnés de succès; il y a aussi de nombreux investisseurs qui gagnent en bourse. Ce que je sais par contre, c'est qu'il est plus facile de rencontrer le succès en ayant une approche d'investisseur (surtout pour les nouveaux venus sur les marchés). Cela implique d'y consacrer moins de temps, moins de connaissances, et c'est moins dur à supporter psychologiquement. Alors à quoi bon faire du " trading " ? C'est très simple. Les traders recherchent le challenge et l'action ! Tandis que la majorité des investisseurs sont conservateurs par nature et veulent garder une certaine tranquillité dans leur vie. Les traders préfèrent eux une vie trépidante et aller au bout de leurs émotions. Ils apprécient les frissons des batailles et les tensions nerveuses que leur procurent les décisions à prendre sur la ligne de feu.

Ne perdez pas votre temps à essayer de déterminer laquelle, du " trading " ou de " l'investissement " est la meilleure approche pour s'enrichir. Il n'y a pas UNE meilleure façon; les deux approches peuvent mener au succès si elles sont appliquées correctement. A l'inverse, cherchez à comprendre qui vous êtes et quelle est l'approche avec laquelle vous êtes le plus à l'aise. Faites un peu d'introspection pour savoir de quelle matière vous êtes fait, puis consacrez vos efforts à devenir le meilleur investisseur ou trader qui soit ! C'est courir à l'échec de décider d'investir puis d'être tellement en colère parce que votre titre a perdu 6 ou 7 dollars, que par dépit vous le vendez, pour le voir remonter juste après. Sachez être honnête avec vous- même. Si vous vous retrouvez dans tel ou tel état psychologique, tirez-en les conclusions qui s'imposent. Il est intéressant de savoir que bon nombre d'opérateurs de marché se situent entre les deux et ne savent quelle approche choisir. Si vous vous reconnaissez là, je vous suggère une approche mixte. Favorisez l'approche de l'investisseur, mais faites un peu de " trading " si les indicateurs de marché (que je vous apprendrai au chapitre 8) signalent une importante probabilité d'une forte chute. Envisagez aussi de prendre des profits rapides si votre titre explose d'un coup et devient très " sur-étendu ", s'il va nettement au-dessus de sa moyenne mobile à 30 semaines. Dans de telles situations, il n'est pas inutile de bloquer ces fortes plus-values sur le tiers ou la moitié de votre position, puis de reporter le solde avec un stop de protection.

Voilà pour ce qui est de la philosophie. Venons en maintenant au spécifique. Il y aura pour les traders tout comme c'était le cas pour les investisseurs, des règles intangibles à ne pas transgresser. Ces règles sont

Graphe 6-27

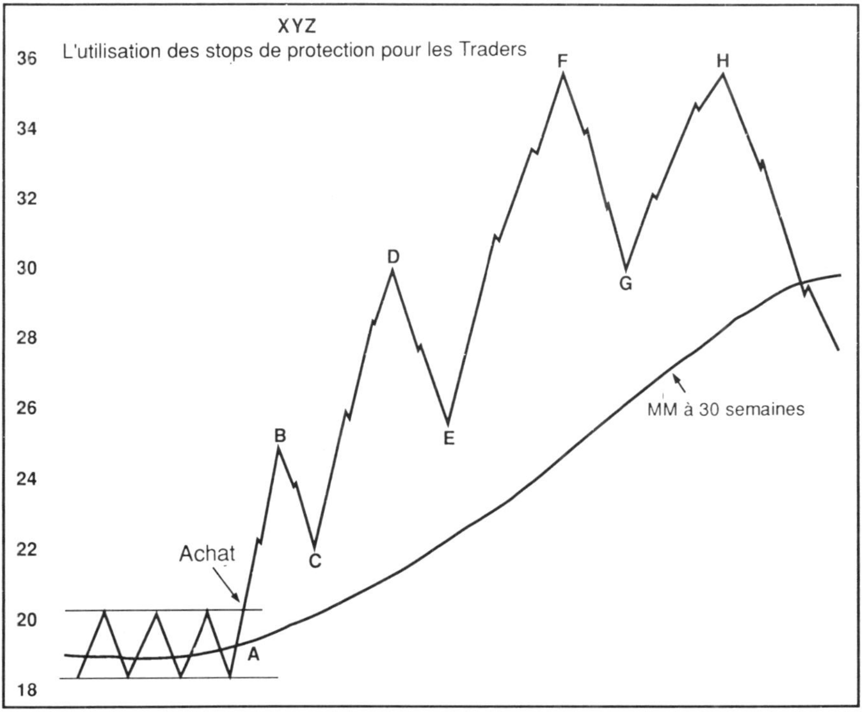

un peu moins rigides parce que vous devez être prêt à vous repositionner constamment, il y a quand même des règles de conduite à respecter.

La première technique de " trading " à perfectionner tourne autour des stops de protection qui suivent l'avancée des prix. Les traders doivent utiliser cet outil de façon bien plus agressive que les investisseurs. Les investisseurs veulent rester sur une position aussi longtemps que le titre est en Phase 2. Ils assument le fait qu'il y aura quelques forts reculs sur leur route. De plus, il peut se passer des mois pendant lesquels le titre aura des mouvements en dents de scie et consolidera avant de repartir de l'avant. Les traders, à l'opposé, se rendent compte que le temps c'est de l'argent. Non seulement voudront-ils se tenir à l'écart de tout recul significatif, mais aussi sortir même du titre s'il entre dans une zone neutre pendant plusieurs mois. C'est assez logique puisqu'ils peuvent se repositionner sur une autre valeur qui est prête à

Graphe 6-28

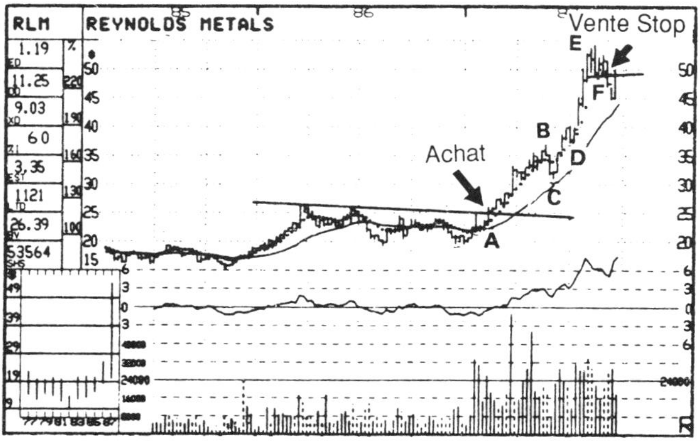

COURTESY OF MANSFIELD STOCK CHARTS

se lancer dans une belle envolée, alors que l'autre titre ne fait que des zigzags. Par conséquent, un trader NE DEVRAIT PAS ATTENDRE que la moyenne mobile à 30 semaines soit cassée sur un retour avant de vendre. (En fait, s'il arrive à bien faire son " timing " de vente quand XYZ est bien au-dessus de sa moyenne mobile, le trader rachètera sur les rebonds de creux autour de la moyenne mobile).

Comme nous l'avons fait dans le cas de l'investisseur, étudions quelques cas concrets pour mieux saisir ce concept. Le titre XYZ sur le Graphe 6-27 a cassé à 20 3/8 après s'être échangé des mois durant dans un couloir 18 1/4-20 1/4. Une fois encore, le titre devrait être acquis à 20 3/8. Mais dans ce cas, le stop initial devrait être manipulé différemment. En tant que trader vous recherchez à capter un mouvement haussier plus rapide mais moins fort [5], aussi vous devez être prêt à prendre une perte initiale moins forte si vous êtes dans l'erreur. Si le titre devient un titre de première qualité, il ne devrait pas tomber de manière significative au-dessous du point de cassure. Aussi devrez-vous établir votre stop au-dessous du plus proche bas de réaction antérieur. S'il n'y en a aucun, vous pourrez agir ainsi: alors que l'investisseur ne devrait JAMAIS utiliser des pourcentages systématiques,

(5) En annualisé, le mouvement sera en fait plus fort. Après tout, un gain de 20 pour cent sur un mois est égal à 240 pour cent en annualisé, alors qu'un investisseur qui amasse une plus-value de 100 pour cent en une année n'a, à l'évidence, enregistré que du 100 pour cent en annualisé.

Graphe 6-29

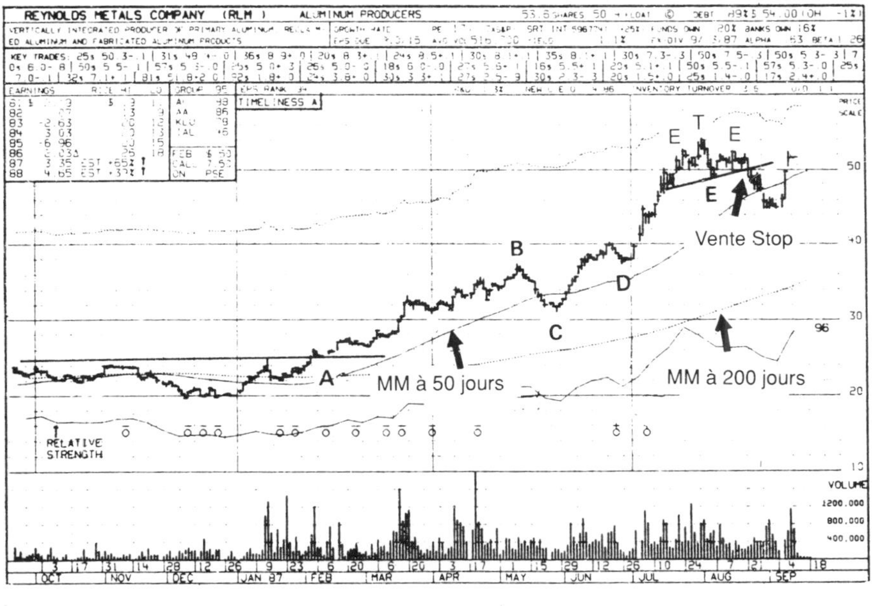

CHART COURTESY: DAILY GRAPHS AND LONG TERM VALUES

des années d'expérience m'ont montré que ces cassures, qui feront de vrais gagnants très vite, ne feront jamais de retours de plus de 4 ou 6 pour cent au-dessous du point de " break-out ". Aussi, si vous n'arrivez pas à trouver un point de stop de protection significatif, vous pourrez le situer de 4 à 6 pour cent, au-dessous du niveau de cassure. Cependant assurez-vous que ce soit au-dessous d'un chiffre rond. Par exemple, si la cassure est à 20 3/8, 4 pour cent est un peu plus que 3/4 de points, ce qui donne 19 5/8. Cinq pour cent nous mènent à 19 3/8. Comme 19 1/2 est psychologiquement un chiffre rond, la position devrait être protégée par un stop de vente de protection à 19 3/8 (point A). (Au-dessous de 20 dollars, considérez tout 1/2 point comme un chiffre rond, mais au-dessus de 20 dollars, placez le stop au-dessous d'un véritable chiffre rond comme 21, 22, ect.)

En reprenant la chronologie du graphe nous voyons qu'ensuite, XYZ avança jusqu'à 25 (point B) avant de rebaisser à 22 (point C). (Les traders ne devraient pas s'intéresser à des corrections inférieures à 7 pour cent mais ne s'occuper que des mouvements plus significatifs). Une fois que votre titre a rebondi en C et s'est retourné sur reprise à proximité du pic précédent (point B), vous auriez dû relever la vente de protection juste au-dessous du point C (21 7/8). Rappelez-vous que si le bas antérieur avait été à 22 1/8 ou à 22, la vente de protection aurait dû être placée au-dessous du chiffre rond, à 21 7/8.

Dans les semaines suivantes, XYZ remonta sur D (près de 30) avant de retomber en E (25 1/2). Là encore, quand XYZ remonta à proximité du point D, la vente stop aurait dû être remontée à 25 3/8 (juste au-desous du point E). De même, le stop aurait dû être resserré plus tard à 29 7/8 (point G). En fin de compte, après que se soit formé un double-top (aux pics F et H), vous auriez été sorti de votre position à 29 7/8 pour un très bon gain réalisé très rapidement. Une chose à bien se rappeler: un trader ne devrait JAMAIS rester sur une position si elle casse sous la moyenne mobile à 30 semaines, même de très peu.

Le graphe 6-28 de Reynolds Metals (RLM) nous montre comment utiliser dans la pratique les stops de protection avec une optique de trader. Le titre aurait dû être acheté pour un " trade " à 25 1/8. Il cassa d'une configuration de continuation après un gonflement impressionnant des volumes. A l'origine, le stop de protection du trader aurait dû être placé à 23 7/8 (point A), sous le chiffre rond de 24 [6]. RLM ensuite fusa à 37 7/8 (Point B) avant de subir une forte correction qui ramena le titre à 31. Ensuite, quand Reynolds remonta à son pic antérieur à 37, le stop aurait alors dû être remonté à 30 7/8 (point C). Plus tard, après que la reprise jusqu'à 40 fut suivie d'une correction de 7 pour cent, vous auriez dû vous préparer pour le mouvement suivant. Alors que RLM était remonté à ses hauts antérieurs, et en toutes probabilités prêt à les dépasser, le stop aurait dû être remonté à 36 7/8 (point D). Puis, Reynolds lança une autre avancée qui atteint 54 1/4 (point E) avant correction. RLM revint ensuite juste sur la ligne des 49, puis retourna sur son haut précédent. Le titre s'engagea alors dans des mouvements latéraux sur cinq semaines. Ce genre d'action est toujours inquiétante quand elle fait suite à une forte poussée. Vous auriez dû par conséquent pousser votre stop de protection un peu plus loin encore à 48 7/8 (point F).

Bien que ce ne soit pas aussi visible sur le graphe hebdomadaire (6-28) que sur un graphe quotidien (6-29), une petite " tête et épaule " de sommet s'est formée. Par conséquent, quand RLM cassa au-dessous du support important à 49, il était temps de prendre vos gains de 100 % gagnés en 6 mois (200% en annualisé). Peu importait dès lors que Reynolds ait cassé

---

(6) Pour atteindre ce niveau, multipliez 25 1/8 par 4 pour cent, ce qui fait 1. Ceci met notre stop à 24 1/8, ce qui est un mauvais niveau, juste au-dessus d'un chiffre rond psychologiquement important. Mais 5 pour cent nous donnent 1 1/4, ce qui ramène le stop à 23 7/8, juste au-dessous du chiffre rond.

mois (200% en annualisé). Peu importait dès lors que Reynolds ait cassé sous les 45 puis soit remonté à 50. L'énergique élan haussier appartenait au passé, et un trader, à l'opposé d'un investisseur, ne veut détenir une position que lorsque tous les moteurs de la fusée sont en pleine poussée !

A LA RECHERCHE DES PROFITS

La technique des stops de protection que je vous ai présentée est simple à utiliser et génèrera de belles plus-values de façon constante. Si vous voulez atteindre un niveau de sophistication encore plus élevé et enregistrer des plus-values encore plus belles, vous devriez apprendre à utiliser les lignes de tendance et les inclure dans votre méthode de gestion.

Dans bien des cas, aucune ligne de tendance valable ne se formera et vous utiliserez la technique simple des stops de protection. Mais quand une ligne de tendance importante se dessine, utilisez-la, car c'est encore un moyen de bloquer de plus grands profits. Une partie de votre position devrait

Graphe 6-30

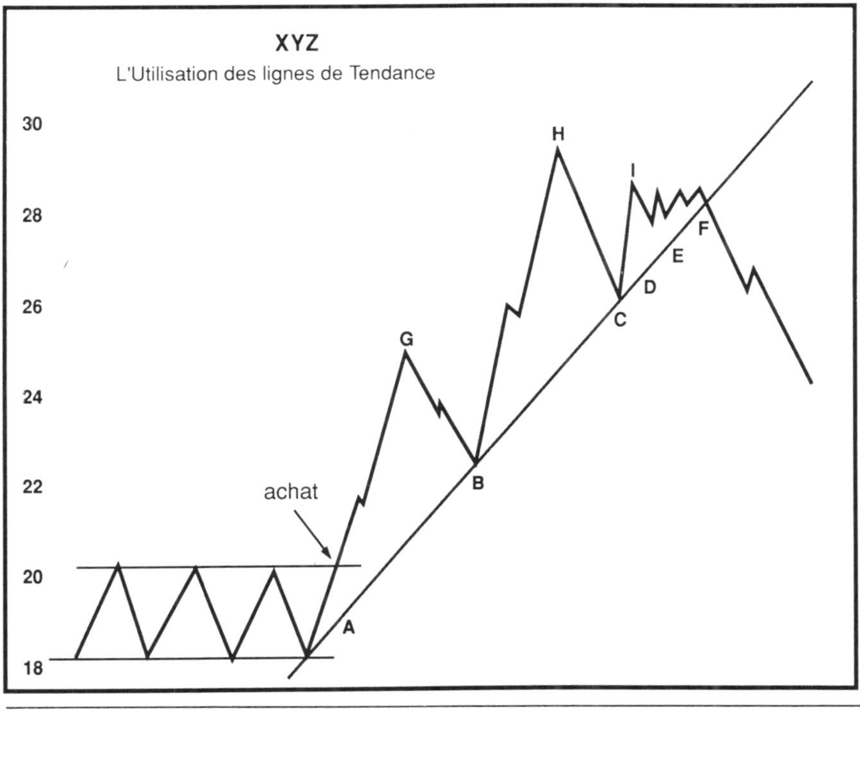

au moins être vendue quand une telle ligne de tendance est cassée. Le restant sera géré par les stops de protection, qui seront d'habitude placés plus bas.

Pour intégrer les lignes de tendance dans votre plan de gestion, commencez de la même façon que pour l'exemple précédent. Placez votre stop initial à 19 3/8 (point A) quand vous achetez la cassure à 20 3/8. Puis remontez le stop de protection en B alors que le titre revient sur G. Une ligne de tendance valable doit AU MOINS TOUCHER TROIS POINTS. Si cette ligne de tendance se matérialise, vous devrez l'intégrer dans votre analyse pour définir où placer le stop de protection. Après que XYZ ait décollé depuis C, vous devrez ramener votre stop sous C. C'est à ce point que la ligne de tendance va commencer à vous aider. Maintenant qu'elle existe depuis plusieurs mois et qu'elle a été touchée au moins par trois fois, vous devriez remonter votre stop plus haut, jusqu'en un point juste au-dessous de la ligne. D'abord vous le remonterez en D, puis quelques semaines plus tard en E, puis en F. Puisque la ligne est ascendante, vous pourrez continuer à remonter le stop sur cette moitié de votre position, même si le titre se déplace latéralement, comme il le fit après I. La moitié de votre position est alors protégée par un stop en C, et une autre moitié est beaucoup plus serrée en D, E et enfin F. Finalement le stop en F sera déclenché dès que le titre se déplacera en dents de scie. Même si cela n'anticipe pas forcément une chute importante, la cassure de cette ligne a des chances de déboucher sur un " trading-range " neutre. Ce n'est pas bon pour les traders, aussi est-il judicieux de bloquer vos profits sur une moitié de votre position. Ensuite, lorsque le titre sera réellement affaibli, le deuxième stop en C sera touché et un autre profit substantiel sera assuré.

Les Graphes 6-31 et 6-32 de Computer Sciences (CSC) et de Tultex (TTX) illustrent les avantages que nous pouvons tirer de l'utilisation des lignes de tendance. CSC aurait dû être acheté pour un trade dès qu'il dépassa sa ligne de tendance descendante ainsi que sa résistance à 38. Le stop initial aurait dû être placé sous le chiffre rond de 36 [7]. Puis après s'être déplacé au-dessus de 40, et s'être replié à 37 3/8, le stop de protection aurait dû être relevé à 36 7/8. Jusqu'à ce point, rien de changé par rapport à la méthode simple des stops de protection vue précédemment pour les traders. Maintenant, en revanche, la situation commence à changer. Vous pouvez tracer une ligne de tendance ascendante reliant plus de trois points (les points 1, 2, 3 et 4) sur le graphe 6-31. Cette ligne devrait être tracée au crayon et prolongée sur la droite. Ce n'est pas par hasard que, dans les semaines qui

(7) Cinq pour cent de 38 1/8 font pratiquement 2, ce qui nous donne un stop à 36 1/4. Placez le au-dessous du niveau psychologiquement important de 36.

Graphe 6-31

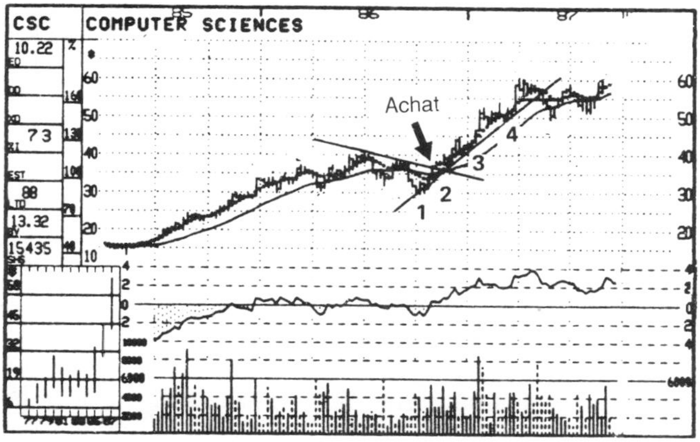

COURTESY OF MANSFIELD STOCK CHARTS

Graphe 6-32

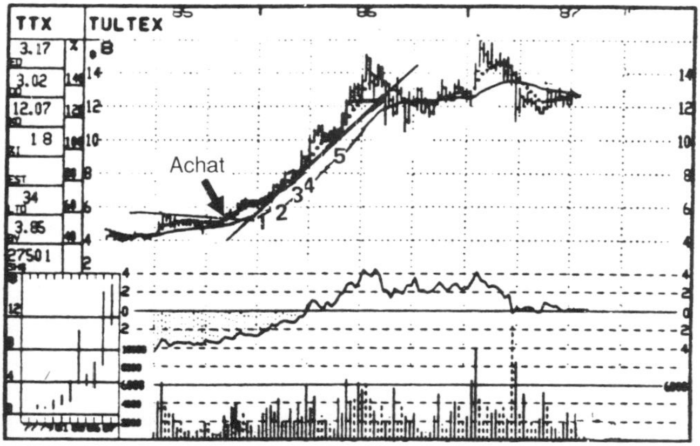

COURTESY OF MANSFIELD STOCK CHARTS

suivirent, Computer Sciences grimpa contre cette ligne. Nous savons maintenant de façon sûre que nous avons une ligne de tendance valable à notre disposition. Par conséquent vous devrez constamment relever votre stop sur au moins la moitié de votre position, juste au-dessous de la ligne. Assurez-vous de le placer au-dessous de tout chiffre rond. Si vous voulez être

TRES agressif, vous n'utiliserez que ce stop serré pour toute votre position. L'option conservative sera de protéger votre position par moitié avec deux stops. Le deuxième stop étant alors placé au-dessous de la correction significative la plus récente. Il est intéressant de remarquer que si CSC eut un parcours ascendant qui s'est développé sur 7 mois de 38 1/8 à 61, les deux stops se sont rapprochés de plus en plus. Fin avril et début mai 1987, la ligne de tendance était à 57 1/2, ainsi une moitié de la position était protégée par un stop à 56 7/8. Le stop sur la seconde moitié aurait dû être placé à 54 7/8, puisqu'on avait un joli support juste au-dessus de 55. En mai, nos deux stops furent déclenchés et un profit confortable put être dégagé.

Vous remarquerez que le titre ne s'est pas effondré. Il tomba à 49 1/4 et remonta au-dessus de 55. Il faut être conscient que les objectifs du trader ont ainsi été atteints. Pendant les six mois où il conserva son titre, il enregistra une progression constante de ses plus-values. Mais quatre mois après sa sortie sur stops de protection, CSC s'échangeait juste au-dessus du prix de vente obtenu. Etant donné qu'en qualité de trader nous ne voulons rester sur une position que si elle s'apprécie, la ligne de tendance nous a permis de voir correctement le moment de la " sortie ".

Le Graphe 6-32 de Tultex (TTX) est un autre bon exemple de suivi d'un " trade " au moyen d'une ligne de tendance significative. TTX aurait dû être acheté à 5 1/2, quand il cassa au-dessus de sa ligne de tendance descendante fin 1985. Dès le début de 1986 (point 1 sur le graphe 6-32), une ligne de tendance ascendante importante s'est formée, elle eut deux autres points de contact avec la courbe des prix dans les trois mois suivants (points 2 et 3). Les prix touchèrent deux fois encore la ligne (points 4 et 5) au cours des quatre mois suivants. Ainsi en plus de l'utilisation classique des stops de protection, cette ligne de tendance très significative aurait dû être intégrée dans votre plan de gestion pendant le déroulement de l'action. A la cassure sous la ligne de tendance à 13, la première moitié de votre position aurait dû être stoppée pour une plus-value supérieure à 130 pour cent en huit mois. A la suite de quoi, quand le bas de correction précédent à 12 1/2 fut forcé, vous seriez sorti du restant de votre position. Là encore, le titre n'a pas fait un terrible plongeon en Phase 4. Il est intéressant de remarquer que sur les huit mois où la ligne de tendance tint bon, le titre s'est apprécié. Mais huit mois APRES ce fut la cassure; Tultex n'était qu'à 1 point et demi du seuil où vous êtes sorti ! Ecoutez le message des lignes de tendance car il vous dira à quel moment l'élan haussier commence à refluer et que l'air est en train de fuir de la " bulle " spéculative.

MESURER UN MOUVEMENT

Avant d'en terminer avec cette partie sur le " trading ", voici une autre technique peu connue qui pourtant vous permettra d'améliorer vos aptitudes à " trader ".

Au cours des années, les techniciens ont trouvé toutes sortes de théories fantaisistes dont l'objet était de prédire le niveau d'arrêt du mouvement d'un titre. Croyez-moi , je les ai toutes essayées, des très simples au très complexes. Je ne vais pas vous ennuyer avec tout cela car ceci n'en vaut pas la peine. Il y a par contre un concept simple à connaître qui possède une grande pertinence. Une fois celui-ci ajouté à votre arsenal d'outils de " trading ", vous serez prêt à " aller au charbon ". Cette mesure de " trading " est appellée la LOI DE LA BALANCOIRE (Swing Rule). Elle est plutôt rare mais quand elle entre en scène, elle peut vous donner une idée sur le niveau où une avancée en cours a de fortes chances de s'arrêter. Le résultat est souvent d'une telle précision que c'est un peu comme si vous pouviez dès aujourd'hui lire le journal de la semaine prochaine ! Tout ce que vous aurez à faire est de noter le plus haut précèdant une chute importante puis, de soustraire le plus bas qui suivra de ce plus haut. Sur le Graphe 6-33, vous verrez que XYZ a fait un sommet à 26 et un creux à 16; vous en tirez la différence soit 10 points - 26 (point A) moins 16 (point B) égale 10 points.

La prochaine étape sera d'ajouter ces 10 points au plus haut (point A) une fois que le titre XYZ aura atteint puis dépassé ce niveau de 26. Ainsi 26 plus 10 égale 36. Ce niveau sera un point CIBLE court terme potentiel à l'avancée des prix. Cela n'est bien sûr qu'une approximation. L'avancée pourra mourir sur les 35 ou les 38 mais sur le court terme, il sera intéressant de voir, une fois ces zones cibles atteintes, si un sommet n'est pas alors sur le point de se former.

Aydin (AYD-Graphe 6-34) atteint un pic à 27 5/8 en 1986 (point A) avant de tomber. Une fois le déclin enrayé, le titre avait chuté à un bas de 17 1/2 (point B). AYD ensuite cassa au-dessus d'une résistance à 25 au début 1987. Cette avancée au-dessus de la ligne de cou marqua l'achèvement d'une " tête et épaule de creux ". A la suite de quoi, le titre entreprit une solide avancée qui l'amena au-dessus de son pic de 1986 à 27 5/8. La règle de la " balançoire " nous donnait une différence de 10 1/8. (27 5/8 moins 17 1/2 égale 1/8). Nous pouvions dès lors fixer une cible potentielle intéressante avant que le titre ne s'arrête. En ajoutant 10 1/8 au pic à 27 5/8 nous obtenions un objectif de 37 3/4. Dans les semaines suivantes, Aydin se rapprocha de cette cible avant de former un sommet et de casser sous sa ligne de tendance ascendante à 33 7/8. A quel prix pensez-vous que le sommet C se forma ? Pas sur notre cible à 37 3/4, mais à 37 1/2 ! Pas mal !

Graphe 6-33

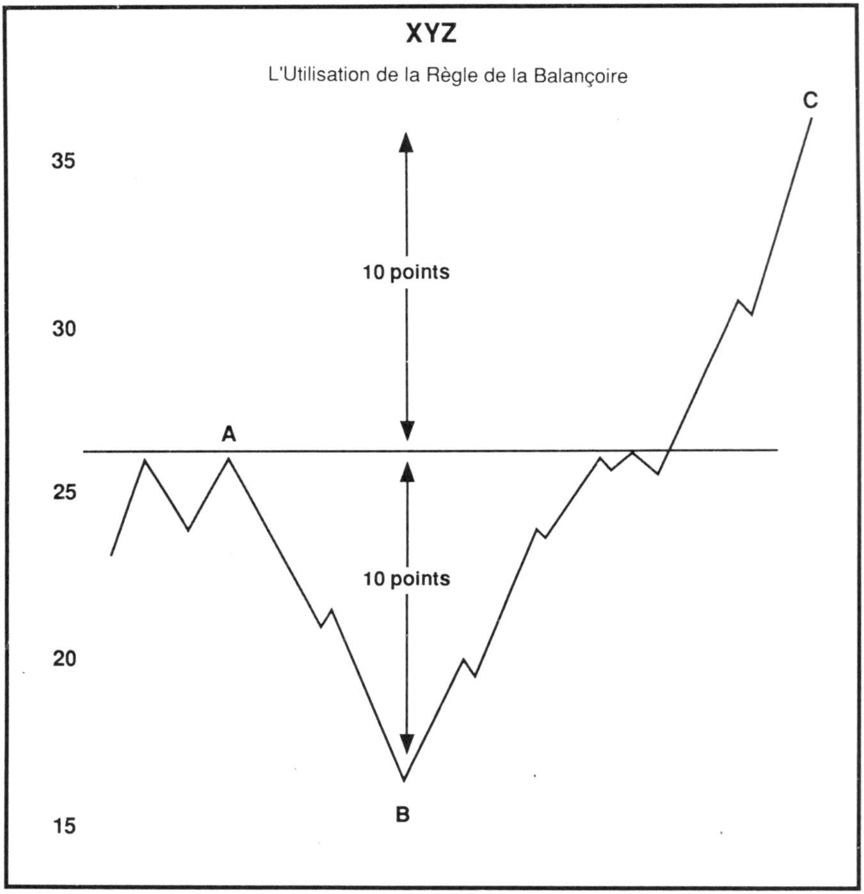

Ainsi, la meilleure manière d'utiliser cette règle de la balançoire est de vendre partiellement votre position aussi près que possible du niveau cible, puis de vendre le restant une fois le stop de protection déclenché. Dans cet exemple, ce fut à 33 7/8, lorsque les prix cassèrent la ligne de tendance.

Pour vous montrer que AYD n'est pas un cas isolé, étudions l'action de Reebok (Graphe 6-35). Le haut de la mi-86 était de 17 5/8 (point A). Puis le titre tomba en B soit 10 1/4. En soustrayant 10 1/4 de 17 5/8 nous obtenons 7 3/8. Si nous ajoutons ces 7 3/8 au sommet précédent de 17 5/8 nous obtenons une cible de " trading " de 25. L'avancée stoppa finalement à 25 1/4

Graphe 6-34

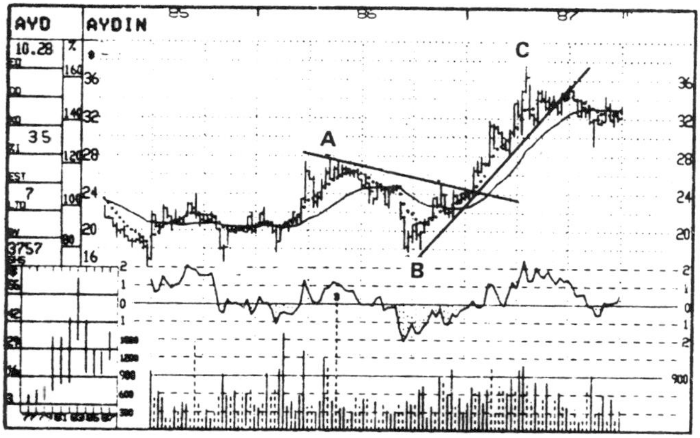

COURTESY OF MANSFIELD STOCK CHARTS

Graphe 6-35

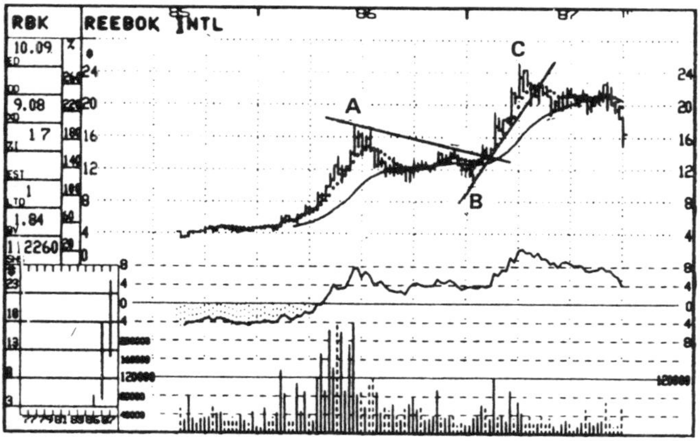

COURTESY OF MANSFIELD STOCK CHARTS

(point C) ! En conclusion, regardez l'action qui s'est déroulée sur Tiger International (Graphe 6-36). Le titre lança un signal d'achat fin 1986 quand il passa au-dessus des 6. Mais avant cela, il était tombé de ses sommets de 85 à 10 1/2 (point A) à un bas de 3 5/8 (point B), soit un différentiel de 6 7/8. Pour obtenir notre projection haute de " trading ", il nous faut ajouter 6 7/8 au niveau pic précédent soit 10 1/2. L'application de la règle de la " balançoire "

Graphe 6-36

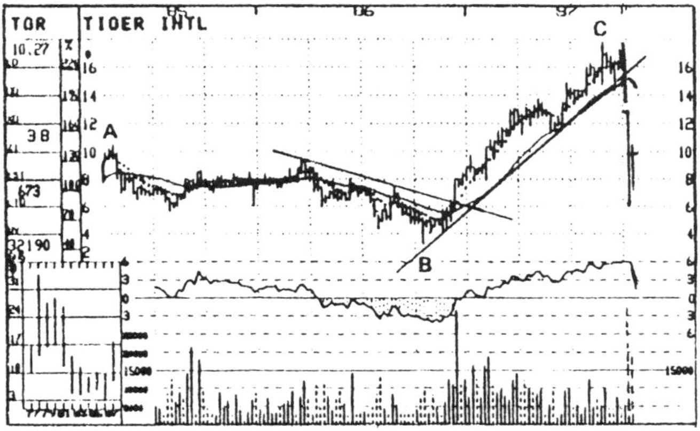

COURTESY OF MANSFIELD STOCK CHARTS

nous donne une projection haute à 17 3/8. Et le haut enregistré atteint en fin de compte 17 3/4 (point C), avant que TGR ne retombe vite sous les 6.

Alors que toutes les applications de la règle de la balançoire, ne seront pas aussi précises que les précédentes, la très grande majorité tombera néanmoins à proximité immédiate des cibles calculées. Ainsi, lorsque vous ouvrez une position de " trading " sur un titre, cela vous donne l'opportunité d'utiliser cette méthode de mesure assez fabuleuse, aussi profitez en ! Vendez une partie au moins de votre position à proximité de la projection calculée, et laissez le soin à votre stop de protection de vous sortir pour le solde. En combinant une utilisation intelligente des stops de protection, des lignes de tendance et de la règle de la " balançoire ", vous êtes bien équipé pour vous lancer dans du " trading " très profitable.

APPRENDRE A GAGNER EN APPRENANT A PERDRE

Peu importe la qualité de mon système, vous ne gagnerez pas à tous les coups, je vous le promets. Le fait d'accepter cette vérité est essentiel pour devenir un vrai gagnant. En fait, après toutes ces années sur les marchés, il est pour moi évident que l'une des clés les plus importantes du succès est d'apprendre à perdre. Pensez-y un instant. Est-il vraiment si dramatique de prendre une perte sur une ou deux positions ? C'est le cas pour beaucoup de gens, et ceci les entraîne à prendre de mauvaises décisions. Mais pour les professionnels de marché, c'est la vie; c'est le coût d'exercice de cette activité. Les spécialistes des bourses et les autres " pros " de marché ne vont pas perdre leur sommeil si une position donnée se termine dans la colonne des pertes. Ils s'inquiètent de deux facteurs bien plus importants: (1) le résultat net de l'ENSEMBLE de leurs positions (tant qu'il est fortement positif ils sont satisfaits), et (2) le moment où ils vont sortir d'une position qui tourne à leur désavantage.

Voilà une manière rationnelle et intelligente d'appréhender les marchés même si trop peu de gens s'y tiennent. Quand vous jouez au tennis, vous attendez-vous vraiment à ne jamais envoyer de balles dans le filet ? Si vous faites preuve de réalisme, vous acceptez que certains coups échouent, et vous n'en perdez pas pour autant votre sang froid tant que vous serez assuré d'obtenir plus de coups gagnants que de coups perdants. Il est crucial que vous vous entraîniez à penser de la sorte. Je suis sûr que vous avez déjà vu de ces gens qui perdent leur contrôle sur un mauvais coup au tennis ou un " put " mal ajusté au golf. De telles émotions sont destructrices si vous ne savez pas les dominer. J'ai vu très souvent des opérateurs de marché s'en tirer convenablement, surtout sur un marché “ bull ”, et qui, sur une simple décision malheureuse, se minent et remettent complètement en cause leur stratégie. Au lieu de réaliser que leur première petite perte est la meilleure qui soit, ils s'énervent et s'entêtent alors que leur titre s'effondre. Une fois le titre tombé à un niveau apparemment intéressant, ils font des moyennes à la baisse, jetant leur argent par les fenêtres sur une situation de Phase 4. Pire encore, alors que leurs pertes s'accumulent, la pire décision qu'ils puissent prendre sera de réaliser leurs profits sur des titres qui ont encore un fort potentiel. A court terme ils se sentiront mieux en enregistrant ces plus-values, mais très vite leurs portefeuilles se ressentiront de ce pis-aller. En fait, cette stratégie destructrice a pour effet de gonfler leurs portefeuilles de titres en Phase 4 et d'écarter les gagnants de Phase 2.

Pourquoi un tel comportement destructeur ? Un mot: notre “ ego ” ! Trop d'investisseurs et de traders imaginent que s'ils ont un super gagnant, ce sont des génies, mais s'ils perdent, qu'ils sont stupides. Ce n'est pas forcément vrai. Si vous gagnez sur une mauvaise tactique, c'est de la chance; en revanche, si vous prenez une perte dans le cadre d'une approche solide et disciplinée, vous aurez là un comportement sain. Faites un peu d'introspection et assurez-vous que votre “ ego ” ne peut être blessé quand vous prenez une décision de gestion de portefeuille. Ne jouez pas le marché pour vous vanter dans les cocktails mondains de vos coups de génie. Investissez votre temps et votre capital sur les marchés parce que vous appréciez ce défi lancé à vous-même de gagner de l'argent avec constance.

Le côté suicidaire d'un “ ego ” peut être constaté en permanence. Asseyez-vous dans un bureau de " broker " et écoutez. Vous entendrez certains dire qu'ils vont se débarrasser de ce " canard boiteux " dès qu'il sera revenu à son cours d'achat. Pourquoi attendre de retrouver un cours d'achat ? Pourquoi ne pas sortir sur une reprise sous une résistance, même si cela entraîne une petite perte? Pour ceux qui sont dominés par leur " ego ", s'en tirer quitte veut dire " je ne suis pas un idiot ". Le respect qu'ils ont d'eux-mêmes est fonction de leurs coups gagnants et perdants. Quand ils perdent, il faut qu'ils s'en prennent à quelqu'un et les boucs émissaires ne manquent pas. Leur " broker " leur est très utile pour " porter la casquette ". Nous avons tous rencontré certains " brokers " qui sont loin d'être brillants, mais les " brokers " ne vous obligent pas à acheter ou à vendre des actions. Rien ne vous oblige à les garder s'ils sont incompétents. En fin de compte, le choix est vôtre, aussi est-il important que vous assumiez la responsabilité de vos actions. Si ces actions sont positives, améliorez-les encore; si elles sont négatives, sachez comprendre pourquoi et changez votre façon de procéder. Assurez-vous bien que c'est vous qui conduisez, pas votre "ego". Un exemple extrême du danger de se laisser dominer par son " ego " a été ce triste fait divers qui s'est produit à Miami au lendemain du krach d'octobre 1987: un investisseur qui a subi de terribles pertes a assassiné son " broker " avant de se donner la mort.

Promettez-vous que vous saurez maîtriser toute perte douloureuse si elle se produit. D'abord, regardez votre portefeuille comme s'il s'agissait d'une Sicav; inquiétez-vous du rendement total de votre portefeuille. Ensuite, faites-vous la promesse que vous ne garderez jamais un titre sur une position longue ou courte (vente à découvert) sans un stop de protection. Cela vous mettra à l'abri des émotions et garantira qu'aucune position ne pourra trop " abimer " votre portefeuille.

Etudions maintenant quelques situations de marché dont j'avais à m'occuper pour le " Professional Tape Reader ". Bien qu'il soit plus amusant de revenir sur nos coups gagnants, il est important de savoir comment faire face à une situation critique.

J'ai recommandé à l'achat American Capital Management (Graphe 6-37) en janvier 1987, quand il cassa au-dessus de sa résistance à 24 et que sa force relative devint positive. Tous mes indicateurs me disaient " de foncer ", mais au lieu de monter, ACA stagna. Pour un trader, c'est TOUJOURS un avertissement. Si un titre ne jaillit pas de ses " starting blocks " à la cassure, un trader devrait immédiatement alléger sa position et protéger le restant avec un stop très serré à approximativement 5 pour cent au-dessous du point de cassure (sous un chiffre rond). Dans le cas de ACA, cela se traduisait par un stop de protection à 22 7/8. Ainsi, pour les traders, la perte fut vraiment minime. Même les investisseurs avec un peu de bon sens, peuvent s'alléger quand un titre échoue à casser convenablement une résistance. Moyennant

Graphe 6-37

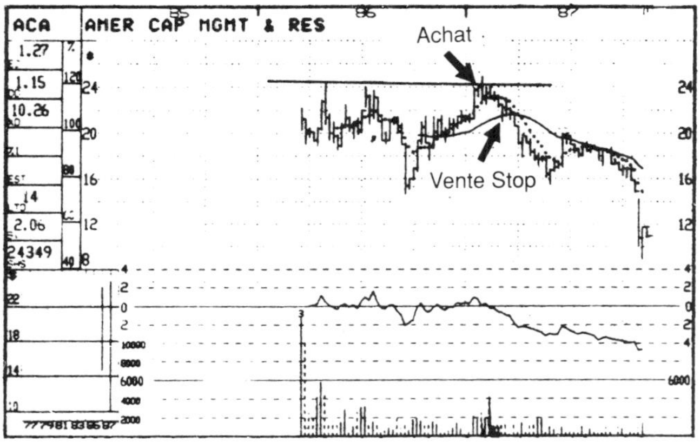

COURTESY OF MANSFIELD STOCK CHARTS

quoi, le stop de protection des investisseurs était placé juste au-dessous de la moyenne mobile à 22. Par conséquent, leur position fut soldée avec une perte de 9 pour cent une fois le titre retombé. Si cette discipline n'avait pas été suivie, cette perte légère serait devenue une moins-value de 65 pour cent car ACA tomba à un bas de 8 1/4 plusieurs mois après.

Le Graphe 6-38 nous montre un autre gagnant potentiel qui ne tint pas ses espérances: Rollins Environmental (REN). Une fois encore, nous aurions eu de sérieux problèmes si nous nous en étions tenus à notre méthode. Rollins lança un achat de continuation quand il franchit sa dernière résistance à 23 1/2. Après être monté à 26, il retomba promptement SOUS son niveau de cassure à 23 1/2, raison suffisante pour les traders d'en sortir avec une perte minimale. Les titres qui deviennent des super gagants retombent rarement au-dessous de leurs points de cassure. Pour les investisseurs, le stop de protection aurait dû être fixé à 21 7/8, étant donné que les bas antérieurs étaient juste au-dessus de 22. C'est là où je l'ai placé dans le PTR. En plus, la moyenne mobile à 30 semaines était à 22; aussi, quand REN cassa au-dessous de 22, il était temps de dire “ au revoir ” à Rollins avec une perte de 7%. Quelques semaines après, ce point de sortie pouvait presque apparaître comme un profit, puisque le titre s'échangeait alors à 11 1/2 ce qui représente une perte de plus de 50% !

La leçon est évidente: protégez toutes vos positions par des stops, ne faites jamais d'exceptions pour la raison fallacieuse que tel ou tel titre est une “ situation spéciale ”.

Graphe 6-38

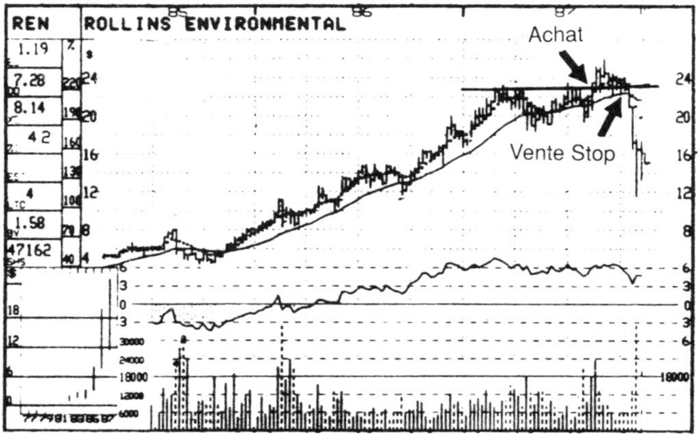

COURTESY OF MANSFIELD STOCK CHARTS

LA PHILOSOPHIE DE LA VENTE EST LA SUIVANTE : NE RENDEZ PAS VOS PROFITS SANS DE BONNES RAISONS

Il ne suffit pas de comprendre les mécanismes de la vente. Vous devez aussi comprendre la philosophie gagnante qui sous-tend cette méthodologie. Beaucoup d'opérateurs de marché ont une conception des profits ou des pertes qui me semble bizarre. Cette vision les encourage là encore à prendre des décisions infondées et destructrices. Demandez à huit investisseurs sur dix qui ont acheté le titre XYZ à 40, combien ont-ils perdu maintenant que le titre ne vaut plus que 20. Ils vous répondront “ rien du tout ” ! Pour eux, tant qu'on n'a pas vendu on n'a pas perdu, puisque la perte figure seulement sur le papier. C'est ridicule ! Votre titre ne vaut que le dernier prix affiché sur le ruban de cotation, le “ tape ”. C'est un actif qui peut être acheté à tout moment pendant les heures d'ouverture des bourses. Si vous décidez de récupérer votre mise sur telle ou telle position, vous le pouvez aux conditions du marché. Mais à cause de cette ineptie, beaucoup imaginent que sur un titre ayant perdu 50%, ils n'ont rien perdu tant qu'ils n'ont pas vendu. Cela les incite à conserver ce titre et à attendre qu'il remonte son cours d'achat pour ne pas avoir l'air stupide. Non seulement subissent-ils ainsi un effritement inutile de leur capital, mais en plus, ils se tiennent à l'écart de la possibilité de remettre les fonds ainsi bloqués sur une situation de Phase 2. L'opposé d'ailleurs est tout aussi ridicule. S'ils ont acheté un titre à 40 et qu'il est monté à 80, ils ont l'impression de ne pas avoir de profit, car ils n'ont pas encore vendu. Ils ont même l'impression que ces gains sont un " extra ". Ils devraient pourtant reconnaître que ce sont de vrais gains qui pourront être perdus s'ils ne les protègent pas correctement.

Une fois que vous aurez redéfini votre façon de penser dans ce sens, vous commencerez automatiquement à agir différemment. Pensez-y. Si vous achetez 1.000 actions XYZ à 40 et que le titre monte à 80, votre mise de 40.000$ devient dès lors 80.000$. Vous pouvez prendre cet argent et le remettre sur un autre titre. Si vous voulez l'utiliser pour l'achat d'une maison, là encore le choix ne tient qu'à vous. Et si vous n'y prenez pas garde et laissez retomber votre titre de 80 à 40 parce que vous n'avez pas utilisé un " stop de protection ", vous aurez perdu 40.000$ d'actifs difficilement acquis.

Je vous conseille donc de calculer toutes les semaines la valeur réactualisée de votre portefeuille. Ne vous inquiétez pas si elle varie de quelques pour cent d'une semaine à l'autre. C'est ainsi que fonctionnent les marchés. Si, par contre, vous voyez vos actifs tomber de 20 à 25%, c'est que quelque chose ne va pas. Si vous utilisez les " stops de protection ", peut-être prenez-vous trop de risques en achetant des titres a des prix d'achat trop éloignés des stops fixés. Si ce n'est pas le cas, il est aussi possible que vous preniez bien trop de pertes mineures coup sur coup parce que l'action du marché vous sort d'une position après l'autre. Dans une telle situation, mettez-vous sur la touche jusqu'au retour des probabilités de succès en votre faveur. Dans le chapitre 8, je vous expliquerai comment suivre quelques indicateurs de marché faciles à calculer, pour éviter que de telles situations ne se produisent. Mais pour l'instant, en suivant de près les résultats de votre portefeuille, vous capterez de plus près tout changement de la valeur du portefeuille et ne laisserez pas des profits disparaître sans agir.

Regardez le Graphe 6-39 de TS Industries qui fut frappé par le krach d'octobre 1987, et vous verrez ce que je veux dire. De nombreux investisseurs qui avaient accumulé de belles plus-values ont tout perdu. Si vous aviez convenablement suivi vos positions, il n'y avait aucune raison que cela se produise. J'ai recommandé TNDS dans le PTR au début 1986 quand le titre valait moins de 10. Il " avança " conformément à une configuration de Phase 2 pendant les 18 mois suivants, ne cassant pas une seule fois sa moyenne mobile à 30 semaines. Il ne força même pas de supports mineurs pendant toute cette période. Puis, fin Septembre 87, le titre toucha un haut de 34 1/2 après avoir établi un solide support juste au-dessus de 31. Etant donné que la moyenne mobile avait perdu de son élan haussier et s'écrasait, j'ai remonté le stop de protection à 30 7/8. Quelques semaines après, ce stop fut touché et le titre fut vendu avec une plus-value de plus de 200 pour cent.

Graphe 6-39

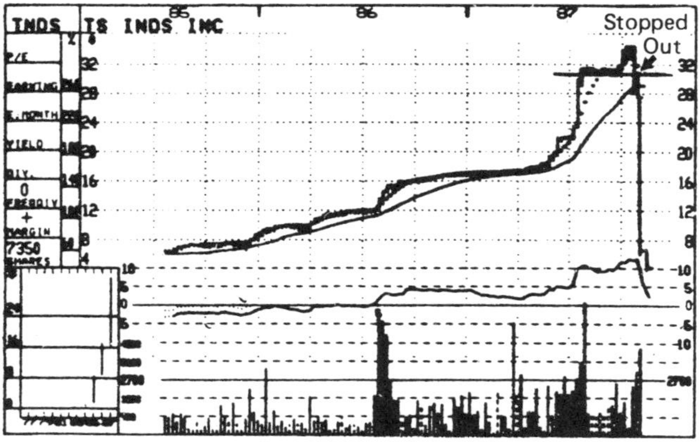

COURTESY OF MANSFIELD
STOCK CHARTS

Encore plus étonnant, ce qui est arrivé à tous ces investisseurs qui n'avaient pas notre plan d'action, et à ces opérateurs qui croyaient utile de laisser à TR Industries beaucoup d'espace pour évoluer. Dans les semaines qui ont suivi ma sortie de la valeur, le titre perdit 92 pour cent, touchant un bas de 2 3/4 ! En l'espace de trois semaines, les gains de deux années se sont évanouis ! Voilà le type de " cauchemar " de marché qui ne vous fera plus perdre le sommeil, tant que vous vous en tiendrez à la discipline que je vous ai enseignée.

TEST

1. Le seul moment où il est acceptable de faire une moyenne à la baisse dans une situation de Phase 4 est lorsque la configuration des volumes d'échange est positive. **V F**
2. Quand vous traitez d'un titre sur l'OTC (Over The Counter), vous avez le droit d'utiliser des ordres de vente " stop limite " mais pas des ordres de vente " stop simple ". **V F**
3. Pour l'investisseur, la clé du succès pour les ventes est d'apprendre à utiliser correctement les ordres de vente " stop de protection ". **V F**
4. La seule fois où investisseurs et traders peuvent détenir un titre en Phase 2 sans " stop de protection ", c'est lorsque ET le groupe ET le marché sont sur une tendance " bullish ". **V F**

5. Vous avez acquis le titre XYZ quand il dépassa sa ligne de tendance descendante à 78 1/2. Le haut antérieur en A était de 82. Le bas de correction en B était à 72 3/4. Si XYZ se déplace au-dessus de A, où pensez-vous que l'arrêt du mouvement se produira ?

   A. 87 3/4 B. 82 C. 89 1/4 D. 91 1/4

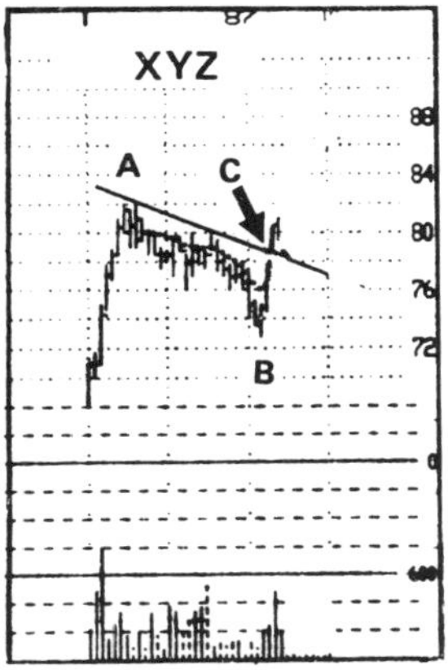

COURTESY OF MANSFIELD STOCK CHARTS

6. Le titre XYZ devint favorable à l'achat sur " trading " quand il passa au-dessus de sa ligne de tendance descendante à 36. Une bonne ligne de tendance ascendante se forma alors au cours des mois suivants, qui reliait au moins trois points. V F

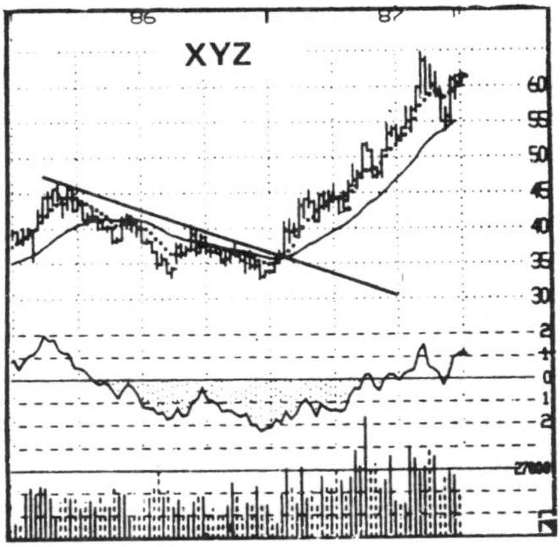

7. Les ventes " stop de protection " qui apparaissent sur le graphe d'UNOCAL (lettres A à E) sont des " stops de protection " valables. V F

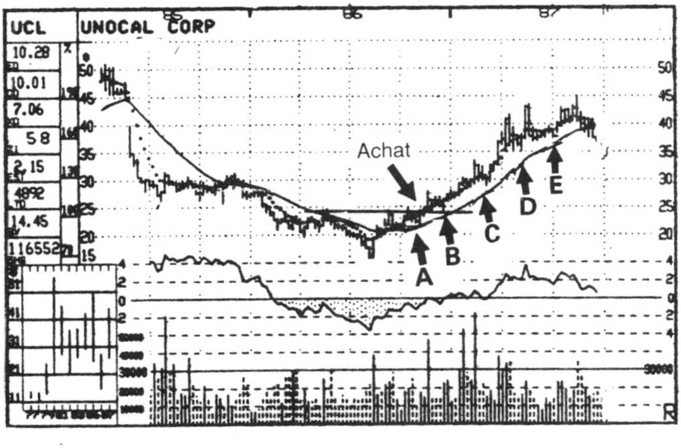

COURTESY OF MANSFIELD STOCK CHARTS

REPONSES

1. Faux. Il n'est jamais acceptable de faire une moyenne à la baisse dans une
216 situation de Phase 4.
2. Faux. Il ne vous est pas permis d'utiliser toute forme d'ordres " stop de protection " sur le marché OTC. Vous devez donc suivre ces ordres avec votre " broker ".
3. Vrai
4. Faux. A la fois traders et investisseurs ne devraient jamais détenir de positions sans ordres " stop de protection ".
5. D. 91 1/4. Le titre est Sequa Corporation Classé B, et l'avancée stoppa fin août 1987 à 91 1/2.
6. Vrai. Le graphe est celui d'Aluminium Corporation of America, et la ligne de tendance suivante aurait dû être, touchée en 4 points.

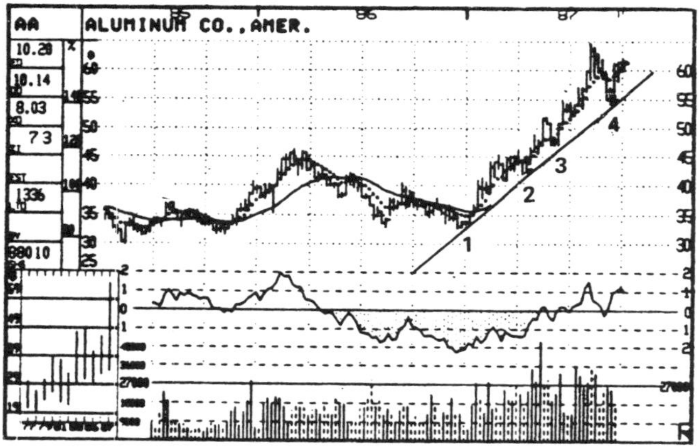

COURTESY OF MANSFIELD STOCK CHARTS

7. Faux. Les " stops de trading " devraient être placés de façon bien plus serrée au-dessous des bas de correction, pas en dessous de la moyenne mobile à 30 semaines. Cependant les points A, B, C, D et E sont des " stops " valables pour l'investisseur.

CHAPITRE 7

VENDRE A DECOUVERT : LA VOIE DE LA FORTUNE LA MOINS EMPRUNTEE

Bien que le marché des actions ait sur le long terme un biais haussier, il est tout de même orienté à la baisse pendant un bon tiers du temps. Il en est de même pour les valeurs individuelles. Pour la majorité des investisseurs, ces phases descendantes sont prétexte à se retirer des marchés ou des valeurs individuelles. Ils se contentent alors des maigres rendements de leurs Comptes d'Epargne ou de leurs Sicav monétaires, en attendant des jours meilleurs. Les investisseurs particuliers ne sont pas les seuls à se mettre à l'écart des bourses pendant de longues périodes. Leurs " brokers " ne font pas mieux, loin de là. Ils utilisent leurs journées et gagnent leurs commissions pendant ces marchés baissiers à recommander à l'achat des titres qui tombent, souvent d'ailleurs des titres qui ont encore un fort potentiel de perte.

Ce chapitre est l'un des plus importants de ce livre. On traitera de la vente à découvert. Lisez-le avec soin et sans préjugés. Si vous n'êtes pas familier avec ce concept de vente à découvert, révisez les définitions des ventes à découvert et des cassures à la baisse données dans le premier chapitre.

J'ai toujours été étonné par le nombre d'opérateurs de marché qui refusent la vente à découvert ! Beaucoup n'y réfléchissent même pas. Ils ne vendent à découvert, pas plus qu'ils n'hypothèquent leur maison ou qu'ils ne jouent le double-zéro dans un casino de Las Vegas : ils considèrent tout cela trop risqué. Il est dès lors compréhensible qu'ils réagissent si négativement quand le sujet est abordé. Mais ces craintes sont sans fondement, et ils perdent ainsi la chance de faire très vite beaucoup d'argent sur les marchés. Il est statistiquement reconnu que les actions tombent beaucoup plus rapidement qu'elles ne montent. Ainsi, si vous apprenez à capitaliser sur ces plongeons, vous en sortirez " gagnants ".

Graphe 7-1

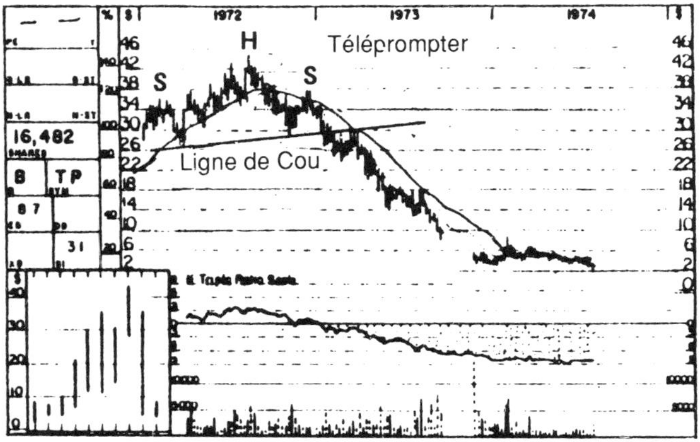

COURTESY OF MANSFIELD STOCK CHARTS

Les titres s'effondrent plus vite qu'ils ne montent, car la peur engendre une réaction de panique, alors que la cupidité " mijote " plus lentement [1]. Ces deux graphes représentent des valeurs vulnérables (7-1 et 7-2) qui ont été recommandées à la vente à découvert dans le " Professional Tape Reader ". Ils montrent clairement la réaction chimique intéressante qui se produit quand vous mélangez une configuration technique négative et un marché " bear " !

La majorité des gens sont des optimistes et c'est contre leur nature d'essayer de profiter de situations négatives. Mais si vous ne jouez que l'achat sur les marchés, c'est un peu comme si vous conduisiez une voiture sans marche arrière. Bien que vous ayez besoin de la marche avant bien plus souvent, il n'empêche qu'il est dangereux de ne pas avoir la marche arrière pour ces rares occasions où vous devez vous sortir d'un embouteillage par exemple. Il en est de même sur les marchés des actions. Dans l'ensemble, les marchés " bull " sont dominants. Par exemple, de 1960 à 1987 seules huit années furent " bearish ", mais mal jouer le marché ces années-là vous aurait retiré une grande partie de vos gains. Ne pas avoir su tirer parti des ces marchés "bear" par des ventes à découvert aurait encore plus handicapé votre portefeuille. La manière simple et logique d'approcher le marché

(1) Le krach d'octobre 1987 renforça cette vérité. Les marchés rendirent en une simple journée l'ensemble des gains enregistrés pendant l'année précédente.

Graphe 7-2

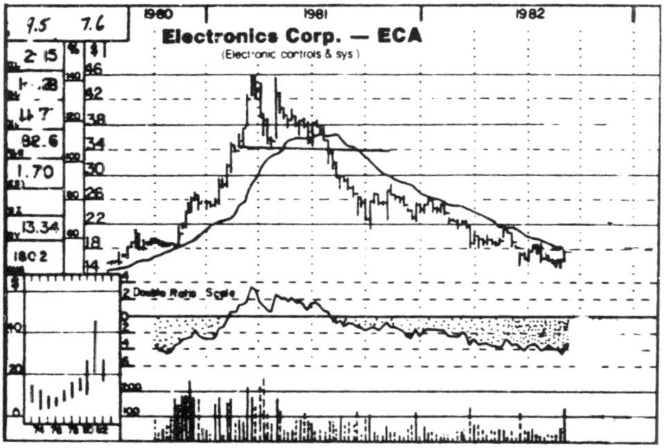

COURTESY OF MANSFIELD STOCK CHARTS

consiste à savoir la chose suivante: les meilleures valeurs devraient être achetées pendant un marché “ bull ”, tandis que les plus vulnérables devraient être vendues à découvert pendant un marché “ bear ”.

POURQUOI A-T'ON SI PEUR DE VENDRE A DECOUVERT?

Si vous suivez mes règles, vous verrez vous-même que le fait de vendre à découvert ne présente pas plus de risques que d'acheter. Si tel est le cas, pourquoi alors tant de gens refusent-ils de vendre à découvert, et pourquoi développent-ils donc une telle phobie contre cette technique sérieuse et profitable ? Voilà deux des réponses les plus courantes que j'entends depuis des années.

De nombreux investisseurs pensent qu'il n'est pas “ patriotique ” de vendre à découvert. Ils veulent encourager nos entreprises en conservant leurs actions. Ils réagissent un peu comme s'ils étaient en train d'encourager leur équipe locale de base-ball ou de football; ils ne veulent pas les " laisser tomber ". Etant donné que la majorité des américains a une inclination naturelle à l'optimisme, la vente à découvert est souvent considérée comme un passe-temps négatif.

Ma réaction à ce qui précède est simple. Il n'y a absolument aucun mal à reconnaître la réalité, à la fois des marchés et des économies. Leurs cycles font partie de la vie, et il n'y a rien de “ patriotique ” à conserver un titre alors qu'il arrive dans une Phase 4 de déclin. Tout comme il est rationnel de vendre et d'éviter ainsi une forte perte quand un titre commence à s'effondrer, de même est-il raisonnable de profiter de cette chute.

Ensuite, la vente à découvert est au service d'une fonction économique très utile. La vente à découvert augmente la liquidité sur un titre à la baisse. Ainsi quand l'action se fait descendre, sa chute est alors amortie. Après tout, un individu qui a vendu à découvert le titre XYZ aura à racheter ce titre à un moment donné. Toute vente à découvert représente donc une demande future pour le titre. Quand il tombe et que les vendeurs à découvert en rachètent, leur demande aura pour effet de ralentir sa chute.

Enfin, aucun des professionnels avec lesquels je me suis entretenu ne juge cette technique " anti-patriotique ". De plus, ils ne se gênent pas pour l'utiliser eux-mêmes. Je suis peut-être cynique, mais je n'ai pas l'impression que beaucoup de professionnels soient mécontents que le grand public se tienne à l'écart de cette technique de marché, laissant ainsi l'arène à eux seuls...

La seconde excuse " passe-partout " contre la vente à découvert est que *VOUS POUVEZ PERDRE TOUT CE QUE VOUS AVEZ !* Le raisonnement est à peu près celui-ci: si vous achetez XYZ à 40, le pire qui puisse arriver est que l'entreprise fasse faillite et que l'action tombe à zéro. Mais si vous vendez à découvert, il n'y a pas de limites à la hausse. L'action peut monter à l'infini. Etant donné que l'infini est un concept qui frappe nos esprits, ce danger théorique est suffisant pour tenir à l'écart de cette technique une majorité d'investisseurs. Ils rejettent l'idée de la vente à découvert et reviennent à ces techniques qu'ils jugent moins risquées, comme par exemple acheter une situation de Phase 4 dans un marché " bear "...

Bien qu'en théorie il y ait la possibilité de voir un titre monter de plus en plus haut, vous faisant alors tout perdre si vous l'avez vendu à découvert; en suivant ma méthode il est IMPOSSIBLE que cela se produise. Vous avez maintenant déjà assez lu et digéré mon approche de la question, pour trouver vous-même la réponse à ce risque, avant que je vous la donne: c'est l'achat " stop de protection ". Cet outil vous garantira contre le risque extrême de perte infinie et de " souffrances éternelles ". Ce n'est pas bien différent de ce que je vous ai appris à l'achat. De la même manière qu'un ordre de vente stop de protection bien placé rendra impossible que vous puissiez " porter " une valeur de 40 à zéro, de même un ordre d'achat " stop de protection " correctement placé vous assurera que vous ne porterez jamais une position à découvert sur XYZ lors d'une avancée de 40 à 200 ! Une fois que vous saurez utiliser cet outil important, vous vous rendrez vite compte que c'est idiot d'écouter vos amis et parents quand ils vous mettent en garde contre les grands dangers de la vente à découvert. Vous ne perdrez ni votre maison, ni votre voiture, ni même vos enfants comme le craignent de trop nombreux amateurs. Au pire, vous subirez une perte de 10 à 15% sur une position qui va " contre vous ". Ce n'est pas bien différent de ce qui se passe à l'achat quand l'une de vos acquisitions ne marche pas comme espéré et que votre stop de vente de protection est déclenché.

Une fois que vous aurez appris à bien évaluer le marché, vous vous rendrez compte que c'est un simple " jeu de nombres ". Il n'y a aucune différence entre acheter le titre XYZ en Phase 2 quand il casse au-dessus des 40 en le protégeant par une vente stop à 35 7/8, et vendre à découvert le titre ZYX en Phase 4 à 40 en le protégeant par un achat stop à 44 1/8. Dans chacun de ces deux cas, vous aurez un potentiel de perte de 10% si votre position va " contre vous ". Oubliez donc l'absurdité du risque illimité. Avec ma méthode, vous ne porterez jamais une position longue à zéro, ou une courte à l'infini.

ERREURS COURANTES DE LA VENTE A DECOUVERT

Avant de vous montrer la meilleure façon de vendre à découvert avec un fort potentiel et un minimum de risques, voici certaines des erreurs les plus courantes faites par les investisseurs qui utilisent cette technique.

1. *UTILISER LES CRITERES DE SUR-EVALUATION DANS VOS CHOIX.* Ne tombez jamais dans le piège qui consiste à penser qu'un P.E.R. élevé veut dire que vous devriez vendre à découvert. J'ai déjà traité le problème du caractère subjectif de la sur-évaluation. C'est un concept trop flou pour l'utiliser quand vous cherchez des candidats à la vente à découvert. Je pourrais remplir des pages entières de ce livre d'exemples montrant des valeurs qui paraissaient trop élevées sur le seul critère de leur P.E.R., ce qui ne les empêcha pas de grimper encore plus haut par la suite. Le Graphe 7-3 de Data General paraissait fondamentalement intéressant pour vendre le titre à découvert début 1984, quand un jeune marché " bear " s'engagea. Le titre s'échangeait à 35 fois les bénéfices, et le marché semblait sur le point de tomber. Cependant, au cours des huit mois suivants, alors que le Dow Jones des valeurs industrielles perdait plus de 200 points, DGN doubla, passant de 30 à près de 60 ! Ce titre était dans une solide Phase 2 de hausse, et vous savez maintenant qu'on ne doit même pas envisager de vendre à découvert un titre en Phase 2.

Il est intéressant de remarquer qu'il existe de nombreux titres qui arrivent en Phase 4 et deviennent des " super gagnants " à jouer à découvert, bien qu'ils aient des P.E.R. bas quand le signal de vente est lancé. Wayne-

Graphe 7-3

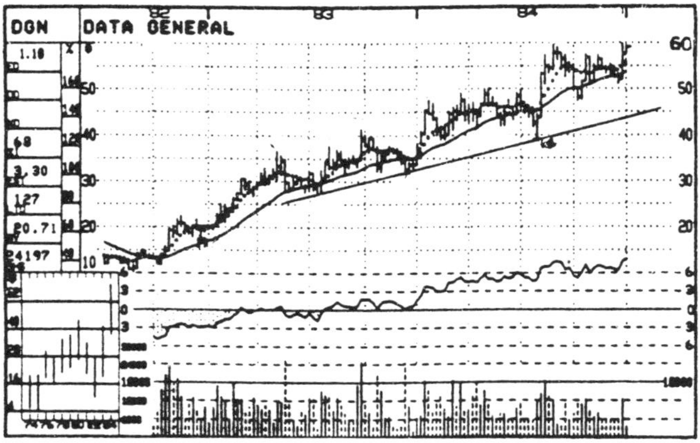

COURTESY OF MANSFIELD STOCK CHARTS

Gossard (Graphe 7-4) s'échangeait à près de 10 fois ses bénéfices fin 1972 quand il lança son signal de vente en cassant sous les 11. Un an plus tard, il avait un P.E.R. moins fort encore, après être descendu à 4 1/2. La leçon est claire : la sur-évaluation fondamentale n'est pas un bon moyen de découvrir un candidat à la vente à découvert, même si c'est la méthode la plus utilisée parmi les joueurs de ce marché.

2. *VENDRE A DECOUVERT PARCE QUE LE TITRE EST MONTE TROP HAUT*. Une autre approche très destructrice utilisée par de nombreux traders et investisseurs consiste à vendre à découvert quand ils considèrent que le titre a grimpé trop haut. Si vous aimez la “ roulette russe ”, alors faites comme eux. Mais un jour ou l'autre, la balle partira et vous en serez quitte pour une perte énorme. Les gens qui jouent à ce jeu vendent des titres qui sont toujours en train de charger en Phase 2, et ils n'arrivent pas à comprendre pourquoi ils se feront “ descendre ”. Maintenant que vous comprenez l'analyse par phases, vous voyez pourquoi ils se feront “ guillotiner ” à essayer de deviner l'arrêt d'une Phase 2. Le Graphe 7-5 d'Angelica est l'exemple parfait de ce qui peut arriver quand vous jouerez à ce jeu de devinettes. En avril 1981-au début d'un marché " bear "-Angelica venait de doubler et atteignait des “ plus hauts ” historique à 14. Huit mois après, le titre s'échangeait à 25 malgré une chute de 200 points sur le Dow.

Graphe 7-4

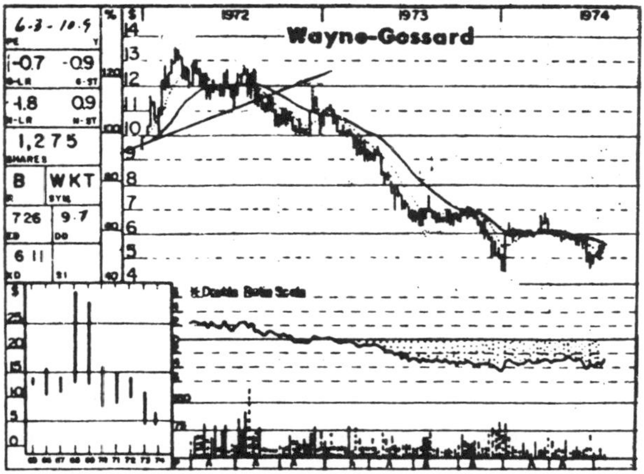

COURTESY OF MANSFIELD
STOCK CHARTS

Graphe 7-5

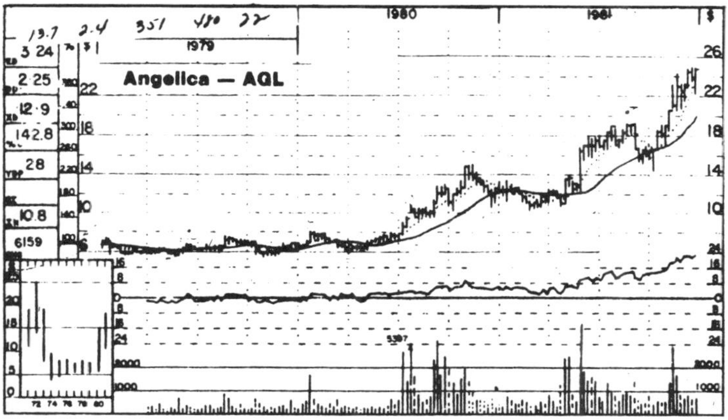

COURTESY OF MANSFIELD
STOCK CHARTS

3. *CHOISIR LE TITRE EVIDENT A JOUER A DECOUVERT*. Les bourses ont l'équivalent de ces offres, trop belles pour être honnêtes. Nous connaissons tous ces cas où l'affaire qu'on vous propose a l'air trop bonne pour être vraie... Une enquête plus approfondie révèlera habituellement que vous devez vous fier à votre instinct, et qu'on n'a rien sans rien. Sur les

marchés, c'est le cas de ces titres qui paraissent évidents à tous à jouer " à découvert ". C'est le cas du titre qui est monté bien trop haut par rapport à sa valeur " logique " et semble destiné à chuter. Tous les cycles de marché offrent ce genre de titres gonflés qui, en fait, finissent par plonger, mais généralement bien après que vous aurez été sorti de votre position de vendeur à découvert avec des pertes énormes. Ces titres ont les deux caractéristiques dont je vous ai dit de vous méfier: un P.E.R. élevé, et une forte avancée. En plus, ce titre suscite en général l'attention des médias, car c'est un " super gagnant ". Enfin, et encore plus dangereux, il a un intérêt court très important (2) par rapport à ses volumes. Alors que de nombreux titres ont un intérêt court égal à trois ou quatre fois les volumes d'échange quotidiens (ce qui est élevé), ces titres à vendre court ont un intérêt court représentant cinq fois et plus les volumes quotidiens échangés.

Avant d'examiner des cas réels qui vous montreront combien ces titres peuvent être dangereux, vous devriez savoir où obtenir les intérêts courts. Une fois par mois (autour du 21), le New York et l'American Stock Exchange calculent les totaux les plus récents des valeurs ayant les intérêts courts les meilleurs. Ces chiffres sont repris dans le WALL STREET JOURNAL (Graphe 7-6 colonne A) avec les volumes moyens quotidiens (colonne B). Si vous divisez les montants de la colonne A par ceux de la colonne B, vous obtiendrez le rapport. Par exemple, Home Shopping Network avait un intérêt court de 4.283.306. Le volume quotidien moyen était de 137.595. Le rapport est alors un surprenant 31 (4.283.306 divisé par 137.595) !

A la fois Bowmar en 1972-73 et Home Shopping en 1986-87 illustrent à la perfection ce dont je veux parler. Au début des années 70, Bowmar (Graphe 7-7) avança de 2 à 10, puis à 15, et après à 20. C'était surprenant, et chaque fois que quelques points de plus étaient gagnés, de nouvelles études fondamentales montraient que la valeur n'avait pas de raisons de monter et qu'un krach sur le titre était prévisible. Les fondamentalistes avaient raison, car même à supposer que les calculateurs de poche fabriqués par Bowmar finissent sur tous les bureaux du pays, le titre était de toutes façons trop cher. Ce que ni ces analystes, ni les nombreux spéculateurs qui avaient vendu ce titre à découvert ne comprenaient; tant que BOM était en Phase 2, " trop cher " pouvait devenir " encore plus cher ". Le deuxième facteur dont ils ont oublié de tenir compte est que trop de gens avaient vendu le titre à découvert. Il avait attiré presque 250.000 ventes à découvert; soit approximativement 10 fois les volumes quotidiens. En soi, une position courte si anormalement élevée peut propulser le titre de plus en plus haut alors que les vendeurs à

(2) La position de place est le nombre de titres d'une action donnée qui sont actuelement vendus à découvert.

Graphe 7-6

POSITION DE PLACE VENDEUSE

	A — Nombre de titres vendus à découvert (sommes cumulées)			B — Volume d'échange quotidien moyen
	9/15/87	8/14/87	% Chg	Avg Dly Volume
Astrex Inc	93,300	93,300	0.0	2,090
tAstrotech Inf Corp	320,035	338,879	−5.6	78,923
At&e Corp	1,140,092	1,188,402	−4.1	20,833
tAtari Corp	1,351,500	1,215,900	11.2	183,876
Atlas Cons Mng B	57,194	56,194	1.8	46,719
tBally Manu Wts ...	153,134	161,605	−5.2	12,552
tBat Ind Adr Ord ..	876,938	151,130	480.3	198,928
tBlocker Energy ..	393,000	439,222	−10.5	347,100
Bolar Phar. Co.	639,759	1,075,225	−40.5	111,485
Bowne & Co Inc ...	4,570	41,635	−89.0	54,371
Brown Forman Clb	58,892	62,908	−6.4	41,876
tBsn Corp	389,763	407,653	−4.4	22,909
Canand Wine Cla ..	50,900	47,300	7.6	17,223
tCardis Corp	321,100	260,000	23.5	9,776
Carnival Cruise	72,196	67,094	7.6	209,166
Central Fund Can .	4,000	83,461	−95.2	34,647
Chambers Dev Cla	67,500	71,657	−5.8	19,766
Charter Med Cl A .	10,428	39,200	−73.4	43,604
Citizens First Ban .	90,267	120,778	−25.3	15,361
Cmi Corporation ...	61,300	70,300	−12.8	10,433
tColor Sys Tech	186,600	180,500	4.5	13,942
tConquest Exp Co .	222,900	179,256	24.3	35,933
Cons Oil Gas Inc ..	79,907	89,061	−10.3	16,771
tCustomedix Corp .	152,542	108,375	40.8	35,438
tDamson Oil Corp .	642,217	676,107	−5.0	124,495
tDe Laurentiis Ent	217,777	129,100	68.7	17,995
Delmed Inc	65,347	65,347	0.0	32,666
Diagnos Ret Sys B	60,700	15,600	289.1	19,090
Dillard Dept Store	150,350	145,963	3.0	42,938
tDome Petrol Ltd .	121,942	123,873	−1.6	174,019
Echo Bay Mines ..	523,820	498,617	5.1	396,342
Elsinore Corp	66,398	55,403	19.8	29,557
tEntertain Mkt	1,186,296	1,134,385	4.6	33,466
tFoothill Group Inc	316,800	316,396	0.1	17,576
Frischs Rest	323,293	323,795	−0.2	4,038
Fruit Of The Loom	63,071	63,823	−1.2	98,004
Gen El Cr Geyws .	65,500	79,600	−17.7	15,023
tGeotherm Res	252,657	253,057	−0.2	7,414
Giant Food Inc A .	50,839	61,169	−16.9	56,623
Goldfield Corp	86,072	90,374	−4.8	19,590
Granges Explor ...	19	26,040	−99.9	9,047
Great Lake Chem .	34,207	6,045	465.9	25,885
Greenman Bros ...	174,339	175,330	−0.6	14,914
Gulf Canada Res ..	5,818	41,543	−86.0	120,057
Hard Rock Cafe	46,600	15,800	194.9	6,052
tHasbro	388,609	437,345	−11.1	125,909
Heritage Ent Wt ...	25,831	0	....	6,676
tHome Shop Net ...	4,283,306	4,212,510	1.7	137,595

SOURCE: Reprinted from *The Wall Street Journal*, September 23, 1987,

découvert se pressent pour « se racheter » dès que la valeur recommence à monter. C'est exactement ce qui se produisit. Alors que Bowmar monta à 30, 35 et 40, semaine après semaine, des vendeurs à découvert, de plus en plus nombreux, se sont fait « sortir » du titre qui atteint 45 et « défia » même le

Graphe 7-7

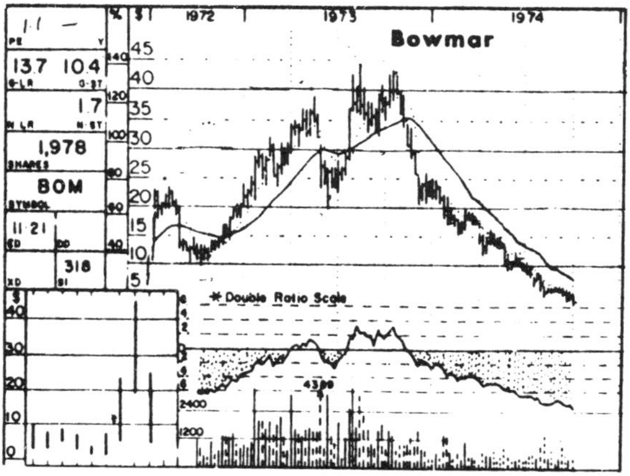

COURTESY OF MANSFIELD STOCK CHARTS

marché “ bear ” de 1973 pendant 10 mois. Bien sûr, maintenant que vous comprenez l'analyse par phases, vous voyez qu'il n'est pas question que vous ayez pu être vendeurs à découvert sur ce titre en 1972 et 1973, simplement car sa moyenne mobile à 30 semaine était en ascension constante [3].

N'oubliez jamais cela: *NE VENDEZ JAMAIS A DECOUVERT UN TITRE QUI SE TROUVE AU-DESSUS DE SA MOYENNE MOBILE ASCENDANTE*. Si vous avez compris tout ce que je vous ai dit sur l'achat, alors vous savez comment vendre à découvert, peut-être ne vous en rendez-vous pas encore compte. Il vous suffit de reprendre tout ce qui vous a été dit à l'envers. Tout comme vous ne devriez jamais acheter un titre qui s'échange au-dessous de sa moyenne mobile à trente semaines, vous ne devriez jamais vendre à découvert un titre qui est au-dessus de sa moyenne mobile à 30 semaines, elle-même ascendante. Peu importe combien ce titre peut vous paraître séduisant.

Un aperçu intéressant indirect est donné là encore par Bowmar qui, après avoir dessiné son sommet à 45 fin 1973, cassa au-dessous de sa moyenne mobile, qui elle-même se retourna. A ce moment-là, la plupart des vendeurs à découvert de la première heure " étaient sur la paille ",

(3) Le seul moment où la moyenne mobile arrêta de monter et où le titre la franchit à la baisse se situa lors d'une forte vague de vente temporaire. Vous n'auriez pas dû envisager de vendre BOM à découvert, même pendant cette période, à cause de son intérêt court important . Si vous l'aviez fait, vous vous seriez “ couvert ” sans pertes, quand BOM remonta au-dessus de sa MM.

Graphe 7-8

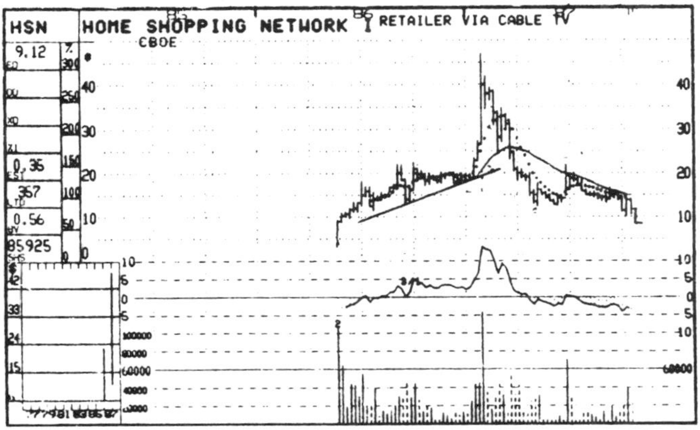

COURTESY OF MANSFIELD STOCK CHARTS

complètement dégoutés. Ils ne voulaient certainement plus entendre parler de ce titre. Suivant la voie souvent perverse des marchés, c'est alors que Bowmar en profita pour chuter, chute qui durera deux ans, ramenant le titre à moins de 1$!

Home Shopping Network (Graphe 7-8) est un autre exemple plus récent de ces titres qui paraissent évidents à jouer à découvert, et vous font perdre énormément d'argent. Le Graphe 7-8 n'illustre pas parfaitement le véritable “ feu d'artifice ” tiré par ce titre en 1986 et début 1987, car il a été divisé deux fois, ce qui équivaut à une division par 6 du titre. Un coup d'oeil rapide au graphe vous montre combien les vendeurs à découvert ont dû se “ mordre les doigts ”. Le príx d'introduction (Initial Public Offering) fut de 18, et le titre clôtura cette journée d'introduction à 47 3/4. Alors les dés étaient lancés, les investisseurs qui avaient eu la chance de toucher la valeur à 18, avaient après cette première journée un profit papier de plus de 150 pour 100 ! Au cours des jours suivants, le titre monta à 50, 55, 60, puis 65, et nous n'en étions qu'au début. A ce stade, les spéculateurs à l'affût de ventes à découvert commencèrent à sortir du bois. Pour eux, à l'évidence, le titre devait retomber. Ainsi, l'intérêt court monta à plus de dix fois les volumes quotidiens, au fur et à mesure que de plus en plus d'opérateurs pariaient sur le krach imminent du titre. Pendant ce temps, les études des banques d'investissement affirmaient que le titre était complètement sur-évalué, mais il était en Phase 2 et l'intérêt court était trop élevé. Alors que se passa-t-il ? Au mépris des espoirs des vendeurs à découvert, HSN monta à la verticale de 100, à un pic d'avant division du titre de 282 (qui équivaut à 47 sur le graphe 7-8 une fois ajusté pour division du titre) ! Enfin, ce qui n'est pas surprenant, une fois que tous les vendeurs à découvert sont " éjectés ", le titre finalement forma son sommet et cassa au-dessous de sa moyenne mobile, roulant jusqu'à 10.

D'AUTRES ERREURS DE VENTES A DECOUVERT

Les trois types d'erreurs de " vente à découvert " dont je viens juste de vous entretenir ne sont certainement pas les seules que vous devez connaître quand vous chercherez à faire de l'argent sur des positions courtes. Il est aussi très important que vous ne vendiez pas à découvert un titre qui a un marché trop étroit. Un marché trop étroit caractérise une valeur qui a un volume d'échange quotidien relativement bas. Si le volume d'échange moyen hebdomadaire est inférieur à 15.000 actions, cherchez ailleurs. Rappelez-vous que s'il ne s'échange que quelques centaines de titres par jour quand vous essaierez de couvrir votre position (racheter le titre), vos achats provoqueront une hausse sur le titre. En plus, quand un titre a un marché étroit, il suffit de peu d'achats pour provoquer la panique d'autres vendeurs à découvert, ce qui entraîne un étranglement des positions à découvert (autrement dit une hausse due au rachat de vendeurs à découvert).

Une autre grave erreur est de vendre " court " un titre qui fait partie d'un groupe bien orienté. Là encore, les principes que je vous ai appris au niveau des achats s'appliquent encore, mais à l'envers. Vous désirerez vendre à découvert un titre vulnérable tiré d'un groupe faible, surtout quand le marché est mal orienté.

Le Graphe 7-9 d'Aluminium Company of America paraissait faible quand le titre cassa au-dessous de sa moyenne mobile à 36 début 1973 (point A). Plus tard, quand il cassa encore sous sa moyenne mobile à un niveau plus élevé (47-point B), il paraissait encore plus vulnérable. Dans les deux cas, vous auriez dû laisser de côté ce titre et rechercher ailleurs une action prix plus propice, car le groupe des valeurs de l'aluminium (Graphe 7-10) démontrait trop de force, avec une force relative ne cessant de s'apprécier.

A l'opposé, il n'est pas surprenant que PSA (Graphe 7-11) ait chuté et devint une superbe position à découvert, le Groupe des Compagnies Aériennes (Graphe 7-12) étant au même moment très mal orienté.

La dernière erreur à éviter consiste à vendre à découvert sans passer de " stop de protection ". NE FAITES JAMAIS CELA ! Si votre ordre de vente

Graphe 7-9

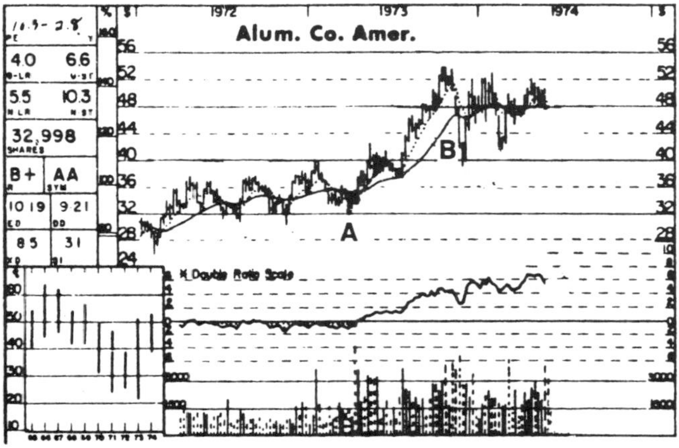

COURTESY OF MANSFIELD STOCK CHARTS

Graphe 7-10

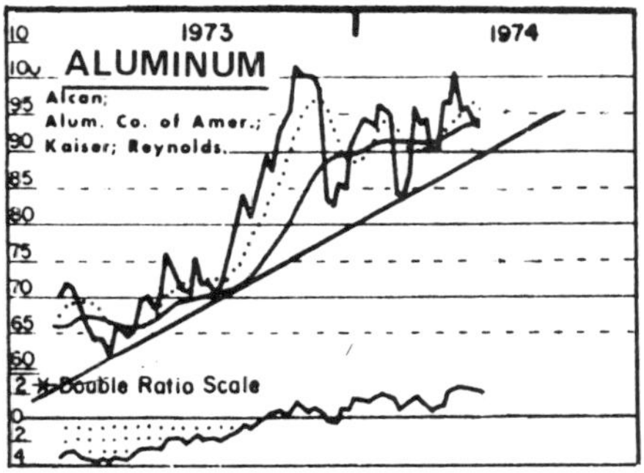

COURTESY OF MANSFIELD STOCK CHARTS

à découvert est placé sur un titre de l'American Stock Exchange ou le New York Stock Exchange, placez alors un " achat stop de protection [(4)] bon jusqu'à annulation ". Mais s'il est côté sur l'Over The Counter, assurez-vous que votre " broker " le suivra sur son moniteur et qu'il vous couvrira automatiquement s'il touche son niveau d'achat stop.

(4) Sur l'American Stock Exchange ce sera un ordre " d'achat stop limite ".

RESUME DE LA VENTE A DECOUVERT : CE QU'IL NE FAUT PAS FAIRE

- Ne vendez pas à découvert parce que le P.E.R. est trop élevé.
- Ne vendez pas à découvert parce que le titre est monté trop haut.
- Ne vendez pas à découvert le titre évident que tout le monde voit s'effondrer.
- Ne vendez pas à découvert un titre qui a un marché trop étroit.
- Ne vendez pas à découvert un titre en Phase 2.
- Ne vendez pas à découvert un titre dans un groupe bien orienté.
- Ne vendez pas à découvert sans vous protéger avec un ordre " d'achat stop ".

Graphe 7-11

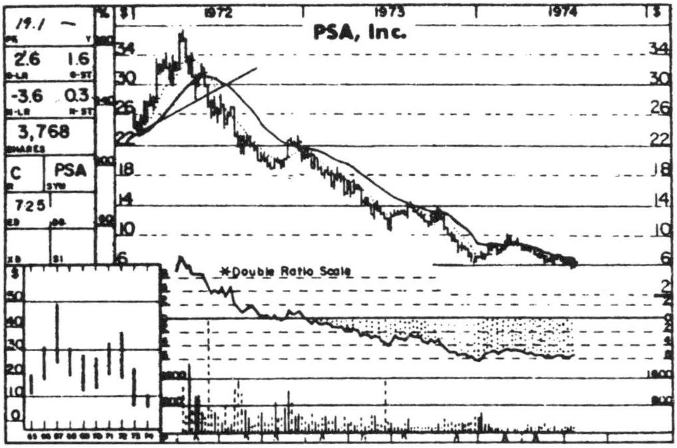

COURTESY OF MANSFIELD STOCK CHARTS

Graphe 7-12

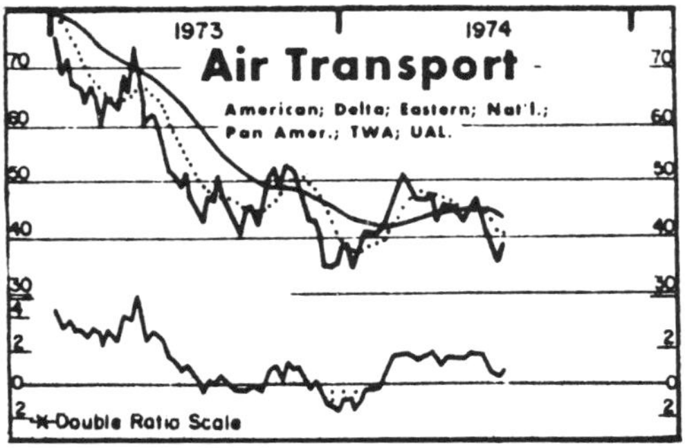

COURTESY OF MANSFIELD STOCK CHARTS

COMMENT BIEN FAIRE LES CHOSES

Maintenant que nous savons ce qu'il ne faut pas faire, apprenons à savoir comment bien vendre à découvert de façon disciplinée et froide. Le point de départ est la recherche d'un titre qui a eu une forte avancée au cours des douze derniers mois. Ne vous arrêtez surtout pas là comme le font de trop nombreux amateurs. Il est important d'être sûr que votre candidat à la vente à découvert est bien en Phase 3, avec une moyenne mobile plate, ou, mieux encore, qui commence à baisser. Recherchez aussi un titre qui a fluctué latéralement pendant plusieurs semaines. Ces mouvements en ciseau sont le signe qu'une formation de sommet avec distribution se dessine, ce qui aidera à lancer la chute. Enfin recherchez un niveau bien défini, si possible sous la moyenne mobile, qui signalera le début d'une Phase 4 quand elle sera cassée.

Le Graphe 7-13 illustre ce point. Tant que XYZ avançait et se situait au-dessus de sa moyenne mobile ascendante, vous n'auriez pas envisagé un instant de vendre ce titre à découvert. Une fois que la moyenne mobile s'est écrasée et qu'un sommet s'est dessiné (point A), les chances d'une chute importante se sont sensiblement accrues.

QUAND VENDRE A DECOUVERT ?

La question suivante à résoudre est: quel est le bon moment pour engager une vente à découvert ? Est-ce quand la cassure initiale se produit (point A), ou quand la reprise de retour ramène le titre à proximité de la zone de cassure (point B) ? Encore une fois, tout ce que vous avez appris pour l'achat est valable à la vente. Il vous suffit de prendre les étapes à l'envers. J'ai dit précédemment que lorsqu'on est en face de cassures par le haut, le risque est moins grand quand vous achetez sur le retour; mais vous prenez alors le risque de ne pas pouvoir acheter le titre s'il ne fait pas de retour. J'ai ainsi souligné que la meilleure tactique pour un investisseur était d'acheter la moitié de sa position sur cassure, et la deuxième moitié sur le retour vers le point de cassure. A l'opposé, les traders devraient foncer et acheter toutes leurs positions à la cassure. Les règles pour la vente à découvert sont identiques. Les traders devraient vendre toute leur position au moment de la cassure par le bas. Il est essentiel que les traders s'en rendent compte. Bien que les retours sur le point de cassure se produisent dans plus de la moitié des cas, ces retours se produisent en tout cas bien moins souvent qu'après des cassures à la hausse. La raison en est bien simple: les titres chutent à cause de la peur, et quand la panique n'est plus maîtrisée, c'est le plongeon irréversible sans espoir de retour. Néanmoins, les investisseurs plus

Graphe 7-13

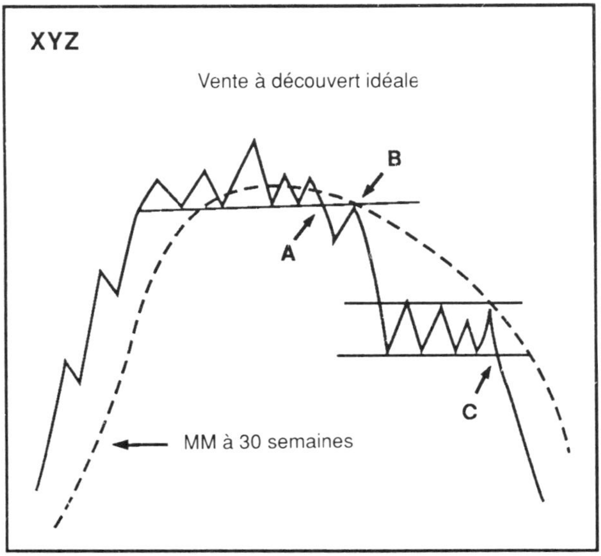

conservateurs qui veulent éviter de prendre trop de risques ne devraient vendre à découvert qu'une moitié de leur position sur la cassure, puis vendre le solde sur un retour.

Le Graphe 7-14 de General Medical - une recommandation de vente à découvert du Professional Tape Reader datant de 1973 - illustre mon propos. Tant que le titre demeurait en Phase 2, nous avons refusé de faire comme la majorité et de considérer le titre sur-évalué, bien que son P.E.R. fût au niveau insensé de 47. Mais une fois que la moyenne mobile a stoppé son ascension et qu'un sommet s'est dessiné, il était alors temps de le mettre sur notre liste des ventes à découvert potentielles. Ensuite, quand il cassa au-dessous du point A, le moment était venu de “ s'amuser ”, alors que le titre n'en finissait pas de tomber.

PRENDRE DES DECISIONS PROFITABLES

Tout comme il faut suivre avec discipline une chronologie de décisions à l'achat, vous ferez de même pour la vente à découvert.

1. Le Marché. Le point de départ essentiel est la tendance du marché. Bien que je n'irai pas jusqu'à dire de ne jamais vendre à découvert quand la

Graphe 7-14

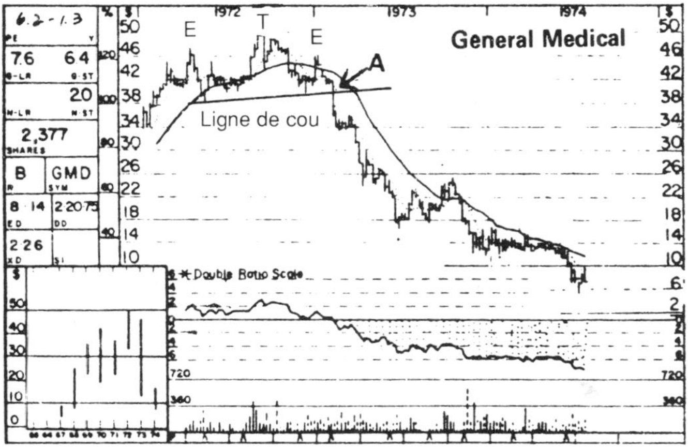

COURTESY OF MANSFIELD STOCK CHARTS

tendance du marché est " bullish ", ce cas devrait être l'exception, certainement pas la règle. Tout comme je vous ai montré au Chapitre 5 comment une situation graphique particulièrement " bullish " comme celle de National Semiconductor aurait pu être achetée en plein milieu d'un marché " bear " comme celui de 1973, de même une situation graphique particulièrement " bearish " peut donner lieu à une vente à découvert, même lorsque la tendance générale du marché est favorable. Acheter National Semiconductor en plein milieu d'un marché " bear " c'était s'assurer d'une couverture face aux multiples positions de ventes à découvert ouvertes. De la même façon, si vous trouvez une configuration très négative sur un titre, cela vous couvrira contre les nombreuses positions longues que vous avez. En général cependant, mieux vaut rester simple. Quand la tendance générale du marché est " bullish ", vous voulez trouver des titres à l'achat. Et, à l'opposé, quand le climat d'investissement est maussade, vous serez à la recherche de titres à vendre à découvert. Le point de départ sera donné par les indices de marché qui seront à l'évidence négatifs (comme ce fut le cas en 1962, 1966, 1973-74, 1977, et 1981-82). Là, vous voulez ouvrir des positions courtes. Lorsque la tendance générale devient clairement " bearish " comme ce fut le cas en 1973 (voir Graphe 7-15), il devient facile d'engranger de gros profits du côté court. Aussi une fois que nous sommes sûrs que tous les indices

Graphe 7-15

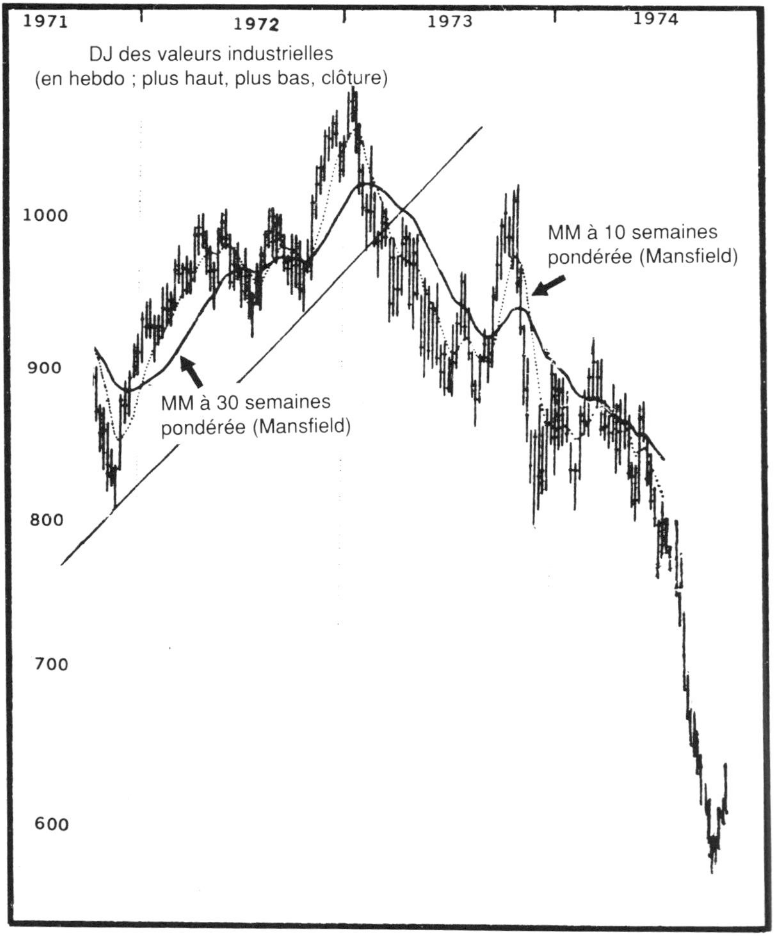

COURTESY OF MANSFIELD STOCK CHARTS

représentatifs du marché sont au-dessous de leurs moyennes mobiles à trente semaines et en Phase 4, et qu'en plus, la majorité de nos indicateurs à long terme (que je vous montrerai au Chapitre 8) sont eux aussi mal orientés, il est alors temps d'aller " pêcher" quelques bons candidats à la vente à découvert.

2. Le Groupe. L'étape suivante consiste à isoler ces secteurs de marché qui démontrent une forte vulnérabilité à la baisse. Pour cela nous regarderons

Graphe 7-16

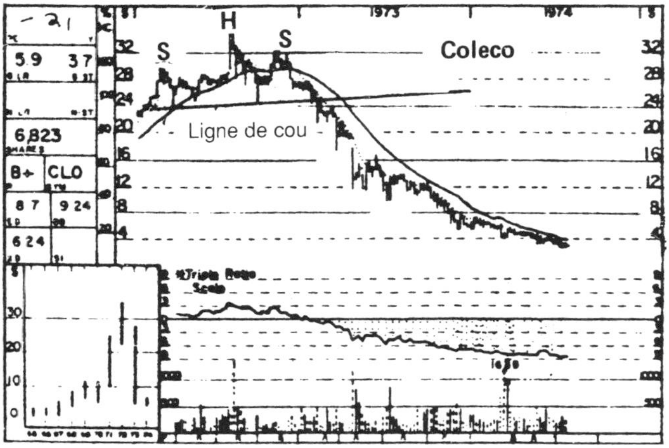

COURTESY OF MANSFIELD STOCK CHARTS

Graphe 7-17

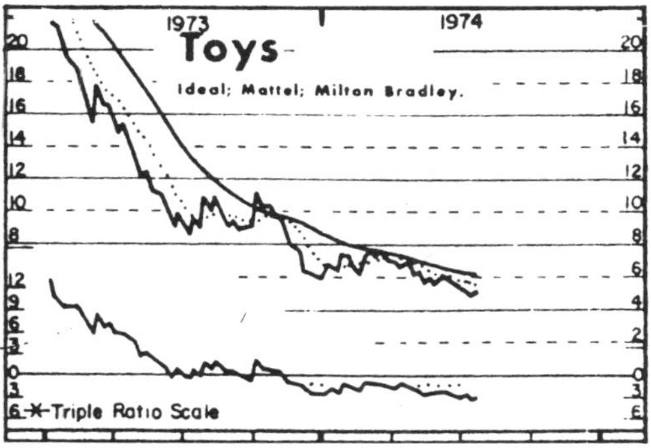

COURTESY OF MANSFIELD STOCK CHARTS

les graphiques de groupe à la recherche de configurations négatives (5). On veut s'assurer que l'indice de groupe a cassé à la baisse sa moyenne mobile

(5) Le service graphique Mansfield a une section qui couvre l'ensemble des groupes du standard and Poor's. Étudiez-les toujours avec les graphes des valeurs individuelles.

à trente semaines. Une autre clé est donnée quand MM 30 a une pente descendante. Enfin, il est important de trouver plusieurs graphes de valeurs individuelles du secteur montrant des signes techniques évidents de faiblesse.

Comme nous le montrent les Graphes 7-16 et 7-17, les plus beaux coups à la baisse sont le fait des titres les plus mal orientés dans les plus mauvais secteurs. C'est donc sans surprises que Coleco, qui était une de nos recommandations de ventes à découvert début 1973, s'avéra être un super gagnant à la baisse. Ce titre avait tout pour lui; la tendance marché était " bearish ", le groupe mal orienté, et la configuration graphique de Coleco était déplorable une fois qu'il cassa et acheva sa figure de " tête et épaule de sommet ". (Plus loin dans ce chapitre, je traiterai avec de plus amples détails cette formation particulièrement importante).

3. La situation graphique individuelle. Affinons maintenant un peu plus le processus de choix. Il y a plusieurs facteurs à pondérer pour trouver le candidat idéal à une vente à découvert. Nous ne voulons pas seulement un titre moyen à la baisse, nous voulons là encore des titres de première qualité. Voilà les quelques filtres qui vous aideront à séparer le bon grain de l'ivraie. Assurez-vous que le titre a eu une belle flambée avant que son sommet ne se soit formé. Si le sommet se développe après une médiocre avancée de Phase 2, on a toutes les chances d'assister à un déclin non moins médiocre qui ramènera le titre dans sa zone de fondation antérieure, rien de bien excitant.

Graphe 7-18

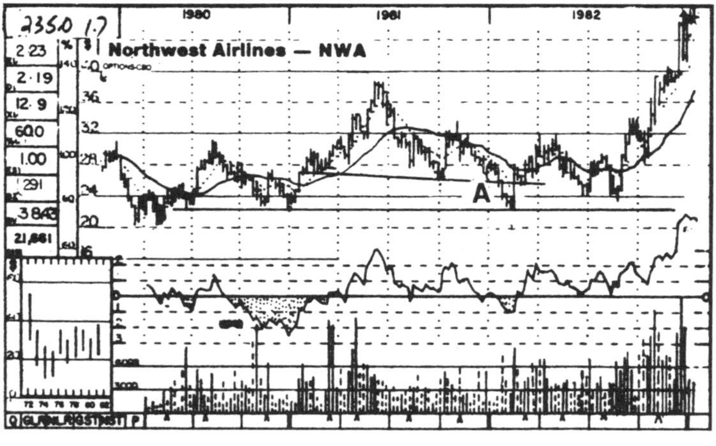

COURTESY OF MANSFIELD STOCK CHARTS

Mais si vous jouez "court" un candidat qui s'est lancé comme une fusée avant son sommet de Phase 3, alors vous avez toutes les chances d'assister à une chute aussi explosive. Le deuxième facteur qui exige une stricte attention, c'est de vérifier s'il existe ou non une forte zone de support à proximité de la zone de cassure.

Voilà deux graphes qui ont développé des sommets de Phase 3 et ont ensuite cassé en Phase 4. Le Graphe 7-18 de Northwest Airlines eut une descente moyenne car il existait un support solide autour des 22, non loin du point de cassure à 26 7/8 (point A). C'est sans surprise que la chute s'est arrêtée à proximité de ce niveau des 22. A l'opposé, le Graphe 7-19 de Hiram Walker n'avait aucun support, une fois la ligne support cassée à 20 (point A) et comme " Humpty Dumpty " * le titre se " cassa la figure ".

4. La Force Relative. Ne vendez jamais à découvert un titre qui a une force relative très positive (FR), tout particulièrement quand la ligne de FR est sur une tendance ascendante. Si un tel titre casse à la baisse alors que vous l'avez en portefeuille, bien sûr, vous le vendrez immédiatement. Il n'empêche que vous ne désirerez pas ouvrir une position à découvert sur ce titre. Bien que la force relative soit en territoire positif sur vos graphes Mansfield, cela n'exclut pas ce titre de la liste des ventes à découvert. Il faut impérativement que cette FR ait formé un sommet et ait entamé un déclin. C'est encore mieux si une cassure des prix est accompagnée par un passage de la force relative

Graphe 7-19

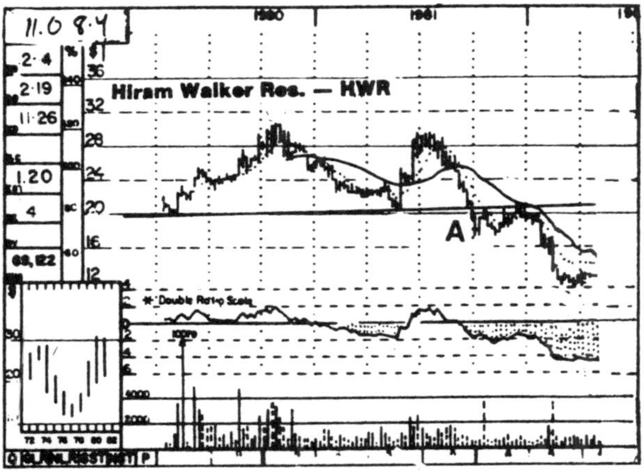

COURTESY OF MANSFIELD STOCK CHARTS

* L'auteur compare un petit personnage de contines (Humpty Dumpty) assis sur un mur et qui en est tombé , avec un titre boursier.

Graphe 7-20

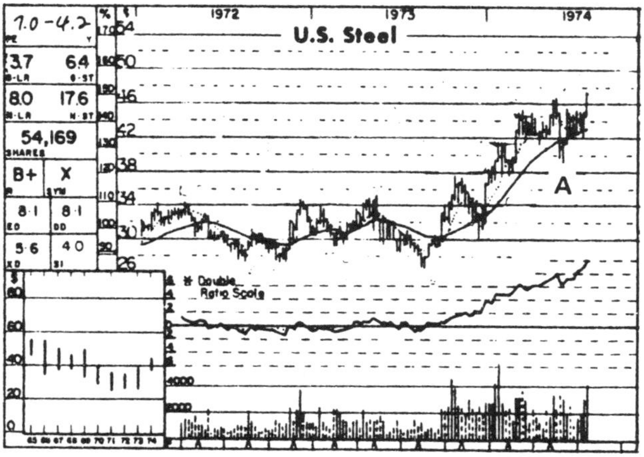

COURTESY OF MANSFIELD STOCK CHARTS

Graphe 7-21

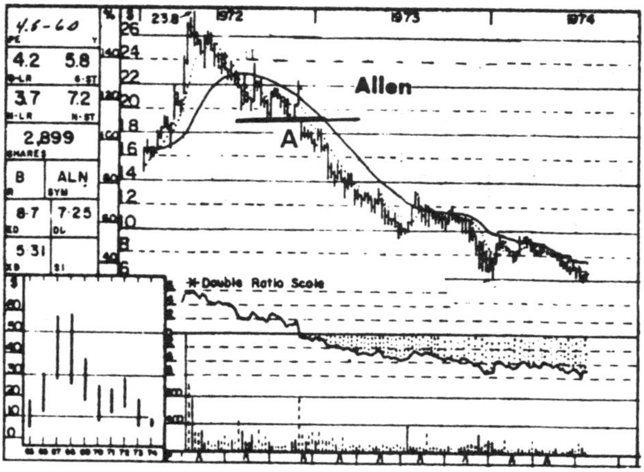

COURTESY OF MANSFIELD STOCK CHARTS

en territoire négatif. De tels titres font ces positions courtes qui donnent de “ super gagnants ” à la baisse.

Le Graphe 7-20 de U.S. Steel en 1974 est l'exemple parfait du titre ayant une force relative qui aurait dû vous dissuader de le vendre " court ", même si les prix avaient perforé leur support à 42 (point A). Quand cette cassure se produisit, la ligne de Force Relative était toujours bien orientée; par conséquent, le titre ne devint jamais une vente courte intéressante. Dans le même temps, le Graphe 7-21 de Allen était le parfait exemple du titre à vendre à découvert fin 1972. Sa force relative s'était affaiblie de façon significative et avait percé la ligne des zéro, lorsque le titre cassa au-dessous de son support à 19 (point A). Un coup d'oeil sur le graphe nous montre ce qui s'est passé à l'arrivée de la Phase 4.

5. Les volumes. Faites maintenant très attention ! La configuration des volumes est cruciale quand on traite de cassures par le haut sur des achats. Jamais vous ne devriez acheter sur une cassure qui n'a pas un signal de confirmation des volumes. Si vous achetez quand même et que les volumes ne confirment pas la cassure, alors vous devriez vendre à la première reprise. LE CAS DE LA VENTE A DECOUVERT EST A 100 POUR CENT DIFFERENT. Bien qu'on soit heureux de voir les volumes augmenter sur une cassure à la baisse et ainsi confirmer cette cassure, ce n'est pas l'ingrédient essentiel pour trouver une position à découvert gagnante. Il faut de la puissance pour faire monter un titre, mais ce titre peut baisser par son propre poids. Il y a de nombreux exemples comme Jonathan Logan (JOL) en 1973, où les volumes n'ont pas confirmé la cassure à la baisse et où le titre s'est avéré être un gagnant spectaculaire. JOL (Graphe 7-22) acheva un sommet majeur quand il cassa sous sa ligne de tendance en 55 (point A). Remarquez combien les volumes étaient bas en ce point (B). Cela n'empêcha pas le titre

Graphe 7-22

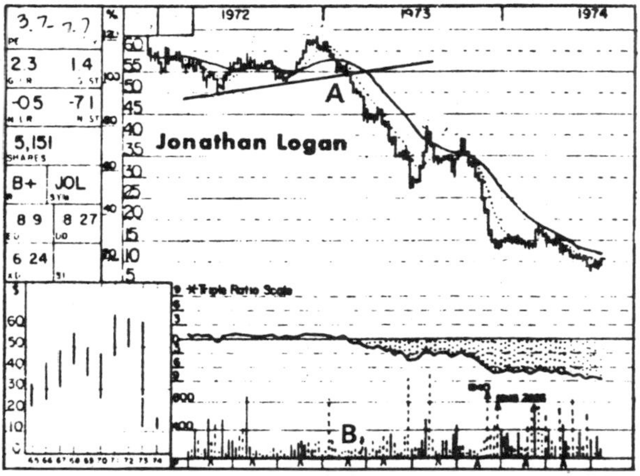

COURTESY OF MANSFIELD STOCK CHARTS

de s'effondrer de près de 90 pour cent ! C'est encore pire bien sûr si les volumes augmentent à la cassure et se contractent sur le retour vers cette zone de cassure. Vous ne devez pas faire de la configuration des volumes

une priorité quand vous rechercherez des gagnants potentiels à la vente à découvert, alors que ce sera essentiel à l'achat.

Graphe 7-23

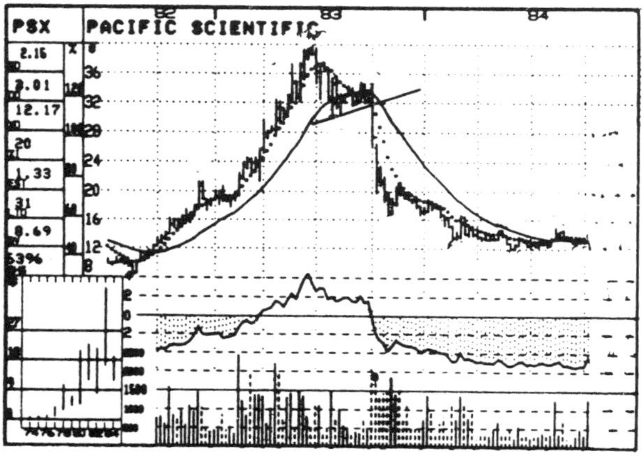

COURTESY OF MANSFIELD STOCK CHARTS

Graphe 7-24

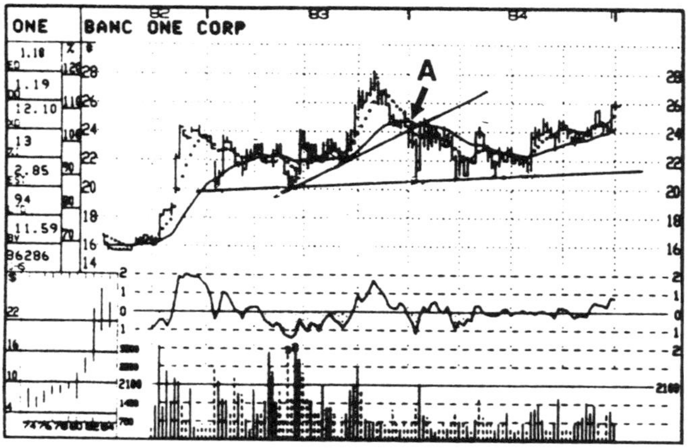

COURTESY OF MANSFIELD STOCK CHARTS

6. Support. Le dernier facteur à vérifier est d'évaluer l'importance des supports au-dessous du titre. La vente à découvert idéale sera celle ayant eu une franche avancée de Phase 2 avec seulement de petites zones de " congestion " sur sa route. Dans une telle situation les " rétrofusées " viendront aisément à bout de ces supports sur le retour. D'un autre côté, un titre qui a avancé laborieusement et a un couloir d'échange très important non loin au-dessous de la cassure offrira beaucoup plus de résistance à la baisse.

Les Graphes 7-23 de Pacific Scientific et le 7-24 de Banc One illustrent ce point. Pacific eut une envolée facile de Phase 2 sans " congestions " importantes sur sa trajectoire. C'est sans surprise que l'on vit une situation symétrique se développer à la baisse alors que le titre descendit même plus vite qu'il ne monta.

Le Graphe 7-24 de Banc One Corporation nous montre une situation et un résultat très différents. D'abord l'avancée fut plus lente et bien moins excitante. En plus, le titre s'échangea pendant longtemps dans un couloir 20-24 avant de casser et d'atteindre 28. Quand Banc One cassa à la fois sa MM 30 et sa ligne de tendance (point A), le déclin fut TRES lent. Le titre ne parvint pas non plus à casser au-dessous de son support majeur à 20 malgré de nombreuses tentatives. Aussi choisissez toujours un titre ayant un minimum de support sous ses pieds, quand vous limiterez votre liste de candidats à la vente à découvert.

COMMENT PLACER VOTRE ORDRE

Une fois que vous avez choisi les deux ou trois titres que vous voulez vendre à découvert, voilà comment vous devriez faire exécuter vos ordres. Si le titre XYZ casse à 24 7/8, placez un ordre pour vendre à découvert le nombre voulu d'actions avec un stop à 24 7/8 et limite à 24 3/8. Voilà une autre différence avec les ordres d'achat. Du côté des achats sur un titre à forts volumes d'échange, nous avions dit de laisser un écart entre le point stop et le point limite de seulement 1/4 de point. Quand vous vendez à découvert, cependant, l'écart devrait au moins être d'un 1/2 point et même, pour les valeurs peu actives, un peu plus. Voilà pourquoi, il existe encore une règle archaïque sur le New York et l'American Stock Exchange appelée la règle de " l'UPTICK ". Elle précise que vous ne pourrez vendre un titre à découvert qu'après qu'il se soit échangé à un prix plus élevé ou sur un " uptick ". A mon avis c'est complètement illogique mais cette règle est une des séquelles du krach de 1929. Pour se mettre à l'abri des " raids de baisse ", les bourses, dans leur sagesse infinie, ont décidé qu'elles ne laisseraient pas les titres se "faire descendre" par les vendeurs à découvert. Cela déséquilibre les échanges dans le sens de la hausse. Pouvez-vous imaginer par exemple de ne pouvoir acheter un titre qu'après qu'il se soit échangé à un prix inférieur, autrement dit sur un " downtick " ? C'est absurde, et je suis persuadé que cette règle de " l'uptick " sera un jour prochain remisée dans le placard des " vieilleries " ! A cause de cette règle de " l'uptick ", vous laisserez un peu plus de marge pour passer votre vente à découvert.

Tout comme du côté des achats, vous devriez passer votre ordre " bon à annulation ". Avec les titres cotés sur l'Over The Counter, vous serez tributaire de votre " broker ", car les ordres ne pourront plus être placés directement. L'avantage est qu'il n'est plus question alors de cette règle idiote de " l'uptick ". Ainsi, dès que vous voyez XYZ casser au-dessous de 25 offert, et si 24 7/8 est le point où vous devez déclencher votre vente courte, dès que le prix offert passe à 24 7/8, votre " broker " pourra immédiatement passer la vente pour vous. C'est un gros avantage sur un marché qui s'éffondre !

JAMAIS TROP TARD ?

Jusqu'à présent nous avons traité uniquement de la vente à découvert près du point de cassure. Mais est-il possible de vendre à découvert quand un titre est déjà engagé dans une phase de déclin importante ? La réponse est oui. Bien qu'il soit préférable de " passer court " à proximité du sommet car le potentiel de gains est supérieur, rappelez-vous que les vrais grands perdants ont l'habitude de plonger encore plus fort avant de toucher le fond. Vendre " court" au milieu d'un effondrement de phase 4 est donc une bonne tactique de trader, car le flot des ventes qui suivra emportera tout sur son passage. Mais cette tactique n'est à utiliser que lorsqu'une configuration de consolidation se formera au-dessous de la MM en chute, et qu'ensuite une cassure par le bas se produira.

Cette forme de " trading " est comparable à un achat de continuation de Phase 2. Tout comme ces achats de continuation sont plus appropriés pour les traders, cette formation sera aussi intéressante pour les opérateurs de marché les plus agressifs et les traders. De telles situations courtes ont de grands mérites car le déclin suivant une deuxième cassure pourra être particulièrement violent. Vendre " court " un titre comme Winnebago (graphe 7-25, qui s'était déjà effondré de près de 50 à 22 après qu'il ait consolidé puis cassé par le bas une fois de plus à 21 7/8 (point A) était bien joué, car cela aurait débouché sur un profit rapide. Les bons candidats à ce type de ventes " courtes " sont les titres qui font partie de groupes complètement délaissés par les investisseurs. C'est encore mieux si vous trouvez une action qui, comme sur Winnebago en 1973, avait la faveur des gros investisseurs institutionnels. Quand leur amour se transforme en haine, vous pouvez parier

Graphe 7-25

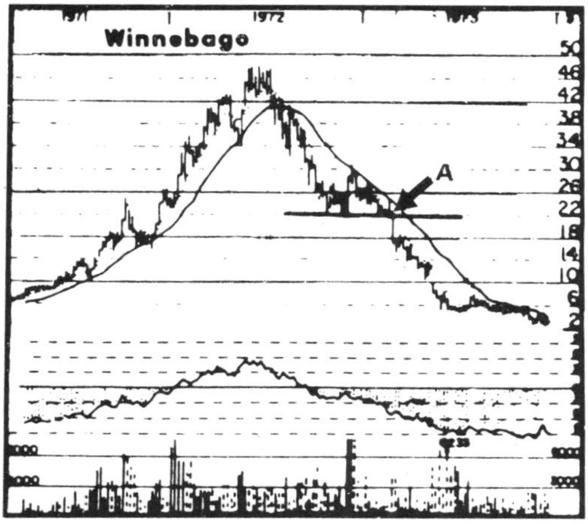

COURTESY OF MANSFIELD STOCK CHARTS

qu'il y a à coup sûr une longue phase de déclin entretenue par des ventes " panique ".

Malgré une chute déjà importante, les potentiels de pertes peuvent être encore plus considérables. Passer de 22 à 3 (comme ce fut le cas de Winnebago) est un énorme déclin en pourcentage, indépendamment du fort déclin précédent. Assurez-vous que vous ne vendrez à découvert de telles situations qu'après avoir vérifié que la configuration antérieure est conforme à ce qui a été décrit. Assurez-vous qu'une consolidation s'est développée avant que la cassure n'arrive. Et choisissez un point d'entrée correct qui marque une forte résistance et permette de fixer un point de vente " stop de protection " sûr au-dessus.

FORMATIONS TOUT PARTICULIEREMENT INTERESSANTES

Au Chapitre 4, je vous ai démontré l'intérêt de repérer des formations de " têtes et épaules de creux ", car elles débouchent sur des avancées particulièrement intéressantes. L'opposé est tout aussi vrai. Les formations de " têtes et épaules de sommet " (tout particulièrement lorsqu'elles se développent après des avancées très dynamiques) sont parmi les signaux de

Graphe 7-26

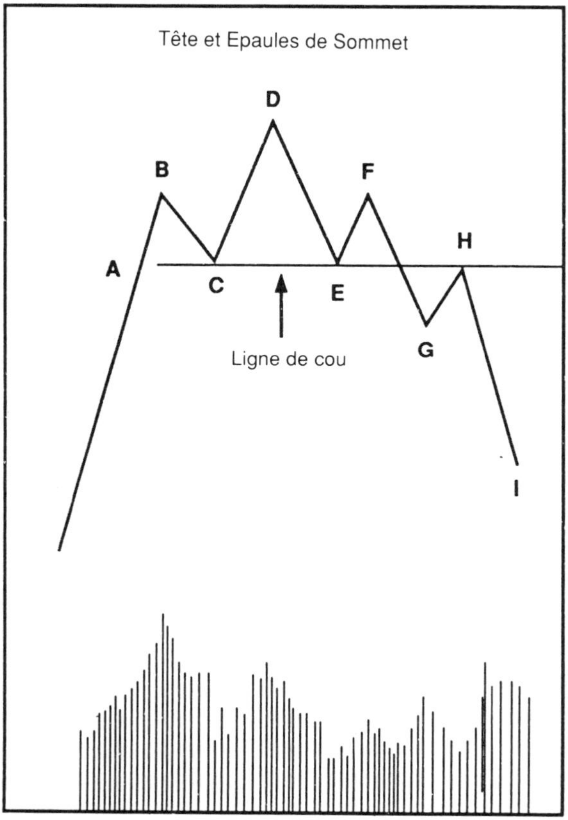

vente à découvert les plus profitables. Bien qu'elles se développent rarement, on les voit plus souvent que les " têtes et épaules de creux ", et elles sont assez fréquentes pour être la source de profits substantiels. En fait, quand vous voyez apparaître sur vos graphes une volée de telles formations , c'est le signe qu'un important sommet de marché se développe.

Le premier ingrédient d'une configuration de " tête et épaule de sommet " est un titre qui a déjà connu une substantielle avancée de Phase 2. La " beauté " de ces formations est qu'elles nous permettent de repérer les retournements de tendance. S'il n'y a pas de mouvement haussier important à retourner, laissez tomber; cela ne vaudra pas la peine. Les volumes devraient être bien supérieurs à la moyenne sur les avancées au moment où les retardataires se précipitent en fin d'avancée. Puis arrive la correction, alors que les prises de bénéfices se multiplient (B-C sur le Graphe 7-26). Une fois ces ventes taries (point C), le titre repart de l'avant et enregistre un plus haut (point D). Aucun problème encore, si ce n'est que sur la deuxième reprise, les volumes cessent habituellement d'augmenter et sont moins forts que sur la poussée précédente. C'est le premier signe de problèmes potentiels. La réduction des volumes traduit la baisse des forces d'achat à ces prix élevés.

Une deuxième correction (D-E) arrive vite après. Encore un signe négatif. Après avoir cassé à un nouveau point haut (point D), le titre semble repartir vers de nouveaux sommets, alors que la cupidité des acquéreurs se réactive. Malgré leurs espoirs, le titre remonte marginalement avant de redescendre. L'indice avertissant que tout ne va pas pour le mieux est donné par l'amplitude prise par le déclin (D-E). Comme je vous l'ai déjà fait remarquer, quand on évalue des zones de support, le pic précédent (point B) devrait faire office de support quand le titre entame sa baisse. Le fait que le déclin ramène le titre jusqu'au bas précédent (point C) est un signe négatif.

Vous avez dès lors une"épaule" gauche (A-B-C) potentielle complètement formée, une" tête" (C-D-E) ainsi qu'une ligne de tendance (C-E) reliant les deux bas de correction. Cette ligne de tendance est la possible " ligne de cou " de la " tête et épaule de sommet " et doit être surveillée de près. Si elle est cassée, prenez garde ! Tout dépendra en ce point de la reprise à venir. L'élan haussier va-t-il se régénérer ou la tendance s'est-elle épuisée en supportant des vendeurs de plus en plus mal à l'aise ? Quoi que vous fassiez, n'anticipez pas trop tôt. Ne croyez pas que toutes les pièces du puzzle soient là pour vous engager dans une vente à découvert. Dans près d'un tiers des cas, ces " têtes et épaules de sommet " potentielles ne seront jamais achevées et se termineront par une cassure par le haut.

Si, comme dans le cas du graphe 7-26, la reprise suivante (E-F) n'arrive pas à dépasser le pic du précédent (point D) ou, pire encore, s'arrête au même point que " l'épaule gauche " (B), alors prenez garde. Si les prix retournent vers la " ligne de cou ", vous aurez une " épaule droite " clairement définie. Les volumes seront généralement moins forts sur cette " épaule droite ". Bien qu'il ne soit pas crucial que les volumes soient les plus élevés sur " l'épaule gauche " ou sur la " tête ", *NE VOUS FIEZ PAS A UNE FORMATION OU LES VOLUMES LES PLUS FORTS APPARAISSENT SUR L'EPAULE DROITE*. Si un tel pouvoir d'achat existe encore en ce point, les chances sont grandes que cette formation se révèle être un piège pour tout vendeur à découvert potentiel. Alors, cherchez ailleurs.

Enfin, le recul suivant (F-G) ramène le titre au-dessous de la " ligne de cou ". En ce point, la " tête et épaule " potentielle de sommet devient une réalité. C'est la formation la plus " bearish " qui puisse se former. Ainsi, si vous vous retrouvez détenteur d'un titre achevant une telle formation, ne vous contentez pas d'espérer et de prier, vendez-le immédiatement ! Et si les conditions sont propices (les tendances marché et groupe sont négatives), allez-y, vendez le titre à découvert !

Il y a quelques autres subtilités à connaître. L'une peut être aisément résumée dans une rime que j'ai utilisée des années durant : " the bigger the top, the bigger the drop " (plus large est le sommet, plus dure sera la chute). Plus cette formation " bearish " prendra de temps à se dessiner, plus puissant sera le mouvement descendant lui succédant. Bien que toutes les configurations de " têtes et épaules de sommet " aient des implications négatives, celle qui se formera en trois semaines ne sera pas aussi destructrice que celle qui mettra neuf mois à se former. C'est assez logique car plus longtemps mettra le titre pour développer cette configuration, et plus les acquéreurs piégés dans cette zone de sommet seront nombreux. Ce sont ces acquéreurs de la dernière heure qui vont alimenter le " feu d'artifice " de la chute quand ils commenceront à paniquer beaucoup plus bas !

Un deuxième point à se rappeler : plus grande sera l'amplitude du mouvement qui va de la ligne de cou au sommet de la tête, plus la formation sera vulnérable. La raison est que plus le titre est volatil dans sa phase de

Graphe 7-27

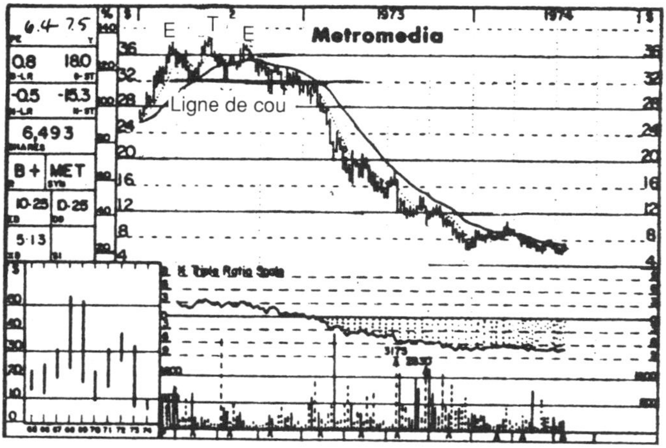

COURTESY OF MANSFIELD STOCK CHARTS

Graphe 7-28

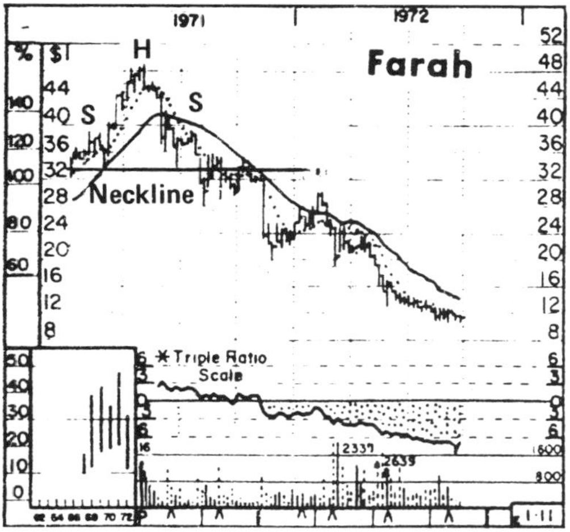

COURTESY OF MANSFIELD
STOCK CHARTS

sommet, plus les acheteurs doivent absorber des risques dans cette zone. Pour les inciter à l'achat face à une telle volatilité, il faut qu'ils aient foi en ces rumeurs ou nouvelles fondamentales brillantes. Une fois que la dure réalité montre son triste visage, leur confiance aveugle dans le titre se transformera en déception, puis en panique.

Reprenons maintenant quelques cas réels de " têtes et épaules " où la théorie devient réalité. D'abord revenez en arrière et jettez un œil aux graphes 7-1, 7-14, et 7-16. Teleprompter, General Medical, et Coleco étaient toutes parmi les recommandations de ventes à découvert du PTR ; toutes ont développé des "têtes et épaules de sommet" avant d'entrer en Phase 4.

Metromedia (Graphe 7-27) est un autre exemple classique de la puissance de cette formation " bearish ". Les volumes étaient très bas sur la reprise " d'épaule droite ", et le groupe était également mal orienté. Metromedia a joué un peu avec nos nerfs en " flirtant " avec la " ligne de cou " qu' il a cassée plusieurs fois avant de vraiment tomber. A aucun moment le titre ne nous a donné des raisons pour couvrir notre vente à découvert, car la moyenne mobile ne fit que descendre et l'action des prix s'est toujours tenue au-dessus de cette MM. Plus loin dans ce chapitre, je vous montrerai où vous devrez placer vos ordres d'achat-stop de protection et comment les rabaisser pour vous permettre de bloquer de plus en plus de profits alors que le titre s'effondre. Une fois que Metromedia a développé un fort élan dans sa chute, cela devint le rêve de tout vendeur à découvert. Le titre s'effondra depuis sa cassure de ligne de cou à 31 7/8 jusqu'à un bas près de 5 !

Graphe 7-29

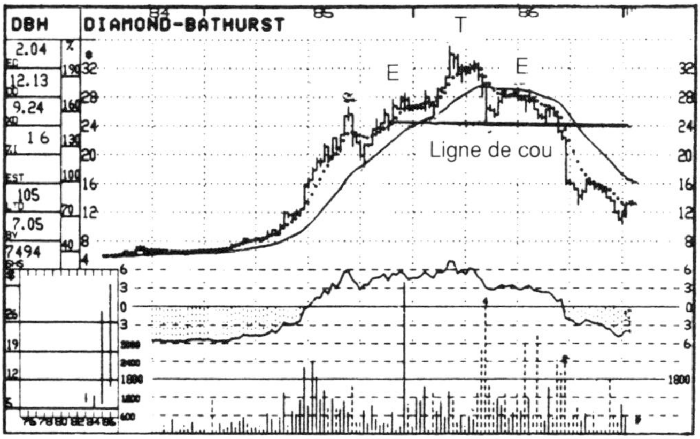

COURTESY OF MANSFIELD STOCK CHARTS

Farah (graphe 7-28) était une autre situation de découvert idéale en 1972 après que le titre ait là encore achevé une “ tête et épaule de sommet ”. Après avoir cassé sa “ ligne de cou ” à 33, il s'effondra à près de 10 en moins d'une année.

Diamond Bathurst (Graphe 7-29) nous montre bien la puissance de ces situations. En 1986, au cœur d'un des plus grands “ bull ” de notre histoire, DBH forma une tête et épaule de sommet sur 9 mois. Après que le titre ait cassé sa “ ligne de cou ” à 24, il perdit près de 55 % en trois mois ! Soyez toujours sur le qui vive pour localiser de telles formations car elles sont à la fois fiables et puissantes. Enfin, quand vous les voyez se former sur de nombreux graphes (comme ce fut le cas en fin 1972 et début 1973), c'est un indicateur puissant sur la tendance du marché. Très simplement, c'est un signal évident d'un changement de tendance.

PROJETER UNE CIBLE

En quelques pages, je vais vous montrer comment utiliser les “ achats stop ” pour bloquer vos profits sur les ventes à découvert. Il y a une technique essentielle que je voudrais vous faire partager avant cela. Au Chapitre 6, je vous ai montré comment utiliser " la règle de la balançoire " pour faire des

Graphe 7-30

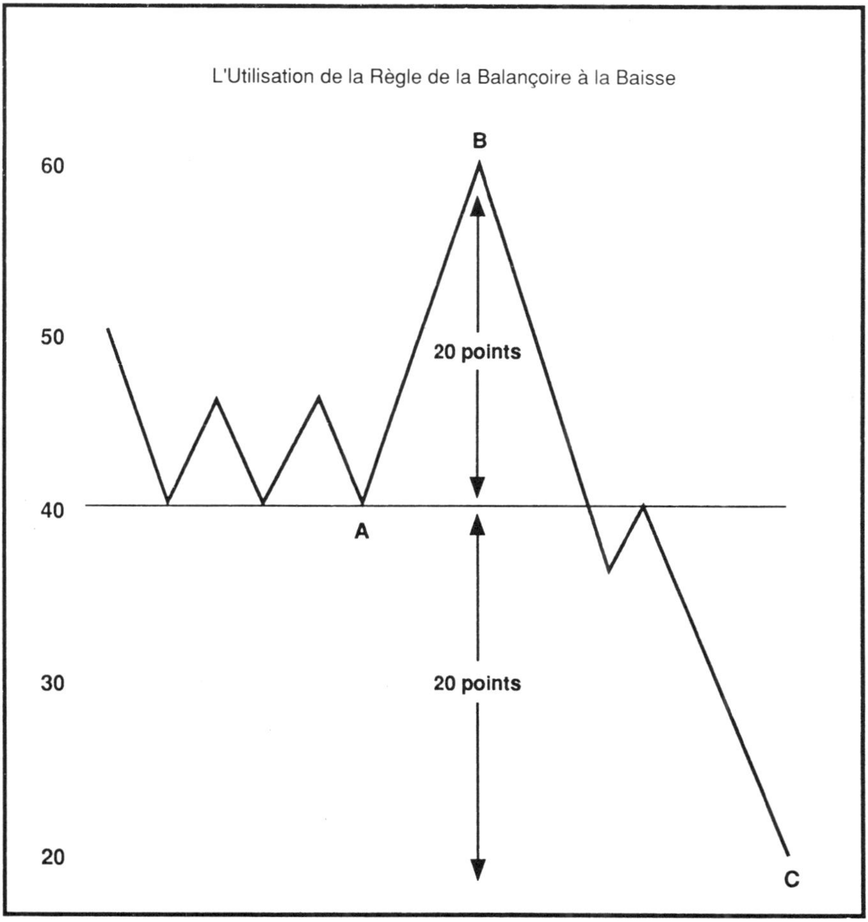

projections extrêmement précises à l'achat. Ce même principe s'applique aussi à la vente.

Si nous utilisons le graphe 7-30 comme modèle, prenez le point bas touché (point A) par le titre en phase de sommet, et soustrayez-le du point haut que ce dernier atteindra par la suite (point B) avant de casser au-

Graphe 7-31

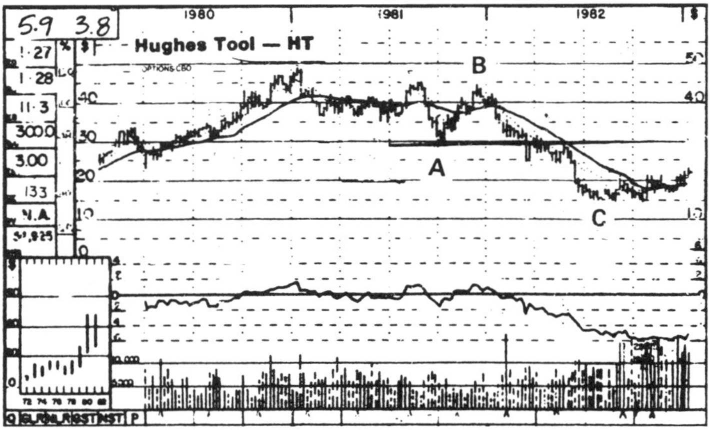

COURTESY OF MANSFIELD STOCK CHARTS

Graphe 7-32

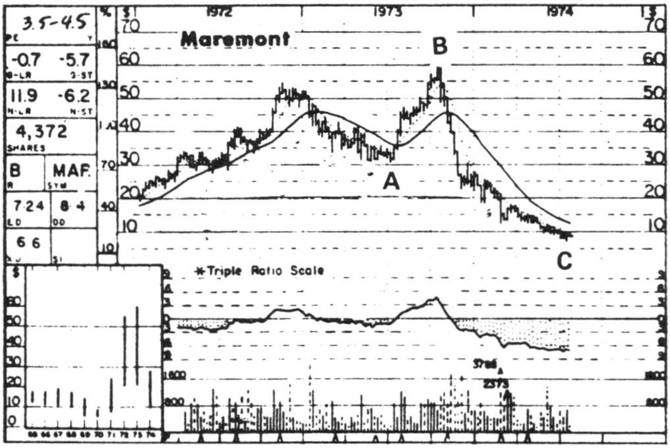

COURTESY OF MANSFIELD STOCK CHARTS

dessous du bas antérieur (A). Comme le titre atteint les 60 (point B) avant d'avoir cassé le bas précédent (A) à 40, vous obtenez une différence de 20

Graphe 7-33

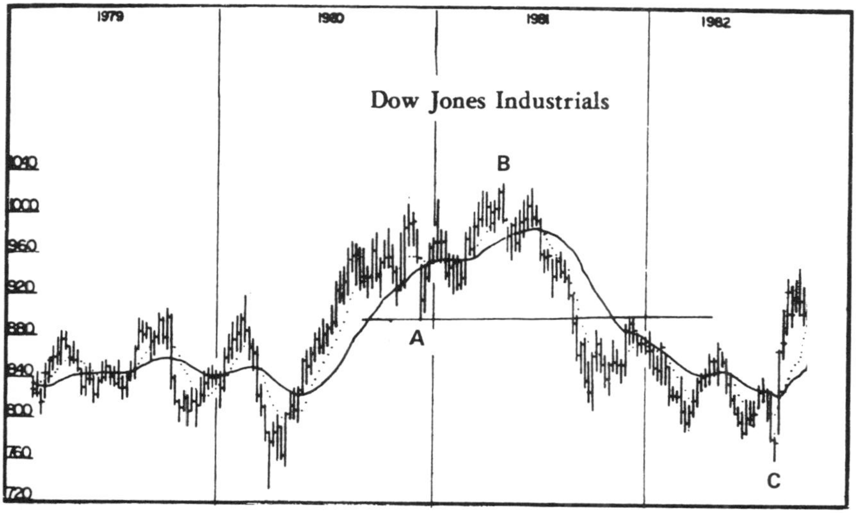

COURTESY OF MANSFIELD STOCK CHARTS

points (60 moins 40). Ensuite enlevez ces 20 points du bas (point A). 40 moins 20 égale 20. Ce niveau devient alors une cible potentielle de " trading ". Tout comme pour les achats, cette mesure est habituellement assez précise, et cela vaut le coup d'être en état d'alerte sur la possibilité de voir se former un bas de correction quand le titre atteint cette zone.

Hughes Tool tomba à un bas de 30 (point A sur le Graphe 7-31) fin 1981. Puis il remonta à 45 (point B), ce qui nous donne une mesure de 15 points (45 moins 30 égale 15). Par conséquent, une fois que Hughes Tool força son support à 30, "la règle de la balançoire " nous donnait une projection de la cible minima à 15. Quelques mois après, HT toucha 14 3/8 (point C), ce qui s'avéra être le plus bas de l'année 1982.

Maremont (Graphe 7-32) accomplit un parcours vraiment surprenant quand il tomba d'abord à près de 31 (point A) avant de remonter à un pic de 59 1/2 (point B). C'est ce mouvement singulièrement fort qui nous permit d'anticiper une chute importante SI Maremont cassait sous le point A. Après tout, 59 1/2 moins 31 égale 28 1/2, si on enlève cette différence du bas de A à 31 on obtient 2 1/2 ! Une fois que Maremont a cassé au-dessous de A, il s'effondra jusqu'à 6, pas bien loin de notre cible prévue.

Cette même règle peut être utilisée sur les indices de marché. Essayer de projeter un point bas pour le marché " bear " de 1981-82 aurait ainsi été facile (voir Graphe 7-33). En A, le Dow Jones des valeurs industrielles tomba à un bas de 894. Au cours du printemps 1981, le Dow enregistra un haut en continu à 1.031 (point B). Ce qui nous donne une différence de 137 points. Plus tard, au cours de cette même année, quand le DJIA força son point bas en A, il fut possible de lancer une projection basse à 757. Aussi incroyable que cela puisse paraître, sachez que lorsque Le Dow a finalement arrêté sa chute de marché " bear ", en août 1982, l'indice était à 770 !

Par conséquent, quand vous prenez une position de vendeur à découvert sur un titre, " la règle de la balançoire " sera un outil précieux à ne pas négliger. Une fois que le titre est tombé à proximité de sa zone cible, prenez vos gains sur une moitié de votre position et utilisez un " stop de protection " pour le restant.

PROTEGER VOS POSITIONS COURTES AVEC UN ACHAT STOP

Maintenant, vous ne devez plus avoir aucune surprise en lisant ce qui suit. Il suffit d'adapter le concept de " l'achat stop de protection " que je vous ai appris au Chapitre 3 à la vente. Si pour les " ventes stop " vous prenez à l'envers tout ce qui vous a été dit au Chapitre 6, vous devriez déjà savoir comment faire. Je vais vous présenter un cas d'école et des exemples réels pour m'assurer de votre compréhension. Ce qui suit est pour moi une des clés essentielles de la vente à découvert bien comprise. Avant tout, cela vous donnera la nécessaire tranquillité d'esprit à conserver pour vous lancer dans la vente à découvert. Ne sous-estimez pas l'importance du sang-froid; vos émotions peuvent aller jusqu'à troubler votre habileté à correctement interpréter les graphes, si vous perdez votre sang-froid face à l'action des marchés. Ensuite, cette discipline vous permettra de limiter vos pertes dans le cas où votre position courte se retournerait contre vous. Enfin, une fois que votre titre commencera à s'effondrer, cette technique vous garantira l'augmentation de vos profits, au fur et à mesure que le titre prolongera son mouvement de Phase 4.

Avant d'aller plus loin, faites-vous la promesse de ne JAMAIS prendre une position de vente à découvert sans placer d'abord un ordre de " vente stop de protection " bon jusqu'à annulation, auprès de votre " broker". Tout comme du côté long," l'ordre de vente stop " devrait être fait avant d'appeler votre " broker ". Un élément essentiel du processus de choix du bon candidat à la vente à découvert c'est de pouvoir le protéger avec un achat stop qui ne soit pas trop éloigné du point idéal d'où nous débuterons la vente à découvert. Cela détruit l'épouvantail habituel de la vente à découvert qui affirme qu'un titre peut monter à l'infini...tout comme vos pertes. Si votre candidat à la vente à découvert satisfait tous les autres critères du bon candidat, mais si votre vente stop de protection peut seulement être placée à 30 ou 40 pour cent au-

Graphe 7-34

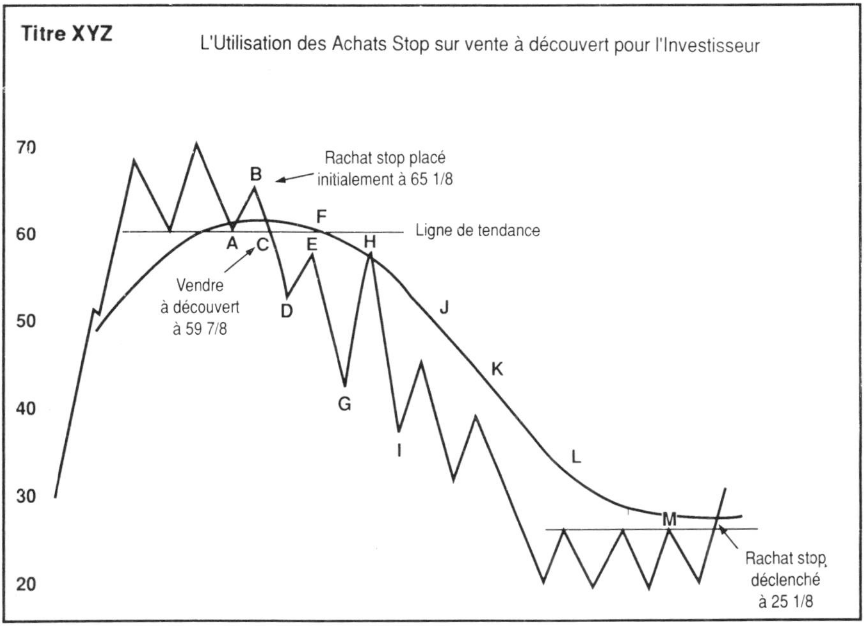

dessus du point d'entrée idéal, cherchez ailleurs un autre candidat. De la même façon, si vous retrouvez deux candidats potentiels paraissant également vulnérables et qui remplissent tous deux les autres critères précédemment décrits, mais que l'un puisse être protégé par un achat stop à 10 pour cent au-dessus du point d'entrée et que l'autre donne lieu à un achat stop à 20 pour cent au-dessus, choisissez alors le premier candidat qui minimisera vos risques.

Après avoir vendu votre titre à découvert et placé un achat stop de protection, il est très important de savoir comment méthodiquement baisser ce stop au cours des semaines suivantes pour bloquer vos gains. Révisons ce processus avec attention.

Les pics de reprises antérieures et la moyenne mobile à 30 semaines seront les deux facteurs-clés que vous surveillerez lorsque vous fixerez vos ordres d'achat stop protectifs. Pour déterminer l'achat stop initial, attachez plus d'importance au pic le plus récent qu'à la moyenne mobile. Par exemple, sur le Graphe 7-34 vous remarquerez qu'après une belle avancée de Phase 2, le titre XYZ développa un sommet de Phase 3 alors qu'il s'échangeait dans un couloir 60-70. Il perfora finalement son support à 60 (point C) et cassa au-dessous de sa moyenne mobile à 30 semaines qui s'était aplatie. Ce fut le signal de début de Phase 4, et le point d'engagement de notre vente à découvert était à 59 7/8. L'achat stop initial aurait dû être placé juste au-dessus du haut de la reprise précédente (point B) à 65. Par conséquent l'achat stop bon à annulation aurait dû être placé à 65 1/8. Si, cependant, le pic antérieur avait été à 64 5/8 ou à 64 3/4, vous auriez quand même placé l'achat stop à 65 1/8. Nous avons ici le même concept, mais contraire cette fois, à celui dont je vous ai parlé au sujet des ventes stop. Tout comme les acheteurs, les vendeurs, sont affectés par la psychologie du chiffre rond. Toute une série d'ordres de vente s'accumulera certainement à 65 au lieu de 64 7/8 ou de 64 3/4. Par conséquent, placez TOUJOURS vos achats stop au-dessus d'un chiffre rond, chaque fois qu'il est à proximité de votre stop.

L'étape suivante consiste à vous détendre et à laisser l'action du marché se dérouler. Dans l'éventualité peu probable où votre vente à découvert va à votre encontre, votre achat stop de protection minimisera votre perte, et vous pourrez vous refaire sur un autre " trade ". Plus probablement, cependant, le titre commencera à tomber tandis que vos profits s'accumuleront. Voilà comment préserver vos profits : tant que votre vente courte est au-dessous de sa moyenne mobile à 30 semaines, laissez-lui assez d'espace pour respirer. Faites en sorte que l'achat stop suive les prix, comme dans l'exemple que nous allons voir. Après la première poussée des ventes qui s'arrête en point D, puis la première reprise importante de sur-vente reprenant au moins 8%, préparez-vous à rabaisser votre achat stop. Vous ne toucherez pas en fait à l'achat stop avant que la reprise n'atteigne son pic (point E) et redescende vers son bas antérieur (point D). Si un mouvement au-dessus de ce point E ramène aussi le titre au-dessus de sa moyenne mobile, alors l'investisseur rabaissera son achat stop de protection à un point juste au-dessus de ce niveau. Mais si, comme dans cet exemple, la poussée meurt sous la moyenne mobile, l'investisseur devrait quand même placer l'achat stop au-dessus de la moyenne mobile (point F). Plus tard dans le cycle, quand la moyenne mobile s'aplatira, vous deviendrez plus agressif et serrerez vos achats stop juste au-dessus des pics de reprises.

Ensuite le titre tombe fortement en G, ce qui est un comportement normal dans le cours d'une Phase 4. Après être remonté fortement dans la direction de sa moyenne mobile, (point H), la reprise s'enraye et les prix retombent une fois encore. Peu importe si les prix dépassent alors marginalement leur moyenne mobile, si celle-ci est toujours en phase descendante. Ce sera inquiétant seulement s'ils la franchissent de façon significative. Une fois la reprise achevée et les prix retombés près des bas précédents (point G), là encore l'achat stop devra être abaissé juste au-

Graphe 7-35

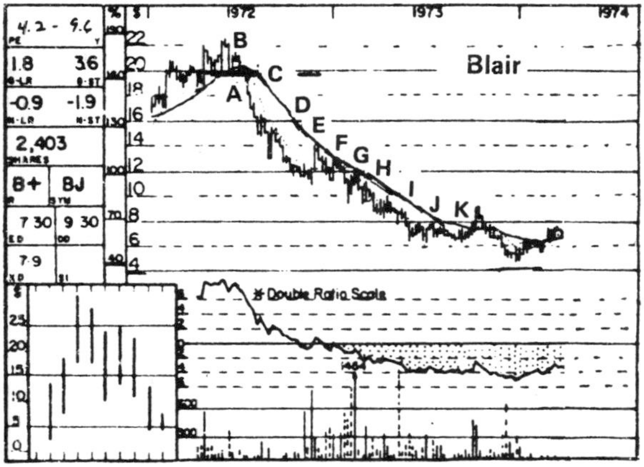

COURTESY OF MANSFIELD STOCK CHARTS

Graphe 7-36

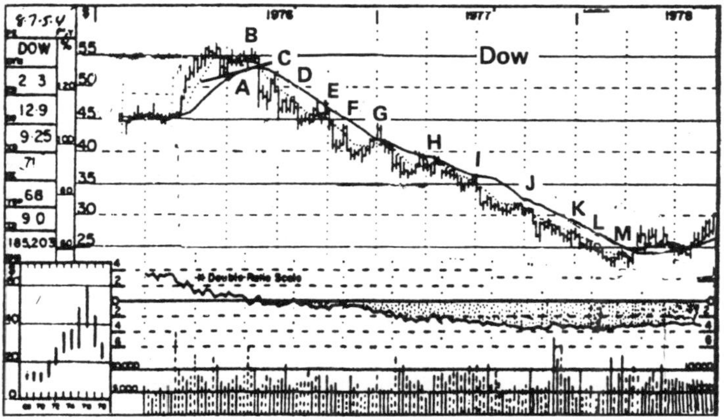

COURTESY OF MANSFIELD STOCK CHARTS

dessus d'un chiffre rond à proximité du pic de la reprise antérieure (point H). Ensuite, le stop de protection sera abaissé chronologiquement en J, K, L puis en M avant de solder finalement votre position à 25 1/8 avec des profits substantiels. Vous remarquerez que la tactique change peu une fois que vous aurez atteint une Phase 1 de fondation et que la moyenne mobile aura cessé de décroître. L'achat stop de protection sera alors ramené en M, point juste au-dessus de la zone de résistance significative; bien que ce point d'achat stop se situe au-dessous de la moyenne mobile.

Voyons maintenant quelques cas concrets pour que vous puissiez vous entraîner à placer des ordres d'achat stop :

Blair (Graphe 7-35) acheva une petite " tête et épaule de sommet " mi-72, puis cassa sous sa " ligne de cou " en A. Là, le titre aurait dû être vendu à découvert pour 19 7/8. L'achat stop initial aurait dû être placé juste au-dessus du pic de reprise en B. Ensuite, alors que la Phase 4 s'était engagée et que le titre était tombé de plus en plus bas, l'achat stop de protection aurait dû être abaissé en C, D, E, et ainsi de suite, jusqu'en K (près des 7 1/2). Quand Blair remonta au-dessus des 7 1/2 et que votre stop de protection fût déclenché, vous vous étiez alors assuré de profits substantiels et ce, malgré le rachat non effectué au point bas historique. Ce n'est pas grave, car cette méthode stricte nous assura plus de 60% de plus-values et nous permit de solder notre position très près des plus bas.

La même tactique gagnante est fort bien illustrée par Dow Chemical (graphe 7-36), qui souffrit durement pendant le marché " bear " de 1977. Dow termina un sommet de Phase 3 et passa en Phase 4 après avoir cassé en A à la fois au-dessous de son support et de sa moyenne mobile à 30 semaines (à proximité des 53). D'abord, la position aurait dû être protégée par un achat stop de protection à proximité immédiate, placé en B, juste au-dessus du pic de reprise précédente. Au cours des mois suivants, l'achat stop aurait dû être baissé en C, D, E, et ainsi de suite, avant d'être enfin placé en M à 25 1/8, point où nous serions sortis de notre position avec une plus-value fabuleuse. Remarquez que si vous n'aviez eu cette discipline pour vous aider, vous auriez vite fait de rendre une partie de vos plus-values quand le titre remonta autour des 35 dans les mois suivants. Au lieu de se trouver dans cette situation frustrante des " j'aurais dû, j'aurais pu...", notre système des achats stop nous a permis de sortir à moins de trois points des plus bas historiques, ainsi que de rester " relax " et de contrôler parfaitement la situation pendant toute la durée de la chute.

La Bourse sera toujours semée d'embûches et le chemin sera parfois frustrant mais, notre méthode est la meilleure façon de procéder, à la fois ordonnée, calme et profitable. Protégez toujours toutes vos positions, les longues et les courtes, avec des " ordres stop de protection ". Sachez prendre des décisions quasi mécaniques quelles que soient les nouvelles dont vous assaillent télévisions et journaux.

UTILISER LES ACHATS STOP A LA FACON DES TRADERS

Les règles permettant de fixer les achats stop des traders sont l'inverse de celles qui ont été vues pour les positions longues. Ici, tout comme du côté long, les traders doivent être plus agressifs que les investisseurs dans l'utilisation des achats stops. Alors que l'investisseur veut laisser à sa position courte assez d'espace pour lui permettre de respirer-tant que la configuration négative sur le titre demeure-un trader ne désirera rester sur la position seulement si elle suit à la lettre le scénario escompté. Dès que les mouvements s'éloignent du scénario idéal, il est temps de sortir et de rechercher une autre position intéressante. Le trader doit évaluer les fluctuations du titre, soit la possibilité d'un renversement de tendance ou alors un début d'oscillations sans tendance qui bloqueraient inutilement son capital pendant de longues périodes sur une action sans intérêt. Tout comme du côté long, le trader n'a pas à attendre que la MM à 30 semaines soit forcée sur reprise pour couvrir sa position.

Le Graphe 7-37 nous montre exactement la façon dont la tactique du trader doit être développée. D'abord, le titre XYZ se déplace sans tendance

Graphe 7-37

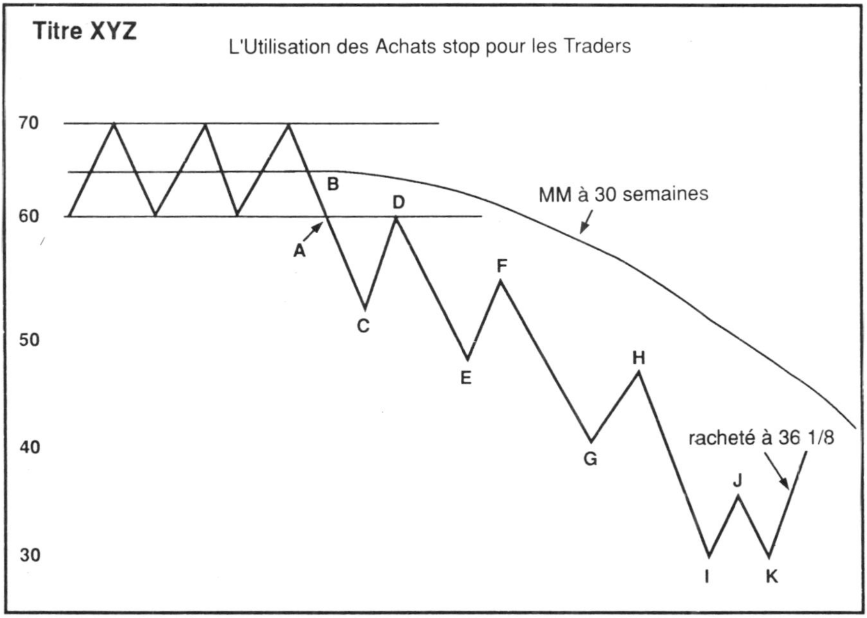

précise conformément à une situation de Phase 3 entre un support autour de 60 et une résistance près des 70. Puis, les prix cassent au-dessous du support à 60, lançant un signal de vente à 59 7/8 (point A). C'est le point où le titre devrait être vendu à découvert. Dans ce cas, le premier stop de protection devrait être fixé différemment de chez l'investisseur. Tout comme pour les achats, il est essentiel que le trader puisse minimiser le plus possible ses pertes. L'achat stop de protection devrait être fixé de la façon suivante: s'il existe un pic antérieur à proximité du niveau de cassure, utilisez-le pour fixer votre achat stop. S'il n'y a pas, par contre, de stop de proximité, et que vous ayez à placer avec cette méthode votre achat stop initial à 10 ou 15 pour 100 au-dessus du prix d'ouverture de la position, fixez-le arbitrairement de 4 à 6 pour 100 (point B) au-dessus du niveau de cassure (point A). Assurez-vous que ce soit au-dessus d'un chiffre rond. Par exemple, si la cassure est à 59 7/8, 5 pour 100 de plus nous donnerait 62 7/8. Par conséquent, placez l'ordre au-dessus de 63, un chiffre rond, soit à 63 1/8.

Puis, XYZ chuta jusqu'en C avant de lancer le retour escompté vers le niveau de sa cassure d'origine. Une fois que la reprise échoua en D, et que le titre redescendit jusqu'au bas antérieur en C puis le dépassa, l'achat stop du trader aurait dû être abaissé en D. Ensuite, le titre descendit rapidement jusqu'en E avant de lancer une nouvelle reprise qui le porta en F. A la suite de quoi, après que le déclin suivant l'ait ramené en E puis cassé ce niveau, l'achat stop aurait dû être abaissé en F. Puis, de la même manière, ensuite en H, puis en J. Finalement, un “ double creux ” se dessina et le stop en J à 36 1/8 fut déclenché, nous laissant de substantielles plus-values. N'oubliez jamais cela: fixez vos achats stop juste au-dessus de chiffres ronds quand vous êtes à proximité de l'un d'eux. (Par exemple, si la reprise à J s'était achevée à 35 3/4, l'achat stop aurait dû être placé à 36 1/8.) Un dernier point important : comme pour les achats, ne vous inquiétez pas à propos des reprises de sur-vente qui ne gagnent pas au moins 7 pour 100. (les investisseurs devraient utiliser un minimum de 8 à 10 pour 100.) Les sursauts de 3 ou 4 pour 100 ne sont justement que cela, et non des mouvements d'une quelconque signification qui pourraient remettre en cause votre stratégie. Un dernier tuyau, qui ne devrait plus vous surprendre: les traders ne devraient JAMAIS conserver une position courte dès que le titre passe au-dessus de sa moyenne mobile, même temporairement.

Le Graphe 7-38 de Seaboard World nous montre comment les traders devraient utiliser les achats stop dans la pratique. Seaboard termina une “ tête et épaule de sommet ” importante quand il cassa au-dessous de sa “ ligne de cou ” à 10 7/8. L'achat stop initial aurait dû être placé à approximativement 6 pour 100 au-dessus du prix d'entrée à 10 3/4 (6 pour cent de 10 3/4 nous

Graphe 7-38

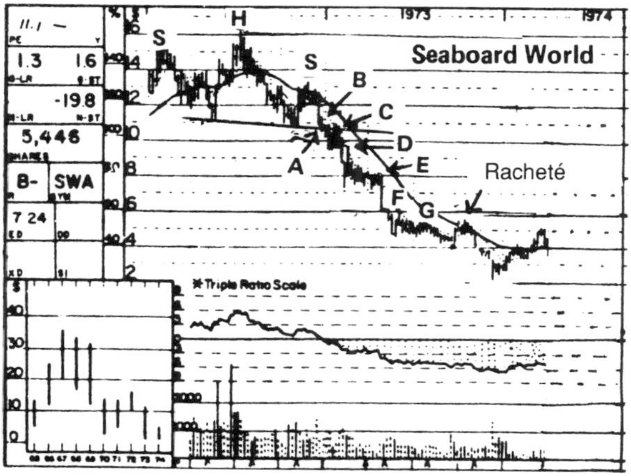

COURTESY OF MANSFIELD STOCK CHARTS

donne un prix de 11 3/8). Par conséquent, le prix d'achat stop aurait dû être fixé au-dessus du chiffre rond (au-dessous du niveau 20, tout demi-point compte comme un chiffre rond) soit 11 1/2, à 11 5/8 (point B). Après, le stop d'accompagnement aurait dû être descendu en C, D, E, F, et finalement G, à 5 1/4. Après être tombé à un bas proche de 4, Seaboard sauta sa moyenne mobile et son stop en G. Les traders auraient été stoppés à 5 1/4 pour d'excellents gains. En tant que trader, vous n'auriez pas été inquiété par le fait que le titre ait enregistré de nouveaux bas avant de rebondir. Une belle plus-value a été réalisée rapidement de façon ordonnée. Comme répondait toujours Bernard Baruch à la question " comment vous êtes-vous tant enrichi ? J'ai toujours commis l'erreur de sortir trop tôt ".

LES LIGNES DE TENDANCE A LA BAISSE

La dernière technique que les traders doivent ajouter à leur panoplie des méthodes gagnantes, est l'utilisation des lignes de tendance sur une vente à découvert. Le concept est le même que celui décrit au Chapitre 6 concernant l'utilisation des lignes de tendance à l'achat. Nous le reprendrons ici à la vente, tout y est bien sûr inversé.

Si aucune ligne de tendance valable ne se forme (c'est-à-dire une ligne touchant au moins trois points), alors utilisez la technique simple des achats stop d'accompagnement. Lorsqu'une ligne de tendance bien définie se forme,

Graphe 7-39

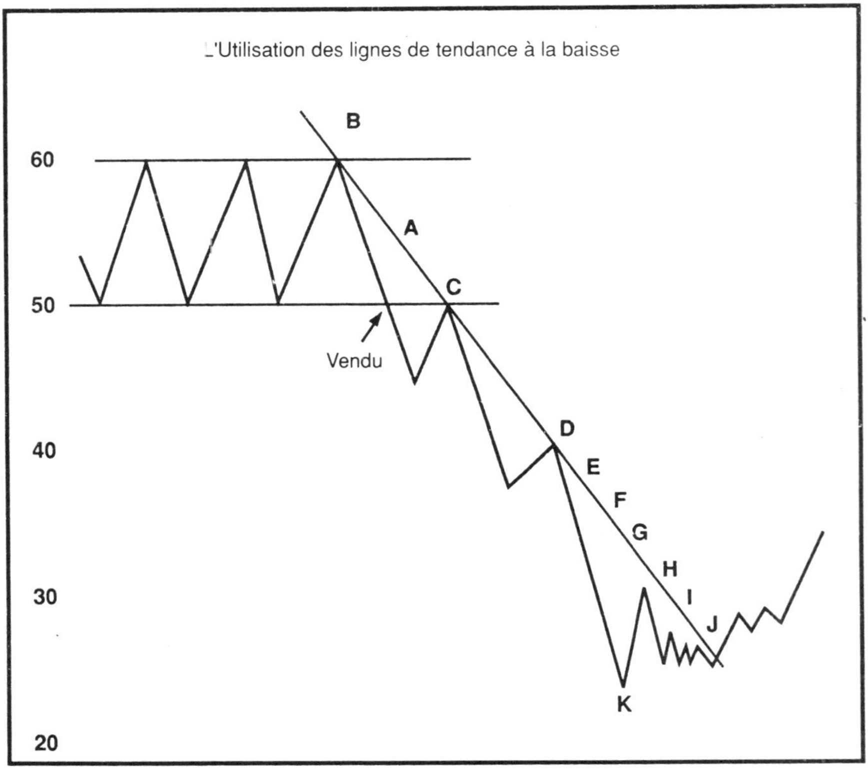

cela vaudra certainement le " coup " de l'utiliser. Ou du moins, une portion de la position courte devrait être couverte dès qu'une telle ligne sera franchie. Le restant sera protégé par un achat stop, que nous fixerons comme à l'habitude, au-dessus de la ligne de tendance.

Le Graphe 7-39 illustre la façon d'intégrer les lignes de tendance à notre stratégie de marché. D'abord, l'achat stop devrait être fixé à 53 1/8 (point A). Enlevez 6 pour cent de 49 7/8, et vous obtiendrez 52 7/8. Fixez donc l'achat stop au-dessus du chiffre rond, soit à 53 1/8. Alors que le titre commence à développer sa Phase 4, l'achat stop devrait être baissé, d'abord en C , puis en D. Ensuite la stratégie se transforme. Les pics de reprises B , C et D décrivent une ligne de tendance descendante. Vous devriez le voir et l'intégrer dans votre stratégie. Ensuite, alors que XYZ tombe comme une pierre, vous devriez rabaisser vos achats stop en E, F, G, et ainsi de suite, sur une moitié de votre position, en utilisant la ligne de tendance comme un guide.

Graphe 7-40

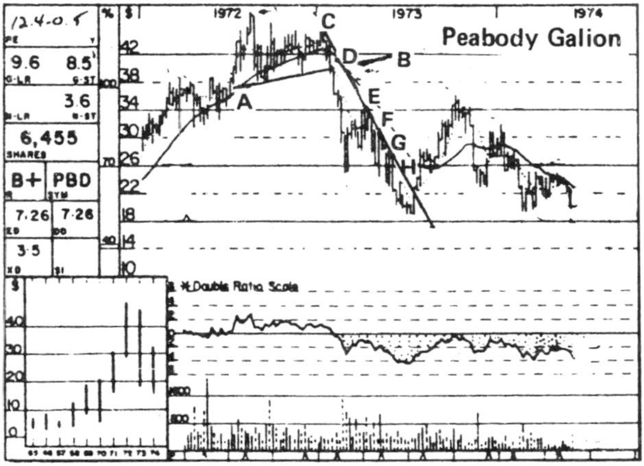

COURTESY OF MANSFIELD STOCK CHARTS

Comme elle a un angle descendant, vous pouvez continuer à abaisser les achats stop sur cette moitié de position, même si le titre oscille autour de l'horizontale (comme ce fut le cas en K). Une moitié de la position est ainsi protégée par un stop au-dessus de H, et l'autre est tenue au plus près en J. Finalement, si le titre passe au-dessus de la ligne de tendance, votre stop (point J) se déclenche et vous sortez de cette position avec en poche un profit convenable. Même si la pénétration de la ligne de tendance ne signifie pas forcément un fort retournement à la hausse, une telle action a toutes les chances de déboucher au moins sur un " trading range " neutre. C'est le bon moment pour les traders de prendre au moins une partie de leurs gains. Quand une vraie force à l'achat apparaîtra et le second achat stop sera touché (point H), vous vous assurerez d'autres gains importants tandis que la position sera soldée. Le Graphe 7-40 de Peabody Galion nous montre les avantages liés à l'utilisation des lignes de tendance. Peabody aurait dû être vendu à découvert quand il cassa au-dessous de sa ligne de tendance ascendante (ligne A-B). L'achat stop initial aurait dû être placé au-dessus de 41, un chiffre rond (point D) (6). Après la forte poussée des ventes ramenant les prix autour de 26 et la reprise vers 34 (point E), une autre vague de ventes fut lancée. D'abord, l'achat stop aurait dû être baissé en E. Mais une ligne de

(6) Cinq pour cent de 38 7/8 (qui était le point de cassure) égale presque 2 points, ce qui nous donne 40 7/8. Placez donc l'achat stop au-dessus du niveau psychologiquement important des 41.

tendance précise se dessinait alors (ligne touchée plus de trois fois) et les achats stop auraient dû être abaissés en F, G puis H au cours des semaines suivantes. Enfin, après une belle descente, Peabody remonta au-dessus de sa ligne de tendance descendante en H, au-dessus des 22. Vous tiriez dès lors un excellent profit sur une moitié de la position. Quand Peabody fut assez forte pour remonter au-dessus de sa moyenne mobile à près de 26, il était temps de quitter la deuxième partie de votre position en encaissant également un joli bénéfice. Il est intéressant de remarquer que même si le bas sur la première poussée vendeuse ne fut pas le plus bas historique du marché " bear " des années 1973-74, PBD revint à proximité de ces niveaux un an plus tard. Une fois encore les objectifs des traders furent bien servis, car la ligne de tendance leur permit de profiter de la chute et les aida à sortir avant l'action en dents de scie qui se développa ensuite. Soyez toujours vigilants envers ces lignes de tendance importantes; elle peuvent faire de la vente à découvert une activité très passionnante et fort lucrative.

UNE AUTRE FACON DE REDUIRE LE RISQUE

L'utilisation des options de vente (put option) est un autre moyen de jouer la baisse avec relativement peu de risques. En achetant une option de vente, vous achetez le droit de délivrer un titre à un prix donné jusqu'à une future date précisée. Ainsi, si vous achetez une option de vente sur XYZ à 50 pour un prix de 250$, et qu'ensuite XYZ tombe à 30 avant la date d'expiration de l'option, vous êtes en grande forme. Vous pouvez ainsi acheter le titre à 30 sur le marché et le livrer au vendeur de l'option à 50. La différence de 20 points moins le coût de l'option est votre gain (dans ce cas,1.750$ commission exclue). Acheter une option de vente sur un titre que vous voyez s'effondrer vous offre les mêmes opportunités que la vente à découvert. L'avantage est que votre perte maximale est le prix de l'option dans ce cas 250$ pour cent titres.

Côté négatif, la prime ou " prémium " que vous payez pour l'option sera à déduire de vos profits potentiels, et si le mouvement ne se développe pas avant que l'option n'expire, vous aurez perdu le coût de l'option. Pour l'opérateur moyen, la vente à découvert est une tactique préférable. Pour le spéculateur averti, l'achat de " puts " peut être une bonne façon de limiter son risque en accroissant en parallèle son levier. (Au Chapitre 9, on traitera des options avec plus de détails). En conclusion, vous devez comprendre que des situations de Phase 4 vous offrent finalement de belles opportunités pour gagner de l'argent, et qu'il n'y a pas plus de risques à vendre à découvert qu'à acheter, à condition que vous suiviez ces quelques règles importantes que nous venons de voir, et que vous utilisiez TOUJOURS des achats stop de protection !

TEST

1. Etant donné les risques inhérents de la vente à découvert, seuls les spéculateurs agressifs devraient utiliser cette tactique. **V F**
2. Ce n'est JAMAIS une bonne idée de vendre à découvert un titre qui est au-dessus de sa moyenne mobile elle-même ascendante. **V F**
3. Vous ne devriez jamais vendre un titre à découvert sans protéger votre position avec un ordre d'achat stop. **V F**
4. Après une forte poussée de Phase 2, une " tête et épaule de sommet " est la configuration " bearish " la plus forte qui puisse exister. **V F**
5. Vous devriez vendre à découvert seulement sur des retours vers le niveau de cassure. **V F**
6. Le graphe suivant est une bonne vente à découvert en A bien que le P.E.R. soit plutôt bas à 10. **V F**

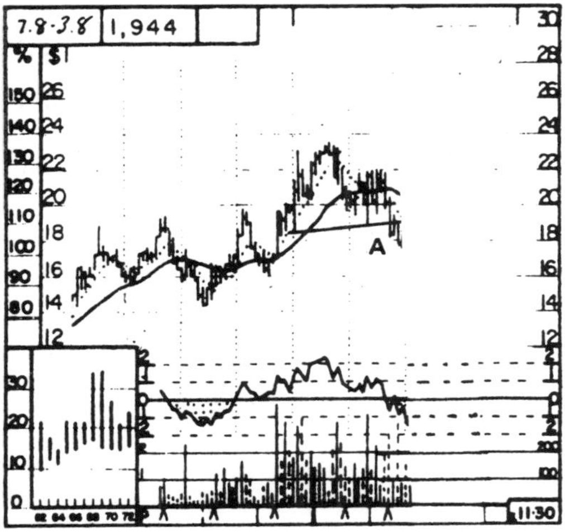

COURTESY OF MANSFIELD STOCK CHARTS

7. Malgré la chute de 35 pour 100 par rapport à ses plus hauts à 40, ce titre est toujours une bonne vente à découvert en son point de cassure en A. V F

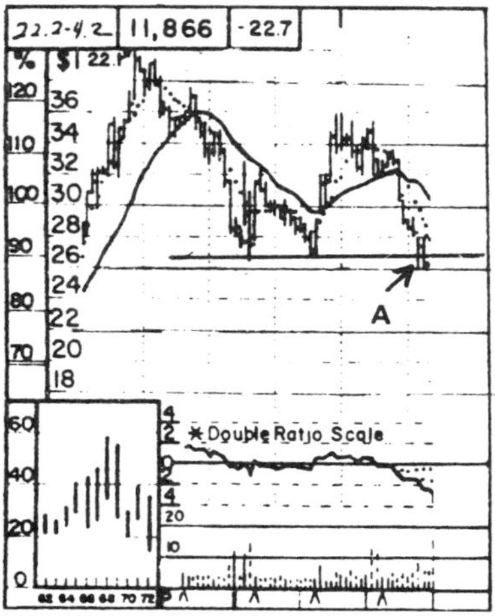

COURTESY OF MANSFIELD STOCK CHARTS

8. Après avoir " crashé " de ses hauts à près de 38 à un bas de 20 1/4 en 1973, ce titre remonta fortement à 30 3/4. Quand de nouvelles pressions à la vente se sont levées et que le titre cassa à un nouveau bas à 20 1/4, la cible basse, d'après la " règle de la balançoire " était à: V F

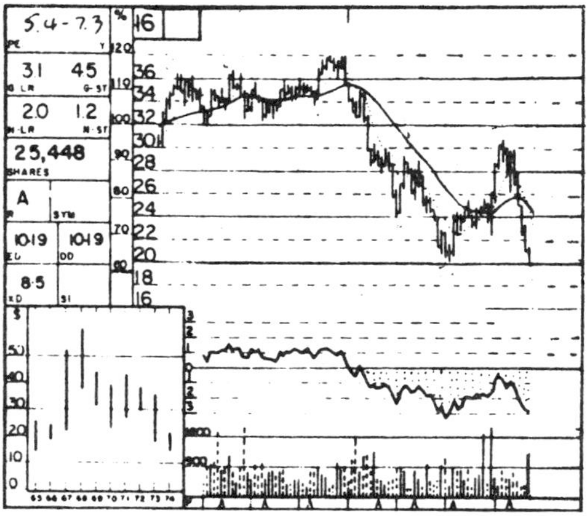

COURTESY OF MANSFIELD STOCK CHARTS

A. 14 1/8
B. 9 3/4
C. 2 1/2
D. 12

9. Lequel de ces trois titres est le meilleur à vendre à découvert (leurs points D respectifs) ?

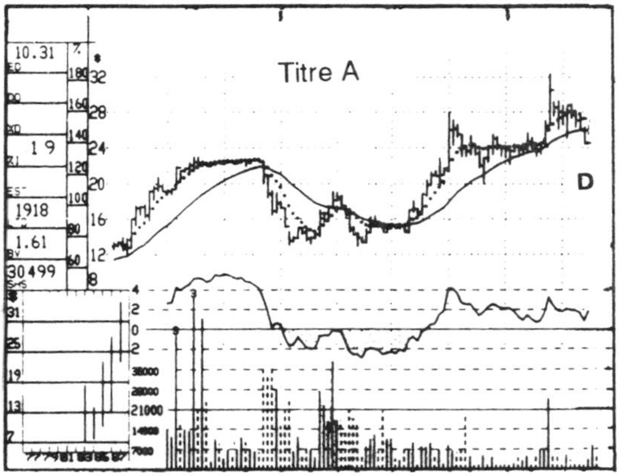

COURTESY OF MANSFIELD STOCK CHARTS

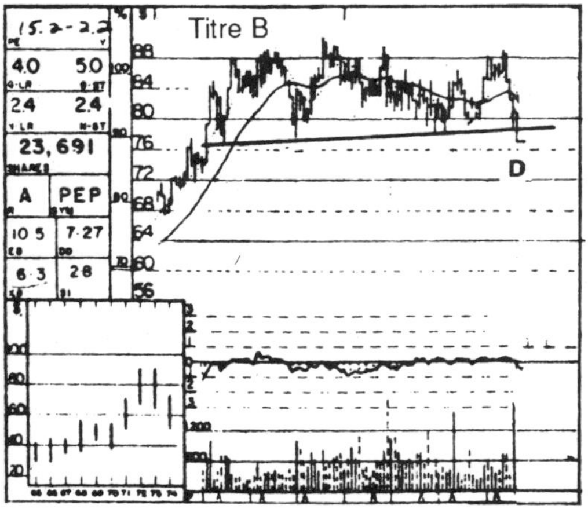

COURTESY OF MANSFIELD STOCK CHARTS

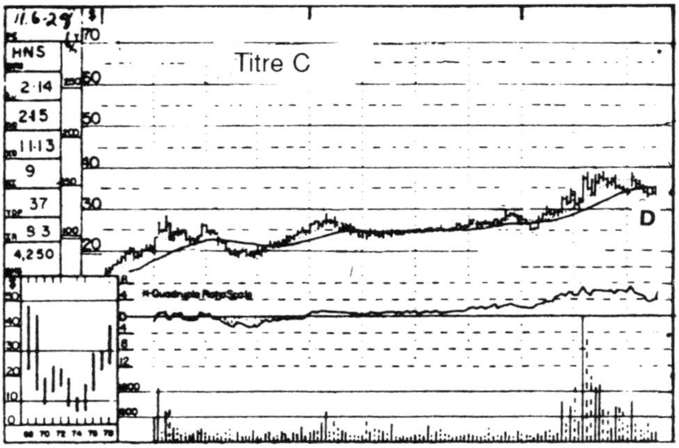

COURTESY OF MANSFIELD STOCK CHARTS

10. Le titre XYZ devrait être vendu à découvert dès qu'il casse au-dessous de son support important à 30. Comment devriez-vous alors rédiger l'ordre que vous passerez à votre " broker " si vous voulez vendre 1000 titres à découvert ?
    A. Vendre court 1.000 XYZ à 29 7/8.
    B. Vendre court 1.000 XYZ 29 7/8 stop.
    C. Vendre court 1.000 XYZ 29 7/8 stop-29 5/8 limite.
    D. Vendre court 1.000 XYZ 29 7/8 stop-29 3/8 limite.
11. Lequel de ces trois titres est le meilleur à vendre à découvert (leurs points D respectifs)?

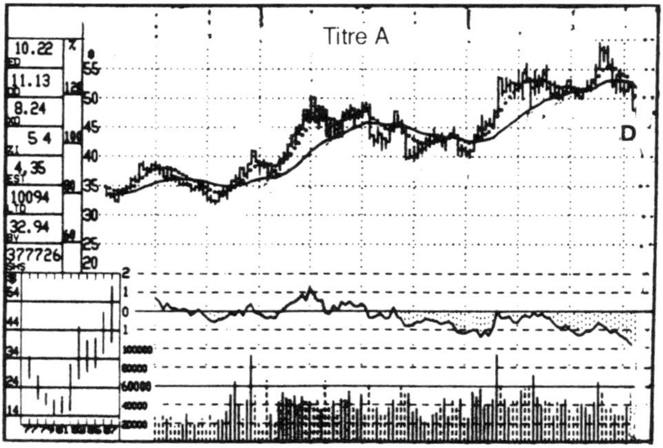

COURTESY OF MANSFIELD STOCK CHARTS

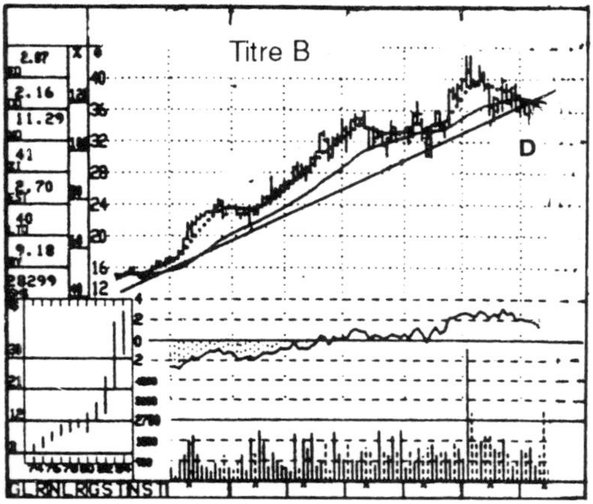

COURTESY OF MANSFIELD STOCK CHARTS

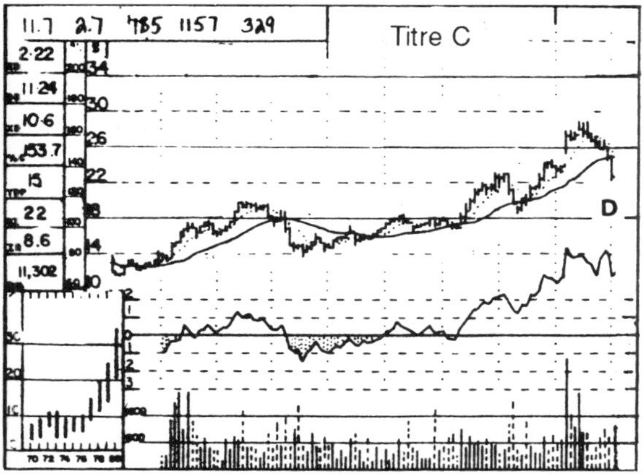

COURTESY OF MANSFIELD STOCK CHARTS

REPONSES

1. Faux. Tant que les tactiques adéquates sont suivies, la vente à découvert n'est pas plus dangereuse que l'achat, et chacun devrait l'utiliser sur un marché “ bear ”.
2. Vrai.
3. Vrai.

4. Vrai.
5. Faux. A peu près 50 pour 100 des meilleures ventes à découvert ne font pas de retours sur les niveaux des cassures initiales. Vous devriez par conséquent vendre à découvert la moitié de la position que vous désirez ouvrir à la cassure, bien qu'il soit plus sûr d'ouvrir des positions courtes sur les reprises de retour.
6. Vrai. Le graphe est celui de Manhattan Industries en 1972. Après avoir cassé en A, le titre subit un déclin de Phase 4 qui ne s'est pas retourné avant que Manhattan ne casse sous la ligne des 2$ l'action. Et tant pis pour les P.E.R. !
7. Vrai. Le graphe est celui de Genesco en 1972. Malgré la forte poussée vendeuse précédente, c'était une excellente vente à découvert de continuation tout comme Winnebago (Graphe 7-25). Si vous aviez vendu à près de 26 (point A), le titre aurait perdu 90 pour 100 avant d'arrêter sa chute au-dessous de 3 !
8. B. Le graphe est celui de TRW en 1973. D'après la" règle de la balançoire ", le titre avait une cible projetée à la baisse de 9 3/4 (30 3/4 moins 20 1/4 égale 10 1/2; et 20 1/4 moins 10 1/2 donne 9 3/4). Par la suite, le bas réel s'est avéré être à 10 1/8 avant qu'une nouvelle avancée de Phase 2 ne débute.
9. B. Le titre est Pepsico, il était le candidat idéal à la vente à découvert en 1973. La ligne de force relative tomba en territoire négatif sur la cassure après plusieurs mois d'action laborieuse. En plus, la moyenne mobile était orientée à la baisse. Enfin, le sommet se traçait depuis plus d'un an, et plus long est le sommet, plus forte sera la chute. Dans ce cas, Pepsico s'effondra à 29 1/4 avant de se retourner à la hausse.

   Le titre A est celui de TWA en 1987. Il y avait deux raisons qui auraient dû vous dissuader de le vendre à découvert au point D. D'abord, la moyenne mobile montait toujours. Deuxièmement, la force relative faisait encore preuve de beaucoup de vigueur. Bien qu'il soit retombé en fin d'année, 3 mois après la cassure de D, le titre était remonté à 35, ce qui vous aurait donné une perte importante.

   Le titre C est Haines en 1978. Là encore la force relative était bien trop vigoureuse pour vendre " court " le titre. Trois mois plus tard il avait pratiquement doublé à 60 !
10. D. Si vous voulez vendre un titre à découvert dès qu'il casse au-dessous de 30, utilisez un stop à 29 7/8 avec une limite d'AU MOINS un demi-point de moins, puisque vous devez attendre un " uptick " (quand le titre est coté sur le New York ou l'American Stock Exchange). Par conséquent, D est la bonne réponse.

A est mauvaise. Si vous dites de vendre à 29 7/8, cela veut dire vendez à 29 7/8 ou MIEUX. Par conséquent, si le titre s'échange à 30 1/8, vous le vendrez encore sur " l'uptick " suivant, même s'il ne casse jamais sous les 30.

B est mauvaise. En plaçant un ordre stop “ nu ”, si XYZ casse les 30 et ne fait pas de " l'uptick " avant 27 1/2, c'est là où vous serez vendu, étant donné qu'il n'y a pas de limite à votre ordre de vente. Voilà pourquoi il est essentiel que vous placiez une limite sur tous vos ordres.

C est la deuxième meilleure réponse, mais la limite de 1/4 de point est trop serrée pour une vente qui exige un “ uptick ”.

11. A. Le titre A est celui de Sears Roebuck en 1987. C'était et de loin la meilleure vente à découvert, alors que sa force relative était mal en point et que sa moyenne mobile tombait. C'est sans surprise qu'une fois le point D atteint à 49 7/8, le titre se " crashe " à 26.

Le titre B est US Tobacco en 1984. La force relative était bien trop vigoureuse pour que vous vendiez le titre à découvert. C'est donc sans surprise que quatre mois plus tard vous vous seriez retrouvé avec une perte alors qu'UBO s'échangeait à 40.

Le titre C est Thiokol en 1980. Vous n'auriez jamais dû le vendre à découvert, car la moyenne mobile montait toujours et la force relative était très puissante. THI ne tomba jamais plus bas qu'au niveau du point D pendant le restant de l'année 1980 et remonta à 38 1/2 plus tard dans l'année.

CHAPITRE 8

COMMENT UTILISER LES MEILLEURS INDICATEURS LONG TERME POUR REPÉRER MARCHÉS BULL ET MARCHÉS BEAR

Cela n'aurait-il pas été super d'avoir acheté en force en janvier 1975, en mars 1978 ou en août 1982 ? Ces trois périodes ont marqué les prémices de marchés " bull " majeurs sur les bourses américaines. Et il aurait été encore plus intéressant d'entrer sur des positions très défensives en janvier 1973, fin 1976, juillet 1981, et début octobre 1987, avant que ne se développent des grands marchés " bear ". Le " Professional Tape Reader " l'a fait, et vous pouviez aussi le faire !

En juillet 1982, beaucoup d'économistes prévoyaient une récession sévère qui durerait au moins une année. Alors que le Dow était juste au-dessous de 800, un gourou de marché vénéré par Wall Street prédisait l'arrivée d'un krach et une chute d'au moins 500 points de l'indice...le grand public quant à lui l'écoutait et y croyait. Quant à moi, après avoir été " bearish " depuis un an, j'ai écrit le 22 juillet 1982 dans le PTR : " nous sommes arrivés en phase embryonnaire d'un nouveau marché "bull", et pour la première fois depuis que nous nous étions tournés "bearish" avant le sommet de 1981, nous voulons maintenant utiliser toutes les corrections comme prétexte pour acheter...". Trois semaines plus tard, le marché enregistra son plus bas " intraday " à 770 et le reste appartient à l'Histoire... l'un des plus forts marchés " bull " du siècle était lancé.

Complètement à l'opposé, le grand public était euphorique en août 1987. Un des plus grands magazines financiers écrivit même un article au titre on ne peut plus optimiste : " à quand le Dow à 3000 " ? Parmi les " super bull " c'était à qui en allait de la prévision la plus optimiste. Un Dow à 3500 points était comme déjà acquis pour beaucoup, même le seuil des 4000 semblait être une projection raisonnable car " nos marchés étaient tellement moins chers que les marchés japonais ". Dans cet environnement follement optimiste, j'avais le mauvais rôle, moi qui écrivais le 17 septembre 1987 quelques jours à peine après que le Dow ait enregistré son plus haut historique à 2.746 : " il y a de nombreux nuages qui nous menacent à l'horizon ". Dans les semaines suivantes mes indicateurs techniques tournaient de plus en plus au négatif et je conseillais à mes abonnés de liquider " agressivement " leurs positions. Puis, le 15 octobre 1987 j'écrivis " ce n'est sans aucun doute PAS le moment d'abandonner une position défensive." Le lundi suivant, le 19 octobre, fut la pire journée de l'histoire des bourses mondiales, et le Dow perdit en quelques heures 508 points !

Comment ai-je-fait ? Tout simplement en étudiant mes graphes et en écoutant le message de mes indicateurs à long terme. Après avoir lu ce chapitre, vous pourrez à votre tour localiser avec précision les principaux sommets et creux de marché. Je suis en permanence plus de cent indicateurs techniques et mets à jour les 50 plus fiables dans chaque numéro du Professional Tape Reader. Ces 50 indicateurs forment ce que j'appelle mon POIDS DES EVIDENCES, c'est-à-dire la façon dont je juge les trois principales tendances du marché : la tendance long terme, moyen terme et court terme. Ma méthode diffère de celle de la majorité des analystes qui ne suivent que quelques baromètres en lesquels ils ont une confiance aveugle. La raison pour laquelle je suis favorable à une approche basée sur une évaluation large de plusieurs dizaines d'indicateurs, c'est qu'au cours de toutes ces années de pratique, j'ai appris que tout outil technique, aussi fiable a-t'il été dans le passé, vous trompera parfois. Si vous vous appuyez seulement sur peu d'indicateurs, votre système, un jour ou l'autre, vous trompera. Si, par contre vous écoutez leur message collectif, les risques de vous trouver déphasé par rapport au marché seront bien plus limités.

Bien qu'il soit toujours important d'être en phase avec la tendance majeure, cela devient vital quand le marché passe, soit dans des zones à très hauts risques (comme fin 72 et début octobre 1987), ou à très bas risques (comme début 1975 et été 1982). Ce sont des périodes où les faux signaux ont le plus de chances d'apparaître sur vos graphes de valeurs individuelles. En identifiant à quel moment vous entrez dans une zone à très hauts risques, vous pourrez liquider " agressivement " vos positions courantes, et devenir extrêmement sélectif dans vos achats. En plus, vous pourrez " prendre la température " avec une ou deux ventes à découvert. D'un autre côté, quand vos indicateurs les plus fiables vous disent que le marché entre dans une zone à très bas risques (à la fin d'un marché " bear ") il devient intéressant de commencer à prendre vos gains sur vos ventes à découvert, bâtir des réserves de liquidités, et vous apprêter à faire des achats bien selectionnés.

A d'autres moments, quand tout est extrêmement " bullish " (comme en août 1982-juin 1983), ou clairement négatif (janvier 1973-octobre 1974), vous devriez “ agressivement ” accompagner la tendance. Il est par conséquent crucial que vous soyez en permanence au courant de la santé technique de la tendance principale du marché, ou au contraire de ses faiblesses. J'ai beaucoup réfléchi avant de rédiger ce chapitre car je tenais à vous proposer une approche parfaite, ni trop lourde ni trop simple. Bien sûr, j'aurais aimé que vous aussi suiviez l'ensemble de mes cinquante excellents indicateurs techniques pour que vous ayez les meilleures armes à votre disposition afin d'interpréter l'action du marché, surtout quand elle paraît ambigüe. Mais je sais que vous n'avez ni le temps, ni les collaborateurs que j'ai, pour en permanence réactualiser tous ces indicateurs. Aussi ai-je revu un à un tous mes indicateurs et ai-je choisi les plus importants, ceux que vous devez suivre pour rester en phase avec la tendance majeure. Ces indicateurs sont simples à tenir, et si vous saviez écouter leur avis, vous auriez pu identifier tous les marchés " bull " et " bear " des décennies passées.

L'ANALYSE PAR PHASES POUR LES INDICES DE MARCHE

Le point de départ est évident. A présent vous devriez vous sentir très à l'aise avec l'analyse par phases, aussi utilisons-la pour les indice de marché. C'est un des baromètres les plus faciles à suivre et c'est aussi la plus importante de toutes. Là le message sera sans équivoque. Si vous suivez un seul indicateur long terme, ce sera celui- là. Suivez-le au travers d'un service graphique hebdomadaire, ou pointez-le vous-même.

Si vous décidez de suivre cet indicateur par vous-même, voyez la page 315 du Chapitre 9 qui explique comment calculer une moyenne mobile. Tous les vendredis, pointez le cours de clôture et marquez-le sur une feuille de données. Ensuite, calculez la moyenne mobile à 30 semaines sur cette même feuille et pointez-la sur votre graphe.

Après, vous pourrez interpréter “ l'action du marché ”. Tout comme pour l'analyse par phases quand elle est appliquée aux valeurs individuelles, lorsque se forme une Phase 3 potentielle sur le DJIA, vous devez alors agir avec prudence. Puis, quand le Dow passe au-dessous de sa MM à 30 semaines et passe en Phase 4, il est temps d'être très défensif. Suspendez tout achat même si vous voyez quelques titres casser à la hausse sur les graphes. Assurez-vous de vendre au plus vite les titres qui démontrent une mauvaise force relative. Resserrez vos ventes stop de protection autant que possible sur les positions longues non encore soldées. Enfin, partez à la chasse des situations de découvert les plus intéressantes.

Bien que cet indicateur long terme essentiel ne soit certainement pas infaillible et donne parfois des faux signaux, il est le plus souvent incroyablement fiable. Aucun marché “ bear ” au cours des décennies

Graphe 8-1

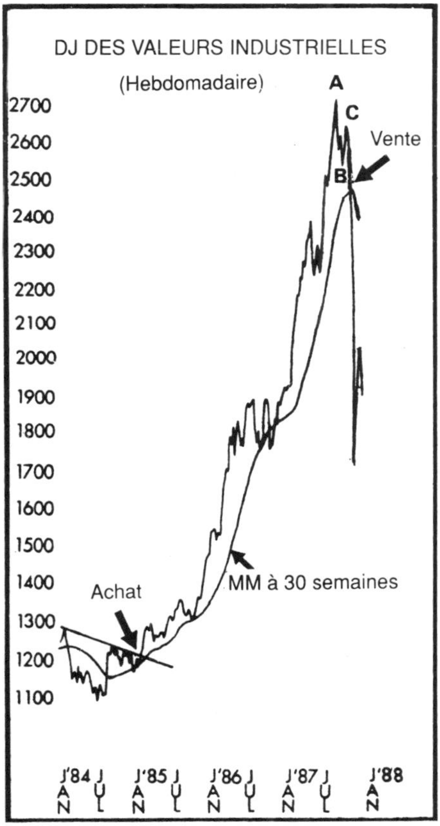

SOURCE: *The Professional Tape Reader*

précédentes ne s'est déroulé sans qu'au préalable cet indicateur n'ait " flashé " son signal de vente. Etudiez le Graphe 8-1 et vous y verrez l'une des raisons qui me fit devenir "bearish" avant le krach d'octobre 1987. Après avoir dépassé sa MM à 30 semaines en août 1984, puis être passé en Phase 2 début 1985, le Dow Jones eut une longue envolée. Sur les 30 mois suivants, l'indice n'eut qu'une direction- la hausse- allant jusqu'à doubler tout en restant au-dessus de MM 30 [1].

(1) Le seul moment où le Dow passa temporairement au-dessous de sa moyenne mobile, ce fut fin 1986. Le signal n'était pas encore négatif car cette MM poursuivait son ascension. De plus, le Dow ne cassa jamais au-dessous de ses supports.

Graphe 8-2

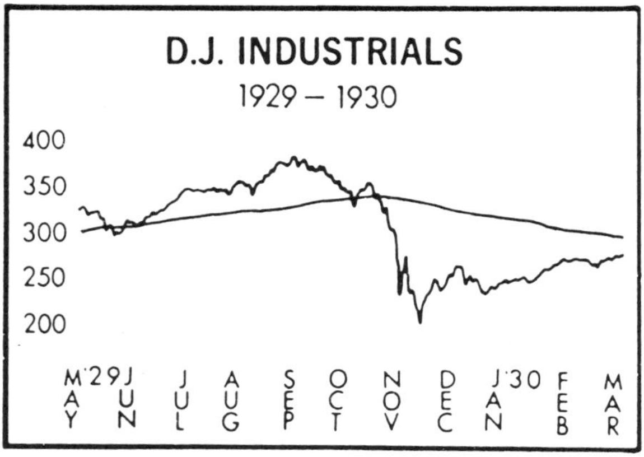

SOURCE: Dow Theory Letters

Mais fin 1987, une action de marché dangereuse se développa. D'abord l'indice atteint un nouveau " plus haut " fin août (point A) avant de tomber fortement sur une flambée des ventes (jusqu'en point B). Cette action fut suivie d'une nouvelle reprise en octobre 1987 (point C) qui ne put atteindre les hauts du mois d'août. Cette séquence A-B-C avait tous les ingrédients d'une formation importante de sommet. Ensuite, quand le Dow cassa au-dessous de ses bas en B, cette situation indiquait pour le moins l'achèvement d'un sommet intermédiaire.

Puis, alors qu'une action en dents de scie qui ne présageait rien de bon se développait, un problème encore plus sérieux est apparu. La MM à 30 semaine perdait de son élan haussier et commençait à s'aplatir. Ce qui donna au graphe une inquiétante forme de Phase 3. Le coup de grâce fut donné lorsque le marché cassa au-dessous de sa moyenne mobile autour des 2.450. C'était là un retentissant signal de Phase 4 impliquant une vente immédiate et la fin des " festivités ". Au cours des journées suivantes, le marché accéléra sa chute, ce qui aboutit à l'effondrement historique du 19 octobre. Beaucoup prétendent que le krach nous tomba dessus sans prévenir, mais vous savez maintenant que tel n'a pas été le cas.

Il s'est passé exactement la même chose en 1929. De nombreuses réflexions ont été écrites sur cette débâcle d'antan, peu étaient sensées. J'ai lu certains auteurs qui prétendaient que la seule façon d'éviter le krach de

Graphe 8-3

SOMMET DE MARCHE BAISSIER
Dow Jones des Valeurs Industrielles avec la MM à 30 semaines

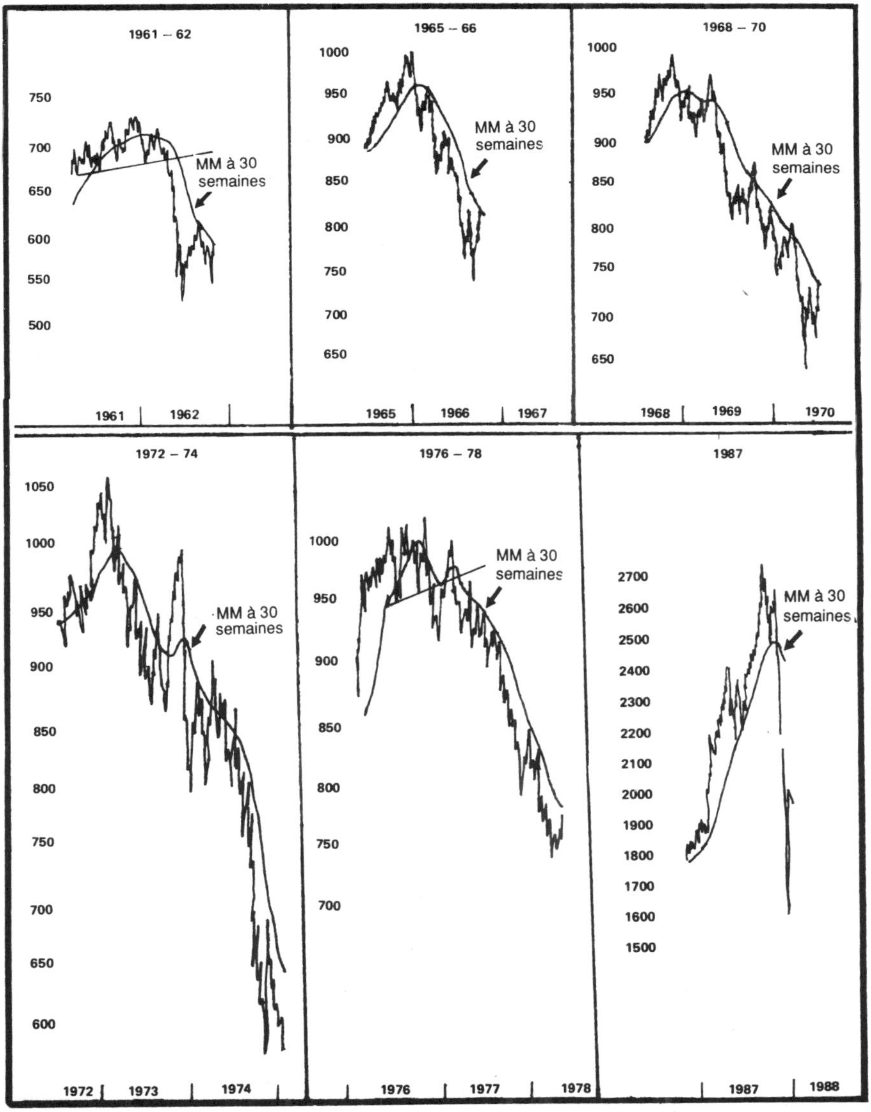

COURTESY OF MANSFIELD STOCK CHARTS

Graphe 8-4

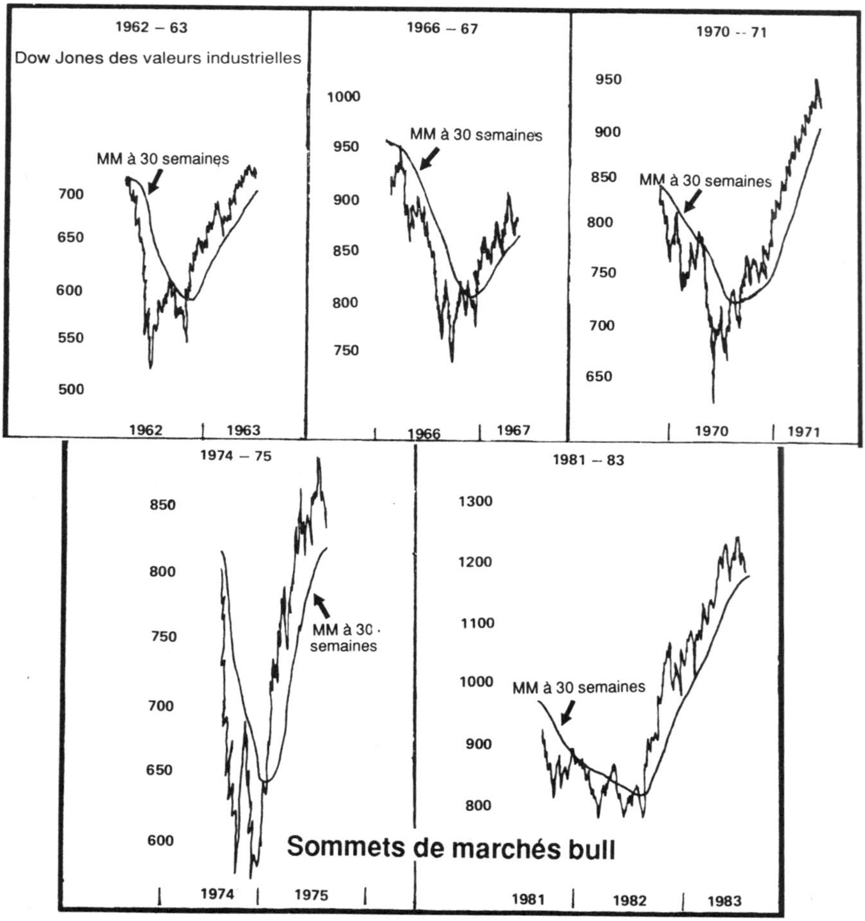

COURTESY OF MANSFIELD STOCK CHARTS

1929 aurait été de sortir des marchés dès 1928, au moment où les actions commençaient à être vraiment sur-évaluées. D'autres aussi ont dit que le krach était totalement imprévisible. Foutaises ! L'Histoire et les Cycles de marché se répètent et comme le dit le proverbe, ceux qui n'apprennent rien de l'Histoire sont condamnés à répéter leurs erreurs.

Vous n'aviez pas à dire "ciao" aux marchés en 1928 pas plus qu'en 1986 parce qu'ils devenaient fondamentalement sur-évalués. Si vous l'aviez fait, vous seriez passé à côté de deux des plus incroyables reprises du siècle. Dans les deux cas, le simple fait d'avoir reconnu le développement de sommets potentiels de Phase 3 et d'avoir réagi à la cassure de Phase 4 de la moyenne mobile vous aurait sorti avant la débâcle (voir Graphe 8-2 pour le krach de 1929), tout en vous laissant profiter du jeu jusqu'au bout.

Etudiez maintenant le Graphe 8-3, qui vous montre le déroulement du sommet de Phase 3 ainsi que la cassure en Phase 4 sur le DJIA pour plusieurs marchés " bear ". Dans tous les cas, le scénario est idendique. Une fois que s'est tracé un sommmet de Phase 3 et que la moyenne mobile a arrêté son ascension, il était temps de devenir prudent. Le dernier signal négatif était une cassure significative au-dessous de la MM à 30 semaines. Ensuite, une fois la MM retournée, vous auriez dû rester dans votre " bunker " jusqu'à ce que la moyenne mobile montre des signes de reprise. Souvenez-vous qu'il ne suffit pas que l'indice repasse au-dessus de la MM (comme fin 1969) pour revenir sur les marchés, si cette MM poursuit sa descente.

D'un autre côté, cet indicateur de marché à long terme n'est pas seulement utile pour prévenir les retournements de marchés " bear ". A l'opposé de bien d'autres indicateurs que j'ai étudiés, l'analyse par phases peut aussi anticiper l'arrivée des marchés " bull ". Après une chute importante, une fois qu'une fondation de Phase 1 commence à se construire, il est temps de revenir et d'être prêt pour le marché haussier suivant. (voir graphe 8-4). Et dès que la MM 30 commence à se redresser il est temps de rechercher des achats sur vos graphes.

LA LIGNE DES AVANCEES / DECLINS

Le prochain et important indicateur qu'il nous faudra suivre avec attention sera la ligne des avancées/déclins (ligne A/D) du New York Stock Exchange (NYSE). Une ligne A/D reprend la différence entre le nombre de titres qui sont en hausse pour un jour donné (chiffre positif), et le nombre de titres qui baissent (un chiffre négatif). Voilà comment une lecture quotidienne de la ligne A/D peut vous aider à rester dans le sens du marché. Vous pouvez commencer vos calculs à tout moment en prenant arbitrairement un niveau d'origine, disons à + 50.000 (2). Vous calculez ensuite chaque jour la différence entre les avancées (hausses) et les déclins (baisses) sur une base quotidienne. Par exemple si 692 actions sont en hausse et 912 en baisse (voir Graphe 8-5 sur le Market Diary du Wall Street Journal, ne tenez pas compte des titres inchangés), vous arriverez au chiffre net de - 220. Soustrayez ce chiffre du niveau initial de 50.000 et vous obtenez + 49.780. Si le lendemain

(2) Le niveau d'origine que vous choisissez n'a pas d'importance puisque l'échelle pour une ligne A/D est arbitraire. C'est une ligne cumulative qui montera s'il y a plus de hausses que de baisses et baissera dans le cas contraire.

Graphe 8-5

Agenda			
NYSE	VEND.	JEUD.	11/13 semaine
Nombre de titres cotés	2 004	2015	2175
En hausse	692	1296	820
En baisse	912	386	1135
Inchangés	400	333	220

SOURCE:
Reprinted from *The Wall Street Journal*, November 16, 1987, p. 65,

nous avons plus d'avancées que de déclins, vous ajouterez la différence au cumul de la veille.

Tant que la ligne A/D et le Dow Jones montent de concert, il n'y a pas lieu de s'inquiéter; il est très improbable que le marché lance, ne serait-ce qu'une correction d'envergure. Cependant, quand cet indicateur commence à perdre de son élan haussier alors que le Dow Jones continue à charger de plus en plus haut, c'est ce qu'on appelle une DIVERGENCE NEGATIVE signalant des problèmes à venir (3). Si la divergence se déroule sur une période courte (plusieurs semaines), le déclin à venir a toute les chances de n'être qu'une correction dans le cours d'un marché " bull ". Si, en revanche, la divergence poursuit son dessin sur une plus longue période (plusieurs mois), là il y a problème. Ajouté à tout cela, si le DJI et la ligne A/D cassent d'importantes formations de sommets, un nouveau marché “ bear ” est prêt à descendre sur Wall Street. Ce signal sans ambiguïté a été très souvent performant si on reprend l'histoire des bourses. Il est normal de voir la ligne A/D atteindre ses plus hauts avant le DJI car, dès que la confiance s'évanouit, l'argent sort des valeurs secondaires pour se replacer sur les valeurs de qualité comme les valeurs du Dow Jones (les " blue chips "). Historiquement parlant, la ligne A/D du NYSE atteint son pic ultime de 5 à 10 mois avant que les " blue chips " ne forment leurs sommets. Une fois que la ligne A/D arrête son ascension, commencez à devenir plus prudent car le marché " bull " touche à sa fin .

En ce qui concerne les formations de creux, les probabilités penchent pour que ce soit le DJI qui atteigne ses plus bas ultimes et puis refuse de tomber plus bas, alors que la ligne A/D pousuivra sa chute de plus en plus

(3) Après une reprise vers de nouveaux plus hauts sur le Dow Jones, si la ligne A/D ou tout autre indice de marché refusent de confirmer en enregistrant eux aussi de nouveaux plus hauts, cette non-confirmation est une divergence négative. C'est une raison pour devenir plus défensif.

bas. Plus qu'un mauvais signe - ce que pensent d'ailleurs de nombreux opérateurs de marché - cette action est en fait un indicateur long terme positif. C'est l'opposé de la divergence négative qui apparaissait sur des sommets de Phase 3. On appelle ce signe une DIVERGENCE POSITIVE. Cette divergence nous montre que certains secteurs commencent à se reprendre même si d'autres continuent leur chute. Que vous ayez affaire à un sommet ou à un creux, rappelez-vous que plus la divergence dure, plus le retournement éventuel sera significatif.

Dans le " Professional Tape Reader ", je tiens à jour les lignes A/D du New York Stock Exchange, de l'American Stock Exchange, du marché de l'Over The Counter, et du Dow Jones des valeurs industrielles. Bien que chacune d'elles apporte des éléments d'appréciation sur l'état technique de la tendance en profondeur la seule à suivre absolument est la ligne A/D du New York Stock Exchange. Non seulement elle est publiée dans le Market Diary du Wall Street Journal, mais vous l'aurez dans pratiquement toutes les rubriques financières de vos journaux régionaux ou locaux.

Quand vous pointez cet indicateur sur un graphe, assurez-vous qu'apparaîtra sur le même graphe le Dow Jones des valeurs industrielles. Les deux courbes devraient être tenues quotidiennement. Il ne vous faudra pas plus de quelques secondes par jour pour actualiser ce baromètre de marché. Il n'empêche que cela accroîtra substantiellement vos potentiels de gains. Tout ce que vous avez à faire est de diviser en deux votre papier graphique et de trouver une échelle adéquate pour le Dow Jones, que vous pointerez sur la partie haute. Dans la partie basse du graphe, vous pointerez les données cumulées quotidiennes de la ligne A/D. Décidez que chaque ligne du graphe vaut un nombre précis de points nets d'avancée ou de déclin (disons 200 unités par ligne). Le lendemain, si le Dow Jones perd 20 points, trouvez ce point sur le graphe, pointez-le et reliez-le aux points précédents. En ce qui concerne les données de la ligne A/D, si la lecture de la veille était à + 50.000 et s'il y a aujourd'hui 200 baisses de plus que de hausses, vous pointerez le montant cumulé de + 49.800. Comme chaque ligne vaut 200 points, vous passerez à la ligne du dessous pour " charter " la lecture du jour. Si, au contraire, nous avions 1.200 avancées et 400 déclins, alors la différence nette du jour aurait été de + 800 unités, et vous auriez pointé quatre lignes au-dessus du niveau de la veille.

L'histoire des marchés abonde d'exemples où la ligne A/D du NYSE atteint son sommet avant le DJIA et refuse d'aller au-delà, alors que le DJI s'envole de plus en plus haut. Ce syndrome démontre que les avancées du marché deviennent dangereusement sélectives. Alors que la confiance s'en va, de plus en plus d'argent sort du marché au sens large du terme, et se replace exclusivement sur les grands titres de la cote. C'est toujours un signe précurseur important de la venue du " jugement dernier " du marché haussier. Donc vous devez surveiller vos graphes et vos autres indicateurs avec encore

plus d'attention, pour capter les signes d'une fin imminente.

Le Graphe 8-6 illustre parfaitement ce que vous devrez voir. Alors que la ligne A/D du NYSE traça son sommet en mai 1961 (point A), le DJI n'arrêta pas sa montée avant la fin de l'année (point B). Il y avait un décalage de près de 7 mois entre les deux pics. De nombreux autres indicateurs de non-confirmation se sont allumés dans l'intervalle alors que le Dow Jones enregistrait de nouveaux plus hauts en août, septembre, novembre et décembre 1961, sans que la ligne A/D confirme une seule fois ces envolées. C'était un avertissement sérieux d'une cassure. Quand le Dow Jones cassa

Graphe 8-6

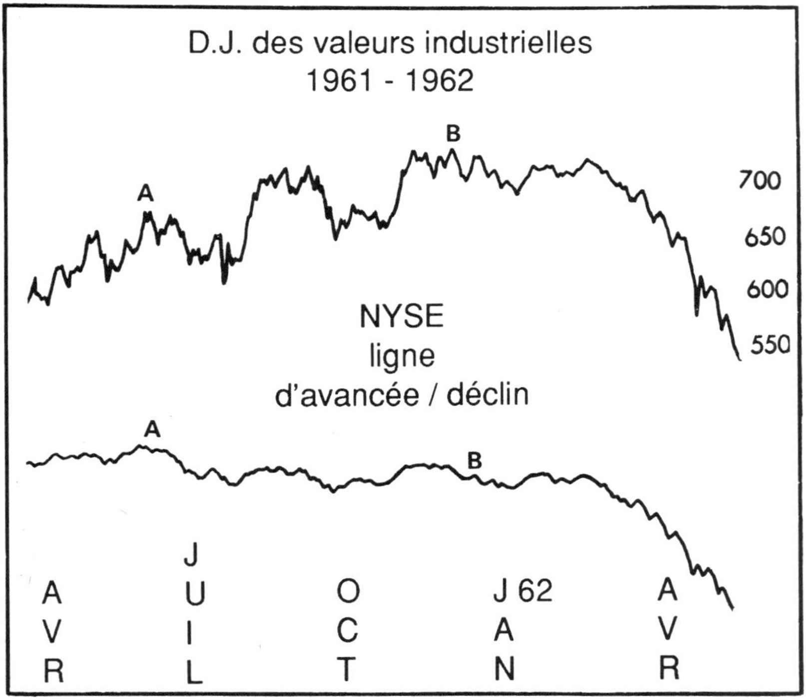

SOURCE: Dow Theory Letters

des supports importants ainsi que sa MM à 30 semaines, début 1962, il était temps que le " bear " commence à " gronder ".

Les mêmes syndromes " bearish " sont apparus en 1965. D'abord la ligne A/D culmina en mai 1965 alors que le Dow continuait à monter pendant encore 9 mois. Des nouveaux hauts furent enregistrés sur le Dow en octobre 1965, puis en janvier et février 1966, mais ils ne furent pas confirmés par l'indicateur important de la ligne A/D. Ce pic anticipé de la ligne A/D et les non-confirmations du DJI qui ont suivi, c'était bien, pour emprunter un terme du rugby, que la balle était dans nos 22 mètres. L'essai, et le signal que le marché " bear " de 1966 était là, fut la cassure simultanée d'un support-clé et de la MM à 30 semaines en mars 1966. Peut-être, le plus fort et l'un des meilleurs avertissement de la ligne A/D apparut pendant la période mars 1972-janvier 1973. Cet indicateur atteint son pic quelques dix mois avant la chute du Dow en janvier 1973. Pendant cette période, le Dow enregistra quatre nouveaux " plus hauts ", que la ligne A/D refusa de confirmer. C'était là un coup de semonce très brutal. C'est donc sans surprise que le Dow Jones cassa son support et MM à 30 semaines fin janvier 1973, lançant alors le marché " bear " le plus puissant des quarante dernières années.

Enfin le même scénario s'est déroulé en 1987 avant le pire krach sur une journée de l'histoire des marchés. Alors que bien des experts s'occupaient à rationaliser le krach en le mettant sur le compte de nos déficits commercial et budgétaire, ceux qui ont " écouté " cet indicateur très fiable pensaient autrement. L'argument des deux déficits était ridicule; ils existaient déjà durant toute la phase de hausse du marché, au cours des huit premiers mois de 1987.

En vérité, le marché est tombé pour la même raison que dans le passé : il était devenu techniquement trop faible pour pouvoir soutenir toute nouvelle avancée. Chaque fois que cela arrive, le chemin de la moindre résistance est toujours tracé par le bas. Regardez le Graphe 8-7 et vous verrez que le signal de cet indicateur était une fois encore inestimable en 1987. La ligne A/D du NYSE atteint son sommet en mars 1987 (point A). En ce point, le Dow Jones bataillait pour dépasser les 2.400. Au cours des cinq mois suivants, le syndrome " bearish " des non-confirmations A/D se développa dans toute sa gloire. La ligne A/D s'épuisait à revenir sur le pic de mars sans arriver à le dépasser. Pourtant, pendant cette même période, le DJIA a dépassé les 2700 points. Quatre plus hauts sur le Dow Jones furent enregistrés en avril, juin, juillet et finalement août 1987, tous non confirmés. Au moment où le plus haut historique à 2.746 fut touché ("en intraday"), la seule discussion entendue chez les opérateurs était de savoir quand la barre des 3.000 serait franchie. C'était très symptomatique, et quelques semaines après, quand le DJI cassa

Graphe 8-7

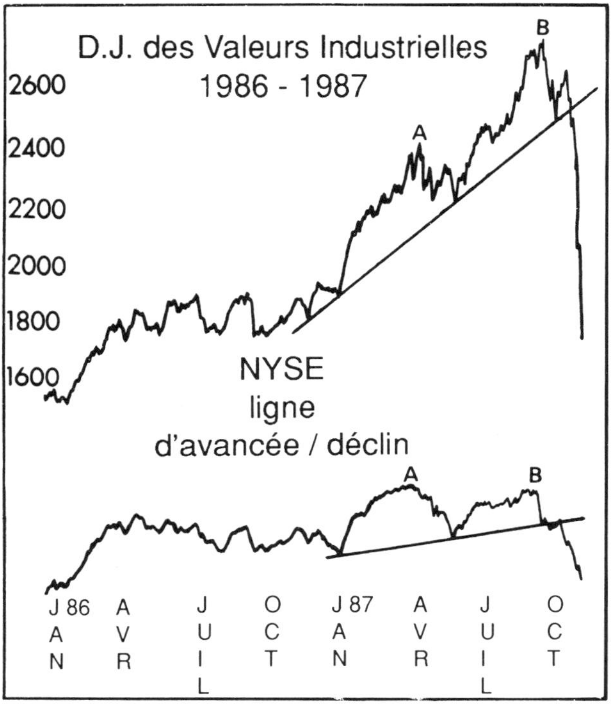

SOURCE: *The Professional Tape Reader*

au-dessous de son important support à 2.490 puis de sa MM à trente semaines, les dés étaient jetés. Un marché " bear " devenait inéluctable. La seule surprise fut que ce qui d'habitude prend plusieurs mois à se développer arriva en quelques courtes semaines alors que les programmes d'ordinateur ont accéléré l'action.

Il est important de savoir qu'une divergence " bullish " se forme de façon bien différente. Après le krach de 1929-32 l'A/D du NYSE et le DJI descendirent complètement de concert. Puis, en juillet 1932, les deux indicateurs ont enregistré de nouveaux plus bas avant de lancer de puissantes reprises. Près de huit mois plus tard, en fin février 1933, un phénomène intéressant est apparu. Le DJI toucha le fond et lança une reprise. La ligne A/D nous conta pourtant une toute autre histoire. L'indicateur

Graphe 8-8

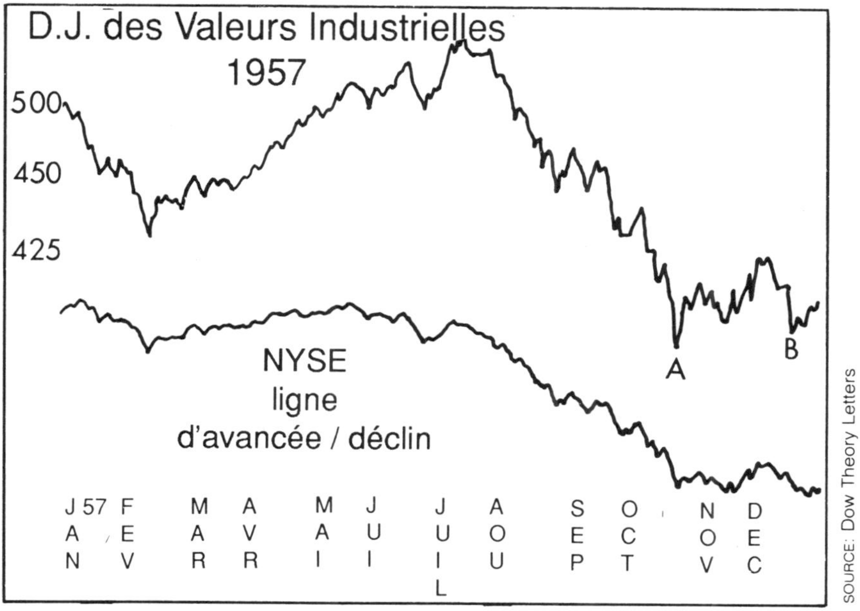

continua de baisser pendant tout le mois de mars alors que le DJ des Industrielles remontait. C'est le scénario typique de " formation de creux ". Puisque la confiance en cette phase avancée " bear " est tout naturellement très limitée, les acheteurs sont alors extrêmement prudents quand ils " reprennent la température de la place ". Ces acquéreurs de la première heure s'orienteront tout naturellement vers les valeurs de qualité, évitant les titres spéculatifs. Ainsi c'est sans surprise que cette chronologie favorable de nouveaux plus bas sur la ligne A/D, non confirmés par des plus bas associés sur le DJI, se déroule à l'identique sur plusieurs creux de retournement de l'histoire des bourses.

Un autre cas d'école de ce phénomène s'est produit fin 1957 (Graphe 8-8). Après être tombé pendant le deuxième semestre de cette année-là, le DJI toucha le fond en octobre (point A). Au cours des deux mois suivants, toutes les baisses virent les industrielles se maintenir au-dessus du bas d'octobre, alors que la Phase1 commençait à se développer. Mais la ligne A/D subissait d'énormes pressions pendant cette période et cassait à de nouveaux bas (point B). Cette action divergente fut vite suivie par le grand marché " bull " de 1958-59.

Cette configuration “ bullish ” s'est retrouvée après le krach de 1962 (voir Graphe 8-9). Ceux qui, parmi les techniciens de marché, connaissaient bien leur histoire se trouvaient en situation pour acheter, alors que Wall Street

paniquait au moment de la crise des missiles Cubains. Le Dow enregistra ses bas d'après krach de juin de cette même année (point A), des mois avant ces évènements dramatiques. Au cours des huit semaines suivantes, les deux indicateurs ont enregistré de jolies reprises techniques. On assista ensuite aux ventes panique de septembre-octobre, au moment où les missiles cubains et les navires de guerre soviétiques faisaient trembler le monde entier et pas seulement Wall Street (point B). Il est intéressant de remarquer qu'au cœur de cette crise, alors que la ligne A/D enregistrait plus bas après plus bas, le Dow Jones parvint à rester au-dessus de sa ligne basse de l'année et refusa de casser au-dessous de son creux de juin 1962. Avec la peur panique à des niveaux épiques, nous avions là un très fort signal de divergence. Une fois que Kroutchev rappela son armada, le marché lanca un “ bull ” fabuleux qui dura trois ans et demi.

Graphe 8-9

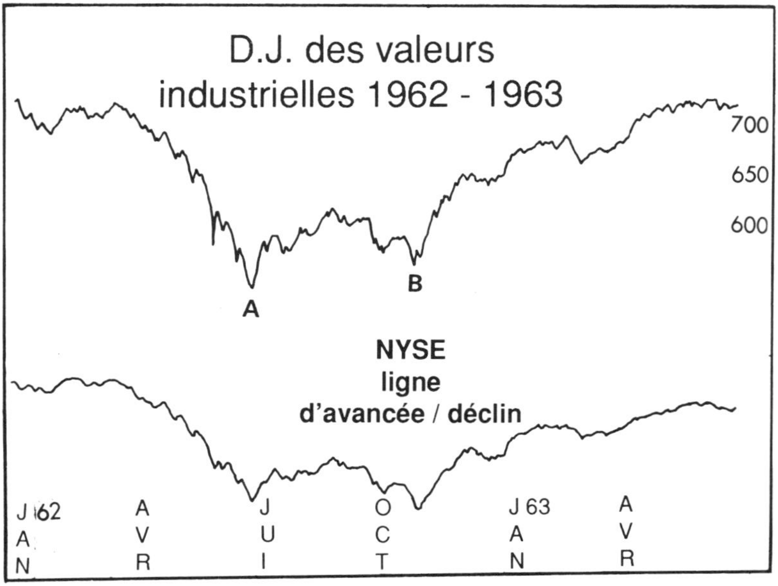

SOURCE: Dow Theory Letters

Cette configuration financièrement si intéressante réapparut à la mi-1970. Après les années pourries de 1969-70, le DJI fit son creux en mai 1970, alors que la ligne A/D continua de " crasher " avant d'enregistrer enfin ses plus bas en juillet. C'était un " somptueux " signal de" timing " du marché, indiquant que le " bull "de 1970-73 était prêt à être lancé sur orbite. Enfin, cette formation positive apparut sur les graphes en juin-juillet 1984, suite au " bear junior " de janvier-juillet. Sous quelques jours, le marché " bull " sur-puissant de juillet 1984-août 1987 était lancé.

MESURER L'ELAN DU MARCHE

Il y a bien d'autres façons d'utiliser la ligne A/D du NYSE. Les chiffres hebdomadaires vous donnent une perspective différente pour l'analyse long terme. Les chiffres quotidiens peuvent aussi être pointés sur un graphe de la forme " point et figure " , plutôt que sur les graphiques en batônnets que je vous ai appris à utiliser. Enfin, des oscillateurs court terme peuvent être construits à l'usage des traders. Chaque facette nous donne plus de données pour évaluer ce que le marché prépare. J'utilise tous ces outils dans le " Professional Tape Reader ", car chacun d'eux a son importance dans une analyse technique complète. Mais vous pourrez avoir un point de vue intéressant si vous ne faites que tracer les données quotidiennes de la ligne A/D, à la recherche des divergences dont j'ai parlé précédemment, cela conjointement à une autre méthode long terme comme celle qui va suivre. Cet indicateur offre l'avantage d'être (1) très précis, (2) facile à interpréter, et (3) rapide à calculer. Je l'appelle mon " INDICE DE MOMENTUM " (IM). C'est en réalité la moyenne mobile à 200 jours des données d'A/D quotidiennes du NYSE.

En mesurant le " momentum " vous ne faites qu'appliquer les lois de la physique Newtonienne au marché, excepté que, parlant des actions, ces lois devraient être réécrites de la manière suivante: UNE TENDANCE EN MOUVEMENT DEVRAIT SE POURSUIVRE JUSQU'A CE QU'ELLE S'INVERSE. En d'autres termes, oubliez les oscillations mineures et concentrez-vous sur la tendance majeure. C'est à cela que l'indice de " momentum " (graphe 8-10) peut servir.

La première étape est de recueillir les données d'avancée-baisse du NYSE sur les 200 séances les plus récentes. Si vous êtes courageux vous pourrez aller dans votre bibliothèque municipale et reprendre ces chiffres dans les anciens numeros de Barron's. Si vous n'avez pas le temps, commencez donc à recueillir les chiffres à partir d'aujourd'hui et, dans 40 semaines, vous pourrez commencer à construire cet indicateur. L'étape

Graphe 8-10

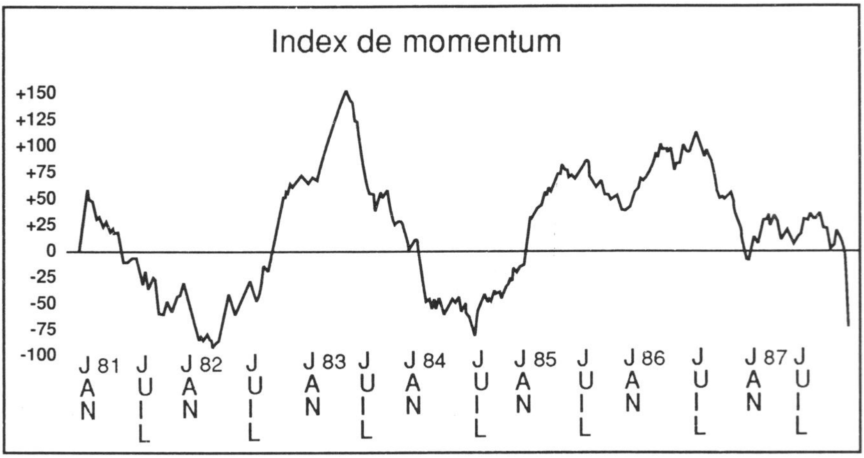

SOURCE: *The Professional Tape Reader*

suivante sera de cumuler tous les plus et les moins de la période. Une fois que vous aurez obtenu ce total, vous le diviserez par 200. Le chiffre obtenu sera la lecture de l'indice de " momentum " du jour.

Après avoir retrouvé les données sur 200 jours et calculé l'indice du jour, cet indicateur sera très simple à réactualiser de la façon suivante. Il n'est pas nécessaire d'additionner de nouveau les chiffres des 200 jours précédents. Comme pour un calcul de moyenne mobile, ajoutez tout simplement le chiffre du jour dans votre calculateur (vous additionnez avec le signe adéquat du jour), et SOUSTRAYEZ le chiffre du 201ᵉ jour. Quand vous ferez la soustraction, vous devrez vous souvenir que le signe sera opposé [(4)]. N'omettez pas de barrer physiquement le chiffre du 201ᵉ jour sur votre feuille de données; autrement il se peut que le lendemain vous ne réalisiez pas que vous l'avez déjà enlevé, et vous l'utiliserez par erreur une fois de trop. La dernière étape mécanique sera de prendre la différence entre les chiffres de ces deux journées (aujourd'hui le 201ᵉ jour) et de diviser le tout par 200. Vous ajouterez le nombre obtenu à votre lecture de l'IM (indice de momentum) de la veille et aurez le chiffre du jour.

Voilà un exemple précis vous montrant combien cette opération prend peu de temps à exécuter. Le 11 novembre 1987, la lecture de l'indice de

(4) Si le chiffre du 201ᵉ jour était + 400, vous devez l'entrer dans votre calculateur comme - 400. A l'opposé, si le chiffre du 201ᵉ jour était de - 600, alors vous l'entrerez dans votre calculateur comme + 600.

“ momentum ” nous donnait - 63. Une fois que vous avez cette information sous la main, voyons comment vous auriez calculé la valeur du jour suivant. Le 12 novembre, il y a eu 941 avancées de plus sur le New York Stock Exchange. Je mets donc un + 941 dans mon calculateur. Ensuite j'ai repris ma feuille de données et j'ai vu que la lecture du 201ᵉ jour (le 29 janvier 1987) était de - 82. Rappelez-vous de changer les signes; j'entre donc dans mon calculateur + 82 et j'ai barré le chiffre du 201ᵉ jour de ma feuille de données. Le total de + 82 et + 941 donne + 1.023. Divisez 1.023 par 200 et vous obtenez une lecture de + 5,1. La dernière étape sera d'ajouter le + 5,1 à l'indice de “ momentum ” de la veille qui était de - 63, nous donnant une lecture de l'indice de - 57,9 pour le 12 novembre.

Au cours des ans, j'ai développé quelques règles utiles pour interpréter cet indicateur.

1. Le signal le plus important est la cassure dans un sens ou dans l'autre de la ligne des zéro. Si l'indice de “ momentum ” était en territoire négatif et passe ensuite au-dessus de la ligne zéro, c'est un signal long terme favorable. A l'opposé, une baisse de territoire positif à territoire négatif est une indication “ bearish ”.

2. Plus longtemps l'indicateur aura été, soit au-dessous de la ligne zéro, soit au-dessus, plus le signal sera significatif quand l'indicateur passera de l'autre côté.

3. Les déplacements les plus significatifs sont ceux qui arrivent quand cet indicateur, après avoir été très loin en territoire positif ou négatif pendant un certain temps, casse ensuite la ligne zéro. Il est à l'opposé peu significatif quand il longe la ligne des zéro avant de sauter de l'autre côté.

4. Les signaux “ bearish ” les plus significatifs arrivent quand l'indice se trouve en territoire positif pendant un certain temps et, à l'extrême, se déplace très loin au-dessus de la ligne zéro avant de lancer son signal “ bearish ”.

5. Sur un marché “ bull ”, cet indicateur atteindra presque toujours son sommet AVANT le Dow Jones des valeurs industrielles. Bien qu'il puisse demeurer en territoire positif peu de temps, un avertissement précoce est lancé, même s'il est encore en territoire positif, lorsqu'il tombe de façon franche de ses plus hauts. Un coup d'oeil au Graphe 8-10 vous montrera que l'action de pré-krach en 1987 était un cas d'école de cette action typique. L'IM a atteint en fait son pic à la mi-86 bien que le Dow avait alors une bonne année d'action “ bullish ” devant lui. Bien qu'il n'y avait pas de raisons de vendre pour l'unique raison que l'indice de marché commençait à “ traîner ”, on voyait clairement qu'il était alors trop tard pour venir sur ce marché “ bull ” vieillissant. Même si les huit premiers mois de 1987 étaient de “ rêve ” quant à “ l'action ” du DJI, l'IM était pourtant assez médiocre pendant cette même période. Le fait que le Dow ait pu avancer de plusieurs centaines de points à cette époque sans que cela ait eu un impact positif sur notre indicateur était à l'évidence un signe inquiétant. En octobre, AVANT le krach du lundi noir (19 octobre), notre indicateur cassa en territoire négatif.Encore une fois, contrairement à l'opinion pourtant dominante à Wall Street, le déclin à venir serait non pas une simple correction de marché " bull " mais une hécatombe " bear " bien réelle.

Cet indicateur long terme a identifié les prémices de plusieurs autres marchés " bear ", toujours avec un excellent " timing ". Des signaux de vente exceptionnellement utiles ont été lancés en janvier 1962, début 1969, début 1972, au cours du printemps 1981 et en janvier 1984.

Cet indicateur marche mieux pour trouver les sommets que les creux. Les signaux de vente arrivent généralement assez tôt aux sommets, déclenchant un signal précoce ; mais ils arrivent plutôt trop tard sur les creux servant alors de signaux de confirmation. Sachant cela, cet IM pourra vous être quand même très utile sur les retournements de marchés " bear ", vous aidant à distinguer les reprises sans suite des vrais retournements. Des signaux d'achat de confirmation ont ainsi été lancés en février 1961, pendant le printemps de 1963, en avril 1967, janvier 1971, début 1975, août 1982, et janvier 1985.

Au cours des années, ce bon baromètre long terme a permis de voir d'importants mouvements de marché se dessiner. Une fois combiné à quelques autres indicateurs long terme vus dans ce chapitre, vous aurez un excellent arsenal d'outils techniques vous permettant d'y voir clair à travers le brouillard créé par Wall Street et les médias.

SIMPLE MAIS EFFICACE

L'indicateur long terme suivant est très utile pour jauger de l'action technique du marché au-dessous de la surface. Ne l'utilisez JAMAIS seul. Vous ne devrez pas l'interpréter seul dans le vide, mais comme un élément parmi d'autres dans votre analyse. Alors que le DJI en relation avec sa moyenne mobile à 30 semaines donne des signaux spécifiques, cet indicateur ne sait pas le faire. Il vous dit à quel moment la santé technique du marché commence à se détériorer, même si tout paraît sain en surface. D'un autre côté, il vous montrera aussi des améliorations subtiles lorsque les indices de marché sont encore en très mauvaise posture. Son message sera presque toujours lancé très tôt, vous laissant assez de temps pour préparer les changements de direction des marchés. Puis, alors que la majorité des autres indicateurs de marché commencera à se mettre à l'unisson avec cet indicateur, vous saurez qu'il est temps de changer radicalement d'attitude.

Je veux insister sur l'importance de suivre les statistiques de plus hauts et de plus bas. Ces données peuvent être suivies de manières différentes, chacune ayant un intérêt. Les chiffres de plus hauts / plus bas les plus communément suivis sont les données quotidiennes publiées tous les matins dans le WALL STREET JOURNAL et la presse locale. Ces séries, cependant, sont basées sur tous les titres, y compris les " actions préférentielles ". Bien que ces chiffres soient utiles, je préfère les séries tirées des " actions simples ". Elles sont plus dures à collecter mais vous les trouverez dans des journaux comme INVESTOR'S DAILY. Ces données sont assez intéressantes pour que les traders les suivent au quotidien, car elles décèlent souvent des mouvements intéressants à court terme ou à moyen terme. Je les suis dans le PTR avec les autres indicateurs que je vous ai présentés. Puisque je désire que vous rentabilisiez au maximum votre investissement temps, je vous suggérerai de suivre les chiffres hebdomadaires plutôt que quotidiens. Les plus hauts et plus bas hebdomadaires mettront en relief des mouvements bien plus significatifs et filtreront beaucoup de parasitage de " trading " dont les investisseurs n'ont pas à s'occuper. De plus, vous gagnerez beaucoup de temps à ne vous occuper que de l'indicateur hebdomadaire.

Maintenant que nous nous sommes fixés sur les données hebdomadaires, un autre choix s'offre encore à nous. Tout comme pour les données quotidiennes, il y a les chiffres conventionnels qui sont repris dans la plupart des journaux (et sont basés sur toutes les actions, y compris les préférentielles) et les séries qui traitent uniquement des actions simples. Bien que ces deux séries soient intéressantes, et je pointe d'ailleurs l'une et l'autre, là encore je préfère les séries hebdomadaires aux actions simples [5].

Pour que vous compreniez la différence subtile existant entre les deux types de données, regardons à titre d'exemple les chiffres de la semaine se terminant le 23 octobre 1987. C'était la semaine du krach qui incluait le lundi noir, jour de la chute historique de 508 points. Les chiffres conventionnels du NYSE montraient 12 nouveaux plus hauts pour la semaine contre 1.516 nouveaux plus bas. Pour calculer l'indicateur, soustrayez les nouveaux bas (qui sont négatifs) des nouveaux hauts (positifs). La lecture nette de la semaine était de moins 1.504. C'était une des plus fortes lectures négatives de l'histoire des marchés.

Les chiffres hebdomadaires correspondants, pour les actions simples seulement, étaient de 8 nouveaux hauts contre 1.508 nouveaux bas. Le montant net étant de moins 1.051. De ce fait, quand vous excluez les actions

(5) Un problème : ces séries sont difficiles à trouver dans la plupart des journaux. Une source est M/G FINANCIAL WEEKLY, P.O. Box 32333, Richmond, VA 23293.

préférentielles (warrants et autres) il y a une forte différence dans la taille des deux chiffres, bien que cette différence n'existe pas, normalement, dans la direction générale. Aussi, bien que les chiffres des actions simples soient préférables, les séries " conventionnelles " sont néanmoins volatiles. La différence la plus forte entre ces deux séries se situe au moment où les taux d'intérêt changent fortement, car cela a un fort impact sur les actions préférentielles.

Comme vous venez de le voir, les calculs sont simples. Pour porter ces séries sur un graphe, il vous suffit de tracer une échelle pour le DJI sur la partie haute du graphe et une autre pour cet indicateur sur la partie basse. Tous les week-ends, marquez le niveau de clôture du DJI du vendredi avec le chiffre net des plus hauts, plus bas.

Passons maintenant à leur interprétation. Bien qu'on puisse utiliser ces données de plusieurs manières, j'en ai trouvé deux qui sont à la fois les plus faciles et les plus profitables.

D'abord, quand cet indicateur est en permanence en territoire positif, c'est une indication long terme favorable. Quand, par contre, elle est en territoire négatif semaine après semaine, vous avez affaire à un marché malsain.

Ensuite, quand une divergence importante apparaît, un retournement de tendance commence à se former. Un exemple parfait peut être vu sur le Graphe 8-11, en 1982 (point E): bien que cet indicateur demeura en territoire négatif-montrant que la tendance majeure était toujours " bearish "- quelque chose de très " bullish " et de très excitant était en train de se produire. Alors que le DJI continua à descendre de plus en plus bas pendant les 8 premiers mois de l'année 1982, cet indicateur essentiel commença à remonter pendant cette même période. Cela montrait que de moins en moins de titres suivaient en fait cet indice dans son sens baissier, signe d'affermissement technique sous la surface. C'était un parfait cas de " divergence positive " et une des nombreuses " non-confirmations " importantes qui m'ont rendu " bullish " en juillet de cette même année, avant le démarrage du marché " bull " historique en août. De la même façon, fin 1974 le marché continua à chuter fortement alors que cet indicateur devint modérément haussier. C'était un bel indice de l'arrivée du fort marché " bull " de 1975-76.

D'un autre côté, alors que le DJI était à la hausse fin 72 début 73, le différentiel haut/bas baissait (point A). Cette action nous mit la puce à l'oreille sur le risque de l'apparition d'un marché " bear ", lequel effectivement se développa en 1973-74. Même scénario en fin 1976 (point C), début 1981 (point D), et fin 1983. Ces trois signaux négatifs sont arrivés juste avant d'importants marchés " bear ".

Regardez maintenant la super reprise de 1987 (point G). Alors que le marché allait de plus en plus haut, cet indicateur refusa d'avancer et en fait tomba légèrement. Cela montrait bien qu'il y avait quelque chose de pourri sous la surface. Quand l'indicateur continua à s'affaiblir en octobre, en tandem avec de nombreux autres indicateurs, vous saviez que les ennuis ne faisaient que commencer. Le krach de 1987 a certainement validé cette prophétie. Il devrait donc apparaître évident que cet indicateur long terme facile à construire est l'un de ceux que vous devriez suivre avec une très grande attention !

PAS D'ISOLATIONNISME ICI

Avec les communications modernes, et tous les partenaires commerciaux des Etats Unis qui ont plus qu'un intérêt marginal à suivre la parité de notre dollar, les Bourses mondiales sont plus que jamais liées les unes aux autres. Bien interprétée, cette interdépendance croissante peut être un indicateur long terme très utile pour nos marchés.

Il est très facile de suivre ce qui se passe autour du monde en utilisant, par exemple, les statistiques publiées par BARRON'S chaque semaine dans sa section " International Trader " (voir graphe 8-12) [(6)].

Dans cette section, sont suivis toutes les semaines, 18 marchés internationaux (Etats Unis exclus). Les prix pour chacun d'eux sont donnés en devises locales et en dollars U.S. Le dollar ayant évolué de manière anarchique ces dernières années, je trouve qu'il est plus significatif d'utiliser les monnaies locales dans nos suivis de ces marchés. Tout ce qu'il vous reste à faire c'est de " charter " ces marchés chaque semaine et regarder se former des configurations significatives.

Mes études m'ont convaincu que les mouvements de marché les plus significatifs sur les bourses U.S. se produisent quand la grande majorité des bourses mondiales sont en accord. C'est vrai autant pour les marchés haussiers que pour les marchés baissiers. Dès 1973, le PTR disait, " l'indice des valeurs Industrielles de Londres a enregistré la plus forte baisse sur un jour de son histoire... un large sommet s'est achevé et la tendance " bear " est clairement établie... mais au lieu de s'irriter de cette baisse du marché britannique, gardez à l'esprit l'avertissement sérieux que cet indicateur de référence lance pour notre marché." Les deux marchés, le britannique et le nôtre, se sont effondrés vite après.

(6) En plus, leur section du " Market Laboratory " est excellente, ce qui rend ce journal très intéressant pour tout technicien sérieux.

Graphe 8-11

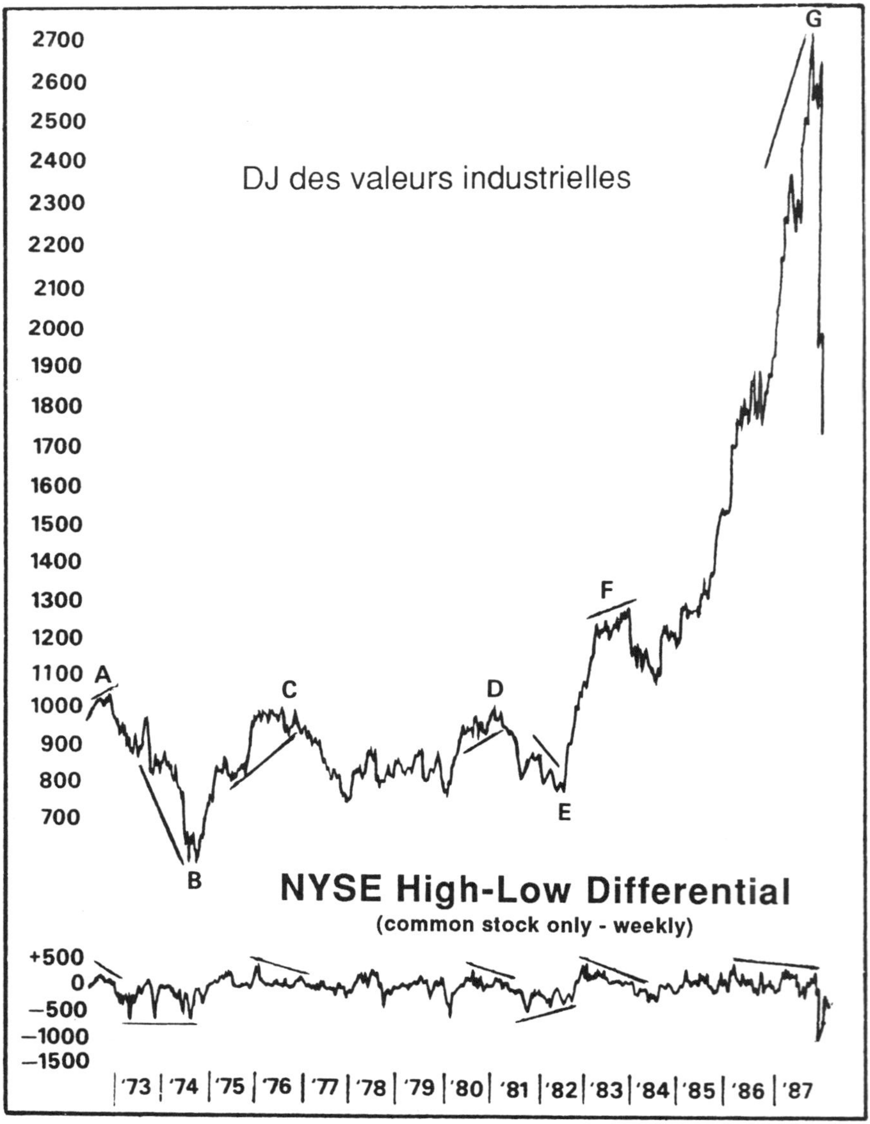

SOURCE: *The Professional Tape Reader*

Graphe 8-12

Global Stock Markets

	In Local Currencies			In U.S. Dollars[1]		
Index	% Change	11/12	52-wk Range	% Change	11/12	52-wk Range
The World	−2.0	312.1	410.2- 295.9	−2.2	390.9	495.9- 334.1
E.A.F.E.[2]	−2.0	438.2	574.5- 412.5	−2.3	703.6	876.1- 550.0
Australia	−2.2	234.7	433.2- 222.2	−1.1	143.0	285.3- 135.0
Austria	−4.6	202.0	270.2- 197.8	−5.2	441.8	532.2- 421.6
Belgium	+1.1	270.0	395.0- 261.5	+0.6	380.2	514.1- 339.6
Canada	−0.9	330.7	460.4- 316.3	+0.0	271.4	374.5- 252.2
Denmark	−1.1	339.2	417.5- 334.9	−1.5	390.0	463.5- 345.2
France	−2.5	301.7	467.6- 278.3	−3.1	292.1	427.4- 271.9
Germany	−2.9	164.8	264.0- 147.3	−3.3	357.2	505.4- 326.7
Hong Kong	+7.2	1517.5	2803.4-1415.0	+7.3	1080.0	1994.1-1006.6
Italy	−1.4	387.4	598.9- 370.4	−1.7	194.7	290.0- 187.8
Japan	−4.5	1047.8	1360.1- 835.0	−4.8	2782.1	3439.2-1831.5
Mexico	+6.1	36186.4	78086.-7592.2	+4.5	269.2	618.2- 115.2
Netherlands	+4.6	229.2	332.5- 199.8	+4.4	436.7	567.3- 389.8
Norway	−3.9	426.8	728.5- 370.4	−4.7	474.0	784.3- 417.6
Sing/Malays	−1.9	454.3	848.3- 442.8	−1.8	682.3	1236.4- 666.7
Spain	−3.5	198.1	284.6- 163.0	−4.6	121.6	163.7- 84.2
Sweden	−4.8	689.8	1058.3- 655.2	−5.4	585.3	857.3- 560.7
Switzerland	−0.5	150.3	220.7- 138.6	−1.1	464.4	619.6- 440.5
U.K.	+3.6	509.8	736.2- 469.5	+3.1	374.8	500.7- 280.8
U.S.A.	−2.2	232.8	313.9- 210.5	−2.2	232.8	313.9- 210.5

Base: Jan. 1, 1970=100
[1]Adjusted for foreign exchange fluctuations relative to the U.S. $.
[2]Europe, Australia, Far East Index.
Source: Morgan Stanley Capital International Perspective, Geneva.

Source: Barron's

SOURCE: Reprinted from *Barron's*, November 16, 1987, p. 66,

Il n'y avait pas que le marché britannique (Graphe 8-13) qui avait des problèmes, TOUS les autres marchés étrangers en avaient. L'Australie, le Japon, la France et l'Allemagne de l'Ouest étaient tout particulièrement mal orientés, cassant tous des formations importantes de Phase 3. La France (Graphe 8-14) lança un signal de vente très clair quand l'indice cassa au-dessous d'un support majeur et acheva sa phase de sommet fin 1972, plusieurs semaines avant le haut du Dow Jones de janvier 1973.

Le même scénario se répéta en 1981 juste avant que le marché " bear " d'avril 1981 à août 1982 n'aveugla Wall Street. L'Autriche (Graphe 8-15)lança un signal de marché " bear " dès le début de 1981, plusieurs mois avant que le marché U.S n'ait atteint ses sommets. Qui plus est, la France (Graphe 8-16) une fois de plus avait lancé, avec un bon " timing ", son signal de marché " bear " juste au moment où notre marché formait son sommet. Ces deux avertissements précoces nous exprimaient clairement qu'il était temps de sortir en ordre du marché, car alors il y avait de fortes probabilités pour que le mauvais temps " bearish " atteigne vite nos côtes. Et si nous en doutions encore, l'Autriche, le Canada, Hong Kong, et Singapour nous le confirmaient avec leurs propres messages " bearish ". Résultat : une pérode baissière de 16 mois (1981-82) particulièrement rude s'installa.

La bonne nouvelle c'est que cet indicateur long terme fonctionne aussi parfaitement bien dans l'autre sens, du côté " bullish ". Au milieu du pessimisme ambiant qui s'était emparé de Wall Street pendant la première moitié de 1982, cet indicateur a lancé un des tous premiers rayons de soleil. Le Royaume Uni (Graphe 8-17) commença à renverser sa tendance fin 1981, et la Hollande ainsi que l'Allemagne commencaient à former de solides fondations de Phase 1 alors que notre propre marché " bear " tombait désespérément de plus en plus bas. Puis, tous trois ont confirmé qu'une marée " bullish " était en train de se former sur notre propre marché à la mi-82, car ils développèrent des cassures de lignes de résistance importantes.

Il est évident que vous avez là " l'électrocardiogramme de marchés " que vous voulez suivre avec attention. Cependant, comme cela prend

Graphe 8-13

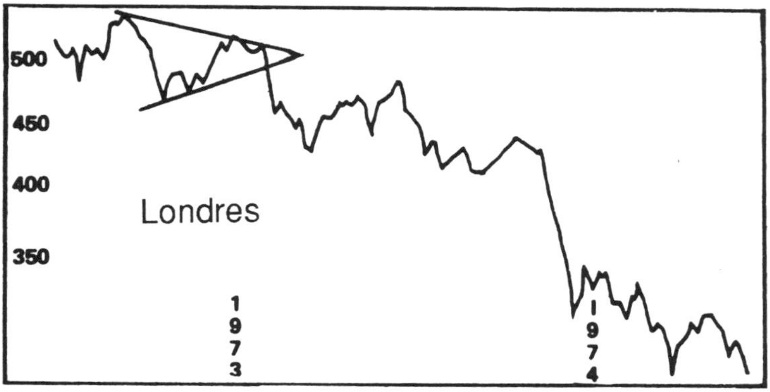

SOURCE: *The Professional Tape Reader*

Graphe 8-14

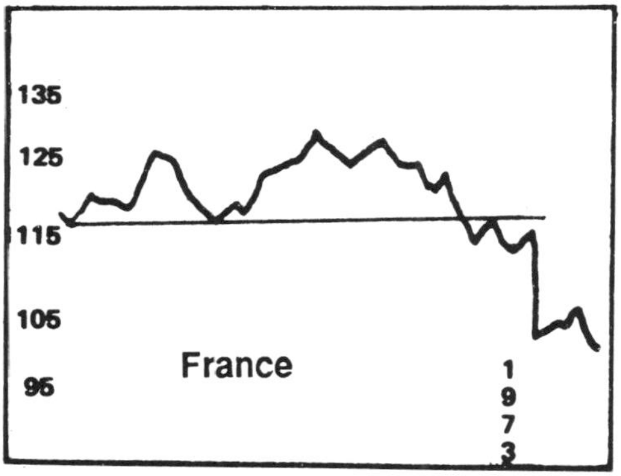

SOURCE: *The Professional Tape Reader*

Graphe 8-15

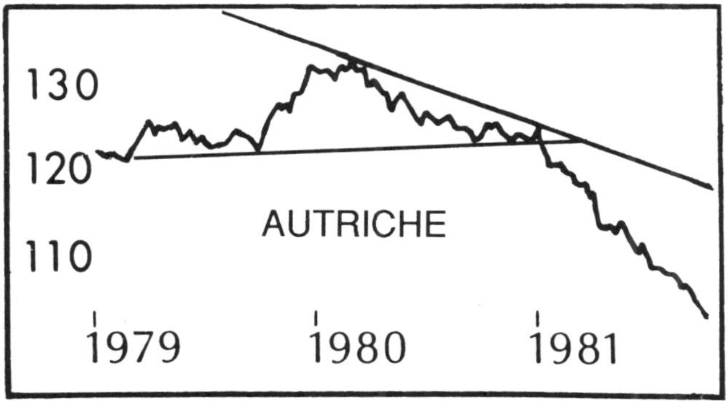

SOURCE: *The Professional Tape Reader*

beaucoup de temps, voici une bonne nouvelle : une façon simple de pointer cet indicateur est de suivre SEULEMENT l'indice du marché mondial hebdomadairement. Barron's nous fournit cet indice dans ses tableaux des

Graphe 8-16

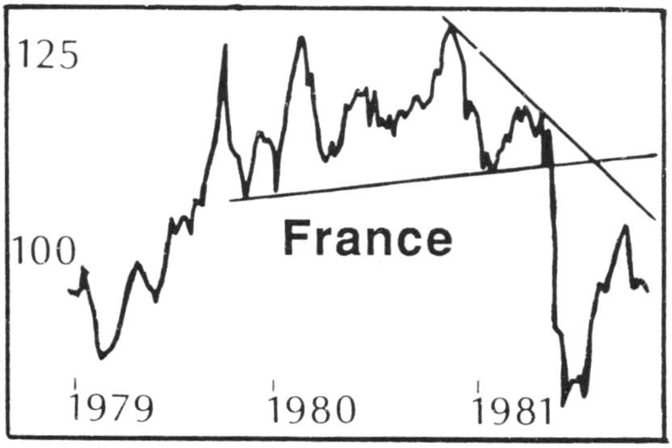

SOURCE: *The Professional Tape Reader*

Marchés Globaux (Global Stock Markets) (Graphe 8-12). Cela vous donnera une approximation très bonne de ce qui se passe sur l'ensemble des marchés étrangers. Pointez ce chiffre tous les week-ends. En plus, calculez et pointez sur vos graphes les moyennes mobiles à 30 semaines.

Comme vous pouvez le voir sur le Graphe 8-18, cet indicateur long terme essentiel a lancé un important signal d'achat quand il cassa au-dessus de sa MM à 30 semaines pendant l'été 82 (point A). Il garda une position favorable jusqu'à fin-83, quand une Phase 3 s'est formée. Ensuite, début 1984 cet indice s'affaiblit encore plus, cassant au-dessous de sa MM (point B). Cette action négative anticipa correctement le marché " bear junior " de janvier à juillet 1984. Cet indicateur démontra plus tard beaucoup de vigueur, toujours vers la fin de l'année 1984 (point C), quand il cassa par le haut en avance par rapport au marché U.S. C'était là un excellent signal annonçant l'imminence du puissant mouvement haussier de 1985-août 1987 qui se développa aux USA. Puis, après près de trois ans de force incroyable, l'indice du monde commenca à tracer un sommet de Phase 3 bien découpé (point D). Vous aviez là une autre raison pour devenir défensif, après les pics du mois d'août aux Etats Unis. Finalement, une fois que le support-clé et la MM ont été forcés en octobre (point E), vous aviez un nouveau signal évident vous indiquant qu'il était devenu suicidaire de continuer à rêver à un Dow Jones à 3000...

Graphe 8-17

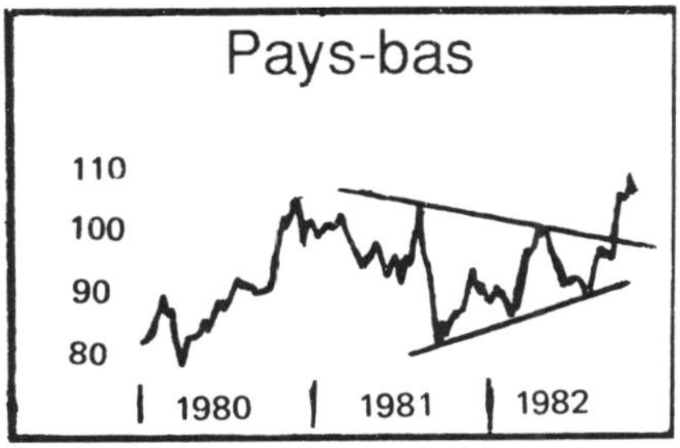

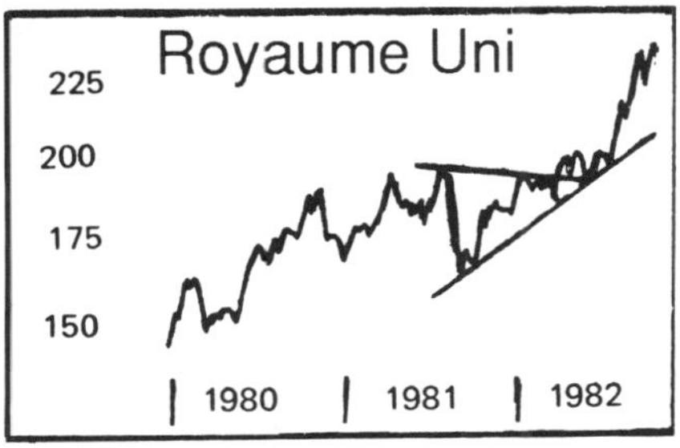

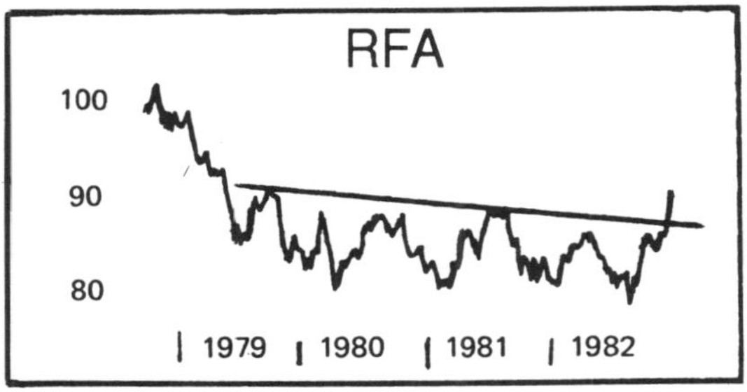

SOURCE: *The Professional Tape Reader*

Graphe 8-18

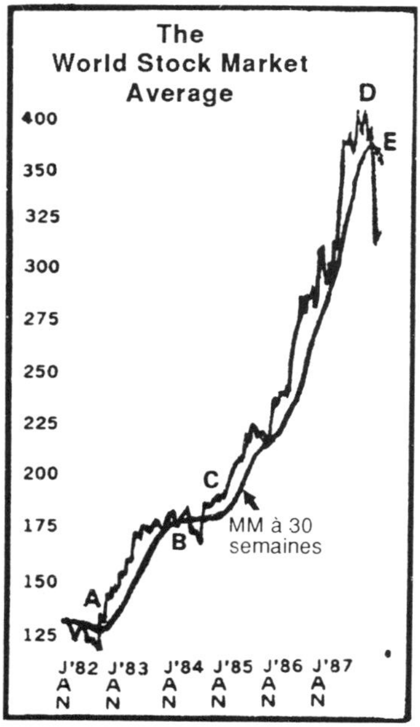

SOURCE: *The Professional Tape Reader*

COMME VA GM...

A la fin des années 50, un membre du gouvernement, Charles Wilson, fit ce commentaire : “ ce qui est bon pour General Motors est bon pour l'Amérique.” GM n'est plus aujourd'hui l'entreprise dominante de l'époque, mais elle influence toujours beaucoup l'Amérique industrielle. Le marché n'est pas une démocratie, les votes “ bullish ” ou “ bearish ” que nous donnent chaque titre pour définir la tendance n'ont à l'évidence pas tous la même valeur. Les titres les plus activement échangés et suivis par les institutionnels comptent beaucoup plus que les valeurs secondaires cotées sur l'Over The Counter. De tous ces leaders, il y en a un que vous ne devriez jamais quitter des yeux : il s'agit de General Motors. N'écoutez jamais le message que vous lance ce titre, tout seul, dans le vide, mais lorsqu'il lance un signal important bien synchronisé avec la majorité des autres indicateurs vus dans ce chapitre, NE L'IGNOREZ PAS !

Cet indicateur est très facile à suivre. Assurez-vous de bien retenir l'action de ce titre chaque fois que vous survolerez les graphes de valeurs individuelles. Il existe une méthode connue utilisée par de nombreux opérateurs de marché pour suivre la santé de ce titre. On l'appelle la règle des quatre mois. De façon simple, si GM n'enregistre pas un nouveau plus haut (ou un nouveau plus bas) sous quatre mois, cela veut dire que la tendance dominante sur le titre est en train de se renverser. Plus de 70 pour 100 des signaux lancés par cette règle des quatre mois se sont avérés justes, au cours du dernier demi-siècle. Encore plus impressionnant, aucune de ces défaillances n'a provoqué de pertes supérieures à 10 pour cent. Il faut savoir, c'est au crédit de cet indicateur, que la plupart des bons signaux, par contre, vous auraient permis d'enregistrer des plus-values fabuleuses.

Je suis cette règle des quatre mois dans le PTR, et vous devriez en faire autant. Pour bien anticiper le marché, j'ai quand même trouvé qu'il est encore plus utile d'appliquer notre méthode d'analyse par phases au graphe de General Motors. Si les deux méthodes sont divergentes, suivez TOUJOURS le message lancé par notre méthode graphique. Quand le titre achève un sommet de Phase 3 et casse en Phase 4, il est temps de s'inquiéter même si le plus haut sur GM a été enregistré le mois précédent. L'inverse est tout aussi vrai, quand GM casse sa fondation de Phase 1. Un autre facteur à intégrer dans notre plan d'ensemble est celui de l'analyse des divergences, concept que vous devriez maintenant bien maîtriser. Quand GM refuse de faire un nouveau plus haut (ou plus bas) en tandem avec le DJI et avec les autres indices de marché, c'est un première avertissement dont il faut tenir compte.

Le Graphe 8-19 nous montre un exemple excellent de la façon dont GM peut nous aider à localiser un creux important. Pendant le marché " bear " de 1973-74, de nouveaux bas ont été enregistrés à temps sur GM pour confirmer que la plus désastreuse glissade d'un marché " bear " de notre génération n'était pas morte. Mais à la mi-1974, le cours de la vie du titre a changé. D'abord GM passa au-dessus de sa ligne de tendance descendante, ensuite il dessina un double creux, puis finalement il sauta au-dessus de sa moyenne mobile à 30 semaines. Ce signal très favorable coïncida avec le début du dynamique marché " bull " de 1975-76.

Le marché n'a pas été plus pervers avec nous pendant la tendance baissière de 1981-82 (Graphe 8-20). Alors que les indices tombaient sans répit de plus en plus bas, GM commenca à dessiner une fondation de Phase 1 dès le premier trimestre de 1982. En mai de cette même année, le titre

Graphe 8-19

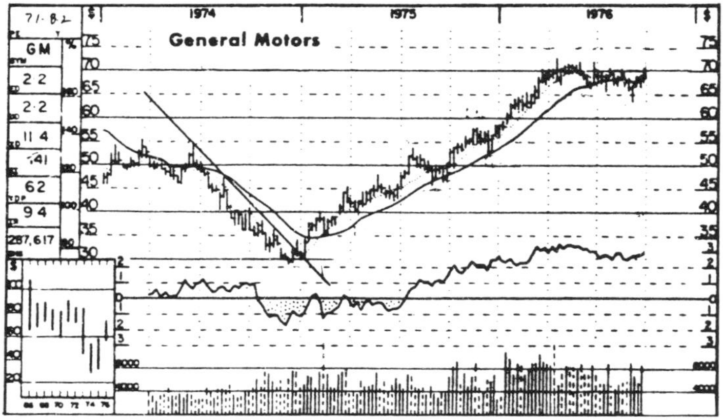

COURTESY OF MANSFIELD STOCK CHARTS

passa en Phase 2, ce qui était un signal très avancé que le “ bear ” allait prochainement toucher à sa fin. En fait, je devins “ bullish ” en juillet lorsque finalement la majorité de mes indicateurs passèrent au vert de concert avec GM; mais ce ne fut qu'en août que les indices du marché touchèrent leurs plus bas et que, dès lors, le “ bull ” était lancé. Ne croyez pas comme trop d'opérateurs de marché que vous devez être à l'affût des affaires, parce que les marchés “ bear ” se renversent très vite. C'est tout à fait faux ! Il y a de nombreux indices techniques qui se développent avant que ne se matérialise un nouveau marché “ bull ”. Si vous faites vos devoirs techniques, vous le localiserez à temps.

A l'opposé de quelques baromètres, comme l'index de momentum, les signaux de GM sont aussi précis sur les sommets que sur les creux. En début 1966, GM signala le danger en refusant de dépasser ses hauts de 1965, bien que le DJI ait été catapulté à de nouveaux hauts. Cette divergence était une importante mise en garde. Un autre signal négatif était la médiocre force relative et l'action de type Phase 3 qui s'est dessinée début 1966. Finalement, nous ne pouvions plus avoir de doutes sur l'issue, dès que GM cassa sous son support et sous sa moyenne mobile. Vite après, le marché “ bear ” de 1966 paraissait dans le livre des records car, cette année là, les prix tombèrent très fortement.

Cet indicateur ne nous mit pas seulement la “ puce à l'oreille ” en ce qui concerne le marché “ bear ” de 1969-70. Il nous “ hurla ” de nous tenir à l'écart ! Alors que le DJI remonta à quelques millimètres de ses hauts de

Graphe 8-20

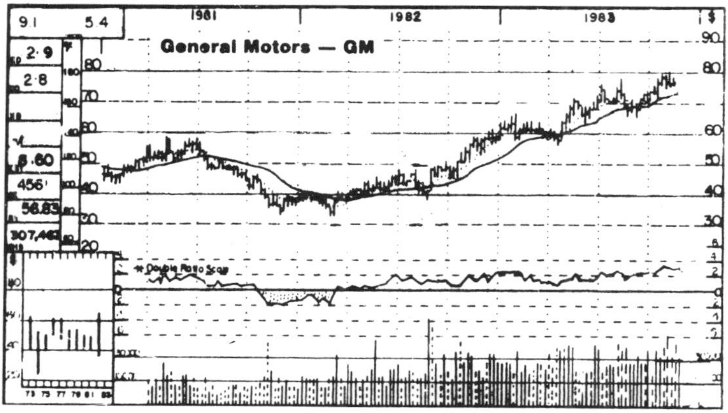

COURTESY OF MANSFIELD STOCK CHARTS

décembre 1962, GM échoua lamentablement. Il ne put approcher ses hauts de 1966, et début 1969, le titre cassa sous sa moyenne mobile. Les ennuis allaient arriver !

GM fit un bon travail de mise en garde contre des dangers imminents avant le marché " bear " de 1973-74. Non seulement GM n'enregistra pas de nouveaux plus hauts en janvier 1973, comme le fit le DJI, mais le titre ne put même pas approcher les niveaux de son pic de 1971. Cette divergence faisait peur. Et quand GM s'effondra au-dessous de ses supports et de sa MM à 30 semaines début 1973 (voir Graphe 8-21), vous auriez dû savoir qu'il était temps de commencer à liquider vos positions longues.

Enfin, examinons les événements récents. Est-ce que cet indicateur nous a donné les clés du krach de 1987 ? Bien sûr que oui ! Tout comme chacun des autres indicateurs étudiés dans ce chapitre, GM nous dit de vendre bien avant le krach de 1987. Regardez l'action prix du titre en 1987 sur le Graphe 8-22. Bien que GM ait inscrit de nouveaux plus hauts en août de cette année, le graphe signalait des troubles quelques semaines plus tard. Voilà pourquoi je donne toujours plus d'importance à des systèmes flexibles comme l'analyse par phases plutôt qu'à des systèmes trop rigides comme la règle des quatre mois. Ces investisseurs et ces analystes qui suivent aveuglément cette méthode pensaient qu'on n'avait plus à s'inquiéter, au moins jusqu'en décembre. Mais quand vous analysez les graphes, vous auriez dû voir pourquoi le danger était clairement signalé fin septembre-début octobre. GM soudainement se renversa et d'abord cassa au-dessous de sa

Graphe 8-21

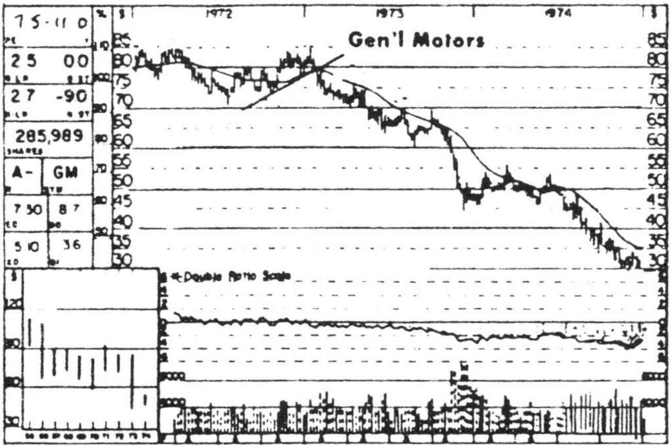

COURTESY OF MANSFIELD STOCK CHARTS

Graphe 8-22

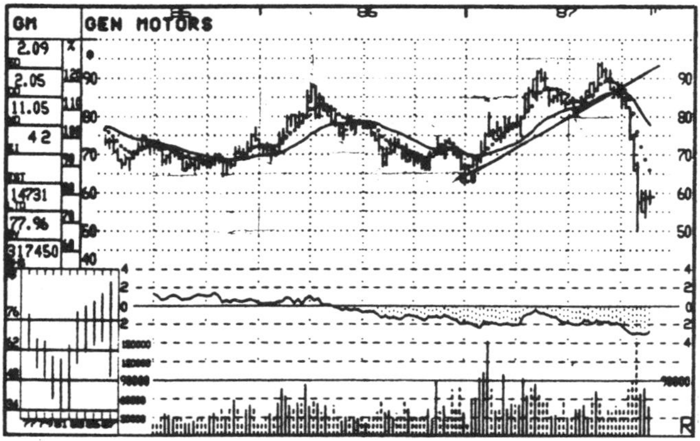

COURTESY OF MANSFIELD STOCK CHARTS

ligne de tendance long terme ascendante. Puis il viola sa MM à 30 semaines. Pendant ce temps, le DJI lançait une reprise qui le porta de près de 2.500 à près de 2.650. Voilà une raison d'inquiétude. Si les autres indicateurs que vous venez de découvrir étaient restés bien orientés , cela vous aurait enlevé des soucis. Mais chacun de ces indicateurs était mal orienté. Par conséquent, je conseillais à mes lecteurs du PTR de devenir extrêmement défensifs.

Rappelez-vous qu'il est difficile, quelles que soient les conditions du marché, de le voir monter de façon soutenue si GM ne suit pas. De même, il est dur pour un marché " bear " de se développer si GM agit contre lui. Ainsi, cet indicateur fort simple est l'un de ceux à suivre avec une attention toute particulière. Lorsqu'il lance un signal définitif en harmonie avec la majorité des indicateurs excellents de long terme que nous avons vus, ignorer son message sera à vos risques et périls.

CHER OU BON MARCHÉ

Le baromètre long terme suivant vous montrera que je suis avant tout un pragmatique. Bien que je croie fermement en l'approche technique, j'essaie toujours de demeurer aussi objectif que possible. Quand je donne des séminaires, je plaisante à peine quand je dis que si tirer des fléchettes sur les valeurs de la cote me donnait la bonne réponse 80 pour cent du temps, cela deviendrait de suite mon 51ᵉ indicateur pour le calcul du " Poids des Evidences" du PTR. Technicien ou fondamentaliste, tout ce que je veux, c'est mieux cerner ce que feront les marchés demain. Malheureusement, la valeur prédictive de la plupart des indicateurs fondamentaux que j'ai testés n'est pas assez fiable. Quelques-uns le sont, malgré tout, et le meilleur est le ratio de rentabilité des actions. Cet indicateur à très long terme exprime les prix des actions en multiples des dividendes. En d'autres termes, ce que cela vous coûterait en prix de l'action pour acheter 1 dollar de dividendes.

Avant d'aller plus loin dans la théorie, voilà comment calculer ce ratio P/D. Tous les week-ends, dans le Market Laboratory de Barron's, il y a un tableau (voir Graphe 8-23) intitulé " Indexes' P/Es & Yields." Le Barron's du 23 novembre 1987 avait les données suivantes: le rendement du Dow Jones des valeurs industrielles à la clôture du 20 novembre était de 3,58 pour cent. Dans une autre section du Market Laboratory on trouvait que le DJI avait clôturé à 1.914. L'étape suivante était de multiplier le cours de clôture du DJI par le rendement exprimé en pourcentage (Le cours de clôture du vendredi du DJI fois le rendement en pour cent du DJI égale le ratio P/D du Dow Jones). Dans ce cas nous obtenions 68,52 (1914 fois 3,58 pour cent- soit 0,358- égale 68,52). Ce montant, 68,52$, est la somme des dividendes payés par les 30 " blue-chips " du Dow Jones. On est prêt maintenant à passer à l'ultime étape. Puisque l'indicateur est le ratio prix/dividende, tout ce qui nous reste à faire est de diviser le prix du DJI par le dividende soit 1.914 divisé par 68,52. Ce qui nous donne une lecture du ratio P/D de 27,9, à une décimale près.

Nous sommes maintenant prêts à passer à l'action. Cet indicateur à très long terme est excellent pour localiser les " sommets " et les " creux "

Graphe 8-23

P/e et Rendement des indices	Cette Semaine	Semaine précédente	Même semaine il y a 1 an
DJ Ind.-P/E	15.2	15.3	15.9
Yield, %	3.58	3.54	3.64

SOURCE: Reprinted from *Barron's*, November 23, 1987, p. 154,

IMPORTANTS. Tout le monde porte un jugement sur le marché en termes de cherté ou de bon marché, mais tout cela est subjectif. Ce critère est en revanche une façon objective de voir les choses. Des baisses du ratio P/D vers la zone 14 à 17 se produisent quand les actions simples deviennent en termes de prix, de bonnes affaires. A l'opposé, quand les titres deviennent chers en termes de rendement, alors il est temps de prendre garde à la formation d'un sommet. Tout mouvement au-dessus de 26 a été, si nous prenons une perspective historique, une lecture signalant un danger, alors qu'au-dessus de 30 c'était le signe que les actions atteignaient des extrêmes de sur-évaluation.

Avant d'aller plus loin, pensez que bien que cet indicateur ne soit pas précis à la virgule près, il est pourtant extrêmement utile, mais UNIQUEMENT quand il est utilisé de pair avec les critères de " timing " vus dans ce chapitre. Comprenez qu'un signal, favorable ou défavorable, apparaîtra en général bien avant qu'il soit temps pour vous d'entrer en action. Un niveau “ bearish ” signifiera que le marché a atteint des zones à haut risque et que l'issue à terme sera un krach d'envergure. Mais ce marché " bear " ne sera peut-être sur nous que dans un an. Ainsi, si l'ensemble de vos autres indicateurs long terme est toujours “ bullish ”, continuez à jouer le côté long du marché en gardant un oeil rivé sur la sortie. L'opposé est tout aussi vrai lorsque cet indicateur devient favorable. Vous en aviez un bon exemple quand le ratio P/D tomba à un niveau extrêmement bas en 1932. L'indicateur anticipait correctement l'arrivée d'un marché " bull " majeur, mais vous n'auriez pas dû devenir trop “ bullish ” tant que vos outils de" timing " (tel que le DJI par rapport à sa MM) ne soient passés au positif.

Du côté " bull ", des lectures très favorables ont été enregistrées en 1932, 1937, 1942, 1949, 1974 et 1980; toutes furent suivies par l'arrivée d'un " bull " important. Certaines d'entre elles comme celles enregistrées en 1932, 1942, et 1980 anticipaient le " bull " avec plus d'un an d'avance. Aussi,

Graphe 8-24

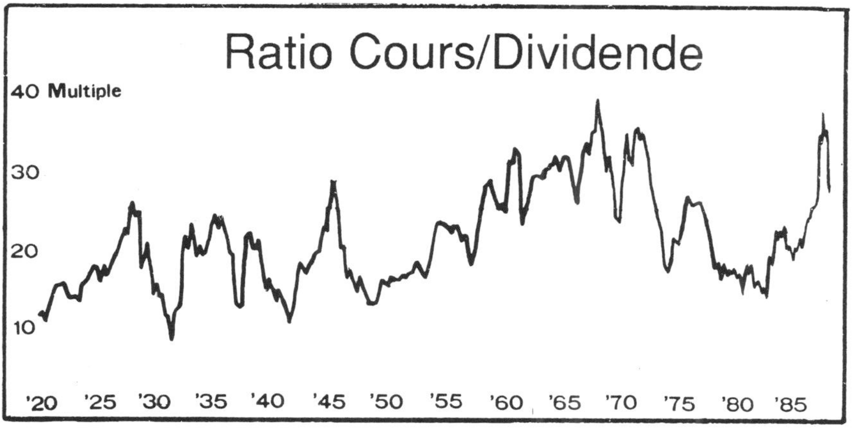

SOURCE: *The Professional Tape Reader*

considérez cet indicateur comme localisant effectivement un potentiel haussier ou baissier, mais sachez qu'avant que l'étincelle (visualisée par nos indicateurs de " timing ") ne se produise, il n'y aura pas d'explosion, même avec une fuite de gaz dans la pièce ! Du côté " bear ", des niveaux à très haut risque ont été atteints en 1929, 1936, 1939, 1959, 1961, 1965, 1968, 1972, et 1987. Le signal de 1987 était tout particulièrement fort puisque le ratio PRIX/DIVIDENDE approcha les 40 -soit sa lecture la plus élevée des 20 dernières années - et une des plus élevées de l'histoire des marchés ! Il n'était dès lors pas surprenant que le krach d'octobre 1987 ait été si sévère, puisque cet indicateur montrait trop d'excès qu'il fallait bien effacer des marchés. Là encore, le ratio devint franchement négatif début 1987, alors que la majorité de nos autres indicateurs long terme ne le devinrent qu'après les sommets du mois d'août.

ALLER A L'OPPOSE DE LA FOULE

Tous les indicateurs que je vous ai présentés ont au moins une chose en commun. Ils sont objectivement mesurables. Ils sont tous basés sur des statistiques précises (telles les avancées/déclins ou les plus hauts/plus bas). Il existe pourtant un indicateur subjectif ne reposant sur aucun signal spécifique, mais qui est cependant très utile. On le connaît sous le nom de " LA THEORIE DE L'OPINION CONTRAIRE ".

Cette théorie est basée sur l'instinct inné des investisseurs à aller dans le sens du troupeau [7]. Le principe de base de cette théorie est que les gens se sentent plus sécurisés quand ils font comme les autres... C'est la raison

pour laquelle se forme sur les marchés une sorte de consensus des opérateurs. Les investisseurs renforcent mutuellement leurs croyances consensuelles et effacent tout argument allant contre l'opinion générale. Sur les marchés, ce comportement génère un optimisme excessif juste avant un krach, et un pessimisme général au plus bas des marchés. Les gens qui utilisent la théorie de l'opinion contraire avec efficacité, essaient de définir l'opinion consensuelle, et d'agir à l'opposé de cette opinion.

Avant d'aller plus loin, je veux vous mettre en garde. L'opinion contraire (OC) est un outil très utile, à condition de l'utiliser correctement. Malheureusement, moins d'un investisseur sur cent le comprend, bien que tout un chacun se prétende assez habile pour l'utiliser. Ne faites pas l'erreur de tant d'investisseurs qui essaient de se forger une réponse de l'OC tous les huit jours ou même tous les mois. Un vrai signal d'OC n'arrive que rarement, pas même dans certains cas, une fois l'an. Ce signal est seulement valable quand un thème d'investissement tend à se développer par le biais des médias et devient à la mode non seulement à Wall Street mais aussi sur Main Street (chez Monsieur tout le monde). Ne pensez pas que pour se forger son Opinion Contraire il soit suffisant d'appeler son "broker ", découvrir qu'il est " bullish ", et décider que vous serez donc " bearish ". Il faut attendre qu'une opinion dominante sensible se forme, où chacun se retrouve et a l'impression de s'y reconnaître, puis de devenir soupçonneux de ce bon sens général. Je crois fermement en ce slogan disant : " quand tout le monde sait quelque chose, cela ne vaut plus rien ". Quand une véritable opinion consensuelle s'empare de Wall Street, c'est si évident que vous ne pouvez pas la " louper ". Un autre conseil de prudence : je ne suis pas d'accord avec ceux qui prétendent que l'opinion contraire est tout ce que nous devons savoir pour gérer nos portefeuilles... C'est inexact. J'envisage l'OC comme un outil parmi d'autres, celui qui cerne la partie psychologique de l'équation tout comme le ratio P/D concernait l'élément valeur de l'équation. Ni l'un, ni l'autre, ne devrait suffire seul à vous faire acheter ou vendre, si les indicateurs de " timing " sont en désaccord avec eux. Quand l'OC est en phase avec nos autres indicateurs, alors soyez prêt, car un mouvement majeur de marché est prêt à se dérouler.

---

(7) Un des meilleurs praticiens de l'opinion contraire était Garefield Drew qui, des années durant, tenait à jour le Drew Odd Lot Studies (étude de l'évolution des petits achats des particuliers c'est-à-dire inférieurs à cent titres à la fois).

Alors la question qui se pose est : comment pouvons-nous évaluer l'opinion contraire ? Beaucoup d'analystes choisissent d'utiliser les chiffres du " sentiment bullish "qui sont fournis par des services financiers comme Investors Intelligence[8]. Même si je suis ces statistiques utiles, je trouve aussi qu'elles sont un peu trop volatiles. Quant aux signaux vraiment essentiels, je préfère les déduire de mon étude de la presse financière. Ceux qui rédigent les gros titres de la presse ne se considèrent pas comme des indicateurs de marchés, pourtant ils le sont ! Pour vendre leurs journaux, ils essaient de prendre les gens " dans le sens du poil ". S'ils sentent que le grand public a peur, il mettront bien en scène l'élément de peur dans leurs titres; quand en revanche l'atmoshère est " bullish ", vous verrez un torrent continu de gros titres optimistes dans la presse.

La " une ", les manchettes des magazines, c'est souvent tout ce dont vous avez besoin pour vous rendre compte " qu'il y a de l'eau dans le gaz " et qu'il faut faire attention à ce que vous lisez. Puis, si c'est en phase avec vos autres indicateurs, vous saurez alors que le marché est prêt à lancer un mouvement vraiment important. Un exemple parfait de ce syndrome de la " une " a été donné en 1974. Suite à un des marchés " bear " les plus violents depuis 1929, un des plus importants magazines financiers mit en couverture un ours brun terrifiant (l'ours ou bear en anglais est, comme vous le savez, le symbole des marchés baissiers). Pour forcer le trait, l'ours en question détruisait les piliers de Wall Street. Puisque parallèlement tant d'autres de mes indicateurs long terme devenaient positifs, les conditions étaient réunies pour commencer à " acheter le marché ".

Un autre signal classique de l'opinion contraire a été lancé pendant l'été 1978. Un autre magazine économique important fit une couverture intitulée " La Fin des Actions ". C'est sans surprise que vite après, le marché lança une avancée majeure de près de trois ans. Plus dur à croire, mais pourtant vrai, ce même magazine fit un nouvel article sur ce même sujet cinq ans plus tard. Cette fois-ci, la rédaction mit en scène sur la couverture un taureau (bull) en train de charger avec le titre suivant " La Renaissance des Actions ". C'était à la fin du printemps 83. Quelques semaines plus tard, en juin, les valeurs spéculatives enregistraient un haut record avant de se " crasher ". Les " blue-chips " entreprirent difficilement de poursuivre leur ascension pendant quelques mois avant d'être à leur tour touchés par les marchés " bear junior " de janvier à juillet 1984.

Je ne cherche pas à m'en prendre à tel ou tel titre particulier. Après tout, journaux ou magazines ne font que refléter la psychologie du moment.

(8) Investors Intelligence, 2 East Avenue, Larchmont, NY 10538.

Sachez seulement que ce phénomène apparaît de façon récurrente dans la presse. Vous devez apprendre à l'utiliser correctement au lieu de vous laisser influencer à tort.

308 Mieux qu'un titre ou qu'une manchette, ce sont PLUSIEURS titres qui confirment une même impression. Regardez le montage suivant (Graphe 8-25) qui est apparu sur le " Professional Tape Reader " fin 1974, et vous verrez précisement ce que je veux dire. Après le repli " bear " dévastateur de 1973-74, les manchettes parlaient de massifs licenciements, de profits en baisse, et de la possibilité d'une récession mondiale. On sait tous, ou du moins devrions-nous le savoir, que les marchés font leurs sommets sur un raz de marée de bonnes nouvelles et leurs creux sur des mauvaises. Trop d'investisseurs oublient cette vérité et agissent en fonction des nouvelles.

De gros titres consacrés à des nouvelles si déprimantes forgent l'opinion consensuelle, faisant croire à la majorité que le marché va continuer à s'effondrer. Cela se produit invariablement quand un creux important est en train de se former. Il n'est pas surprenant, dès lors, de constater que le marché, au moment où ces titres sont parus dans la presse, était sur le point de terminer son " bear " le plus rude depuis la Grande Dépression.

Graphe 8-25

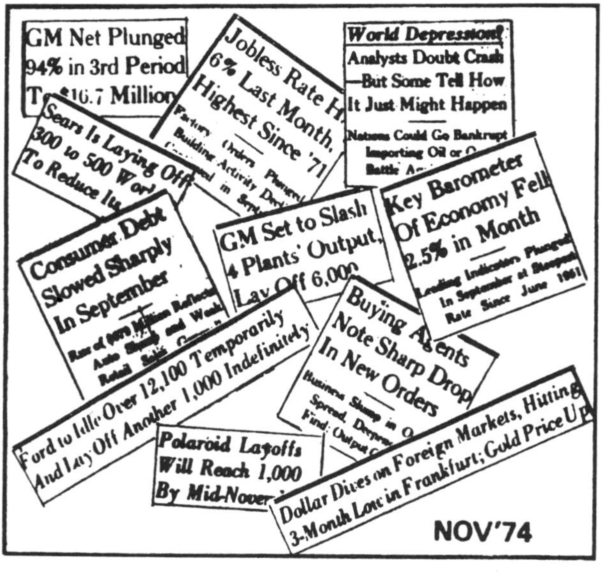

Graphe 8-26

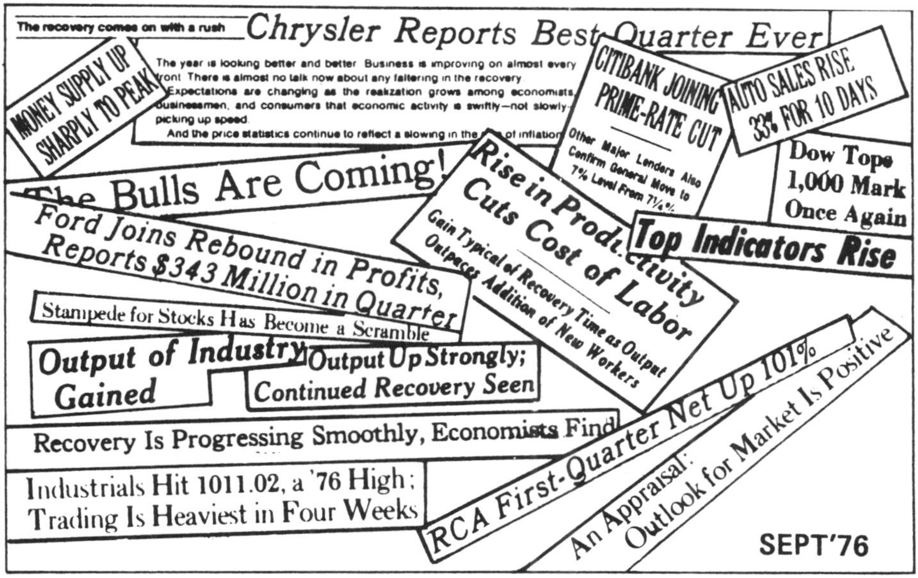

Maintenant, passez au Graphe 8-26. Quand j'ai publié ce montage de titres reflétant un optimisme insensé, Wall Street était en pleine frénésie haussière. Un des plus grands journaux du pays nous disait " les bull arrivent ! ". En plus, les taux baissaient et les profits s'amélioraient. N'auriez-vous dès lors pas compris que le marché était sur le point d'enregistrer ses sommets pour 1976 à 1.026 ? Puisque tant de nos indicateurs long terme passaient aussi au négatif, on pouvait prévoir que le marché " bear " de septembre 1976-février 1978 était sur le point d'arriver.

Le scénario est toujours le même. Un autre bel exemple d'opinion contraire nous a encore été fourni pendant l'été 82 (graphe 8-27). Alors que tant d'analystes et d'investisseurs étaient convaincus qu'une récession sévère avec un Dow à 500 était au coin de la rue, j'ai lancé dans le PTR un important signal d'achat, parce que la grande majorité de mes indicateurs étaient passés au vert, dans cette environnement " médias " pessimiste.

Examinons enfin quel était le climat psychologique dominant en 1987 alors que le sommet d'avant krach se formait. Une des manchettes lançait le plus mauvais présage possible du point de vue de l'OC, et je l'ai reproduite fin

Graphe 8-27

août dans le PTR. Elle disait : " A quand le Dow à 3000 ? " (Graphe 8-28) Qu'un magazine financier en vue pense avec tant de force que la hausse était inéluctable, voilà un signal important. Ajoutez à cela que mes autres indicateurs techniques s'affaiblissaient, et vous comprenez pourquoi j'ai adopté une position très défensive qui a permis aux lecteurs du PTR d'être épargnés par le krach historique de 1987. Encore plus grave, le grand public et la Bourse ont accueilli les premières baisses avec sérénité au lieu de céder à la panique. A partir de maintenant, soyez attentif aux manchettes des journaux. Quand, en fin de compte, cet indicateur a quelque chose à dire, et quand il est en accord avec nos autres indicateurs, appliquez-vous à bien écouter son message.

Graphe 8-28

Selling panic makes stocks 'dirt cheap'

Companies find good deals in own stock

Slide Reminiscent Of Year Ago's, But Analysts Unruffled This Time

Several See 92-Point Drop As Sign Of Volatility, Not Of Bear Market

Dow-3000: Not If, But When

Investment clubs seize buying opportunity

Buyers are back

SEPT '87

CHAPITRE 9

LES MOYENS, LES FINS, LES GAINS

Nous voilà presque arrivés au bout de nos peines ! Si vous n'apprenez jamais plus de tactiques de marché en dehors de celles que je vous ai apprises, vous allez très bien vous en tirer. Du moins ausi longtemps que vous allez de bonne foi appliquer mes techniques. Maintenant nous allons achever votre éducation. Pour en revenir à notre analogie du tennis, vous en savez assez pour être gagnant, mais maintenant vous allez apprendre les techniques avancées qui peuvent faire de vous un champion. Maintenant que vous maîtrisez l'analyse par phases, sachez que vous pouvez l'utiliser dans bien d'autres domaines que les marchés des actions, et ce, à grands profits pour vous !

COMMENT S'AMUSER AVEC LES FONDS D'INVESTISSEMENT ?

Le premier champ d'application, ce sont les Fonds d'Investissement (Mutual Funds soit l'équivalent des Sicav et les Fonds Communs de Placement). C'est un " jeu " à la fois facile à maîtriser et à risque relativement bas. La plupart des investisseurs considèrent les fonds d'investissement comme des placements à long terme que l'on achète et garde contre vents et marées. C'est absurde à plus d'un titre. D'abord, dès que vous arrivez à comprendre le " timing " des marchés et de leurs mouvements, pourquoi donc voudriez-vous vous croiser les bras quand le marché est coincé dans une chute de Phase 4 ? Deuxièmement, de plus en plus de fonds d'investissement se vendent sans droits d'entrée ou de sortie ou alors avec des droits très faibles (1). Enfin, vous avez de nos jours à votre disposition de nombreuses familles de fonds vous offrant à la fois des fonds agressifs placés en actions ainsi que

---

(1) Les Fonds d'Investissement sans droits d'entrée ou de sortie sont achetés et vendus au prix de leur actif net par part. Un fonds à droits réduits vous prélèvera des frais réduits, d'habitude de l'ordre de 2 à 3 pour cent.

des fonds monétaires. Pour vous inciter à garder votre argent dans leurs coffres, les gérants de ces fonds vous permettent de déplacer vos investissements d'un fonds à l'autre, d'habitude pour le prix d'un simple coup de fil. Cela nous donne ainsi la possibilité de jouer un jeu d'investissement ou de " trading " très intéressant. Tout ce qu'il nous reste à faire c'est d'acheter un fonds en actions quand le marché devient à l'évidence “ bullish ” (comme à la mi-82 ou en fin 1986), puis le vendre et se replacer sur un fonds monétaire quand apparaît une Phase 4 (comme en janvier 1984 et début octobre 1987).

Quand j'ai pour la première fois recommandé cette tactique de déplacement d'argent d'un fonds à l'autre il y a des années, seuls quelques fonds d'investissement en offraient la possibilité. La croissance astronomique de l'industrie des fonds d'investissement a rendu cette technique courante de nos jours.

Le graphique hebdomadaire de Stein Roe Capital Opportunity (un Mutual Fund Graphe 9-1) nous montre combien il est facile de mettre en application cette stratégie. Au cours de l'été 82, la moyenne mobile à 30 semaines s'aplatit finalement après avoir baissé pendant 14 mois. Puis, quand le fonds passa au-dessus de sa MM à 30 semaines à 13,50 $, un signal d'achat à bas risque fut lancé. Puisque vous ne pouvez physiquement placer des ventes stop sur les parts de fonds, vous devrez suivre mentalement vos stops (si la part clôture au-dessous de votre vente stop, vous appellerez immédiatement la société de gestion du fonds et vendrez vos parts). Dans ce cas, le stop initial aurait dû être fixé sous le bas en point A. Une fois que le graphe devint favorable il ne vous restait plus qu'à “ garder ” vos parts et les regarder s'apprécier. Un an plus tard, quand Stein Roe cassa à la baisse sa MM, il était temps de sortir de ce fonds agressif et de revenir sur un fonds monétaire avec une plus-value de 100 pour 100 entre les mains.

Le grand intérêt d'utiliser un fonds d'investissement pour capitaliser sur les cycles du marché, est que vous n'avez plus à étudier des pages et des pages de graphiques de valeurs individuelles. Ce qu'il vous reste à faire est de suivre les quelques graphes des meilleurs fonds d'investissements ainsi que leurs moyennes mobiles à 30 semaines (2).

Cela ne prend que quelques minutes par week-end, et le jeu en vaut bien la chandelle.

Si vous ne savez pas comment calculer une moyenne mobile à trente semaines, gardez votre calme. D'abord revenez sur ma définition d'une

(2) Plus loin dans ce chapitre, je vous donnerai la liste de quelques fonds d'investissement sans droits d'entrée permettant des achats/ ventes téléphoniques qui ont enregistré de bons résultats ces dernières années.

Graphe 9-1

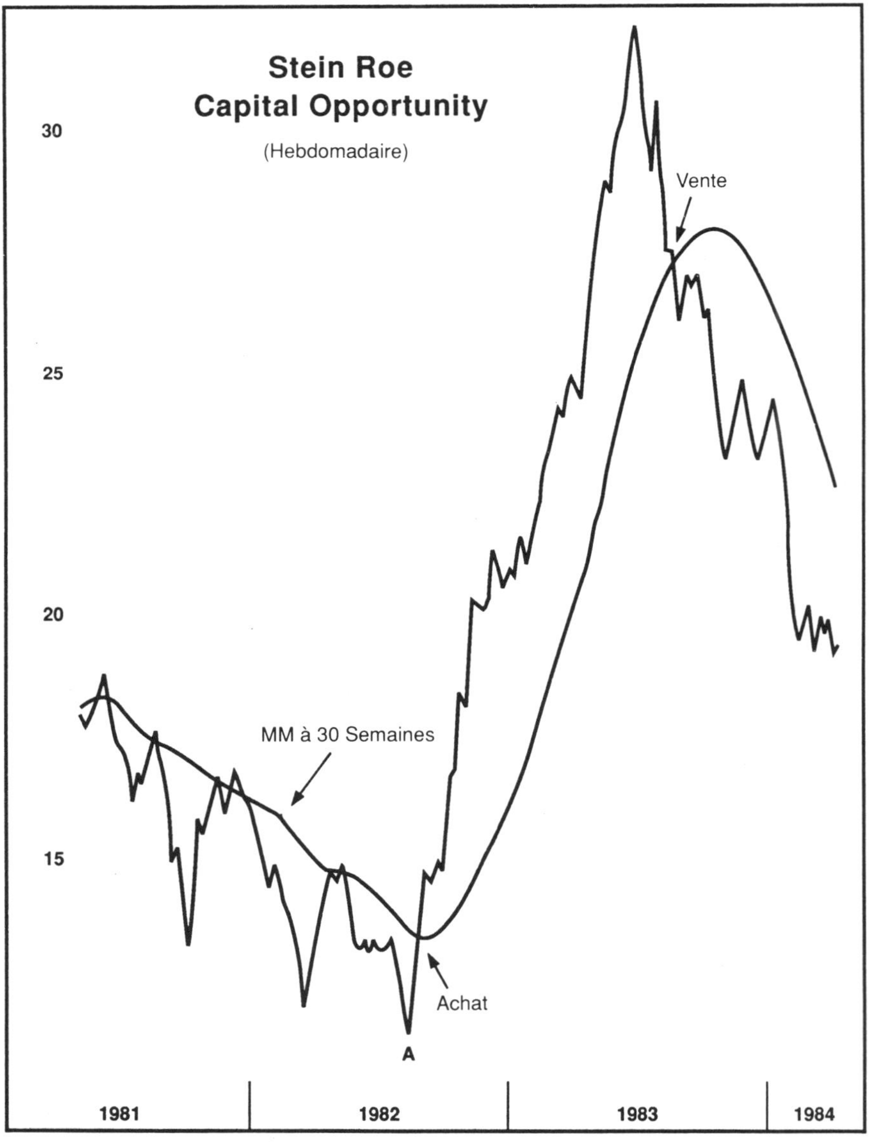

moyenne mobile au premier Chapitre. Ensuite, revoyez l'exemple suivant et vous comprendrez vite.

Le fond XYZ (Graphe 9-2) avait les prix de clôture suivants (cours du vendredi) sur les trente dernières semaines :

Graphe 9-2

Comment construire une moyenne mobile à 30 semaines ?

Semaine	Cours	Semaine	Cours	Cours Total 30 semaines	MM à 30 semaines
1	30.0	16	28.0		
2	29.5	17	27.9		
3	29.2	18	28.0		
4	29.5	19	28.1		
5	29.6	20	28.0		
6	29.4	21	27.9		
7	29.2	22	27.8		
8	29.0	23	27.7		
9	28.8	24	27.8		
10	28.9	25	27.9		
11	28.8	26	28.0		
12	28.6	27	27.7		
13	28.5	28	27.6		
14	28.4	29	27.5		
15	28.3	30	27.4	853.0	28.43
		31	27.2	850.2	28.34

Pour obtenir le premier point de votre MM à 30 semaines, additionnez simplement les prix de ces 30 semaines avec votre calculette ou votre ordinateur et tirez-en le total (853). Mettez ce nombre dans la colonne “ total ”. Puis divisez le par 30 et vous avez le point de départ de votre moyenne mobile (28,43). Pour les semaines suivantes, il est inutile de recommencer à additionner les nouvelles séries de prix sur 30 semaines. Ajoutez au total précédent la 31e semaine (27,2) et enlevez le prix de la semaine la plus ancienne (dans cet exemple -c'est 30 - n'oubliez pas de barrer ce chiffre sur votre feuille de données) du total précédent de 853. Nous obtenons un nouveau total de 850,2. Divisez-le par 30 et vous avez la nouvelle MM à 30 semaines , c'est 28,34. Grâce à cette méthode et à une calculette de poche vous pourrez suivre plusieurs moyennes mobiles en peu de temps.

Le graphe hebdomadaire du Value Line Special Situation Fund (Graphe 9-2) nous montre qu'après avoir eu un signal d'achat fin 1986, vous auriez reçu un signal de vente placé encore plus précisément début octobre 1987 avant le krach historique. La chute qui se déroula ensuite n'avait rien d'étonnant. En suivant notre système, vous auriez pu calmement voir se dérouler ce krach historique bien à l'abri, dans un fonds monétaire ou à court terme.

Graphe 9-3

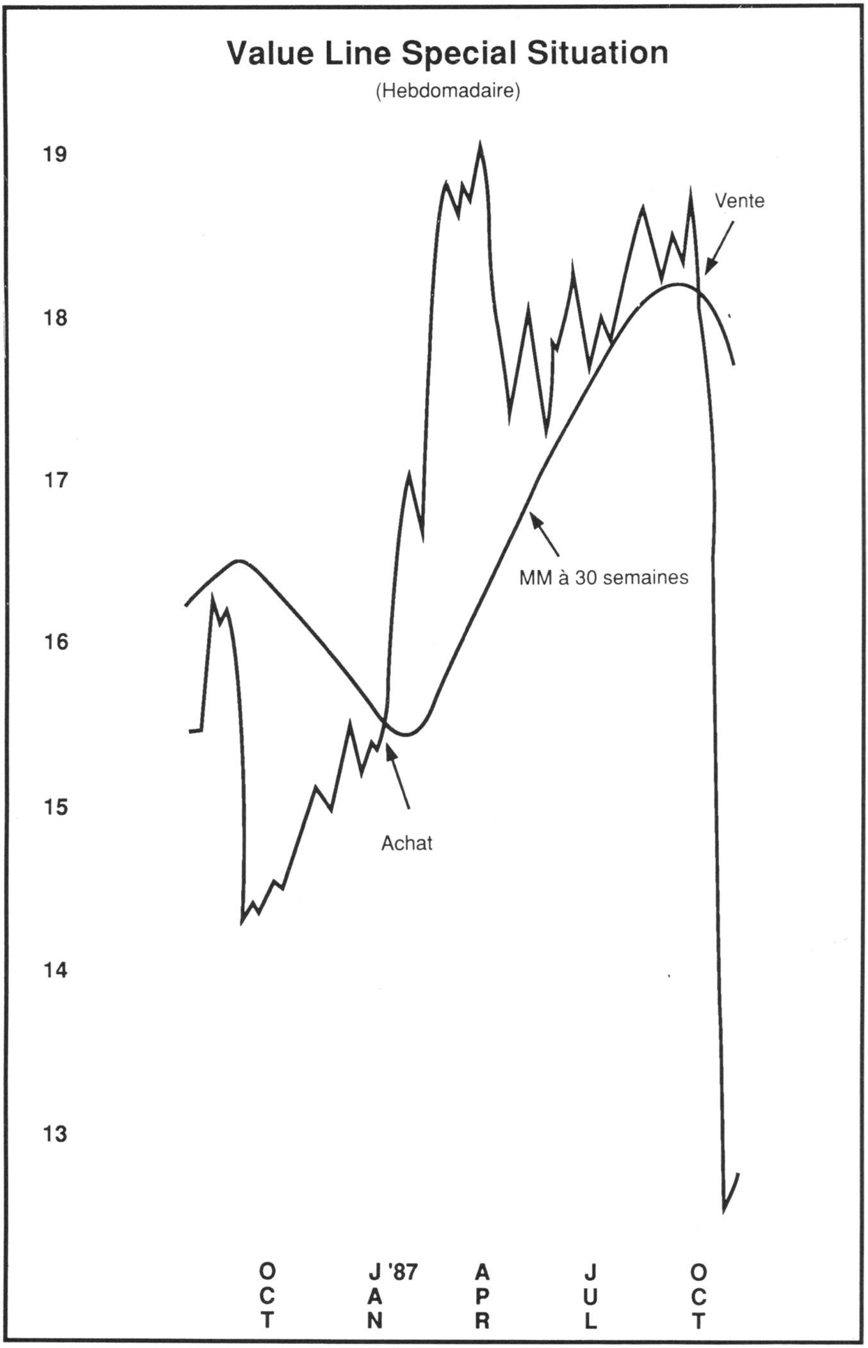
Value Line Special Situation
(Hebdomadaire)
19
18
17
16
15
14
13
Vente
MM à 30 semaines
Achat
OCT
J '87 AN
APR
JUL
OCT

Avant d'aller plus loin, répondons à la question que vous avez certainement au bout de vos lèvres. Puisque cette technique qui consiste à déplacer vos avoirs d'un fonds à un autre paraît si facile à mettre en application et si intéressante, pourquoi ne pas oublier les actions individuelles et utiliser exclusivement des parts de fonds mutuels pour nos investissement ? Ma réponse est, pour la majorité d'entre vous, non ! Le potentiel est plus fort, la volatilité et donc la dynamique plus importante, sur les valeurs individuelles que sur les fonds d'investissement, aussi serait-ce une erreur de les oublier. Mais en fonction de votre personnalité et du temps que vous pouvez consacrer à votre gestion de portefeuille, vous devriez voir quelle est la combinaison la plus appropriée entre achats sur valeurs individuelles et sur fonds d'investissement. Si vous désirez vous impliquer sur les marchés et êtes prêt à y consacrer deux heures par semaine, vous devriez évidemment vous intéresser d'abord aux actions. Même ce type d'investisseurs devrait quand même placer une partie de leur capital dans une gestion inter-fonds. Je conseille cette méthode d'arbitrages inter-fonds pour l'argent que vous placez dans votre Plan d'Epargne Retraite (IRA ou Individual Retirement Accounts) ou votre plan d'Assurance Vie, et allouez le reste de vos disponibilités dans un portefeuille d'actions. Si, à l'opposé, vous n'avez que peu de temps à consacrer aux marchés, il devient alors logique de placer votre argent essentiellement sur des fonds d'investissement.

Ces règles simples que je viens de vous montrer pour acheter ou vendre chaque fois que la moyenne mobile est cassée, fonctionnent parfaitement bien pour les investisseurs. Vous aurez peu de signaux, et ils vous permettront de suivre les mouvements importants des marchés. Les traders, cependant, doivent utiliser des graphes QUOTIDIENS avec une moyenne mobile à 30 JOURS. Le potentiel est encore plus grand, mais cela vous demande plus de travail et d'attention. En outre, il y a plus souvent des faux signaux. Voilà pourquoi vous devriez choisir entre " trading " ou investissement.

LE TRADING COURT TERME DE FONDS D'INVESTISSEMENT

Le Graphe 9-4 de Scudder International Fund montre combien l'approche de " trading " peut être précise. Après avoir fait une superbe envolée de la fin 86 (point A) à mai 1987, le fonds lança un signal court terme de vente quand les prix quotidiens ont cassé leurs MM à 30 jours. Bien que ce signal de vente ait été en fait un faux signal, vous auriez néanmoins ainsi bloqué des plus-values substantielles. Le fonds aurait dû être acheté de nouveau quand il cassa vers de nouveaux sommets en fin juin (point B). Là encore ce deuxième " trade "

Graphe 9-4

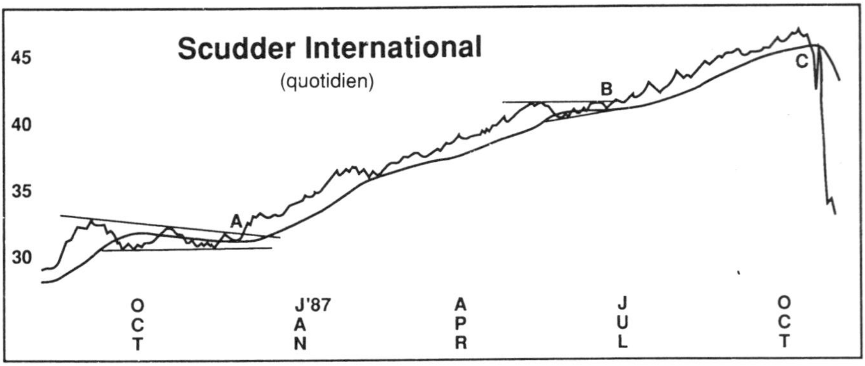

fut excitant et lucratif jusqu'à ce qu'un signal de vente particulièrement approprié ait " flashé " début octobre (point C), juste avant le krach.

Sachez une chose : quand vous travaillez avec des graphes quotidiens de fonds d'investissement, vous devriez porter autant d'attention à la configuration graphique qu'à la moyenne mobile à 30 jours, pour avoir le moins de faux signaux possibles. Alors que vous devriez toujours sortir du fonds s'il casse sous sa MM à 30 jours, n'achetez le fonds QUE s'il casse à la fois au-dessus de sa MM court-terme ainsi que de sa résistance, comme le fit Scudder en A et en B.

La question que nous nous posons maintenant est de savoir comment déterminer quel fonds d'investissement sans droits d'entrée nous allons acheter, quand plusieurs d'entre eux lancent simultanément des signaux d'achat. Bien qu'ils aient tous le potentiel pour être des gagnants, si le fonds A gagne 15 pour 100 alors que le fonds B prend 30 pour 100 dans le même temps, on voit évidemment celui que nous voudrons acheter. Il vous sera facile de connaître le gagnant probable de la course, quand vous aurez appris à utiliser quelques " trucs ". Il ne s'agit pas là de lire le prospectus du fonds d'investissement et d'essayer de déterminer quelles sont les valeurs qui dans leur portefeuille semblent être les meilleures ou de connaître les secteurs dans lesquels chacun des fonds est investi. D'abord, cela prendrait bien trop de temps. Ensuite, les gérants de fonds changent si souvent la composition de leurs portefeuilles que le prospectus que vous lirez sera déjà dépassé. Une méthode qui est à la fois bien plus simple et bien plus efficace consiste à comparer les forces relatives des différents candidats à l'achat au cours des 60 à 90 jours précédant les signaux d'achat. D'abord, calculez les gains en pourcentage sur la période de 60 à 90 jours, entre le niveau où se trouve le fonds quand le signal est lancé, et les bas antérieurs. Celui des fonds qui aura enregistré les plus forts gains en pourcentage, alors qu'il est toujours en Phase 1 de fondation, sera le leader en Phase 2. Un deuxième indice utile est donné dans le cas où un fonds casse quelques jours avant les autres. Celui qui casse le premier démontre une meilleure force relative. Enfin, regardez l'action de la moyenne mobile. Si un fonds casse au-dessus d'une moyenne mobile encore sur le déclin, alors qu'un autre passe au-dessus d'une moyenne mobile alors plate, le second fonds sera préférable. Si, comme cela arrive souvent, ces trois mesures de force relative désignent le même candidat, n'hésitez plus, achetez-le ! En revanche, si vous avez des signaux contradictoires et s'il n'y a pas de réponse évidente, alors il est probable qu'ils vont tous se comporter de la même façon.

Ne pensez pas que cette méthode soit uniquement destinée à ceux qui veulent éviter de prendre des risques et aux vieux habitués. Une approche disciplinée des arbitrages inter-fonds peut vous permettre d'obtenir d'excellents résultats avec un risque négatif potentiel limité au minimum. Pour comprendre ce que je veux dire, regardez le Graphe 9-5 qui vous montre les résultats enregistrés par le “ Professional Tape Reader ” sur une période de huit ans. Bien que la méthodologie choisie ait été légèrement différente (la plupart des signaux de " trading " étaient basés sur mon Group Intensity Index dont je parle dans chaque numéro du PTR), les résultats que vous auriez obtenus en utilisant cette méthode simple que je viens de vous apprendre, auraient été presque aussi bons que ceux du tableau suivant. Vous remarquerez que 100.000$ ont été multipliés par plus de cinq pendant cette période pour donner 530.000$! Ce qui nous donne une rentabilité annuelle pondérée de 23 pour 100. On est loin des 5 1/2 pour 100 servis par les banques, là où pourtant tant d'individus placent l'argent de leurs Plans d'Epargne Retraite (IRA).

Comme je vous l'ai promis, voilà la liste de fonds sans droits d'entrée (ou de sortie) dont les résultats m'ont impressionné au cours des années passées. En aucun cas cette liste ne prétend être complète. Quand des agences d'analyse de performances de fonds d'investissement comme Lipper Analytical sortent leurs tableaux comparatifs de performances, il est facile de voir quels sont les fonds les mieux gérés qui méritent votre attention. Pour ceux qui désirent connaître quels sont les quelques fonds qu'ils devraient suivre sur un graphe, voila un bon point de départ :

Columbia Growth, P.O. Box 1350, Portland, OR 97207
(Tel 800-547-1037)

Constellation Growth, 11 Greenway Plaza, Suite 1919, Houston,TX
77046 (800-231-0803)

Graphe 9-5

$100,000 Invested in Stock Mutual Funds and Liquid Asset Funds

Date	Fund	Gain or Loss In Holding Prd	Total
4/2/79 – 6/4/79	Money Fund	+ 1,764.25	$ 101,764.25
6/4/79 – 9/10/79	100%Drey 3rd Cent	+ 15,468.90	117,233.15
9/10/79–11/12/79	Money Fund	+ 2,278.78	119,511.93
11/12/79– 2/19/80	100%Drey 3rd Cent	+ 34,192.60	153,704.53
2/19/80– 4/21/80	Money Fund	+ 3,816.82	157,521.35
4/21/80– 9/26/80	100%Drey 3rd Cent	+ 49,294.25	206,815.60
9/26/80– 1/14/81	Money Fund	+ 8,250.54	215,066.14
1/14/81– 5/1/81	100%Drey 3rd Cent	+ 3,492.88	218,559.02
5/1/81 – 6/5/81	Money Fund	+ 3,342.76	221,901.78
6/5/81 – 7/2/81	100%Drey 3rd Cent	- 3,289.33	218,612.45
7/2/81 – 8/14/81	Money Fund	+ 4,455.25	223,067.70
8/14/81– 8/28/81	100%Drey 3rd Cent	- 11,056.66	212,011.04
8/28/81–10/16/81	Money Fund	+ 4,810.04	216,821.08
10/16/81–12/18/81	100%Drey 3rd Cent	+ 10,607.06	227,428.14
12/18/81– 3/19/82	Money Fund	+ 7,422.57	234,850.71
3/18/82– 5/21/82	100%Fidelity Fund	+ 11,978.73	246,829.44
5/21/82– 7/2/82	Money Fund	+ 3,889.04	250,718.48
7/2/82 – 8/6/82	100%Fidelity Fund	- 1,602.61	249,115.87
8/6/82 – 8/20/82	Money Fund	+ 1,287.18	250,403.05
8/20/82–10/1/82	100%Fidelity Fund	+ 14,210.73	264,613.78
10/1/82 – 10/15/82	Money Fund	+ 1,047.34	265,661.12
10/15/82–11/15/82	50%Drey Growth	+ 6,354.03	272,015.15
11/15/82– 1/3/83	Money Fund	+ 4,561.93	276,577.08
1/3/83 – 3/11/83	100%Drey Growth	+ 45,700.47	322,277.55
3/11/83– 5/2/83	Money Fund	+ 2,397.40	324,674.95
5/2/83 – 7/13/83	50%Drey 3rd Cent	+ 9,068.40	333,743.35
5/2/83 – 9/12/83	Money Fund	+ 7,691.66	341,435.01
9/12/83–10/19/83	50%Drey Growth	- 7,620.88	333,814.13
9/12/83–11/21/83	Money Fund	+ 4,100.37	337,914.50
9/26/83–10/3/83	100%Drey Growth	- 6,691.27	331,223.23
11/21/83–12/19/83	50%Fidelity Fund	- 4,535.53	326,687.70
11/21/83– 1/9/84	Money Fund	+ 2,931.73	329,619.43
1/9/84 – 1/30/84	50%Fidelity Trend	- 10,235.34	319,384.09
1/9/84 – 5/1/84	Money Fund	+ 8,417.88	327,801.97
5/1/84 – 5/21/84	33%Price New Era	- 4,409.07	323,392.90
5/1/84 – 5/21/84	Money Fund	+ 984.10	324,377.00
5/7/84 – 5/21/84	33%Price New Era	- 2,991.60	321,385.40
5/21/84– 8/6/84	Money Fund	+ 7,135.98	328,521.38
8/6/84 –10/2/84	25%Nicholas Fund	+ 2,222.47	330,743.85
8/6/84 –10/9/84	25%Nicholas Fund	+ 1,582.67	332,326.52
9/17/84–11/19/84	25%Nicholas Fund	- 98.65	332,221.87
8/6/84 – 1/21/85	Money Fund	+ 8,062.66	340,290.53
11/5/84 – 3/11/85	25%Nicholas Fund	+11,223.39	351,513.92
11/6/84 – 3/11/85 and 5/6/85	25%Nicholas Fund	+12,277.42	363,791.34
1/10/85– 5/6/85 and 7/29/85	25%Nicholas Fund	+16,315.78	380,107.12
1/21/85–7/29/85 and 7/30/85	25%Nicholas Fund	+13,928.42	394,035.54
5/10/85–8/7/85 and 9/13/85	25%Nicholas Fund	+ 3,704.20	397,739.74
5/22/85–9/13/85	15%Nicholas Fund	+ 532.56	398,272.30
3/11/85–10/31/85	Money Fund	+ 10,663.08	408,935.38
11/4/85 – 1/22/86	25%Drey Growth	+ 9,470.44	418,405.82
12/2/85 – 1/22/86	15%Price New Era	+ 2,710.02	421,115.84
2/7/86 – 4/6/86	25%Quasar	+ 10.669.00	431,784.84
11/1/85 -- 8/31/86	Money Fund	+ 20,981.04	452,765.88
5/27/86 – 7/9/86	25%Quasar	- 1,659.60	451.106.28
8/31/86 -- 12/2/86	Money Fund	+ 4,138.81	455,245.09
12/2/86 – 3/30/87(½) 4/1/87(½)	20%Neub.Man.	+11,200.07	466,445.16
12/2/86 – 4/1/87(½) 4/15/87(½)	20%Price New Era	+20,163.78	486,608.94
1/12/87 – 3/30/87(½) 4/14/87(½)	20%Nicholas Fund	+ 5,230.74	491,839.68
8/31/86 – 11/6/87	Money Fund	+17,222.43	509,062.11
6/8/87 – 6/26/87	10%FinDynamics	- 626.05	508,436.06
6/10/87 – 8/31/87	10%Twen.Cent.Grth	+ 6,591.11	515,027.17
6/12/87 – 9/1/87	10%Neub.Man.	+ 3,147.14	518,174.31
6/15/87 – 9/2/87	10%Fid.Freedom	+ 4,031.80	522,206.11
6/15/87 – 9/4/87	10%Twen.Cent.Grth	+ 4,172.03	526,378.14
6/15/87 – 9/3/87	10%Fid.Contra	+ 3,112.75	529,490.89
9/28/87 – 10/12/87	20%HartwellGrth	- 3,746.00	525,744.89
9/28/87 – 10/9/87	20%USAACornstn	- 1,788.83	523,956.06
10/9/87 – 12/14/87	Money Fund	+ 6,529.46	530,485.52

Fidelity Fund (un des très nombreux fonds de la famile des Fidelity), 82 Devonshire Street, Boston, MA 02109 (800-544-7777)

Hartwell Growth, 515 Madison Ave., New York, NY 10022 (800-645-6405)

Lexington Growth, Park 80 West, Plaza 2, Saddle Brook, NJ 07662 (800-526-0056)

Twentieth Century Growth, 605 West 47 Street, Kansas City, MO 64112 (800-345-2021)

Vanguard Morgan Growth Fund, P.O. Box 2600, Valley Forge, PA 19482 (800-662-7447)

Bien que les fonds d'investissement puissent être particulièrement prometteurs, il est important que vous gardiez bien en mémoire les dangers qui peuvent se présenter sur votre route. Evidemment, il est toujours possible, comme pour les actions, d'avoir de faux signaux. Un autre point qu'il faut connaître, c'est que plusieurs sociétés de gestion de fonds d'investissement limitent le nombre d'échanges intra-famille que vous pouvez faire pendant une période précisée. Certains sont très raisonnables et permettent un nombre illimité ou très grand d'échanges par an (du moins tant que vous n'abusez pas de ce privilège en essayant de faire du" scalping ", c'est-à-dire des achats/ventes rapprochés avec leurs différents fonds). Certaines sociétés vous feront payer une petite pénalité au-delà d'un certain nombre d'échanges. Il est donc important que vous ayez un prospectus pour chacun des fonds que vous suivez, et que vous vous familiarisiez avec leurs règles propres. Ne choisissez que des fonds qui vous permettent un nombre raisonnable d'échanges.

UNE AUTRE OPTION QUASI IDENTIQUE

Un autre choix a été récemment ajouté à notre jeu, qui consiste à déplacer nos investissements d'un fond à l'autre suivant la conjoncture. Quand vous achetez une part de fonds d'investissement, vous achetez à l'évidence un portefeuille diversifié d'actions dans les secteurs actuellement privilégiés par les gérants du fonds : constructeurs automobiles, chimiques, technologiques ou autres. Mais, supposez que votre analyse technique vous montre qu'un secteur particulier est prêt à se distinguer des autres. Pas de problème. Vous pouvez à présent acheter des fonds qui n'investissent que dans un seul secteur. Bien qu'investir dans un fonds peu diversifié soit plus risqué que de suivre la voie habituelle, les gains potentiels sont bien supérieurs ! Plusieurs familles de fonds d'investissement offrent maintenant de tels fonds sectoriels. Il y a d'habitude un léger droit d'entrée sur ces fonds, mais si vous les utilisez correctement, ce ne sera pas bien gênant.

Bien que ce ne soit pas la seule société d'investissements offrant de tels fonds, Fidelity Funds a, à mon avis, le meilleur potentiel sur les produits de ce genre. D'abord, il y a un grand choix de fonds sectoriels (35 à la fin 1987) ce qui vous permet de choisir assez précisément vos secteurs. Ensuite, bien qu'il y ait un droit d'entrée initial de 2 pour 100 pour ouvrir un plan (et 1 pour 100 si vous sortez de l'argent du plan), ce droit est prélevé une fois pour toutes. Tant que vous conservez votre argent sur ce " plan-secteurs ", et que vous passez par exemple du fonds or au fonds technologiques (ou si vous n'aimez pas le marché que vous passiez sur leur Select Money Market Fund, leur fonds monétaire), vous n'aurez pas à payer un nouveau droit d'entrée de 2 pour 100. Tout ce qui vous sera prélevé, c'est un forfait de 25$ quand vous liquiderez un fonds pour aller sur un autre. Sur un gros investissement, c'est négligeable. En plus, Fidelity calcule le prix des parts toutes les heures. Ainsi, si vous voyez un mouvement d'envergure se développer tôt le matin, vous n'avez pas à attendre la clôture du jour (où le prix peut être bien plus élevé) pour y participer. Voila un autre moyen de placer vos capitaux de plan d'épargne, ainsi qu'une partie de ceux que vous allouez au " trading " (c'est d'autant plus vrai que vous n'aurez pas assez de temps pour analyser les valeurs individuelles). Si vous vous concentrez sur un secteur gagnant comme le secteur de l'énergie en 1986-87, vos profits pourront être considérables. Fidelity Select Energy nous lança un signal d'achat appuyé en A sur le Graphe 9-6 à la mi-86, lorsqu'il cassa au-dessus de sa MM à 30 semaines. Il cassa aussi au dessus de sa résistance à 10,40$ et lança une avancée de Phase 2. Cette Phase se développa pendant 14 mois, nous lançant en fin de compte un signal de vente approprié début octobre 1987, juste avant le krach.

En plus de vous fournir le choix entre 35 différents secteurs de marché, Fidelity nous propose dès à présent huit fonds secteurs (davantage sans doute prochainement) que vous pourrez vendre à découvert. Cette méthode est plus qu'un jeu lucratif pour l'investisseur ou le trader, car suivre ces 35 secteurs vous permet aussi de découvrir ces deux ou trois secteurs de marché où vous devriez aussi faire d'importants achats sur valeurs individuelles. Pour toutes ces raisons, analysez avec attention tous ces fonds.

LES OPTIONS : UN JEU TRES EXCITANT MAIS RISQUE

Le véhicule d'investissement que nous allons maintenant explorer, ce sont les options. Si la phrase " pas pour les veuves ou les orphelins " s'applique à un

Graphe 9-6

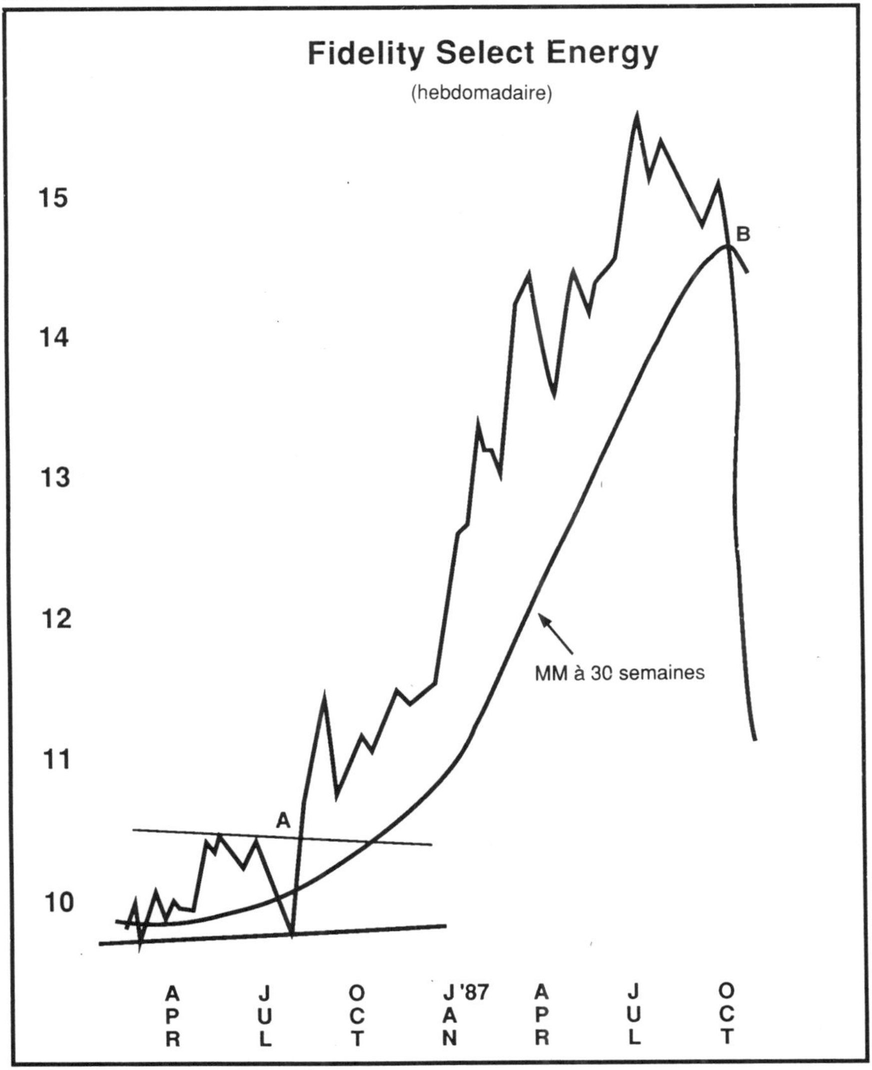

secteur d'investissement, c'est bien celui-là. Ces instruments sont strictement pour les professionnels ou les investisseurs très agressifs ! Même dans les meilleures circonstances, les options sont très risquées. Bien sûr, le revers de la médaille, c'est que si vous avez raison, les récompenses peuvent être fabuleuses ! Bien que je ne puisse vous enseigner comment abaisser le risque intrinsèque des options à un niveau comparable à celui des titres des utilités par exemple, j'ai quelques tuyaux qui vous les rendront moins risquées. Plus important encore, ces concepts vont accroître vos probabilités de gains.

Pour ceux d'entre vous qui sont peu familiarisés avec ces outils, voilà une description courte des OPTIONS PUT ET CALL (3). Avoir un " call " vous donne le droit d'acheter une action à un prix donné (le striking price ou prix d'exercice) pendant une période de temps déterminée (jusqu'à la date d'expiration de l'option). Le prix que vous payez pour l'option est appellé le PREMIUM. Quand vous achetez un " call ", vous espérez que l'action support sur laquelle le " call " est écrit va monter prochainement très vite, c'est cela qui rend ce véhicule d'investissement si dangereux. Bien souvent vous pourrez avoir raison sur l'avancée du titre, mais si cela ne se produit pas avant l'expiration du " call ", c'est la faute à "pas de chance". Si vous achetez un " call " qui expire dans 90 jours, une belle avancée le 91e le 92e jour ne vous apportera rien. Bien que vous puissiez acheter des " call " avec trois, six, et neuf mois avant expiration, plus longue sera la période vous séparant de l'échéance et plus l'option sera chère. De plus, les " call " les plus éloignés de leur date d'expiration seront moins liquides que les contrats à plus court terme. Les " call " à trois mois auront des échanges beaucoup plus nourris, car la plupart des opérateurs sur ces marchés ont une orientation court terme.

Quand vous achetez un " call " à trois mois sur le titre XYZ avec un prix d'exercice de 25, sa valeur intrinsèque sera d'un dollar si le titre support s'échange à 26 (le prix de l'action moins le prix d'exercice de l'option représente la valeur intrinsèque, soit 26-25=1). Ce n'est pas une formule bien compliquée, c'est la réalité des marchés. En effet, si vous voulez, vous pouvez vendre l'action support à 26 et simultanément exercer les droits attenant à votre option c'est-à-dire acheter à 25. Dans la réalité des marchés, l'option se vendra pratiquement toujours à un prix supérieur à sa valeur intrinsèque (4). Dans notre exemple, si l'action support est à 26 alors que le prix d'exercice est de 25, et si le " call " vaut 1 7/8 plutôt que 1 (sa valeur

(3) Les options cotées représentent un secteur bien particulier des marchés financiers, avec leurs propres bourses, une terminologie à part, et des règles d'échange bien spécifiques. Je suppose que vous en connaissez les bases. Sinon demandez à votre " broker " " Characteristics and Risks of Standardized Options ", une brochure de 62 pages offerte au public par l'Options Clearing Corporation. Avant de bien avoir assimilé le contenu de cette brochure, vous devriez rester à l'écart de ces marchés.

(4) Si le temps qui reste sur l'option est presque écoulé, ou que le titre soit monté bien au-dessus du prix d'exercice, ce qui rend l'option très peu intéressante à jouer, alors elle s'échangera à un prix très proche de celui de sa valeur intrinsèque.

intrinsèque), sa VALEUR TEMPS sera de 7/8 de points (5). Cette valeur temps est la valeur au-dessus de la valeur intrinsèque que le marché donne au " call ". (La même chose est vraie pour les " puts".)

Si le titre support avance à 35 dans les semaines précédant la date d'expiration du " call ", le prix du " call " montera en toute logique de près de 10 points. S'il reste encore beaucoup de temps à courir avant l'expiration, il s'échangera même à un prix supérieur. Alors que le titre support a gagné un bon 40 pour100, votre option vous fournira un gain de plus de 400 pour 100. C'est cette possibilité d'attraper la " poule aux oeufs d'or " qui encourage les acheteurs d'options à jouer coups après coups à un jeu qui, pour la majorité d'entre eux, sur le long terme, leur coûtera de l'argent.

Un " put " est le contraire d'un " call ". C'est un peu comme vendre à découvert. Si vous vous attendez à ce que le titre se fasse descendre en flammes, acheter son " put " vous donnera le droit de vendre le titre XYZ à un prix donné pendant une période déterminée. Si le prix d'exercice de votre " put " est de 50 et que le titre s'échange actuellement à 49, alors sa valeur intrinsèque est de 1, puisque vous pouvez acheter le titre sur le marché à 49 et exercer immédiatement votre " put" à 50. Si, dans les semaines suivantes, XYZ baisse à 40, la valeur du " put " fixée par le marché montera au moins jusqu'à 10, qui est sa valeur intrinsèque (6). La chute du titre support représente une baisse de 20 pour 100, ce qui est un profit correct à court terme, sur une vente à découvert. Mais le profit sur votre " put " sera supérieur à 400 pour 100 puisqu'il est passé de 1 7/8 à 10 !

Les avantages des achats de " put " et de " call " sont évidents. Si vous avez raison, vous pouvez marquer un essai transformé ! Un autre facteur positif, c'est que vous pouvez définir votre risque. Un " put " représente une option sur 100 actions. Si chaque " put " vous coûte 200$ (2x100), et que vous décidez d'acheter 10 " put " qui s'échangent à 2$, vous ne pouvez perdre plus de 2.000$ sur cette transaction précise. (le même raisonnement s'applique aux " call ".) Le dernier avantage est que pour un débours peu important, vous pourrez gagner très gros.

Malheureusement, la médaille a son revers à la baisse. Si vous achetez le " put " pour 2$ avec un prix d'exercice à 50, et qu'au moment de l'expiration vous l'avez encore, alors que le titre est à 51, ce " put " ne vaut plus rien. Vous avez perdu vos 2000$. De la même façon, si vous achetez 10 " call "

(5) Comme les options sont cotées en centièmes, 7/8 représente 87.50 dollars (7/8x100)

(6) Le " put " se vendra au minimum à sa valeur intrinsèque moins les frais de commissions, dans ce cas, il s'échangera au minimum près de 10.

avec un prix d'exercice à 25 pour un débours total de 2000$, et qu'ils expirent avec un support à 24, vous avez perdu tout votre investissement. Puisque le prix d'exercice était de 25, ils ne valent plus rien.

Un autre risque, c'est que si vous payez un premium trop élevé, vous pouvez avoir raison quant à la tendance sur le titre et malgré tout finir par perdre de l'argent. Le prix du titre support peut ne pas changer suffisamment pour rendre votre position profitable. Par exemple, vous achetez un " put " avec un prix d'exercice à 50 quand le titre support vaut 50 1/2; le premium est de 6$. Le titre doit tomber à 44 1/2 au minimum avant que vous ne récupériez la valeur du "put ". Un autre danger est l'étroitesse de ces marchés. Aussi assurez-vous d'utiliser des ordres-limite et non des ordres-au-mieux quand vous achèterez “ put ” et “ call ”. Sinon, les “ market makers ” (teneurs de marché sur l'échange) s'en donneront à coeur joie avec les exécutions d'ordres, et ce sera d'autant plus dur de faire de l'argent dans cette arène.

A l'évidence, acheter des “ puts” et des “ calls ” n'est pas pour tout le monde. Si vous êtes un investisseur à long terme, conservateur et n'aimant pas les risques, tenez-vous à l'écart de ces achats. Il y a pourtant des stratégies de couverture (hedging) qui peuvent être utilisées par les investisseurs conservateurs et qui n'exigent de prendre que beaucoup moins de risques, mais pour des potentiels de profits moins importants. Ces stratégies sont réservées aux gens qui ne peuvent se décider pour savoir s'ils sont “ bullish ” ou “ bearish ”. Pour moi, ce sont des demi-mesures qui mènent à des résultats médiocres. Je ne peux acquiescer au concept qui consiste à garder un titre en Phase 4 et à vendre un “ call ” sur ce titre pour récupérer vos pertes. Je suis tout aussi contre la stratégie qui consiste à vendre un “ call ” sur un titre en Phase 2 que vous détenez pour gagner quelques dollars de plus, immédiatement; mais vous retirer les chances de gains supplémentaires importants sur le titre. Pour moi, si vous êtes “ bullish ”, vous achetez les titres et les “ call ”; si vous êtes négatif, vous vendez les titres à découvert et achetez les “ put ”.

Même si vous êtes un opérateur de marché particulièrement agressif, je suis contre l'idée qui ferait du " trading " d'options votre activité principale de marché. L'équilibre est la clé du succès sur les marchés,comme dans la vie. Si vous vous sentez à l'aise sur les marchés d'options négociables, alors allouez une petite partie de votre capital sur ces marchés très volatils. Même une toute petite partie vous donnera plus de frissons q'un séjour dans un casino de Las Vegas... La différence essentielle entre un casino de Las Végas et un marché d'options en utilisant mes règles: ici les chances seront en votre faveur, alors qu'au casino elles sont en faveur de la banque....

Voila les bons moyens pour accroître les chances en votre faveur.

1. *N'ACHETEZ DE CALL QUE SUR DES TITRES EN PHASE 2 OU SUR LE POINT DE PASSER EN PHASE 2.* Et n'achetez pas de" put" sur des titres en Phase 4 ou sur le point d'entrer en Phase 4.

Graphe 9-7

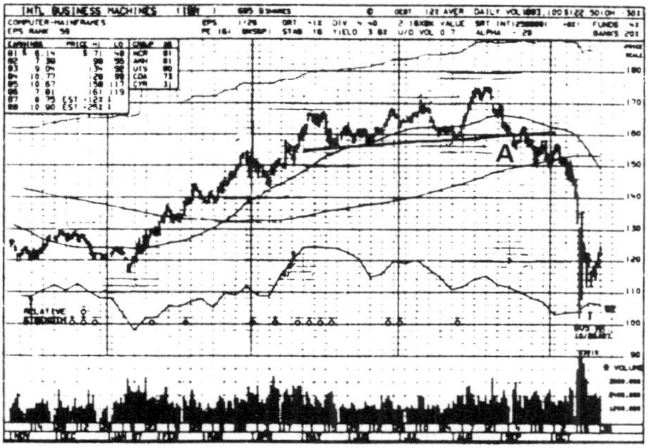

CHART COURTESY: DAILY GRAPHS AND LONG TERM VALUES

Regardez ce graphe en quotidien d'IBM (Graphe 9-7) en 1987 [7]. A partir du moment où IBM cassa au-dessous du point A, le titre était en mauvaise posture technique et n'avait pratiquement plus de chances de devenir un gagnant à l'achat. Pourtant, jour après jour, après qu'il ait cassé sous le point A, un nombre important de " call " étaient achetés. Il n'était dès lors pas surprenant que la grande majorité de ces options ait expirée sans valeur. De ce fait, la plupart des spéculateurs se sont retrouvés sur la touche.

2. *N'ACHETEZ QUE DES OPTIONS AYANT UN FORT POTENTIEL.* C'est une réalité de la vie à laquelle vous ne pouvez rien : vous aurez plus souvent tort en achetant des options qu'en achetant des titres. Cela ne veut pas dire que vous ne ferez pas d'argent. En fait, si vous suivez mes méthodes à la lettre, vous pourrez avoir une rentabilité sur votre capital investi plus forte sur les options que sur les titres eux-mêmes. Mais pour que cela vous arrive,

(7) Ce Graphe est tiré de Daily Graph Stock Option Guide, P.O.Box 24933, Los Angeles, CA 90024. Si vous jouez sérieusement le marché des options, c'est un excellent service auquel vous devriez vous abonner. Quand on traite d'un marché comme celui-ci à forte orientation court terme, il vous faut une définition de graphes au quotidien plutôt qu'en hebdomadaire. En plus, cette publication édite les graphes de presque tous les titres supports. Vous y retrouverez aussi toutes les séries d'options-mois et prix d'exercice-pour tous les " put " et les " call " avec le code boursier (ticker symbol) de l'option.

il faut que vous vous fassiez la promesse de n'acheter un " call " ou un " put " que sur des titres cotés, de première qualité, autrement dit seulement sur les meilleures situations à très fort potentiel. Si vous suivez cette discipline avec rigueur, vous pourrez avoir raison bien moins de 50 pour 100 des fois et accumuler quand même une petite fortune. Cela ne sera possible que si vous limitez vos pertes et que vous faites courir vos profits. Ne tombez pas dans le piège dans lequel se fourvoient tant d'opérateurs, à force de vouloir prendre des paris sur toutes les courses tant ils veulent être actifs. *LA SELECTIVITE EST ABSOLUMENT CRUCIALE !* Jouez seulement les meilleurs coups.

3. *DONNEZ-VOUS ASSEZ DE TEMPS A COURIR AVANT L'EXPIRATION.* Il est difficile d'être dans le bon sens sur les marchés des options, il est encore plus délicat d'être correct sur une période limitée; et il est pratiquement impossible d'être correct sur quelques jours. Aussi ne soyez pas trop exigeant envers vous et assurez-vous de n'effectuer que des achats d'options ayant assez de temps avant expiration. Dans l'idéal, il faudrait au moins trois mois, et dans tous les cas jamais moins de 45 à 50 jours. Les joueurs sur ces marchés se portent trop souvent sur des options n'ayant qu'un mois à courir avant expiration car elles sont bon marché (le premium sur la valeur temps est bas). Ne cherchez pas ces " bonnes affaires ". Bien sûr, le premium sera toujours bas si le temps à courir est limité. On n'a jamais rien sans rien. Une option est un actif " dégradable ", et plus il s'approche de sa date d'expiration, moins il aura de valeur. Donc un prix bon marché n'est pas surprenant. Si vous achetez des options qui n'ont pas assez de temps à courir avant expiration, croyez-moi, vous n'aimerez pas l'allure de votre colonne pertes et profits en fin de parcours !

4. *ACHETEZ UNE OPTION QUI EST PROCHE DE SON PRIX D'EXECUTION ET, SI POSSIBLE, DANS L'ARGENT.* C'est un concept assez difficile à appréhender. D'un côté, on veut tous débourser le moins d'argent possible et, si on se trompe, ne perdre que peu de cet argent. C'est pour cela que tant de joueurs sur ces marchés choisissent des options qui sont complètement " hors de l'argent ", ce qui revient à dire que leur valeur intrinsèque est négative. Si vous achetez un " call " avec un prix d'exercice à 50, mais si le titre support ne vaut au même moment que 45$, votre " call " n'a pas vraiment de valeur. Il est " hors de l'argent " de 5$. S'il expire avec le titre toujours à 45, vous perdrez ce que vous aurez payé à l'achat. Pourtant de nombreux spéculateurs achètent ces " call " (ou " put ") complètement " hors de l'argent " car ils peuvent les acheter à très bon marché, et de temps à autre l'un d'eux rapportera gros. Dans le cas précédent, si le titre support décolle et monte jusqu'à 55 avant expiration, un " call " à 50 cents (1/2$) gagnera au mois 1000 pour 100 pour valoir finalement au moins 5$. Ainsi, un investissement, même de 10.000$ vous donnerait en deux temps trois mouvements de 100.000$. Ce genre de " jackpot " arrive et c'est ce qui donne des illusions aux pervers. Les chances pour que cela se produise sont très faibles et ce n'est pas mieux que de miser sur un double zéro au casino. Je ne veux pas que vous cherchiez à " décrocher le gros lot " mais plutôt que vous fassiez des coups courts avec constance.

Le revers de la médaille, ce sont ces gens qui jouent trop conservateur en achetant des options trop " dans l'argent ". Si le titre support est actuellement à 50 et vous achetiez un " call " avec un prix d'exercice à 40 valant 10$, vous devez débourser beaucoup d'argent et vous perdez beaucoup de " levier " à la hausse. De plus le ratio risque/rentabilité n'est pas très bon. Si le titre passe de 50 à 60, le " call " montera mathématiquement de 10$ à 20$. Mais si le support tombe et que vous conservez le " call " jusqu'à expiration alors que le titre passe au-dessous des 40, vous perdrez vos 10$ investis à l'achat. Dans ce cas vous auriez eu un ratio risque/rentabilité de 1 contre 1. Ce n'est pas acceptable.

Aussi, quelle est donc la bonne réponse ? Le compromis idéal consiste à acheter un " call " (ou un " put ") qui soit légèrement " dans l'argent ". Par exemple, si le titre support s'échange à 50 1/2, alors un " call " avec un prix d'exercice à 50 sera convenable, à condition que son premium ne soit pas trop élevé.(S'il l'est, ou bien vous passez dessus, ou vous attendez que l'enthousiasme sur le " call " se tarisse et que le prix du " call " baisse.) Si vous payez 2$ pour ce " call " et que le titre monte à 60, vous ferez du 400 pour 100 sur l'argent investi, car l'option vaudra au moins 10$. Si elle expire sans valeur, vous aurez perdu les 2$. C'est un ratio risque/rentabilité de quatre contre un qui est bien plus intéressant que l'exemple précédent. Ne rendez pas le jeu plus difficile qu'il ne l'est déjà. Toutes choses égales par ailleurs, achetez une option qui soit légèrement " dans l'argent ". Ou si elle est " hors de l'argent ", assurez-vous que le support est quand même très proche du prix d'exercice. En outre, rappelez-vous que l'option devrait avoir deux à trois mois à courir avant l'expiration.

5. *UTILISEZ UN STOP DE PROTECTION TRES SERRE SUR VOS POSITIONS EN OPTIONS*. Quand vous achetez un " call ", ne placez pas votre vente stop comme vous le feriez sur une position d'investissement. Utilisez les règles que je vous ai apprises pour ajuster vos positions stop de " trading ", et, si possible, soyez même plus agressif. Ne placez pas vos stops sur l'option, leurs marchés sont trop étroits. Utilisez plutôt un stop mental (que vous ou votre " broker " suivrez mentalement mais qui n'est pas placé physiquement) sur LE TITRE SUPPORT. Si le titre se déplace contre votre position, dites à votre " broker " de vendre immédiatement votre " call " (ou votre " put ").

Graphe 9-8

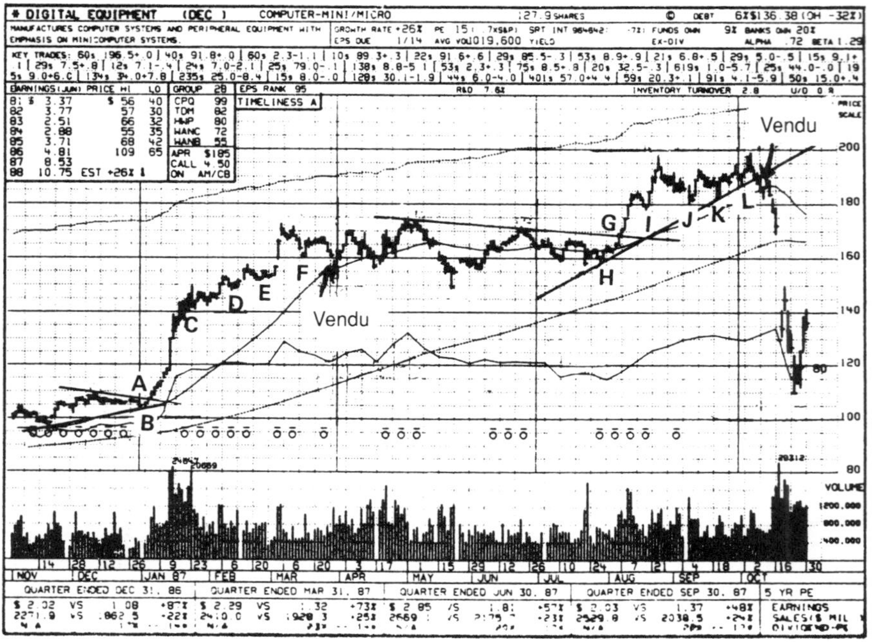

CHART COURTESY: DAILY GRAPHS AND LONG TERM VALUES

Ce graphe quotidien de Digital Equipment (Graphe 9-8), appelé familièrement DEC par Wall Street, montre ce que j'entends par agressif. Parce que le parc-mètre de votre option s'écoule en permanence, tout signe de faiblesse est une bonne raison pour dire “ goodbye ” à votre position, et ainsi bloquer vos profits ou limiter vos pertes. Si vous jouez correctement, vous ne perdrez que rarement tout l'argent placé sur l'option. C'est là encore une erreur que fait souvent l'investisseur moyen. Supposez qu'il achète un " call " pour 3$ et que le titre support “ aille contre lui ”. S'il reste encore longtemps sur l'option, son prix peut encore être de 2$. Mais au lieu de couper ses pertes et de rechercher un nouveau coup, notre infortuné trader pense qu'en 60 à 90 jours les choses peuvent s'améliorer. S'il se trompe, il se retrouve sans rien. Vous devriez sortir dès que la valeur support commence à montrer des signes de faiblesse, même à court terme. Dans le cas de DEC, le titre aurait dû être acheté lorsqu'il est passé au-dessus de sa ligne de tendance descendante en A. Un stop rapproché aurait dû être placé en B puis remonté assez vite en C, D, E et ainsi de suite. Quelques semaines après, le titre est passé au-dessous de F à 160$. Si vous aviez acheté le " call " d'avril 105 au moment où le support passa au-dessus de 108, vous auriez payé autour de 9$. Quand votre “ stop mental ” a été touché en mars, il était temps de sortir du marché avec un profit excellent puisque le " call " 105 valait alors 55$. Une deuxième opportunité de " trading " à la hausse s'est à nouveau présentée en août quand DEC là encore passa au-dessus d'une ligne de tendance importante en G à 169. Vous auriez pu acheter le" call "octobre 165 pour 9$. Puis quand la ligne de tendance ascendante fut perforée début octobre à 190, vous auriez dû sortir de votre position avec de beaux profits, puisque le " call " valait alors autour de 26. Si vous n'aviez pas vendu, par contre, la position n'aurait vite plus rien valu !

QUELQUES EXEMPLES CONCRETS

Pour que vous voyez combien ces véhicules spéculatifs peuvent être intéressants, suivons le parcours de quelques-unes des recommandations sur options que je fis dans le PTR. Début janvier 1987, j'ai conseillé aux abonnés d'acheter des " call " sur Texas Instrument (Graphe 9-9). Si le titre passait au-dessus de sa résistance à 125 [(8)]. Quand TXN est effectivement passé au-dessus de 125 1/2, vous auriez pu acheter un " call " sur avril 125 pour à peu près 7$. Début avril, quand TXN atteint son point haut à 203 (point B), la valeur intrinsèque du " call " était de 78$. C'est là que le pouvoir excitant de l'effet de levier se fait sentir. Alors que le support gagna un joli 60 pour 100, l'option s'apprécia de plus de 1.000 pour 100 !

Les mêmes prodiges apparaissent sur l'achat de " put ". En octobre 1987 j'ai recommandé l'achat de " put " sur Xerox (Graphe 9-10) quand le titre acheva son sommet en A. Vous auriez pu acheter un " put " sur janvier 75 à 4 1/2. Le titre tomba fortement dans les jours suivants à 50. Vous aviez là un profit rapide sur les positions courtes de 30 pour 100. Mais ce que fit le " put " de janvier 75 fut bien plus impressionnant puisqu'il fusa de 4 1/2 à 27 1/2, soit un gain de 500 pour 100.

Evidemment, si vous êtes un trader agressif et que vous aimiez les véhicules à haut risque, voilà un domaine où vous devriez faire quelques " trading " sélectifs. Mais à aucun moment, même les spéculateurs les plus agressifs, ne devraient cependant placer tout leur capital sur les options. Le " trading " d'option est un jeu bien séduisant. Quelques coups chanceux peuvent transformer les traders en véritables “ junkies ” de ces marchés. Ne

(8) Il y eut ensuite une division sur le titre de 3 pour 1, ainsi tous les chiffres sur le graphe 9-9 ne font qu'un tiers des prix marqués dans le texte.

Graphe 9-9

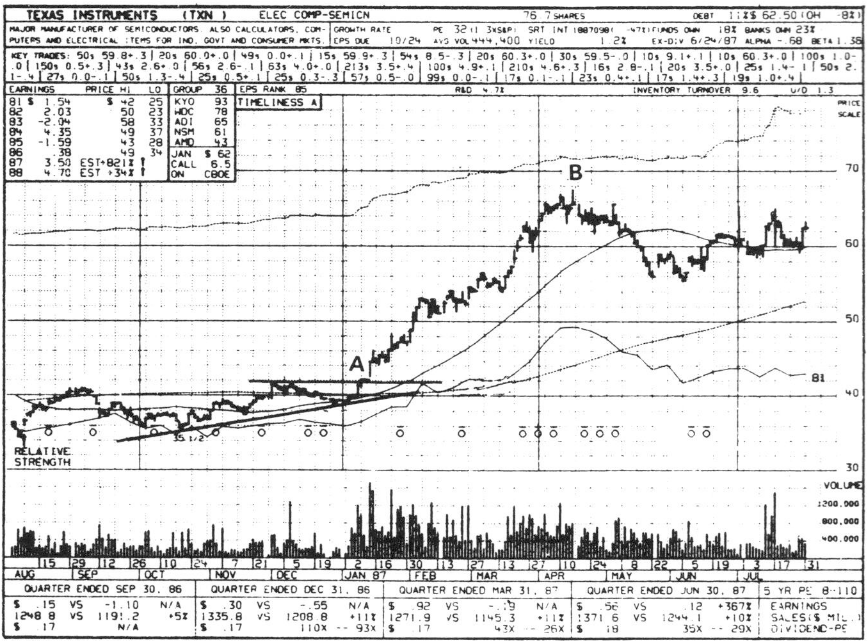

CHART COURTESY: DAILY GRAPHS AND LONG TERM VALUES

laissez pas cela se produire chez vous. Et rappelez-vous qu'il est impératif de respecter les régles que je vous ai apprises dans ce chapitre si vous voulez survivre et prospérer dans cette jungle spéculative.

C'EST LA MEME CHOSE SI VOUS AVEZ AFFAIRE AUX FUTURES

Vous avez maintenant la capacité à localiser les origines des nouvelles tendances, alors qu'elles se déroulent sous nos yeux. C'est comme pour toutes les formes de talent que chacun d'entre nous pouvons développer. Plus vous le travaillez et meilleur vous deviendrez. Sachez que les gains que vous pourrez tirer de la lecture de graphes de marchés ne se limitent pas aux marchés des actions. Je vous ai déjà montré que vous pouvez utiliser parfaitement vos talents sur les marchés des fonds d'investissement et les marchés des options négociables. Le dernier domaine où vous pourrez les utiliser sont les marchés des “ futures ” (ou des contrats à terme).

Graphe 9-10

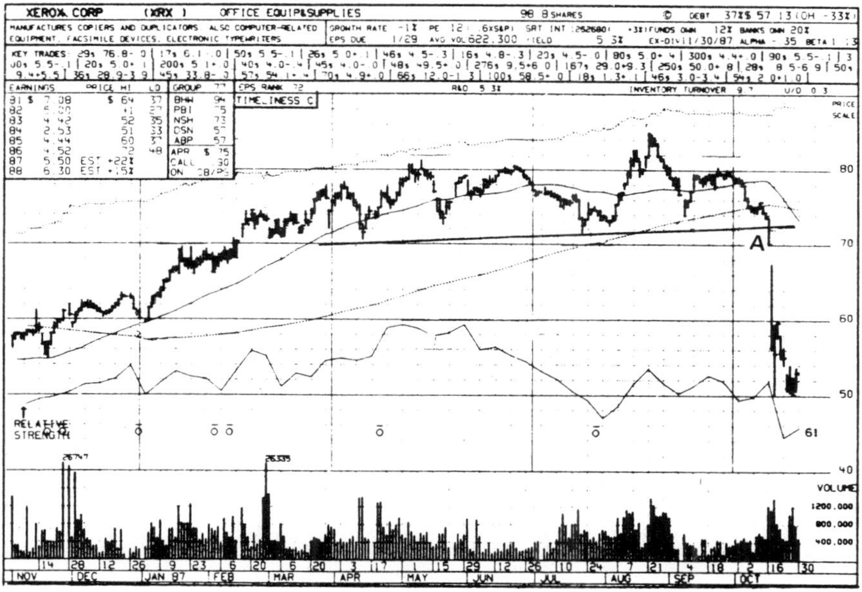

CHART COURTESY: DAILY GRAPHS AND LONG TERM VALUES

Avec une légère altération de la méthode (vous utiliserez des graphes et des moyennes mobiles à plus court terme), vous pourrez faire du très beau travail sur tous les contrats " futures ", que ce soient les contrats sur du jus d'orange ou sur des indices boursiers. Si vous voulez vous lancer sur ces marchés, je vous suggère de vous abonner à un service graphique spécialisé [9].

Regardez le Graphe 9-11 des " futures " sur jus d'orange et remarquez que pendant la période de juin à août 1987; le contrat sur janvier 1988 forma une petite " tête et épaule de creux ". Les mêmes formations se développeront tant sur les graphes des " futures " que sur ceux des actions, mais avec les " futures " les dessins se formeront bien plus rapidement. C'est

(9) Comme le Commodity Research Bureau Chart service, CRB Future Chart Service (que j'apprécie particulièrement), Circulation Department, 30 S. Wacker Drive, Suite 1820, Chicago, IL 60606, 1-800-826-7685.

Graphe 9-11

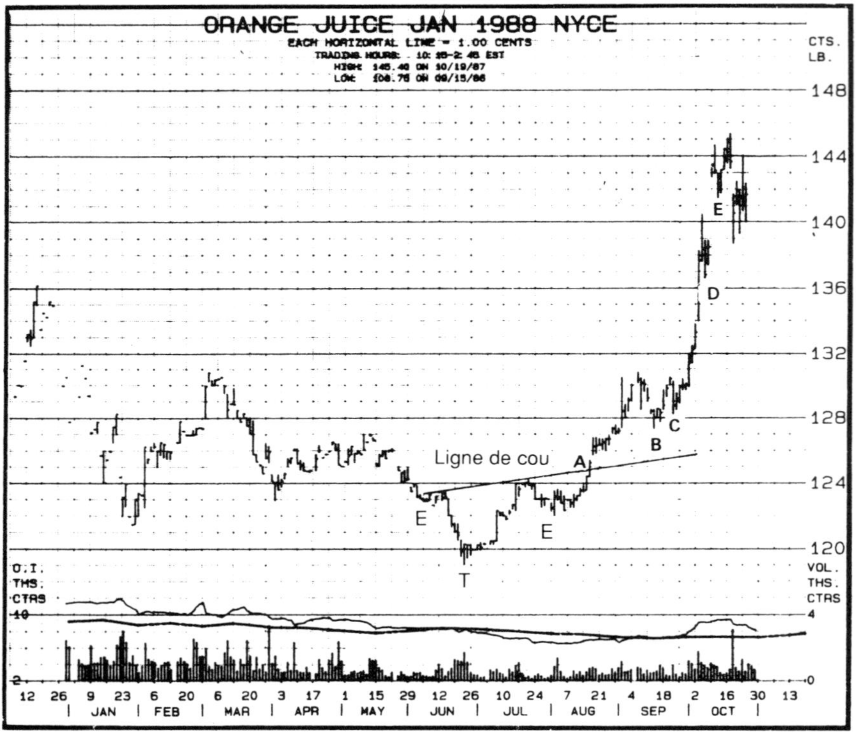

CHART COURTESY: CRB FUTURES CHART SERVICE

comme passer d'un seul coup un disque enregistré en 33 tours, en 78 tours. Vous devez être bien plus rapide et développer des sensations court terme si vous voulez mettre un pied sur les “ pits ” (lieux d'échange des “ futures ”). Voilà un domaine où vous ne pourrez pas suivre vos prix seulement pendant les week-ends. Un contact quotidien est vital ! Si vous aviez acheté les contrats sur jus d'orange quand le " future " avait franchi sa ligne de cou (point A), vous auriez très bien fait. Si vous aviez voulu jouer ce coup en " trading ", après avoir placé le stop d'origine juste au-dessus de l'épaule droite inversée, vous auriez du le remonter ensuite en B, C, D, et E, et auriez alors “ été sortis ” à profit quand le contrat cassa au-dessous du point stop E.

Si vous aviez joué à l'investisseur, alors vous auriez pu rester sur le contrat tant qu'il ne cassait pas sa Moyenne Mobile à 40 jours (ligne en pointillé) sur le graphe 9-12. La chose la plus étonnante, c'est qu'il n'est pas du tout nécessaire que vous connaissiez quoi que ce soit sur les

Graphe 9-12

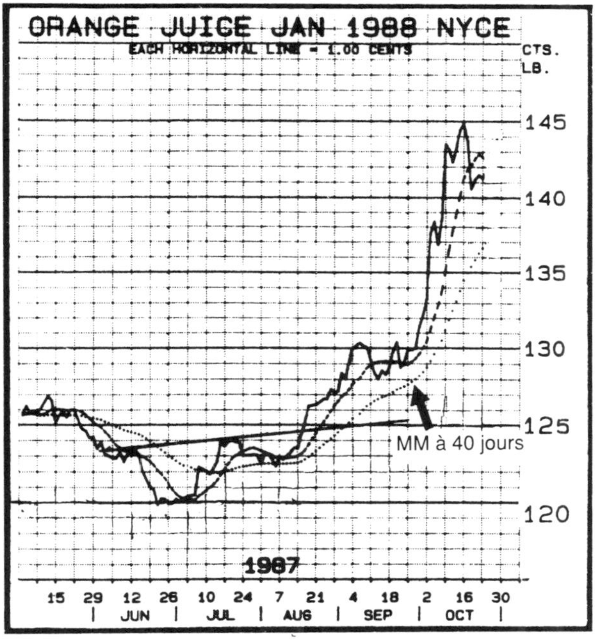

CHART COURTESY. CRB FUTURES CHART SERVICE

fondamentaux des marchés des jus d'orange, du cuivre, du soja ou d'autres denrées ou matières premières; et malgré tout vous pourrez en fait être bien plus précis dans vos prévisions sur ces marchés que quelqu'un qui passe sa vie à lire tous ces rapports sophistiqués publiés par le Ministère de l'Agriculture.

Un autre véhicule très risqué mais tout aussi excitant : les contrats " futures sur indices boursiers ". Il y a de nos jours plusieurs contrats de ce type, cotés, chacun basé sur un lot particulier de titres. Les contrats futures les plus connus et les plus activement échangés sont ceux basés sur le Standard & Poor's (S & P) 500, le favori des institutions. Moins actif mais très suivi tout de même est le Value Line Futures Contract qui, contrairement au S & P, est composé de valeurs secondaires plus que de " blue-chips ".

De nombreux opérateurs de marchés et analystes ont été pris au coeur de la tourmente d'octobre 1987, qu'ils n'avaient pas vu arriver. Si vous

Graphe 9-13

336

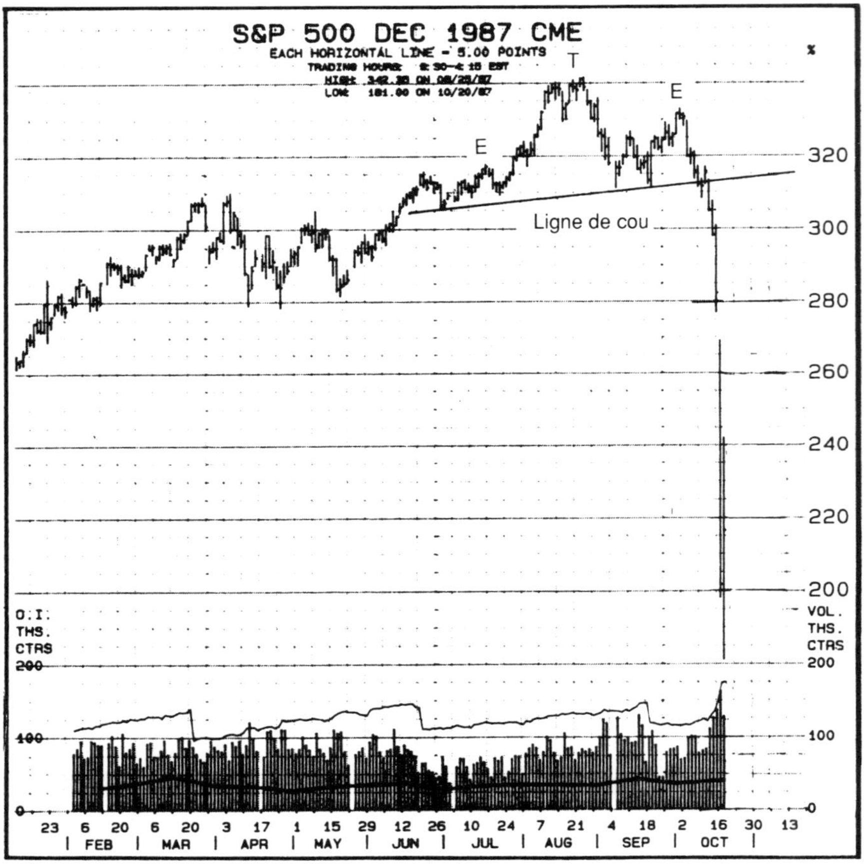

CHART COURTESY: CRB FUTURES CHART SERVICE

regardez le Graphe 9-13 vous verrez pourquoi ils se sont trompés. Entre juin et début octobre, une formation qui est à l'évidence une " tête et épaule " de sommet s'est formée. Une fois la " ligne de cou " cassée, cela aurait dû être un " sauve qui peut " général ! C'est encore plus évident sur le graphe 9-14 qui est le contrat S&P futures pointé en hebdomadaire. Ainsi, si vous aviez bien fait vos analyses techniques, vous n'aviez aucune excuse à vous laisser piéger (dans le mauvais sens) par cette débâcle historique.

Graphe 9-14

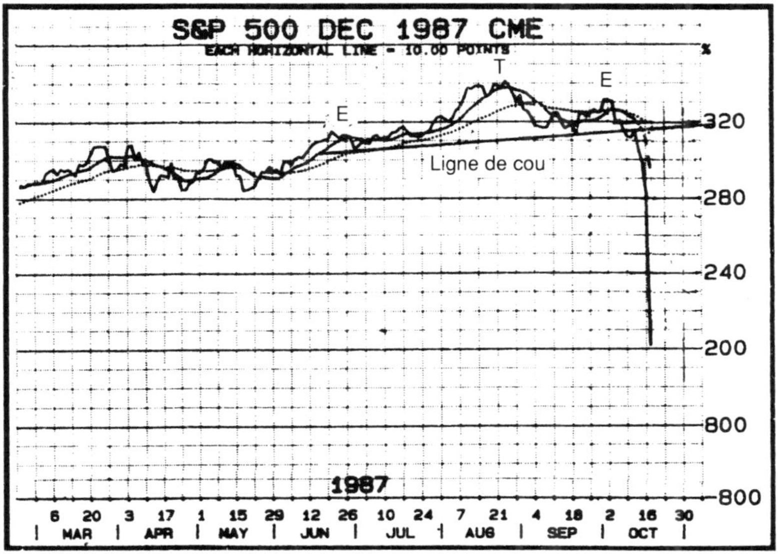

CHART COURTESY: CRB FUTURES CHART SERVICE

Je ne saurais trop insister sur le fait que ce secteur est un jeu à très haut risque réservé aux professionels confirmés et aux traders sophistiqués. Le bon côté des choses, c'est que les gains peuvent être superbes. Un contrat vendu à découvert quand la ligne de cou fut cassée (à l'époque un débours sur marge pour un tel contrat était de 7500$) vous aurait permis de faire un profit de 66.000$, quelques jours après, au plus bas d'après krach [10].

La leçon est claire. A partir d'aujourd'hui quand vous essaierez de prédire les prix " futures " - que ce soit pour IBM, un fonds d'investissement, une option sur action, l'or ou le soja - ne perdez pas inutilement votre temps à lire les rubriques financières des journaux. Utilisez-les intelligemment en prenant vos livres de graphes et en les étudiant avec attention !

(10) Après le krach, les marges ont été relevées à 20.000$ par contrat.

CHAPITRE 10

LA VISION D'ENSEMBLE

L'étude des neuf précédents chapitres vous a permis de retrouver la profonde vérité de ce fameux proverbe chinois: " un voyage de mille kilomètres commence par un premier pas. " Quand vous avez commencé à lire le Chapitre 2, mon graphe de phases idéal (10-1) vous paraissait sans doute incompréhensible. Mais si vous avez fait vos " devoirs " techniques, la construction montée brique après brique ressemble maintenant à quelque chose; de plus, vous devez comprendre à présent la terminologie technique. Enfin, si certaines des affirmations que j'ai pu faire dans ce texte vous ont semblé être des hérésies (par exemple " achetez haut et vendez encore plus haut ") vous les voyez maintenant sous une toute autre lumière.

Faites-vous la promesse de ne jamais plus acheter un titre en Phase 4 malgré tout le bien que vous penseriez (fondamentalement) de ce titre. Faites aussi le voeu que vous n'aurez plus de coups de coeur sur un titre lorsque sortira son rapport annuel, aussi élogieux soit-il. Vos décisions d'achat et de vente dépendront uniquement de l'allure des graphes pas des revues de presse. Vous ne serez jamais plus surpris de voir Sears monter comme en 1985 alors que ses bénéfices tombaient, et baisser comme en 1987 avec des bénéfices en hausse (graphe 10-2).

Vous possédez à présent une tactique. N'en sous-estimez pas l'importance. Si vous la suivez de façon disciplinée, vous ne serez jamais plus pris à revers par les marchés. Bien sûr, il y aura des erreurs ou des faux signaux occasionnels, mais vous n'aurez jamais plus à vous inquiéter sur le fait que ces retournements imprévus effacent d'un coup vos capitaux investis. Par la diversification, à la fois par le nombre de titres et de secteurs de marchés détenus, ainsi que par l'utilisation " d'ordres-stop " intelligemment placés, vous serez certains que vos positions perdantes ne seront plus que de petits ennuis sans lendemain. Plus important, vos coups gagnants seront des essais transformés (home runs), pas de simples pénalités (singles), et ils vous donneront des résultats d'ensemble plus que satisfaisants.

Graphe 10-1

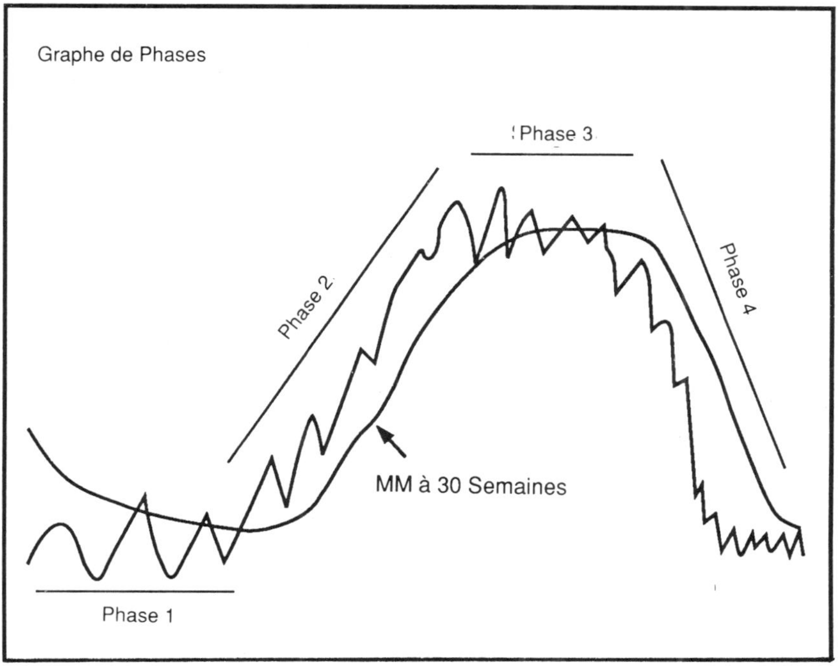

Graphe 10-2

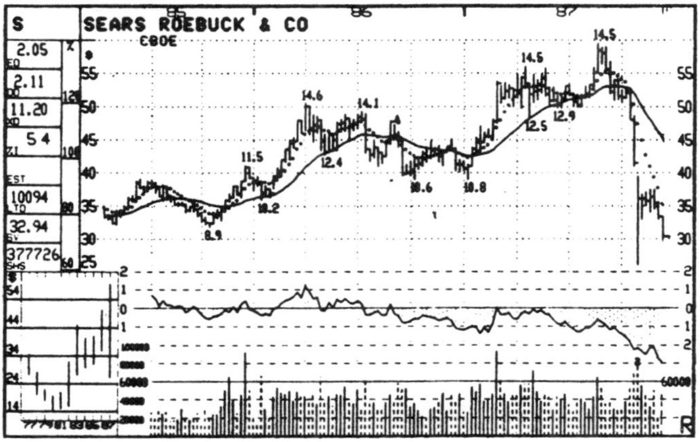

COURTESY OF MANSFIELD STOCK CHARTS

Finalement, vous ne serez jamais plus perdu ne sachant plus à quel saint se vouer, comme le sont malheureusement de trop nombreux investisseurs. Même quand il s'avère qu'ils ont raison, ils développent de telles angoisses qu'ils finissent souvent par vendre trop tôt, passant à côté de la part du lion sur les gains réalisés. Et dans les cas où ils " s'accrochent ", ils restent souvent trop longtemps sur leur position et rendent ensuite leurs plus-values sur les plongeons de Phase 4. Cela ne sera jamais plus votre destinée. A partir de maintenant, vous avez l'âme d'un trader ou d'un investisseur; faites le voeu de suivre avec constance notre système sans jamais faire d'exceptions ! Ne croyez jamais que cette fois-ci est différente. Suivez toujours les étapes suivantes :

1. Regardez les indicateurs de marché pour la tendance générale.

2. Passez en revue les groupes afin de savoir sur lesquels vous devrez vous concentrer.

3. Choisissez ces quelques titres ayant le plus de potentiel de profits dans leurs configurations graphiques, et qui sont dans ces groupes les mieux orientés.

Une fois que vous aurez suivi ces étapes, voilà les quelques règles que vous devrez respecter :

- Si vous êtes un investisseur, passez le gros de vos achats sur des situations de début de Phase 2, quand des fondations importantes viennent de se dessiner.

- Si vous êtes un trader, concentrez vos achats dans des formations de type continuation de Phase 2.

- Avant de passer vos ordres d'achat, assurez-vous que vous savez où placer vos ventes stop de protection. Si elles sont trop éloignées de vos niveaux d'achat, cherchez de meilleures situations ou attendez pour passer vos achats que des niveaux stop plus sûrs se forment. L'inverse est vrai pour la vente à découvert.

- Ne vendez jamais un titre en Phase 1 ou en Phase 2 (plus particulièrement en Phase 2).

- N'achetez jamais un titre en Phase 3 ou en Phase 4 (plus particulièrement en Phase 4).

- Ne portez jamais une position longue ou courte sans des stops de protection.

- N'ayez pas peur de vendre à découvert quand la tendance générale est " bearish ". Assurez-vous simplement de protéger votre position avec un achat stop.

- Sachez que l'analyse par phases peut être utilisée sur toutes formes d'investissements tant que ceux-ci sont régis par les lois de l'offre et la demande. C'est le cas des actions, des fonds d'investissement, des options, des " futures ", et des matières premières.

- Ne cherchez jamais à deviner quand un creux se formera. Apprenez la leçon cruciale : il vaut mieux arriver en retard et acheter en Phase 2, plutôt que d'acquérir un titre qui paraît " bon marché " mais qui risque de valoir de 40 à 50% moins cher en fin de Phase 4.

- Ne pensez pas qu'il faut que vous soyez à 100 pour 100 investi en permanence. Faites la différence entre une situation de type septembre1982 - quand les indicateurs et les graphes vous encouragent à investir à 100 pour 100 - et une situation de type septembre 1987 où la plus grande prudence est exigée.

- Achetez la force de Phase 2, vendez la faiblesse de Phase 4. En d'autres mots soyez toujours en harmonie avec le " tape ".

- Chaque fois qu'il y a conflit entre l'action prix/volumes et les bénéfices, allez TOUJOURS dans le sens du message objectif fourni par l'approche technique.

Sans vous garantir que vous ferez des millions de bénéfices sur les marchés, je peux vous assurer que :

- Aucun engagement simple ne vous ruinera.

- Vous n'aurez jamais votre capital bloqué dans des positions désastreuses qui vous empêchent d'en sortir et de vous repositionner sur une nouvelle tendance profitable.

- Vous prendrez toujours des décisions rationnelles, qui vous donneront une tranquillité d'esprit et amélioreront vos performances.

- Vous serez toujours capable de juger objectivement où et quand un titre intéressant devrait être acheté et vendu.

Tous ces importants avantages devraient vous permettre d'améliorer fortement vos résultats.

QUELQUES DERNIERES SUGGESTIONS

De nombreux livres de marchés recommandent de commencer par jouer fictivement avant de risquer votre capital sur les marchés. Je suis complètement opposé à cette recommandation ! De nombreux athlètes enregistrent des performances exceptionnelles aux entraînements qu'ils ne reproduisent jamais en compétition. Sur les marchés financiers ce n'est pas différent. Quand aucune pression n'est sur vous, il est très facile de réciter correctement vers et poèmes. Ressentir le stress des marchés et développer correctement votre jeu, voilà qui est une autre affaire ! Par conséquent, au lieu de faire semblant et de prendre des positons fictives, n'utilisez qu'une petite portion de votre capital dans un premier temps, juste le temps d'affiner votre habileté technique, de gagner en confiance et en savoir- faire.

Une tactique que j'ai utilisée quand j'ai commencé à jouer sur les marchés consistait à tenir un journal de bord. Je vous suggère d'en faire autant. Dans ce journal vous ne marquerez que vos positions perdantes. En effet, bien que les gains fassent du bien à votre ego et à votre portefeuille, les coups gagnants ne vous apprendront rien. Les pertes, par contre, peuvent être pleines d'enseignements précieux si vous les analysez correctement. En fin de compte, perdre peut vous permettre de gagner bien plus après. Inscrivez la date à laquelle vous avez acheté vos positions perdantes et les raisons qui vous ont poussé à l'achat, et voyez honnêtement pourquoi cela n'a pas marché comme prévu. Si c'est un simple faux signal, marquez-le. Mais si, après un examen a posteriori vous réalisez que les volumes étaient inadéquats, ou le groupe négatif, ou que vous avez été influencé par une rumeur, notez bien cette erreur. Au bout de quelques mois, essayez de trouver le dénominateur commun à ces pertes. Chacun a son propre schéma psychologique. Si vous savez quel trait de votre psychologie vous entraîne à perdre, il vous sera facile de vous en défaire et vos investissements seront ainsi meilleurs dans l'avenir.

Je veux aussi insister sur le fait que vous ne devez pas développer de complexes face aux institutions financières et à leurs énormes capitaux. Trop d'investisseurs particuliers ont le sentiment qu'ils ne peuvent rivaliser sur les marchés actuels avec ces géants de la finance. C'est ridicule ! En fait vous êtes avantagé face à ces institutions financières, la plupart des investisseurs ne s'en rendent pas assez compte. Les institutions sont des dinosaures; elles ont des corps immenses et se déplacent avec difficultés. Vous, par contre, vous pouvez rapidement entrer en action. Qui plus est, beaucoup de ces géants institutionnels qui se bâptisent " génies de la finance " n'ont eu de performances exceptionnelles sur le long terme, loin s'en faut. Aussi vaut-il mieux prendre la responsabilité de vos propres investissements plutôt que, par paresse intellectuelle, confier à d'autres la responsabilité de gérer, plus ou moins bien, à votre place.

Une autre croyance inexacte qu'il faut chasser de vos esprits, c'est que beaucoup d'argent est nécessaire pour réussir sur les marchés. Bien qu'il soit plus facile de diversifier quand vous avez un capital important, même quelques milliers de dollars vous permettront de bien vous en tirer, si vous les combinez avec cette matière rare de nos jours : le bon sens. Si vous avez peu de capitaux au départ, utilisez les fonds d'investissement sans droits d'entrée. Ils vous donneront une bonne diversification sans vous faire payer de commissions. Puis, quand vos capitaux s'apprécieront, commencez à investir directement sur des valeurs individuelles.

Pour terminer, je voudrais une fois de plus utiliser l'opinion contraire. Ne prenez pas ce livre comme une fin en soi, mais comme un nouveau début. Quand j'ai lu mon premier livre sur l'analyse technique il y a des années (Technical Analysis of Stock Trends de Magee et Edwards) cela m'a ouvert les yeux sur une approche complètement différente. Au cours des années, alors que je suis devenu de plus en plus à l'aise avec les graphes, je l'ai relu de temps en temps. Cette nouvelle lecture m'a appris d'autres choses, car j'étais capable alors de voir ce qui y était écrit avec plus d'expérience et de savoir-faire. Aussi utilisez ce que je vous ai appris sur les marchés, et revenez sur ce livre dans un an ou deux pour voir si les concepts contenus dans ce livre ne vous sont pas plus utiles encore avec l'expérience.

Jusqu'à ce que nous nous retrouvions une fois encore dans ces pages, rappelez-vous que le dicton du " Professional Tape Reader " est on ne peut plus vrai :" the Tape Tells All.", " le tape dit tout, tout est dans les prix "..

SOMMAIRE

Couverture - Creation par Idée Attitudes
www.id-attitudes.com
et Impression par
Gráficas Santamaría, S.A.
Bekolarra, 4
01010 Vitoria-Gasteiz
España

Dépôt légal: 2ème trimestre 2000